2016年湖南创新发展研究报告

创新驱动与湖南"十三五"发展

湖南创新发展研究院⊙编著

The Development Innovation-Driven of Hunan
in the Period of 13th Five-Year

经济管理出版社
ECONOMY & MANAGEMENT PUBLISHING HOUSE

图书在版编目（CIP）数据

创新驱动与湖南"十三五"发展/湖南创新发展研究院编著. —北京：经济管理出版社，2016.12

ISBN 978-7-5096-4838-4

Ⅰ.①创…　Ⅱ.①湖…　Ⅲ.①区域经济发展—研究—湖南—2016-2020　Ⅳ.①F127.64

中国版本图书馆 CIP 数据核字（2016）第 314956 号

组稿编辑：申桂萍

责任编辑：高　娅

责任印制：黄章平

责任校对：雨　千

出版发行：经济管理出版社

　　　　　（北京市海淀区北蜂窝 8 号中雅大厦 A 座 11 层　100038）

网　　址：www. E-mp. com. cn

电　　话：（010）51915602

印　　刷：玉田县昊达印刷有限公司

经　　销：新华书店

开　　本：787mm×1092mm/16

印　　张：19.75

字　　数：440 千字

版　　次：2016 年 12 月第 1 版　　2016 年 12 月第 1 次印刷

书　　号：ISBN 978-7-5096-4838-4

定　　价：88.00 元

创新驱动与湖南"十三五"发展

学术顾问：夏杰长　郑江淮　刘友金　刘长庚

主　　编：田银华　向国成　仇　怡

副 主 编：曾世宏　彭文斌　张松彪　李华金

编 委 会：（按照章节作者顺序排名）

<table>
<tr><td>田银华</td><td>曾世宏</td><td>张松彪</td><td>李启平</td><td>龚日朝</td><td>贺胜兵</td><td>廖湘岳</td><td>李汉通</td></tr>
<tr><td>仇　怡</td><td>张志彬</td><td>向国成</td><td>彭清华</td><td>唐志军</td><td>贺曲夫</td><td>周光明</td><td>潘爱民</td></tr>
<tr><td>李华金</td><td>吴建军</td><td>张天平</td><td>杨　琴</td><td>徐应超</td><td>高亚林</td><td>阳小红</td><td>马霖源</td></tr>
<tr><td>段昌梅</td><td>清福华</td><td>王柯梦</td><td>张其明</td><td>黄　丹</td><td>朱晴艳</td><td>苏菌亚</td><td>杨　之</td></tr>
<tr><td>周丰风</td><td>李修恺</td><td>徐习景</td><td>庞景景</td><td>程芳芳</td><td>刘小灿</td><td>滕　思</td><td>王帅龙</td></tr>
<tr><td>魏蒙蒙</td><td>杨　鹏</td><td></td><td></td><td></td><td></td><td></td><td></td></tr>
</table>

执行主编：曾世宏

序　言

　　"创新是一个民族进步的灵魂，是一个国家兴旺发达的不竭动力"，拥有创新精神的民族才是最具发展力的民族。当前，在我国经济发展进入新常态的背景下，创新已经上升到国家的战略层面。中共十八大明确提出，"科技创新是提高社会生产力和综合国力的战略支撑，必须摆在国家发展全局的核心位置"，强调要坚持走中国特色自主创新道路，实施创新驱动发展战略。这对于实现我国经济社会可持续发展和成功跨越"中等收入陷阱"具有重要的意义。

　　区域经济的创新驱动发展是贯彻实施全国创新驱动发展战略的关键，尤其是各省创新发展的状况直接关系到这一战略的成败。湖南作为"两型"社会建设的示范区，在"四化两型"建设中，破解经济社会发展过程中的资源与环境瓶颈，创新发展更是内在的本质要求。因此，对湖南省的创新发展情况进行跟踪和报告就显得尤为重要。在这样的背景下，湖南创新发展研究院于2013年11月由湖南省科技厅授牌成立。目前，湖南创新发展研究院是湖南省内目前唯一一家以创新发展战略为研究使命的官方学术型研究和战略咨询机构，下设宏观经济与创新战略、企业经济与公司治理、农业经济与资源管理、服务经济与服务创新、技术经济与科技创新、能源经济与环境治理、制度经济与管理创新、产业组织与产业创新、贸易经济与开放创新共九个研究室，一个战略咨询中心、一个创新数据调查与统计中心以及《创新发展研究》编辑室。湖南创新发展研究院作为转型时期和进入经济新常态下"新型学术型智库建设"的研究基地，将始终倡导"研以致用"的基本理念，坚持将"研究思想化为政策实践"作为立院的根本，按照"省级学术性智库"的定位，从党和国家的工作大局出发，致力于湖南"四化两型"建设中全局性、战略性、前瞻性、应急性、综合性和长期性的经济管理、社会管理与法制建设问题的研究，向省委、省政府、各职能部门、地州市各级政府和企业提供科学、及时、系统和可持续的研究成果和咨询报告，并将这种目标定位逐渐变成湖南创新发展研究院科研和咨询工作的重中之重。

　　此书的出版是湖南创新发展研究院集体智慧的结晶，主要包括总论篇、地区篇、产业篇和行业篇四大部分，共十四章。其中，分别从整体、区域、产业及行业的角度较为全面地呈现了湖南省创新发展的状况，并对其中存在的一些主要问题进行了剖析，且提出了湖南"十三五"时期创新驱动发展的具体政策建议。可以说，此书是第一次较为系统地对湖南省创新发展进行的研究，对促进湖南省进一步实施创新驱动发展战略具有重要的意义，也为其他省份的创新发展提供了借鉴。

  当然，此书的出版仅仅是一个开端。湖南创新发展研究院未来将持续对湖南省的创新动态进行追踪，并为湖南省实施创新驱动发展战略建言献策，力争打造成为湖南省乃至全国具有影响力的新型学术智库。

  欢迎有志于创新发展研究的优秀人才加盟湖南创新发展研究院！

2016 年 10 月 30 日

目　录

第三篇　产业篇

第四篇　行业篇

第一篇
总论篇

　　"十二五"时期，湖南创新驱动发展取得了一定的成就，主要表现在：第一，创新要素投入以及科技产出方面，创新资金投入逐年增长，研发人员呈现增加趋势，科技专利数增长势态良好，科技贡献率逐年提高。第二，创新能力建设方面，产学研用逐渐融合，平台机制逐渐完善，创新成果转化速度逐年增强，高校科研成果转化率逐年提高。第三，经济发展的重点领域方面，新型农业经营体系建设不断完善，现代农业示范区建设不断加强，农业科技创新和现代化程度不断提高；高端装备制造业的智能化程度提升，产业园区的科技创新能力不断增强；传统服务业与现代信息技术融合程度提高，服务功能不断增强，品质化及专业化发展日益显著；重点企业技术创新能力提高，企业创新的融资环境不断优化，产业新业态与新商业模式日渐显现。

　　但是，通过与中部六省的创新绩效对比，发现目前湖南的创新发展仍然面临一定的问题。第一，在创新环境建设方面，科技服务和科技产品消费水平较低，中小科技型企业融资困难，创新环境还有待进一步优化。第二，在创新投入方面，研发人员增长幅度较慢不具有数量优势，研发经费在基础研究领域投入不足，具有示范效应的科技创新型企业数量相对较少。第三，在创新产出方面，专利产品的原始技术创新程度较低，科技成果转化率偏低，技术市场的成交率较低。第四，在创新成效方面，产业关键核心技术突破程度较低，创新产品质量有待进一步提高。

　　湖南"十三五"时期的创新发展需要把握以下四个关键点：一是要高度重视创新驱动发展所必备的市场竞争环境。重塑公平市场竞争环境，积极应对市场经济的自发性与盲目性，保证市场的规范秩序。二是要建立技术创新的市场导向机制。有效聚焦技术创新重点、破解关键技术难题，有效解决科技资源利用效率不高、产学研合作松散的问题，充分利用国家创新资源促进协同创新。三是要强调金融创新的支持功能。

其包括对服务创新、渠道创新、技术创新、信息技术创新的金融支持。四是要重视新研发机构在创新发展中的作用，推动企业自主创新、激励企业原始创新、推进产学研良性循环。

"十三五"时期推进湖南创新发展的具体政策建议如下：其一，紧扣科技创新对创新驱动的决定性作用，激励省内知名高校和科研院所进行原创性的基础研发创新，激励省内骨干龙头企业进行关键技术创新。其二，强化政府引导，优化创新环境。重点建设湖南知识产权交易市场，强化知识产权保护，严厉打击盗版侵权行为。其三，建设科技创新公共服务平台。统筹全省科技公共服务平台规划建设与科技公共服务平台功能配置，不断提升科技平台运行质量和水平；不断推进科技服务平台体制机制创新，形成有利于可持续创新发展的制度框架。其四，不断提高湖南省高校及科研院所的原始研发能力。改革高校和科研机构的科研经费管理办法，以科研成果考核为导向，增加科研人员对科研经费管理的自主性。其五，强化技术创新体系中的企业主体地位。发挥大型企业在技术创新中的骨干作用，强化省内骨干企业与高校及科研机构的协同创新力度。其六，建构多层次、多元化的科技投融资体系。加强政府对原始创新的直接金融支持力度，推进科技金融服务体制机制创新，组建湖南创新风险投资基金体系。其七，健全产学研用协同创新机制，推进科技成果转化，强化创新链和产业链有机衔接。促进科技成果分享的新模式、完善技术转移工作体系、健全科技与标准化互动支撑机制。其八，深化科研评价机制改革，造就一支规模庞大、素质优良的科技创新人才队伍。完善以科研能力和创新成果为导向的人才评价标准、改革科技奖励制度、优化学科布局。

第一章
湖南创新驱动发展现状与对策建议

一、引 言

　　创新是一个民族进步的灵魂，是一个国家兴旺发达的不竭动力，也是中华民族最深沉的民族禀赋。在激烈的国际国内竞争中，唯创新者进，唯创新者强，唯创新者胜。只有坚持需求导向和产业化方向，坚持企业在创新中的主体地位，发挥市场在资源配置中的决定性作用和社会主义制度优势，增强科技进步对经济增长的贡献度，才能形成新的经济增长点，从而推动经济社会持续健康发展。面对国际经济发展的形势，政府将创新发展提到经济发展的重点日程上。2012年中共十八大明确指出了科技创新是提高社会生产力和综合国力的战略支撑，必须摆在国家发展全局的核心位置，并且特别强调要坚持走中国特色自主创新道路。在提出创新发展战略后，各级政府也对实施行动进行了一定的引导。2013年国务院印发的《"十二五"国家自主创新能力建设规划》，就为"十二五"时期自主创新能力建设提出了七个方面的重点任务。为了保障创新发展战略的顺利实施，2015年中共中央、国务院、科学技术部又相继提出了《关于深化体制机制改革加快实施创新驱动发展战略》和《落实创新驱动发展战略　加快科技改革发展的意见》，强调了以深化科技体制改革为动力，切实增强自主创新能力，推动以科技创新为核心的全面创新，推进科技治理体系和治理能力现代化。在创新发展战略的实施过程中，国家又提出了供给侧结构性改革，为新时期改革找到突破点，保障了国家的经济发展顺利进行。创新发展战略的顺利实施，不仅需要政策的创新，还需要精神的创新。为了提高领导干部的创新思想，习近平在省部级主要领导干部学习贯彻十八届五中全会精神专题研讨班开班仪式上发表的重要讲话中提到，要着力实施创新驱动发展战略，就要从思想上重视创新，从而能够抓住牵动经济社会发展全局的"牛鼻子"。

　　在国家创新发展战略推动实施下，湖南也谨遵中共中央、国务院颁发的《国家创新驱动发展战略纲要》（以下简称《纲要》），大力谋划本省的创新发展战略。在《纲要》"三步走"的创新驱动发展战略目标下，抓住创新发展的机遇，提高本省的创新能力。为了推动本省创新发展战略的进程，2012年湖南省人民政府印发了关于《湖南省"十二五"科学技术发展规划》的通知，在肯定了湖南科技创新取得的成就的基础上，明确了科学技术在经济发展中的作用，即"科技引领未来、科技支撑发展、科技惠及民生"，指明了"十二五"时期科技发展的重点领域与发展任务。在湖南创新发展实施过程中，政协实施创新驱动发展战略调研组在《奋斗》期刊上发表了《关于湖南实施创新驱动发展战略的调研报告》，讲述了湖南省实施创新驱动发展战略取得的积极成效，但也指出了现阶段实施创新驱动发展战略面临的主要问题，为战略的顺利实施提出了相应的对策建议。湖南坚持把创新作为引领发展的第一动力，不断推进理论创新、制度创新、科技创新、文化创新等各方面创新，从而带动了湖南省经济的快速发展。

总之，"十二五"时期，湖南省结合自己独特的资源优势和地理环境，响应国家创新号召，积极推进创新体制机制改革，统筹创新资源配置，加强企业技术创新基础能力建设，不断提升高等院校和科研院所创新能力，培养科技服务与创业人才，完善创新能力建设环境。但是与其他中部五省相比，也存在着创新环境、创新投入和创新产出的效果并不明显等问题。本书在总结"十二五"时期湖南创新驱动发展成就方面，肯定其在产业化、科研专利等方面取得的主要成就，也通过与其他中部五省的对比，找出其缺点和不足，给出相应的政策建议，为湖南省委、省政府实施创新驱动发展战略，以及相关职能部门决策提供一些有价值的参考意见。

二、"十二五"时期湖南创新驱动发展取得的主要成就

在湖南省多年来实施的创新发展战略下，其创新驱动发展事业呈现了良好态势。推进创新驱动，被认为是加快经济发展的有效方式之一，对经济社会发展的诸多层面均具有关键性、根本性作用。在"十二五"时期，湖南的创新发展取得了良好的成就。其中，创新要素投入逐年增加，大力支持科技能力的发展；创新能力达到新的高度，科技成果转化速度不断加快；重点经济领域飞速发展，重点产业及核心企业的科技竞争力显著提高。

(一) 科技要素投入及科技产出不断增多

在国家和省委、省政府的支持与帮助下，"十二五"时期，湖南省的科技要素投入与科技产出都在逐年稳步增加，全社会研发经费充足，研发人员积极进取，所申请和授权的专利数目较大，研发前景可观。

1. 全社会研发经费投入稳步增长

科技创新是创新驱动发展战略的核心元素。"十二五"时期，湖南省的科技研发经费投入稳步增长，随着科技投入的增多，湖南的技术市场体系逐渐完善，如图1-1所示。

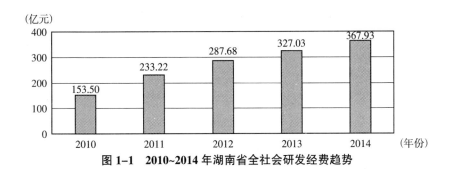

图 1-1　2010~2014 年湖南省全社会研发经费趋势

从图 1-1 我们看到 2010~2014 年湖南省的全社会研发经费支出分别为：153.50 亿元、233.22 亿元、287.68 亿元、327.03 亿元和 367.93 亿元，呈现不断上升的趋势。随着湖南省全社会的研发经费投入强度逐渐增大，湖南省的科技水平也在不断提高。科技水平是促进技术市场体系完善的重要因素，这对湖南的创新发展具有重要的促进作用。

2. 全社会研发全时人员数不断增多

全社会研发全时人员数反映了湖南自主创新人力的投入规模和强度。包括企业、科研机构、高等学校的研发人员，这些人员是湖南各种创新主体的人力投入合力，如图 1-2 所示。

图 1-2　2010~2014 年湖南省全社会研发全时人员数

从图 1-2 中可知，2014 年，湖南全省共有研发人员 16.25 万人，比上年增加 1.15 万人，增长幅度为 7.6%。全社会研发人员全时当量 10.74 万人/年，比上年增加 0.40 万人/年，增长率为 3.9%。另外，图 1-2 也反映出在"十二五"期间全社会研发全时人员数不断增加的走向，说明湖南省比较重视人才的培养。科技人才是促进经济发展的必备资源，能够从基础上推进创新驱动发展战略的实施。

3. 专利申请量和授权量逐渐增多

"十二五"时期，湖南省的专利申请量和授权量都在不断地增长，2015 年专利申请量和授权量分别为 54501 件和 34075 件，同比分别增长 23.32% 和 27.92%。其中，发明专利申请量达 19499 件，同比增长 34.72%。每万人发明专利拥有量为 3.29 件，如图 1-3 所示。

无论是专利申请量，还是专利授权量，湖南都在逐年稳步增长。其中，湖南省的国家工程（技术）研究中心、国家工程实验室、国家认定企业技术中心、承担的国际各类科技计划项目数等成果也在逐年增加。到 2015 年末，湖南省的国家工程（技术）研究中心有

图1-3 2011~2015年湖南省专利申请量和授权量

18个，国家（与地方联合）工程实验室26个。国家认定企业技术中心39个。国家级重点实验室15个，省级重点实验室141个。国家（与地方联合）工程研究中心14个，签订技术合同3710项，技术合同成交金额105.4亿元。登记科技成果777项，获得国家科技进步奖励成果14项、国家技术发明奖励4项。"天河二号"超级计算机获全球超算"六连冠"，"海牛"深海钻机、永磁同步牵引电机、新一代大容量石墨烯超级电容、常导短定子中低速磁悬浮列车等一批高新成果研发成功。另外，同年末，湖南省全省有检验检测机构1628个，其中国家产品质量监督检验中心23个，法定计量检定机构103个。重点工业产品质量监督抽查8089批次，抽查合格率93.4%，比上年提高1个百分点。参与制定国际标准4项，参与制定国家标准26项，组织制定地方标准189项。湖南省国土资源部门公开出版的地图达到239种，为经济社会发展提供地理空间的数据成果为18.3万幅。

4. 科技进步贡献率日渐提高

科技进步贡献率，指科技进步对经济增长的贡献份额，其基本含义是扣除了资本和劳动后，科技等因素对经济增长的贡献份额，是近年来衡量区域科技竞争实力和科技转化为现实生产力的综合性指标。"十二五"时期，湖南省着力提高自主创新能力，大力创新体制机制，努力破解经济社会发展面临的科技难题，全力将科技优势转化为经济优势。根据湖南历年《国民经济发展与社会公报》可知，2011~2015年，科技进步贡献率分别为51.0%、51.4%、52.5%、52.9%、55.0%，表现出逐年稳步增长的趋势。这表明湖南省的经济增长越来越依赖于科技技术的进步。2015年，湖南省高新技术产业增加值占地区生产总值的比重为21.1%，比上年提高2.1个百分点，高新技术产业产值达到2万亿元左右。因此，目前正处于转型发展、创新驱动战略性转变的关键时期的湖南，必须充分利用好科技创新这个关键要素，推动供给侧改革，充分调动科技进步对经济发展的积极拉动作用，才能在未来发展中赢得新的比较优势和竞争优势，才能为建设经济文化强省提供有力支撑。

（二）湖南省创新能力建设逐步提高

随着湖南创新投入的不断增加，其创新能力建设也逐步提高。下面主要从平台机制建设和创新成果转化效率两方面来说明湖南的创新能力达到了新水平。

1. 产学研的进一步融合，带动平台机制建设

创新发展战略带动下，湖南省积极推进产学研结合创新，引导支持企业与高校及科研院所建立长期紧密的战略合作关系，大力开展协同创新，共同突破一批具有战略性、前瞻性的共性技术和核心技术，推动企业向价值链和技术链高端发展。

（1）产学研计划顺利实施，带动经济发展。湖南省产学研结合专项计划实施 3 年来，共转化科技成果近 100 项，开发新产品 446 个，有效地提升了湖南省企业的自主创新能力和产业核心竞争力，促进了该省经济结构的转型升级和经济发展方式的转变。通过系统集成全省创新型企业、农业科技创新示范企业以及其他中小企业的技术和人才等需求信息，汇聚了全省校企共建研发中心、重点实验室的技术成果、技术人才等资源信息，打造出一个全省协同创新、主体互动交流的公共服务网络平台。

（2）通过平台联动或共建平台方式，实现了与"中国政产学研协同创新网络平台"的充分对接。2012 年 9 月，湖南省启动的"产学研专项计划"，以高校重点学科建设为基础，联合国内外高水平大学、科研机构、企业等开展深度合作，打造了一批政产学研共同参与的湖南省协同创新中心。截至 2015 年 6 月，湖南省已批准依托省内高校建设的 19 个协同创新中心（含培育），基本覆盖了湖南区域发展的重要领域，努力做到了每个协同创新中心均由该领域省内最有实力的高校牵头建设，尽可能囊括了该领域省内一流的创新力量参与协同。

2. 创新成果的快速转化，促进市场效率提高

（1）湖南省科研创新基金项目成果显著。"十二五"以来，在创新驱动的推动下，湖南作为教育强省，其自主创新能力不断增强。根据《湖南统计年鉴》的信息，2010 年湖南承担国家科目 7078 项，获得科技活动经费 24.43 亿元，2011 年承担国家科目 7078 项，获得科技活动经费 24.43 亿元，2012 年承担国家科目项目 8524 项，获得科技活动经费 24.86 亿元，2013 年承担国家科目项目 9285 项，获得科技活动经费 36.71 亿元。"十二五"时期，湖南省获得国家三大科技奖 87 项，均列全国前 5 位。

科研机构是科研创新项目活跃的主要场所。通过湖南省科技厅提供的数据统计表所示，湖南省科研机构 2010~2014 年共产出科技成果 559 项。其中，基础理论成果 22 项，占 3.94%；应用技术成果 508 项，占 90.88%；软科技成果 29 项，占 5.19%。说明湖南科研机构的成果产出不断增加，为湖南的创新发展提供了良好的技术环境，如表 1-1 所示。

表 1-1　2010~2014 年湖南省科研机构科技成果产出情况

单位：项

成果分类	2010 年	2011 年	2012 年	2013 年	2014 年	合计	所占比例（%）
基础理论成果	6	4	7	0	5	22	3.94
软科技成果	9	1	11	3	5	29	5.19
应用技术成果	105	131	78	96	98	508	90.88
总计	120	136	96	99	108	559	100.00

我们可以得到，2014 年湖南的应用技术成果数量呈现先上升后下降再上升的曲折趋势。与应用技术成果变动趋势相反，基础理论成果和软科技成果则是先降后升的趋势，而且变动幅度都比较大（见图1-4）。说明湖南的科技成果产出能够根据社会的变动做出积极有效的调整。"十二五"期间湖南的科技成果取得了一些比较显著的成就，达到国内国际先进水平的成果总数有 381 项。其中，国际首创或领先水平有 9 项，国际先进水平有 57 项，国内首创或领先水平有 229 项，国内先进水平有 86 项，表明湖南省的科技创新能力不断增强。而且，2015 年末全省有国家工程技术研究中心 14 个，省级工程技术研究中心 168 个。国家级重点实验室 12 个，省级重点实验室 125 个，国家认定企业技术中心 33 个。签订技术合同 4879 项，技术合同成交金额 97.7 亿元，登记科技成果 953 项。获得国家科技进步奖励成果 20 项、国家技术发明奖励 3 项、国家自然科学奖 2 项。其超级杂交稻百亩连片的平均亩产达到 1026.7 千克，国内首条、世界第二条 8 英寸 IGBT 专业芯片生产线投产，长沙超算中心投入使用。另外，湖南省的专利申请量为 44194 件，比上年增长 6.9%。其中，发明专利申请量 14474 件，增长 21.2%。专利授权量 26637 件，增长 9.2%。其发明专利授权量 4160 件，增长 15.1%。企业、大专院校和科研单位专利申请量分别为 23524 件、5806 件和 596 件，专利授权量分别为 15126 件、3040 件和 319 件。高新技术产业增加值 5147.5 亿元，增长 20.7%。这些都表明湖南省在"十二五"时期的科研创新基金项目成果非常显著。

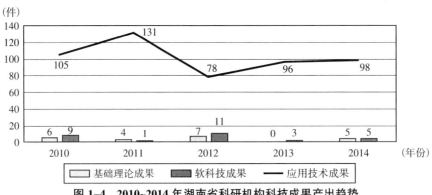

图1-4 2010~2014 年湖南省科研机构科技成果产出趋势

（2）湖南省高校科技成果转化的成就显著。科技成果只有通过广泛的运用，才能实现最大的经济社会价值和效益。科技成果只有在实践中转化为现实生产力才能提高一个产业、一个地区、一个国家的竞争能力。在"十二五"期间湖南省在科技成果转化方面取得了一定成就，如图1-5 所示。

从图1-5 中我们可以看出，2010~2014 年湖南各级科技计划项目进入技术市场的项目总数分别为 5137 件、5654 件、6373 件、6544 件、4617 件，同时 2010~2014 年湖南省各级科技计划项目进入技术市场的金额分别为 40.01 亿元、35.40 亿元、42.25 亿元、77.06 亿元、93.90 亿元。这就意味着，2011~2014 年湖南不仅科技成果转化项目在不断增加，科技计划项目进入技术市场的金额也在稳定地增长。科研项目对全省的经济增长有一定的

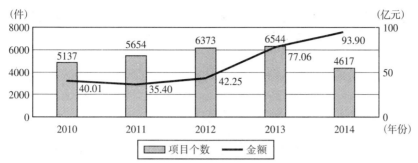

图1-5　2010~2014年高校科技转化情况

拉动作用，2015年在各级科技计划项目进入技术市场的项目总数减少的情况下，科技计划项目进入技术市场的金额却在增加，表明湖南省的各级科技计划项目的质量在不断地提高。在"十二五"时期，湖南省的普通高校数目、普通高等教育本专科毕业生人数、研究生毕业人数都在不断增加。其中全省的普通高校数目从105所增加到109所。普通高等教育本专科毕业生人数分别为28.4万人、30.7万人、29.4万人、29.6万人、30.1万人。其中湖南省的研究生毕业生人数分别为1.4万人、1.6万人、1.7万人、1.9万人、1.9万人。"十二五"期间，湖南省继续积极加大教育投入，湖南省发放高校国家奖学金、助学金从2011年的8.03亿元增加到2015年的10.8亿元，增加率为34.5%，资助高校学生人数也从2011年的24.55万人增加到2015年的52.6万人。

（三）湖南省重点领域创新带动经济更上一层楼

在创新驱动发展战略的引导下，湖南重点领域发展取得了一定的成功。下面主要从宏观角度支柱产业的发展和微观角度企业内部的发展这两个角度来说明湖南的重点领域创新成果。

1. 创新发展巩固湖南农业大省地位

农业已经处于由传统农业向现代农业转型的关键时期，农业发展已进入主要依靠科技创新驱动的新阶段。"十二五"时期，在科技创新驱动的指引下，湖南省加快转变农业生产方式、优化农业结构，取得了显著的成就。从整体视角来看，2015年，湖南省的第一产业增加值为3331.6亿元，增长3.6%。其中，农业实现增加值2130.4亿元，比上年增长4.0%。湖南省的油料种植面积144.5万公顷，增长1.4%；蔬菜种植面积137.3万公顷，增长3.2%。全省粮食总产量3002.9万吨，比上年增长0.1%；油料增产3.9%，棉花增产12.4%，茶叶增产9.5%，蔬菜增产6.2%，烤烟减产2.8%，猪、牛、羊肉类减产1.8%，禽蛋增产3.7%，牛奶增产4.3%，水产品增产5.4%。全年新增农田有效灌溉面积2.0万公顷，比上年增长2.6%；新增节水灌溉面积1.5万公顷；开工各类水利工程7.2万处，投入资金280亿元，完成水利工程土石方9.9亿立方米；建设农村公路5298千米。而从重点城市的视角来看，怀化市靖州县粮食年均产量达到13万吨以上，是国家重要粮食储备库，商品粮贡献率高；靖州县全县农机装备达到7.5万台（套），农业综合机械化水平达65.8%；而且，全县农作物良种覆盖率达98.9%，新技术普及率97%，2012年荣获"全国粮食生产标兵县"。衡阳市农业局坚持优化农业服务，采取项目对接、产业对接、专业对接、深入农村，广泛开展"百乡千村万户大走访"、"科技特派员"，组织各类专题培训等活动。争取的农业项目资金不断增多，粮食蔬菜与农民收入均实现了"十连增"。2013年衡阳市农业局被农业部评为"全国农业先进集体"。"十二五"时期，湖南省的农业创新化发展主要体现在以下几个方面：

（1）新型农业化发展进入新阶段。在创新驱动发展战略下，湖南把农业科技作为农业生产的核心要素，通过农业科技创新来建立新型农业产业链，促进农业形成一体化的产业体系，实现农业增值增效和农民增收，如图1-6所示。

图1-6 2011~2015年农业增加值占生产总值比重

从图1-6中我们看出，2011~2015年，湖南第一产业增加值占生产总值的比重分别为13.92%、13.56%、12.65%、11.64%、11.47%。其中，2014年农林牧渔业总产值增长4.7%，增加值增长4.6%，均是近5年增长最快的一年。粮食产量超过600亿斤，占全国粮食增产量的1/6。水稻播种面积、产量稳居全国首位，生猪外销量、出栏量分别居全国第1、第2位，油茶面积、产量、产值及油菜收获面积均居全国第1位，烤烟、茶叶、淡水产品均居全国第4位，猪、牛肉类产品出口居全国第1位。农业产业化水平进一步提高，已基本建立了粮、菜、油、棉、果、茶、猪、水产品等10大优势农产品产业带。农产品加工业销售收入突破1万亿元，农产品加工产值与农业产值比例由2011年的1.3：1提高到2014年的1.9：1。全省农村居民人均可支配收入10060元，同比增长11.4%，比城镇居民收入增速高2.3个百分点，城乡居民收入比连续五年下降，由2009年的3.1：1缩小为2014年的2.6：1。同时，随着全省新型工业化、新型城镇化进程不断加快，以工促农、以城带乡的能力更强。

（2）新型农业经营体系建设不断完善。"十二五"期间，在科技创新驱动的指引下，湖南省的主要农作物综合机械化水平达到44%，比2010年提高11个百分点。其中水稻耕种收综合机械化水平达到68%，比2010年提高24.5个百分点。湖南省水利建设总投资是"十一五"的2倍，建设高标准农田1495万亩，有效灌溉面积占耕地面积的75%，森林覆盖率由57.01%提高到59.57%。同时，湖南通过完善土地二轮延包、土地承包经营权登记试点、土地流转等政策，加强农村土地承包管理，逐步完善了土地流转体系建设。2014年，全省耕地流转面积 1380 万亩，占家庭承包耕地面积的 28.9%，农民合作社工商登记总数达 3.6 万个，是 2008 年的 11.2 倍。新型经济组织的发展也有力地促进了农业经营方式的转变，全省累计有合作社成员 195.6 万户，占全省农户总数的 14.1%。创新驱动在农业上的运用和湖南省政府一系列政策的实施，使新型农业经营体系建设不断得到完善。

（3）建设国家现代化农业示范区——屈原管理区。根据《中国农业年鉴》的内容及数据，湖南省屈原管理区在"四化"的引领下，取得了显著的成就。在标准化下，制定水稻种植标准 36 个，生猪养殖标准 47 个，饲料生产标准 545 个，肉食品生产标准 4 个，珍珠养殖标准 2 个，实现了规模化种植业和加工企业全覆盖。在规模化下，全区年出栏生猪500 头以上的规模养殖户 198 户，2 公顷以上的大户 1238 个，大户种植面积达 32.3%。在合作化下，屈原管理区有 11 个规模农产品加工企业，10 余家农业企业获得"湖南省著名商标"。此外，屈原管理区拥有国家级研发平台 4 家、省级平台 1 家、市级平台 1 家，组织实施国家、省级等各类科研项目 100 多个，获得 41 项科技成果，成为了湖南省唯一一家国家农业融资服务创新试点示范区。"十二五"期间，屈原管理区农业机械化综合水平达93.1%，排全国前列。屈原管理区一直大力加强与隆平高科、湖南农大等科研院所的合作，"杂交水稻之父"袁隆平亲临基地指导，示范区每公顷产量 13500 千克以上。到 2015 年，屈原管理区初步建成全国的农业生产样本区、现代农业装备示范区、农业科技成果展示区、体制机制创新实验区和引领新农村建设辐射区。全区农业增加值达到 12 亿元，农业综合机械化水平达到 95% 以上，农业科技进步贡献率达到 88%。

（4）"互联网＋特色农产品"模式欣欣向荣。"十二五"时期，湖南农业科技水平持续提高。2014 年湖南省农业科技进步贡献率超过 60%，比全国高 4.4 个百分点。在科技创新驱动指引方向的情况下，农资企业通过提供更优质的产品、多元化的农资供应、更优秀的技术服务，嫁接越来越成熟的农业信息化系统，促进了湖南农资生产商向农资服务平台运营商的转型。农资电商正在成为未来农资销售的重要渠道和平台，具有互联网思维、拥有足够大的流量导入及黏性保障的农资平台，将会拥有广阔的成长空间。据不完全统计，2013 年湖南省电子商务的交易额达 1215 亿元，增长 102%；网络零售额 216 亿元，增长111%。湖南省电子商务企业数量占全国总数的 2.5%，跻身全国前十位。湖南省国家级示范试点平台和企业居中西部之首，长沙高开区、金霞经开区和雨花区是首批认定的国家电子商务示范基地，御家汇等 4 家企业为 2013 年度全国电子商务示范企业，示范企业数量在中西部地区排名第一。湖南农村电子商务发展较快，农村、商业、商户信息服务试点成为全国的示范点，万村千乡、农家店、农超对接电子商务在全国领先。2015 年 1~9 月全省电子商务交易额达 3150 亿元，同比增长 64.4%，其中网络零售额 570 亿元，同比增长68.2%。湖南省韶山、宁乡、炎陵、江永、邵东、双峰、汨罗、桃江 8 个县（市）被批准为国家级电子商务进农村示范县（市）。阿里巴巴集团目前已经在湘潭、益阳、张家界、永州等地的农村开展了电子商务试点，对农民进行系统培训。

2. 创新发展带动湖南由"制造大省"迈向"制造强省"

湖南作为全国制造业大省，一直面临大而不强的尴尬。当前，全国制造业增速呈现不断放缓的走势，表明制造业正处在向新型制造业转型升级的"犹豫期"。在这个时期，湖南制造业实现由传统制造业向新兴制造业的转型升级迫在眉睫。湖南积极响应国家的创新驱动发展战略，促进湖南制造业平稳地进行升级。"十二五"时期，湖南省的工业增加值逐年稳步发展，其工业增加值占地区生产总值的比重分别为41.2%、41.3%、40.8%、39.7%、38.2%，工业增加值对经济增长的贡献率依次为56.1%、49.6%、46.4%、41.3%、36.9%，表明该时期，湖南省的地区生产总值和经济增长对工业增加值的依赖程度不断下降，湖南逐渐从制造业大省转为制造业强省。另外，湖南省全部工业增加值、规模以上工业增加值、规模以上工业新产品产值、规模以上高加工度工业和高技术产业增加值在"十二五"期间也不断增长。2011年湖南省全部工业增加值8083.15亿元，比上年增长18.2%，规模以上工业增加值增长20.1%。高加工度工业增加值增长28.8%，高技术产业增加值增长32.4%；七大战略性新兴产业增加值增长31.1%。高加工度工业、高技术产业增加值占规模工业增加值的比重为33.7%和5.3%。而到了2015年，全省全部工业增加值11090.8亿元，比上年增长7.5%。规模以上工业增加值增长7.8%。高加工度工业和高技术制造业增加值分别增长8.7%和13.3%；占规模以上工业增加值的比重分别为37.2%和10.5%，比上年提高0.6个和0.2个百分点。2015年全省装备制造业实现主营业务收入10591.6亿元，同比增长11%，成为湖南省首个万亿产业，成为湖南工业发展的核心支撑。目前，湖南装备制造领域有国家级、省级企业技术中心136个，另有5个国家级新型工业化产业示范基地、9个国家级创新示范企业和一批"国"字号工程技术中心、重点实验室。湘企主导制订的一批行业标准，不少成为国家标准或国际标准。工程机械的油缸、自主控制器等核心技术及关键部件，实现自主生产。其中，中联重科形成工程机械、环境产业、农业机械和金融服务"四业并举"格局，三一集团正打造风电装备、海洋工程装备、PC装备和住宅工业化等新业务，湖南省另有18个项目列入国家高档数控机床与基础制造装备科技重大专项，5个项目列入国家智能制造装备发展重大专项，这些项目说明湖南省的装备制造业越来越强。"十二五"时期，湖南省制造业的创新化发展具体体现在以下几个方面：

（1）制造业的规模不断扩大。近年来，湖南工业呈现持续回落走势，但增速逐步稳定。"十二五"时期湖南组织实施了"制造业创新能力建设"专项行动。专项行动以创建国家级和省级制造业创新中心为引领，完善以企业为主体、市场为导向、政产学研用相结合的湖南省制造业创新体系，来全面提升制造业整体创新能力，如图1-7所示。

从图1-7中我们知道，2011~2015年湖南省工业增加值分别为9324.73亿元、10506.4亿元、11517.4亿元、12481.9亿元和12955.4亿元，分别比上年增长18.2%、13.5%、11.1%、9.2%和7.8%。其中，2014年湖南规模工业增加值同比增长9.6%，增幅比上年回落2.0个百分点，但仍比全国平均水平高1.3个百分点，居全国第15位和中部第5位。从分行业来看，2014年全省39个大类行业中，34个行业增加值实现增长。其中，计算机通信和其他电子设备制造业、非金属矿物制品业、有色金属冶炼和压延加工业、化学原料和

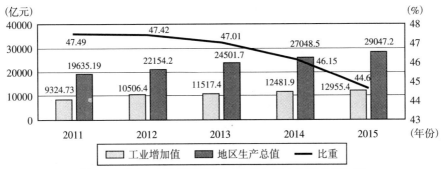

图1-7 "十二五"时期湖南工业增加值占生产总值比重

化学制品制造业、烟草制品业和农副食品加工业增加值同比分别增长39.7%、11.1%、10.1%、9.3%、10.2%和9.2%,对湖南全省规模以上工业增长贡献率均超过7%。

(2)高端化建设有成效,进一步优化制造业结构。创新驱动发展战略强调科技能力对制造业的发展,完善高端化建设,促进制造业的升级。2014年,湖南全省规模工业制造业和高加工度工业增加值同比分别增长10.7%和13.5%,增幅明显快于采掘业(4.8%)和原材料工业(4.3%),且比全省规模工业平均水平分别快1.1个和3.9个百分点。高新技术产业增加值5147.47亿元,比2013年增长20.7%,比全省规模工业平均水平快11.1个百分点。高技术产业增加值增长27.8%,增幅比规模工业平均水平快18.2个百分点;高技术产业增加值占规模工业比重首次突破两位数水平(10.3%),同比提高1.3个百分点。其中,电子计算机及办公设备制造业、电子及通信设备制造业和医疗设备及仪器仪表制造业增速均在30%以上。

(3)工业园区带动制造业快速发展。"十二五"期间,湖南省的高新技术产业增加值占地区生产总值的比重2011~2015年分别为14.7%、15%、16.3%、19.0%、21.1%,逐年稳步增长,表明湖南省的高新技术企业在稳定发展。长沙国家高新技术产业开发区经国务院批准为首批国家级高新技术产业开发区,湖南省最具代表性的高新技术产业开发园区,拥有6个国家级工程中心、8个国家和省级技术中心,累计开发高新技术项目1200多项,其中90%以上拥有自主知识产权,园区创新能力在全国53个国家高新区综合加权排名中位居第六。该园区是由岳麓山高科技园(又称"麓谷")、星沙工业高科技园、隆平农业高科技园、远大高科技园和市内政策区("一园四区")组成,其中岳麓山高科技园是高新区直管核心园区,国家级新材料产业基地、国家级数字媒体产业基地、国家级动漫振兴基地等具有重大自主创新能力的高新技术专业化基地均定点在麓谷,因此汇聚了一大批像中联重科、神舟科技、博云新材料、惠霖干细胞、三辰动漫卡通、拓维信息等国内外知名企业,是电子信息、先进制造、新材料、生物医药这四大湖南省优势产业的集群。截至2014年底,湖南省共有各类园区127家,其中省级及以上开发区82家(包含2家国家级综合保税区)、省级工业集中区45家。2014年,全省园区共设立各类企业26140家,其中工业企业12593家,共安排就业133.56万人,比上年增长11.3%。2014年,全省产业园区实现技工贸总收入24280.81亿元,同比增长27.1%,其中工业企业主营业务收入19046.48亿元,增长24.4%。2014年,全省园区规模工业增加值增长13.5%,高于全省规模工业平均水平1.9个百分点;园区规模工业增加值占全省比重的47.5%,比上年提高3.4个百分点。工业企业主营业务收入超过500亿元的园区达9家,比上年增加5家。2014年,全省园区高新技术产业企业超过2000个,实现高新技术产业产值10705.60亿元,增长24.9%,拥有授权专利12548件,比上年增加2146件。

3. 创新发展促进湖南现代化服务业转型

湖南以科技服务业为中心引领,带动湖南餐饮业、旅游业、汽车服务业等重要服务行业的发展。创新驱动战略突出了科技服务业的重要地位,使湖南服务业在其战略下稳健地进行转型升级。"十二五"规划以来,湖南省的服务业对湖南省经济增长的贡献率迅速提升,湖南省的服务业增加值由2011年的7576.80亿元增加到2015年的12760.2亿元。2011~2015年,湖南省的服务业对湖南省地区经济增长的贡献率分别为34.1%、42.4%、44.6%、47.2%、53.5%,呈逐年稳步上升态势。其中,生产性服务业增加值对经济增长的贡献率分别为13.3%、19.1%、20.8%、22.8%、19.7%。服务业的较快发展促使湖南省的经济由工业主导向工业、服务业协同拉动转变。"十二五"期间,湖南省服务业投资保持快速增长态势,到2015年,服务业完成固定资产投资14012.2亿元,比上年增长了17.6%。从2015年服务业分行业投资情况看房地产业完成投资占全省服务业固定资产投资的26.1%,居所有服务业行业之首,水利、环境和公共设施管理以及交通运输、仓储和邮政业分别居第二位、第三位,占比分别达到25.26%和12.85%。增速方面,信息传输、软件和信息技术服务业行业投资快速增长,2015年在这方面的固定资产投资额为275.4亿元,与2014年相比增长127.5%。另外,与民生密切相关的服务业行业投资也在逐步增长,2015年民生投资1930.6亿元,增长26.2%;生态投资1027.3亿元,增长26.8%;基础设施投资6192.7亿元,增长23.6%。同时,湖南省多家企业进入"中国服务业企业500强";湖南广电集团、湖南出版投资控股集团进入全国文化企业30强,湖南卫视品牌竞争力排名全国所有卫视第3位,华天集团进入"中国饭店集团30强"和"全球饭店集团300强";张家界、凤凰古城等旅游景点是中国著名的景点之一,每年吸引无数的游客,极大地拉动了地区经济增长。而且,在文件《湖南省标准化"十二五"规划》的指导下,目前湖南行政村通电话率、乡镇通宽带率均已达到100%,3G和4G网络也已实现全省乡(镇)全覆盖。湖南固定宽带用户达到794.1万户,8M及以上固定宽带用户占比达到64%,在全国和中部地区排名第九位和第一位。在信息服务企业发展方面,全省增值及互联网服务企业达到587家,通信建设企业107家,网站总数13.46万个。"互联网+"模式也深深融入餐饮、旅行、住宿、电影等与人们日常生活密切相关的服务性行业中,大型实体零售、餐饮、家政、洗衣、生鲜配送企业利用电商平台开展网订店取、网络订票、社区配送等业务,制定线上线下服务规范和标准,利用位置服务等互联网技术,提高资源配置效率,激发消费潜力。湖南省现代服务业的创新化发展主要表现在以下几个方面:

(1)规模稳步扩大,增速领跑三次产业,贡献作用明显增强。"十二五"以来,全省服务业增加值年均增长13.1%,比"十一五"年均增幅提高了2.5个百分点,成为扩大就业、增加税收的主渠道，如图 1-8 所示。

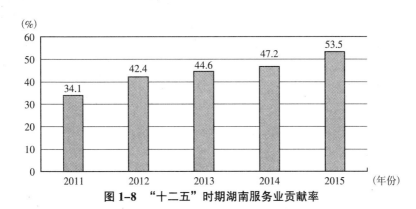

图 1-8 "十二五"时期湖南服务业贡献率

从图 1-8 中可以看出，2015 年实现服务业增加值 12760.2 亿元，比 2010 年翻了一番，占 GDP 比重 43.9%，对 GDP 增长的贡献率达 53.5%，拉动经济增长 5 个百分点。2015 年全省服务业从业人员达到 1377.3 万人，比 2010 年新增 240.8 万人，年均增速 3.9%，服务业从业人员比重从 2010 年的 34.9%提高到 45.6%；全省服务业完成营业税收 585.8 亿元，占地方财政营业税收入的 59.4%，成为地方财政收入的主要来源。

（2）服务功能不断增强，特色产业迅速发展。现代物流、金融保险、商务服务、信息咨询、邮政快递等生产性服务业不断开发新的增值环节，加速与农业、工业的融合互动，有力支撑了经济平稳较快发展；家政、养老、社区服务、休闲产业等生活性服务业服务功能和水平不断提升，为人民群众提供更广覆盖、更多层次的生活服务。旅游产业增加值年均增长 25%，2015 年接待国内外游客和实现旅游总收入分别为 2.26 亿人次和 3712.9 亿元，是 2010 年的 2.8 倍和 3 倍；文化产业增加值年均增速超过 20%，占 GDP 比重由 2010 年的 5.7%提高到 2015 年的 6.5%；2015 年全省服务外包合同执行额 7.4 亿美元，与上年同比增长 62.3%，服务外包企业 318 家。

（3）创新驱动发展战略推动湖南服务业向专业化、品质化发展。随着创新驱动发展战略的实施，湖南不断促进科技水平，实现专业化发展。专业化发展生产性服务业，提升了生产性服务业与生产制造的融合度，引导和支持着制造企业延伸服务链条，促进了制造业服务化。创新驱动发展战略鼓励服务产品创新、技术创新、业态创新、模式创新和市场创新，促进湖南就业服务、科技服务、咨询服务、信息服务、现代物流等生产性服务业向专业化和价值链高端发展。品质化提升了生活性服务业，运用互联网等现代信息技术，推动批发零售、住宿餐饮、家政服务等传统行业向精细化和高品质转变，加快服务产品和业态创新，促进文化旅游、健康养老、休闲娱乐等服务业融合发展，积极发展个性化定制服务。

4. 创新发展为企业进步注入新的活力

随着产业的快速增长，企业数量和规模不断扩大。截至 2013 年底，湖南省已认定高新技术企业近 1900 家，总数居中部第二，仅次于湖北。其中，中小微企业达 90%，2013 年全年实现高新技术产品总产值 13736.5 亿元。目前，湖南省已有三诺生物、开元仪器、尔康制药、楚天科技等 20 余家中小微高新技术企业成功在中小板、创业板上市。湖南创新驱动发展为企业提供活力主要体现在：

（1）提高了企业技术创新。创新是提高企业竞争力的源泉。其中包括：①产品创新。中小企业由于规模小、资源有限，往往在资金投入、技术力量和批量生产方面能够更好地根据政策环境和市场需求的变化及时作出调整。湖南省作为一个人口大省，其中小企业在拉动湖南省劳动力就业方面效果显著。中小企业也增强了产品创新意识，树立了通过技术创新来提高企业劳动生产率的观念。因此，湖南省的中小企业在产品创新上也有一定的自主创新能力，通过政府的支持和企业自身主动引进创新人才以及和其他企业甚至高校合作的方式，优化产品创新环境，在其产品不断创新的同时提高了产品质量。有关数据表明，湖南省的中小企业对产品创新的贡献率为 32%。②组织创新。组织创新是中小企业创新活动的重要组成部分，对湖南省中小企业来说，组织创新已经成为提高企业核心竞争力的关键因素。同时，知识经济的到来使组织创新"以人为本"的理念成为重要的决策导向。目前湖南省大多数的中小企业采用的是组织创新模式、战略先导型组织模式、技术诱致型组织创新模式、市场压力型组织创新模式、综合型创新模式中的一种或多种。湖南省的中小企业不再采取简单的"直线职能制"组织形式，形成了以环境为背景、核心竞争力为中心、战略为导向、结构为载体、文化为底蕴、学习为机制、信息技术为工具的一体化过程，增加了中小企业的创造力和生命力，提高了其核心竞争力。③工艺创新。湖南省中小企业的创新不仅体现在产品和组织上，还体现在工艺上。有数据表明，湖南省的中小企业对工艺创新的贡献率为 17%。"十二五"时期，湖南省的中小企业创新既体现在其生产工艺，由劳动密集型生产逐渐转变为集约型生产，由"人多就是力量"向注重引进专业人才转变，建立了产学研结合机制，也体现在其销售模式的创新上，销售方式多样，销售点子多，不仅大量的销售人员采取各种方式直接销售，还依赖信息技术的发展，借助于网络平台线上间接销售。

（2）优化了企业投融资环境。优秀的融资环境是保证企业正常运行的必备条件。其中体现在推进了企业投融资平台的建设。企业投融资平台主要是为企业投融资服务，合理运用投融资平台筹集资金，具有融资速度快、规模大的特点，是推动企业发展的强大引擎。在创新驱动发展战略下，引导企业集中精力和财力，促进湖南投融资平台做实做强，同时促进政府完善法人制度，理顺管理体制。政府通过扩大资金来源、逐步增加服务项目，为企业提供全方位的投融资服务，带动湖南融资方式创新。在创新驱动发展战略下湖南积极采取措施，多渠道融通资金，创新融资方式，全面优化企业金融环境，如政府一方面修订完善企业上市激励政策，积极推动企业上市；另一方面创新融资方式，成立了首家国家控股的小额贷款公司——湖南省长株潭试验区小额贷款公司，公司总股本为 2 亿元，其中国有资本占比 63.5%，民营资本占比 36.5%，自 2013 年 5 月 29 日试营业以来，公司已累计为 140 户小微企业发放小额贷款 4.682 亿元。

（3）促进了企业营销模式创新。市场与网络相结合的创新营销是提高企业收益的重要法宝。随着互联网时代的到来，创新驱动发展战略促进市场与网络相结合的营销方式兴起。市场与网络相结合的营销是一种利用国际互联网作为平台和主要载体，通过现代通信技术和网络多媒体技术来配合企业的营销战略的新兴营销方式。市场与网络相结合的营销实际上是企业利用国际互联网的开放性、交互性、便捷性发现客户群体、满足客户需求、实现企业价值的营销方式。目前湖南企业广泛运用的 ERP 系统，利用网络了解手机客户需求，进行物流配送库存管理，可以确保库存管理零差错。同时湖南政府促进物流企业签订合作协议建立战略联盟，使得服务流程更加标准化、规范化。

三、"十二五"时期湖南创新驱动发展存在的主要问题

随着创新驱动发展战略的实施，湖南的经济发展取得了一定的成就，但是其目前的发展现状，与其他同等水平的发展城市对比，仍存在一些问题。下面主要从创新指数估算的几方面来阐述目前湖南发展存在的问题。其中，湖南的创新环境不完善，阻碍着湖南的创新发展；创新投入比较不足，制约着湖南的创新热情；创新产出效率低下，牵制着湖南的创新水平。

（一）不完善的创新环境阻碍了湖南创新发展战略的实施

创新环境主要是一个地区的创新能力发展所必备的人力、财力等支撑情况，下面从人均可支配收入、居民消费水平、人均高技术产品的消费、居民储蓄存款来对比湖南创新环境中存在的不足。

由图 1-9 可知，2014 年，山西省、河南省、安徽省、湖北省、湖南省、江西省中部六省的人均可支配收入分别为：16538.3 元、15695.2 元、16795.5 元、18283.2 元、17621.7 元、16734.2 元。居民的消费是经济发展的动力，随着居民人均收入的逐渐增加，为经济发展带来更多的资金。我们可知湖南的人均可支配收入在中部六省中排名第二，这

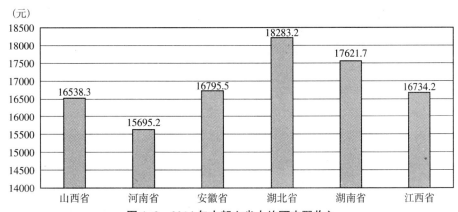

图 1-9　2014 年中部六省人均可支配收入

虽然在一定程度上为湖南的创新驱动战略的发展提供了经济支撑，但湖南省的人均可支配收入不算高，其支撑作用也非常有限。

从图 1-10 我们可知，2014 年，山西省、河南省、安徽省、湖北省、湖南省、江西省中部六省的居民消费水平分别是 12622 元、13078 元、12944 元、15762 元、14384 元、12000 元。居民消费水平是促进企业发展的主要动力，也是经济创新发展的推动力。通过对比，我们发现湖南的居民消费水平在中部城市排名第二，这肯定有利于湖南创新驱动发展战略的实施，但如果湖南不紧握创新驱动发展这个机遇，则很快便会被河南、安徽等省份赶超。

图 1-10　2014 年中部六省居民消费水平对比

但是，从图 1-11 中我们可知，2014 年，山西省、河南省、安徽省、湖北省、湖南省、江西省中部六省的人均高技术产品的消费支出分别为 5317.4 元、5219.2 元、6012.3 元、8231.4 元、5363.5 元、5931.4 元。由此我们可知，湖南的高技术产品的人均消费支出排名靠后，这说明了湖南对创新产品的消费水平不够。居民消费是企业创新发展的动力，消费水平不足将降低企业的创新热情。

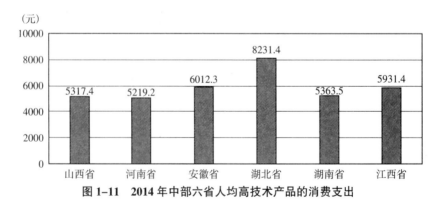

图 1-11　2014 年中部六省人均高技术产品的消费支出

从图 1-12 中我们可以得到，2014 年，山西省、河南省、安徽省、湖北省、湖南省、江西省中部六省的居民人民币储蓄存款分别为 8099.4 亿元、11207.4 亿元、6619.5 亿元、8163.5 亿元、7809.8 亿元、5092.7 亿元。储蓄存款是一个省份发展的资本储蓄的重要代表部分。居民储蓄存款是银行放贷的重要部分，因此成为促进经济发展重要的资金中转力量。通过对比我们可知湖南的居民人民币储蓄存款在中部六省排名第四位。这表明湖南的储蓄存款并不乐观。因此进入金融市场的资金就比较少，不利于创新驱动发展战略的实施。

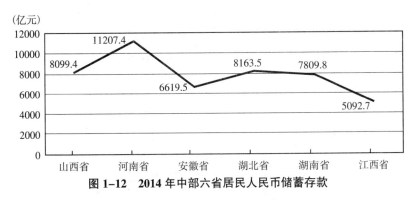

图 1-12 2014 年中部六省居民人民币储蓄存款

（二）创新投入不足，使得湖南创新发展后劲不足

该领域是通过创新的人力财力投入情况，企业创新主体中发挥关键作用的部门建设情况以及创新主体的合作情况来反映湖南创新体系中各主体的作用与关系。其主要通过每万人 R&D 人员当时当量指数、R&D 经费占 GDP 的比重指数、规模以上工业有产品或工艺创新的企业数三个指标来对比中部六省创新投入情况。

（1）每万人 R&D 人员当时当量指数，是评价创新投入的重要指标，在科技统计中指的是由参加 R&D 项目人员的全时当量及应分摊在 R&D 项目的管理和直接服务人员的全时当量两部分相加计算。R&D 项目人员的全时当量由参加基础研究、应用研究、试验发展三类项目人员的全时当量相加计算；应分摊在 R&D 项目上的管理和直接服务人员的全时当量按 R&D 项目人员的全时当量占全部科技项目人员全时当量的比重计算，如图 1-13 所示。

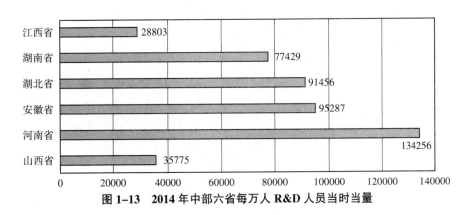

图 1-13 2014 年中部六省每万人 R&D 人员当时当量

通过比较 2014 年中部六省在每万人 R&D 人员全时当量方面的差异，我们发现，湖南省远比河南、安徽和湖北省投入少，几乎差不多是河南省的一半，表明湖南虽然作为一个教育大省，但其在创新投入方面还远远不够，就算与其地理位置、经济水平差不多的湖北

省相比，在创新投入方面也有一定的差距。该指标综合反映了湖南省的自主创新人力的投入规模和强度相对于其他省来说还比较弱。因此，湖南省应该加强自主创新能力，主动吸纳自主创新人才，成为中部六省中真正的"创新强省"。

（2）R&D 经费占 GDP 的比重指数，又称 R&D 投入强度，是国际上通用的、反映国家或地区科技投入水平的核心指标，也是我国科技中长期科技发展规划纲要中的重要评价指标。通过比较 R&D 经费占 GDP 的比重指数，我们可以发现在中部六省各自 GDP 下创新投入的多少。也可以通过比较该指数，侧面反映出国家和政府在创新投入方面的重视程度，如图 1-14 所示。

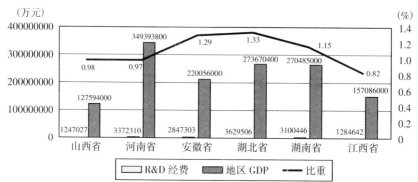

图 1-14　2014 年中部六省 R&D 经费占各自 GDP 的比重指数

2014 年，湖南省在 R&D 经费占 GDP 的比重指数在中部六省中远不及安徽省和湖北省，说明湖南省在创新投入方面的意识不强，没有利用好科技创新这个工具为自己的经济做出贡献。另外，湖南省基础研究和应用研究经费占 R&D 经费比例持续下降，这个现象从侧面反映出湖南省在基础研究和应用研究方面的不足，没有把有限的经费用在最需要的研究领域。最重要的是，湖南省高校和科研机构数目比较多，但其 2014 年 R&D 经费占 GDP 的比重为 1.15%，没有达到国家 R&D 经费占 GDP 比重的水平，也没有实现"十二五"期间达到 2.2% 的目标。这表明湖南省整体科技投入和经济发展规模不匹配。

（3）规模以上工业有产品或工艺创新的企业数对比。企业，尤其是规模以上工业企业的自主创新能力是区域创新能力的核心，是推动一个地区经济发展的动力和源泉。通过对 2014 年中部六省规模以上工业有产品或工艺创新的企业数目的统计和比较，发现湖南省工业经济虽然已经成为带动全省经济高速增长的主要力量，但在发展高新技术方面，由于其基础较差，起步较晚，其总体发展水平和层次较低，如图 1-15 所示。

从图 1-15 可以看出，湖南省 2014 年规模以上工业有产品或工艺创新的企业数在中部六省中位于第三位，说明政府对企业技术创新的核心领域扶持力度还不够。近年来，湖南工业企业的 R&D 经费投入持续增长，来源于政府部门的资金投入也在不断增加。由 2011 年的 35.15 亿元提升到 2014 年的 50.1 亿元，五年增长 42.53%，年均增长 10%，但增速低于同期全行业 R&D 经费的增速。"十二五"时期，湖南省在减免企业税收方面的力度不够，说明湖南省政府对企业研发活动的扶持力度还需加强。

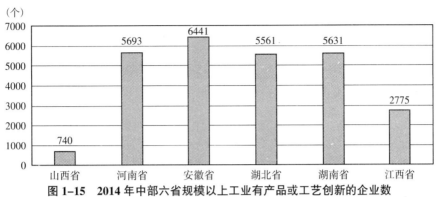

图1-15　2014年中部六省规模以上工业有产品或工艺创新的企业数

（三）湖南创新产出能力不足，延缓了创新战略的进程

该领域通过论文、专利、商标、技术成果成交额反映创新中间产出结果。主要通过每万名R&D人员专利授权数、发明专利数占专利授权数的比重以及每万名科技活动人员技术市场成交额三个指标来对比中部六省的创新产出情况。

每万名R&D人员专利授权数，指R&D人员全时当量平均的专利授权数量，是评价一个国家或地区研发活动的产出水平和效率的重要指标，值得注意的是，本指标体系中的专利授权数指国内职务专利授权数。发明专利在三种专利中的技术含量最高，能够体现专利的水平，也体现了研发成果的市场价值和竞争力。发明专利数占专利授权数的比重，是反映专利质量的关键指标。值得注意的是，该指标体系中的发明专利数指国内职务发明专利数，如图1-16所示。

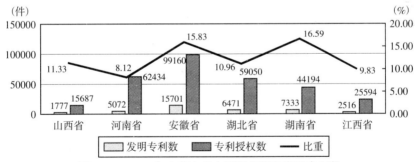

图1-16　2014年中部六省专利授权数和发明专利数

从图1-16中我们知道，湖南省每万名R&D人员专利授权数虽然在中部六省中仅落后于安徽，位居第二，而且湖南省每万名R&D人员专利授权数在"十二五"时期也稳步增加。但是根据《中国统计年鉴》的资料显示，湖南省的专利授权数在国内没有排进前十位，说明湖南虽然作为一个教育大省，但其创新产出水平还远远称不上是教育大省的产出。另外，虽然湖南省的专利授权数在中部六省中排位第二，但湖北、河南等省的专利授权数也与其接近。如果湖南不加紧在创新产出方面的工作，则很快就会被其他省超过。该图同时指出了湖南省在专利授权数落后于安徽，其发明专利数的数量也远远不及安徽省多，在中

部六省中，湖南的发明专利数不具有优势，说明湖南的专利申请的积极性需要提高。从国家知识产权统计方面的数据看，无论是发明专利授权量，还是发明专利拥有量，湖南省都排不进前十位，说明湖南省在专利授权或是在专利拥有量方面都还存在许多问题，没有把科技创新转化成对经济发展有益的促进因素。

每万名科技活动人员技术市场成交额，指按每万名科技活动人员平均的技术市场成交金额，该指标反映技术转移和科技成果转化的总体规模。技术市场成交额指全国技术市场合同成交项目的总金额，如图 1-17 所示。

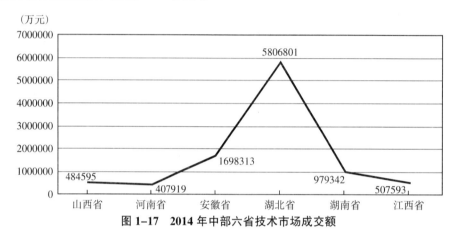

图 1-17　2014 年中部六省技术市场成交额

从图 1-17 中我们可以知道，2014 年，湖南省每万名科技活动人员技术市场成交额在中部六省中少于湖北省和安徽省，位居第三。但是，湖南省的专利授权数和发明专利数等显示出的优势并没有广泛应用到市场上，其科技成果没有为湖南省的经济和社会发展贡献出创新力量，也没有为科技活动人员提高其技术市场成交额。这说明湖南省的创新产出机制还不够完善，创新产出效果还有待于提高。

（四）湖南的创新成效低，带动经济发展的能力不足

该领域通过产品结构调整、产业国际竞争力、节约能源、经济增长等方面来反映创新对经济社会发展的影响。其中主要选择产品质量损失率来对比发现问题，如图 1-18 所示。

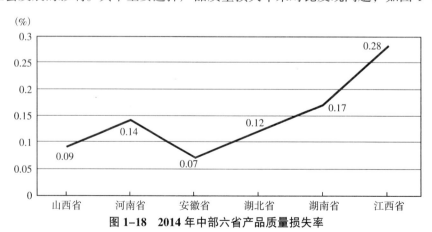

图 1-18　2014 年中部六省产品质量损失率

从图 1-18 中我们可看出，2014 年山西省、河南省、安徽省、湖北省、湖南省、江西省中部六省的产品质量损失率分别为 0.09%、0.14%、0.07%、0.12%、0.17%、0.28%。这说明湖南产品的质量损失率偏高，这就需要企业关注对产品质量的把握。在创新成效明显提升的时期，如果产品质量损失率过高会逐渐降低湖南产品的竞争力，将限制湖南经济的增长。

四、"十三五"时期湖南创新驱动发展应把握的关键点

中共十八大明确提出"科技创新是提高社会生产力和综合国力的战略支撑，必须摆在国家发展全局的核心位置"，强调要坚持走中国特色自主创新道路、实施创新驱动发展战略。"创新驱动发展"战略有两层含义：一是中国未来的发展要靠科技创新驱动，而不是传统的劳动力以及资源能源驱动；二是创新的目的是为了驱动发展，而不是为了发表高水平论文。该战略包括总体思路和主要目标，营造激励创新的公平竞争环境，建立技术创新市场导向机制，强化金融创新的功能，完善成果转化激励政策，构建更加高效的科研体系，创新培养、用好和吸引人才机制，推动形成深度融合的开放创新局面，加强创新政策统筹协调。湖南为了保障创新驱动发展战略的顺利实施，有以下四个关键点需要着重把握：

（一）认清创新发展公共竞争环境的重要性

公平竞争的市场环境是经营者开展有效竞争，实现市场对社会资源优化配置的前提和条件，优化市场竞争环境问题归根结底是资源合理配置的问题，即使有限的资源得到最有效的利用。

首先，市场调节是市场中各经济个体充分竞争使得价格不断变化，从而适应不断均衡的市场供求关系，最终实现资源配置优化的目标。由此可见，公平竞争的环境是市场实现资源最优配置的基础和保障，公平竞争的市场环境也是实现资源优化配置的重要手段。市场中的经营者往往是按照商品价格的升降来决定自身的行为取向，决定生产要素的组合及经营运行。每个经营者为求得自身的生存和发展，实现利润最大化，都力图以最少的成本、最低的价格、最高的质量、最优的服务取悦消费者。于是经营者之间必然展开相互竞争，充分激发经营者的积极性和创造性，从而推动整个社会的资源配置，发展社会生产力，增加社会财富。

其次，由于市场经济的自发性与盲目性，在激烈的市场竞争中，一些经营者由于实力雄厚、技术先进、产品适销对路等原因，不断发展壮大，在某一生产、流通或服务领域处于垄断地位，控制或支配着市场；还有些经营者为了在竞争中维持生机或牟取暴利，不惜采取假冒他人注册商标、低于成本价格销售商品等不正当手段，损害其他经营者的合法权益，扰乱社会经济秩序。由此可见，垄断和不正当竞争行为的出现，必然阻碍公平竞争。

因此要想使市场能够有效竞争，必须创造公平的竞争环境，制止垄断和不正当竞争行为，让经营者在公平条件下参与竞争。只有这样才能激发经营者创新的积极性和创造性，才能使社会资源得到优化配置，使消费者的利益得到维护，从而促进社会经济的发展和持久繁荣。

综上所述，市场公平的竞争环境是经营者开展有效竞争，实现市场对社会资源优化配置的前提和条件。从狭义上来看，市场的行为严格受相关法律法规所约束即可称为公平竞争的市场环境。从广义上来说，公平竞争的市场环境是由众多市场因素共同组成的不断变化着的大系统，如各个经济个体、市场体系、市场规范等。公平竞争的市场环境要求独立的市场主体。这主要是指：①企业。企业对社会发展的科技贡献率随着经济社会的发展而不断提高。②完善的市场体系。构建一个体系完整、机制健全、统一开放、竞争有序的现代市场体系是完善社会主义市场经济体制的重要内容。③灵敏的市场信号。价格是市场的信号灯，通过价格的变化可以反映出公平竞争的市场环境的变化。④健全的市场规则。建立和健全符合现代市场市场经济要求的市场规则，才能真正拥有公平竞争的市场环境。⑤规范的市场秩序。规范的市场秩序是实现公平竞争环境和市场经济良好运行的有利保证。我国加入世贸组织之后，市场环境发生了很大变化，面对严峻的国际、国内竞争形势，湖南更应进一步深化改革经济政策，整顿市场经济秩序，从而达到建立公平公正经济市场的目的，为其创新驱动战略顺利地贯彻实施创造一个公平竞争的外部环境。

（二）把握技术创新市场导向机制

2013年召开的中共十八届三中全会明确提出，建立健全鼓励原始创新、集成创新、引进消化吸收再创新的体制机制，健全技术创新市场导向机制，发挥市场对技术研发方向、路线选择、要素价格、各类创新要素配置的导向作用。技术创新市场导向是指技术创新的全过程由市场引导和决定。健全技术创新市场导向机制，就是在研发方向、资源配置和经费使用、项目评审以及成果评价和应用等各个环节，都要放手让市场"说话"，充分发挥市场导向作用，发展技术市场，健全技术转移机制，促进科技成果资本化、产业化。其重要意义在于：

1. 技术创新市场导向机制能有效地聚焦技术创新重点、破解关键技术难题

湖南省多年来存在现有科技资源与经济社会发展需要不匹配的问题。健全技术创新市场导向机制，意味着以市场为导向来解决科技资源配置问题：一是政府新增的科技投入可以更精准地配置到经济社会发展急需的领域和环节；二是通过市场办法促进存量科技资源按照创新需求流动，使创新资源与经济社会发展技术需求相吻合。

2. 技术创新导向机制能有效解决科技资源利用效率不高、产学研合作松散的问题

技术创新主要包括技术需求发现、创新创意形成、资源优化配置、技术创造、成果转化与商业化、技术社会效用化等环节。由于世界范围内创新组织对知识及技术掌握呈现出明显的"深度的加强"和"广度的减少"的特征，产学研合作成为必然。但从目前看，由于各种原因在许多领域产学研各部门还形不成以技术领先、产业化收益高为目标的创新利

益共同体。健全技术创新市场导向机制，可以消除各种障碍，让市场发挥决定性作用，使企业成为技术创新的承载者和成果的转化应用者。大学和科研机构积极提供技术支持，金融机构、风险资本等积极提供资金支持，科技中介主动提供信息与咨询服务等，真正形成优势互补、目标一致的技术创新利益共同体，大大提高现有科技资源的创新效率。

3. 技术创新导向机制能充分利用国家创新资源、促进协同创新

健全技术创新市场导向机制，就意味着要改变过去以行政方式为主的推动模式。以市场方法、按市场规则、由企业为主来实现其他省份的协同创新，市场会通过利益调整自动形成创新的有机连接，建立起良性的协同创新机制。对湖南省而言，健全技术创新市场导向机制不仅是加快实施创新战略、实现建设创新型湖南目标的基础支撑，也是为现代的"互联网+"模式提供一个资源和技术平台，更是充分利用国家科技创新资源，加快协同创新步伐，推动科学发展、绿色崛起的重要途径。

（三）强调金融创新的功能

随着互联网时代的到来，互联网金融逐渐兴起，其对经济发展的促进作用越来越明显。根据协同机制模型并实证分析可得出，广义虚拟经济视角下金融创新与经济增长的协同程度逐渐增高，这是因为金融创新子系统和经济增长子系统的有序度均不断提高，从而导致整个复杂系统的协调度随之提高。互联网金融和传统意义上的金融创新通过减少交易成本、促进技术进步、提高创新效率、有利资源配置和满足用户个性化需求等方面推动赋予广义虚拟经济内涵的经济增长，而包含品牌、文化、创意、人文艺术和服务等信息要素的经济增长则通过金融创新产权激励、金融创新者的公平收益、金融创新的政府力量和金融创新机构内部激励四个因素来促进金融创新。目前，互联网金融创新的发展需要把握四个关键点：

1. 服务创新

一般而言，消费者对于金融产品的认识和购买行为比较有限，他们大多通过固定的PC端或者线下的其他消费模式来获取所需要的产品或者服务。随着互联网的发展和经济发展水平的提高，碎片化的时间大量填充，大量消费者已经部分丧失或者完全丧失了深度思考能力，很多时候对于各种消费品的消费是通过其本身所存在的黏性很高的群体或者交流活动频度较大的群体所推荐和促成的。因此，发展互联网金融必须重视服务形式的创新。

2. 渠道创新

以往的金融行业以及互联网行业都是在各自的领域内进行产品和服务模式的创新活动。金融行业在过去的发展过程中垄断性强，很多有效的金融需求不能得到满足，金融需求被长久地压抑，金融交易成本和服务成本较高。而互联网行业通过其平台模式的建立不仅汇聚了大量的信息资源，同时也聚集了大量的沉淀资金，其为了获取更好的利润，开始寻找新的利润增长点。

3. 技术创新

互联网金融的深化发展不仅需要金融技术，同时也需要互联网技术。金融行业在其发

展时期积累了大量的金融资源,应该思考如何通过互联网技术的转化作用,在互联网技术以及金融技术的创新发展中使得金融行业不仅能够扩充其服务的广度和深度,同时也能够开发其未开发或者开发力度不够的客户和产品资源。

4. 信息处理能力创新

互联网金融能够利用零碎化的时间,通过大量移动端的消费行为获取大量的消费数据,形成海量的数据资源。但由于这些海量数据资源的收集范围广泛,时间零散,时间松散,因此数据间相关性差。

(四)重视新研发机构在创新发展中的作用

近几年来,广东省的创新驱动发展成果显著,这与其新型科研机构的发展有着密切关系。这对湖南的创新驱动发展有很大的借鉴意义,湖南同样也是拥有多所国家高水平研究所的省份,具备新型研究机构建立的必备条件。所以为了促进湖南的创新驱动战略的顺利实施,需要湖南重视新研发机构的发展,从而带动湖南经济的创新发展。随着"传统科研机构的破"与"新型科研机构的立"同时运作模式的提出,新型研发机构应运而生。新型研发机构之所以被冠以"新型",是因为它们有着区别于传统科研机构的新特征:①功能定位新。注重满足产业结构调整的技术需求。②合作方式新。采取"共同投入"的模式,大多由社会力量或国内高校、科研院所联合社会力量共同创办,以民间资金为主。③运作模式新。实行"事业单位,企业化运作"模式。④激励机制新。它们普遍采取合同制、匿薪制、动态考核、末位淘汰等管理制度。这些具有新特征的新研发机构在创新驱动发展中的作用如下:

1. 推动了产业自主创新

新型研发机构以企业为主体,以创新促增量,在产业链的前端(研发)和终端(市场销售)开发研究,将中间的生产制造委托外包。依托经营平台筹集研发经费,利用市场机制管理运行研发平台,研发活动围绕企业经营主业,高度聚焦于特定科技领域。其自主创新能力体现在:通过原始创新获取新技术,取得发明创造,抢占行业领先地位,带动行业技术创新,提升产业竞争力;注重满足产业结构调整的技术需求,对接各地支柱或特色产业,以市场为导向,针对产业重大技术需求,以高新技术引领行业和产业技术创新;通过技术和技术创新,实施技术合作和服务,攻克行业关键技术,为行业提供配套服务;降低行业内企业研发生产成本,缩短研发周期,加快新技术的推广应用。采用逆向创新、交叉创新的创新方式,保障创新的高效率、高产出,引领行业的技术创新。

2. 促进了基础设施建设

新型研发机构的建立,带动了科技资源共享服务平台的逐步加强,使过去资源分散、封闭和垄断的状况得以改观。这些平台为社会各界提供服务,进一步提高创新资源的整合利用效率,促进创新要素集聚,推动产业内价值链、创新链、产业链的有机贯通,激发创新主体的创新活力,有利于盘活区域内的各类创新资源。

3. 推动了产学研合作的良性发展

作为介于高等院校基础理论研究与企业产业技术创新需求之间的"二传手"，研发机构、高校、企业即产学研结合，共同构成创新体系中密不可分而又不可或缺的"金三角"，目前越来越成为地区经济转型发展的中坚力量。新型研发机构普遍建立融"应用研究—技术开发—产业化应用—企业孵化"于一体的科技创新链条，保证科技成果产业化整个链条的通畅以及产业发展对研究开发的反哺。

4. 改善了创新环境

创新型研发机构在创新理念、创新机制等各方面以一个全新的面貌出现在创新经济的大舞台上。在创新理念上，与产业高度结合，在产业源头和销售末端抓核心技术创新；在创新手段上，应充分利用网络及数字化手段在全社会传播创新意识和创新技术，促进学习型社会、创新型国家建设；在创新机制上，建立健全鼓励创新人才的聘用机制，深化向创新倾斜的收入分配机制改革，解除科研人员的后顾之忧，让他们有更多精力进行研究创新。

五、主要对策建议

（一）紧扣"科技"决定性因素，加强实践基础

历史和实践证明，科学技术是第一生产力，湖南省要推进"四化两型"建设，转变经济发展方式。把握好创新驱动战略性转变的关键时期，是否利用好科技创新和进步就成为湖南经济增长和社会发展的重要推动力量或是决定性制约因素。同时，科学技术对于促进经济结构升级与优化、人们生活水平的提高和生活内容的丰富化等各个方面都有着较大的影响，因此湖南省应注重"科技"，带动经济发展和扩大经济优势。

1. 提高科技地位，带领湖南经济发展

中共十八大报告中，对于科技创新在改变经济社会发展状况中的全局性作用作了深刻的阐释，提倡努力建设以市场为导向、以企业为主体的集产学研为一体的科技创新体系。在具体实践基础层面，科技才是决定性力量，努力提升科技硬实力，是强省富民的要点之一。全省上下要大力引进先进科学技术设备，积极培养各种科技人才，对于事关全省经济社会发展的重大科技建设项目，要由省领导或专项攻关小组专门督建。

2. 促进技术创新，扩大湖南经济优势

对于设备制造重点项目，要不断加快技术改革、技术创新的步伐，对于滞后低效和产能项目，要大力改造或彻底淘汰，从而使湖南省工业结构不断趋向合理化。同时为科技创新建设奠定良好的基础，并大力带动科技创新建设。在此基础上，不断提高科技生产效率，不断降低生产投入，不断降低环境污染，不断优化科技产业结构，以"高技术、高效率、低污染、低投入"作为推动科技产业实现转型的指导理念，为湖南省经济社会的全面

发展争取相对的空间优势和时间优势。

（二）强化政府引导，优化创新环境

社会主义社会的性质和市场经济内在的局限性，都需要在充分发挥市场经济调节的基础上加强政府的宏观调控，政府可以通过经济手段、法律手段和必要的行政手段引导社会主义市场经济运行的方向，湖南省只有把政府的宏观调控同市场经济有效结合，才能实现经济又好又快发展。

1. 政府的宏观调控，把握经济大局

研究表明，在经济合作与发展组织成员国中创新系统的发起者往往是私营部门，而在中国的大部分省（市、自治区），公共部门（政府）扮演了这一重要角色。政府作用的合理发挥可以加快自主创新体系的建设，提升区域技术创新能力，促进区域经济发展。积极参与的政府被称为创新型政府。通常有两种途径可以通向创新型政府：一是传统的官僚主义控制的自上而下的模式，政府不必与其他创新主体讨论就可以采取创新行动，实际上等于代替了其他机构的行动；二是政府采取适度参与的立场与态度，组织更多的创新活动，除了要有政府自上而下的创新举措之外，还必须有自下而上产生的及来自大学和产业的创新活动。

2. 市场的"无形之手"，掌握经济结构

对于中南部地区的湖南省自主创新体系的建设来说，仅强调政府的干预或是仅强调市场竞争和市场机制的效率都有失偏颇。政府和市场都有各自的优势，但也会存在失灵，二者必须相互协调、共同演化，才能促进自主创新体系的建设。既要确立政府的引领、主导作用，又要减少直接干预，充分利用市场机制。这个度把握好了，才能在政府与市场之间达成一种平衡。政府应尽可能地不介入市场机制可以发挥作用的领域，同时政府必须介入的也要尽量减少直接操作，以间接调控为主，要借助市场机制实现调控目的。

3. 重点领域的积极发展，把握经济中心

重视国有企业、科研院所的改革，高新技术企业的制度创新，激励高校和科研院所创新、创业的新机制建立等。实施重点项目，围绕湖南省六大高成长性产业、四大传统优势产业和四大战略先导产业实施重点项目建设（包括建设重点产业、共性技术开发基地和中试基地），协调重大合作项目，组织特殊资源，如通过跨行业、跨地区的重大产学研合作项目、产业化工程等大型项目建设来加快创新体系建设。

4. 重视供给侧调整，促进市场取向改革，化解过剩产能危机

面对当前错综复杂的国际经济形势和严峻的国内经济形势，湖南必须创新发展理念，努力从"供给侧"和"需求侧"两端发力。首先，实施供给侧体制机制改革，重视供给侧调整，优化供给侧结构；其次，落实好"去产能、去库存、去杠杆、减成本、补短板"五大任务，加快淘汰僵尸企业，降低房地产，特别是商业地产的库存，强化金融风险排查，减轻企业税费负担，补齐软硬基础设施上的突出短板。另外，在推进供给侧改革的同时也不能忽视需求侧的改革，加强湖南省的公共基础设施和服务以及产品建设，创新投资方

式，扩大居民消费，使供给与需求匹配，共同增强其对湖南省经济的促进作用。

（三）建设科技创新公共服务平台

科技创新服务平台不仅能明显提升创新能力，支撑引领各个行业和产品的发展，而且能快速集聚创新要素，整合科技资源的同时汇聚创新人才。科技创新公共服务平台建设是增强自主创新能力、建设创新型省份的基础和保障。因此最重要的是公共服务社会效益突出，能在社会经济不断发展的过程中切实加强科技伦理道德建设，提高人们的思想道德和职业道德素质。因此，湖南省应该注重科技创新公共服务平台的建设。

1. 积极建设共享平台，不断促进分享经济发展

分享经济是互联网时代下不断发展起来的新的经济模式。这对湖南的创新发展有着巨大的推进作用。围绕湖南省产业技术提升和经济社会发展需求，将积极搭建一批创新资源配置更优、联合创新能力更强、开放服务水平更高的公共科技基础条件平台、行业和区域创新平台。

2. 统筹科技公共服务平台功能配置，不断提升科技平台运行质量和水平

湖南省应打造科技商务型平台，进一步建立健全国际化科技商务平台功能，加强与其他省份的科技商务交流与合作；促进平台互通，通过商务平台的服务功能加速技术的扩散和产业化进程，让技术平台同信息平台、技术交易网络、企业家网络进行有效互动；提升科技技术型平台，建立行业科技创新服务平台，重点对行业共性、关键性、前瞻性技术进行联合开发，探索建立科技租赁公共技术服务平台，进一步面向社会搞好技术服务；加紧建设保障型科技服务综合平台，完善其功能，进一步搞活运行机制，不断放大平台的综合服务效应；完善公共服务平台管理方式，湖南省应该改进科技云服务平台功能，实现"指尖上服务"和痕迹化、动态信息管理。加强省市县联动，实现全省科技创新服务平台资源的互联互通。

3. 推进科技平台体制机制创新，形成促进可持续发展的制度框架，坚持政府引导、社会参与的建设方针

探索各具特色的商务型科技平台、保障型科技平台、技术型科技平台建设途径，并进一步明确三大科技平台的主管部门，减少管理权限的重叠和失当。加快体制机制创新，提高平台建设的"含金量"。鼓励以产权制度改革和人事制度改革为切入点，构建符合创新型经济发展需要的激励机制；鼓励各科技平台与国内外风险投资机构合作，建立规范化的风险投资公司；建立各类科技平台的建设标准，加强专业人才培育。更重要的是湖南省要有平台模式的创新，除实施分类、定向、精准服务外，还应依托"互联网+"构建创业创新服务平台。

（四）提高湖南省高校及科研院所的研发能力

2014 年的中央经济工作会议提出，要加大力度稳定支持科学基础研究和科技基础设施建设，强化创新成果源头供给。湖南为了促进创新发展应从以下几点来提高其研发能力：

（1）应结合目前正在进行的地方本科院校转型发展试点工作，出台相关倾斜性政策措施。开展基础研究的目的，不单是为了满足科学家对于自然现象和规律的探寻，更多的是基于经济社会发展的需求。

（2）引导高校与经济社会发展紧密对接。对于省内本科院校及高职高专来说，重心应当在于与所处地域的经济社会发展紧密结合，加强应用型基础研究及应用性研究。

（3）根据产业发展、行业企业需求凝练科研方向。由于高校和研究机构在知识生产和知识创造中有着不可替代的独特作用，因此，如何提升创新投入产出，加大高校和科研院所的研究与实验发展（R&D），是建构湖南省区域知识空间、增加创新知识持有量的有效路径。

（4）采取配套财政资金的方法引导高校与企业进行产学合作，寻求研发资金、联合开展科技攻关，产出大量能够满足市场需求的，真正具有创新性、独创性、实用性及市场成熟度较高的科技成果。

（五）强化技术创新体系中的企业主体地位

创新驱动的目的在于形成新的经济增长点。最有效的推进手段就是切实发挥市场在创新资源配置中的主体作用，确立区域创新体系中的企业主体地位，让企业面向市场需求确定创新突破口，提高创新效率。因此，应采取以下措施加强企业研发能力，确立企业的创新主体地位。

1. 发挥大型企业在技术创新中的骨干作用

要进一步完善现代企业制度，逐步改变湖南省企业研发活动中高水平应用研究比例过低的现状，引导企业增强技术创新意识。支持企业加强技术研发能力建设，鼓励和支持国有大中型企业及对产业有扩散带动效应的重点企业建立研发机构。支持企业建设重点实验室，加大在企业建立工程技术中心的力度，将企业技术创新过程向前端延伸，使企业技术创新的过程成为主导产业链技术创新、引领创新发展方向的完整过程。同时，政府科技创新项目由建有同级以上研发中心的企业（单位）承担。

2. 强化企业与高校及科研机构的协同创新

应当采取多种措施确立企业的技术创新主体地位，大中型企业要注重设立研发部门，为学习、引进、消化、吸收先进技术创造条件。对于研发能力弱、规模小的企业来说，则要加大与高校及科研机构的合作力度，与其形成长期、稳定的技术依托关系，及时汲取创新资源，进行一般竞争性产业和产品的集成创新。因此，政府部门应当将企业的重大科技需求列入政府重点科技计划与项目，组织协调企业广泛参与产学研合作，建立多种形式的技术研发与创新联盟，与大学及科研机构开展联合攻关，致力于具有较强技术关联性、产业带动性的战略产业的集成创新。

（六）建构多层次、多元化科技投融资体系

良好的投融资机制能够促使技术创新主体开展更多、更有效率的技术创新活动，提高

企业的技术创新能力，推动经济的持续增长。由于技术创新的不确定性和信息不对称的存在，金融资本的特性使之较少资助处于技术创新初始阶段的企业，大多数企业无法在技术创新的初始阶段获得充裕的资金，融资难成为制约企业自主创新的瓶颈。此时政府的资金支持往往起到举足轻重的作用。在政府引导下的，由地方政府、金融机构、创投基金、战略投资者共同参与的多层次、多元化的科技投融资体系是自主创新体系建设的根本保障。促进其投融资体系建设主要从以下几方面着手：

1. 政府直接的金融支持

一方面是对重点企业的自主创新融资支持，设立扶持企业自主创新专项资金，主要用于支持全省重点企业及成长性企业的自主创新项目；另一方面是对科技型中小企业融资的直接干预。当技术创新的过程发展到了以市场为导向的市场与研发交互并行的时代，越来越多地进入新兴产业的中小企业的发展往往会极大地影响区域整体创新水平，因而在建构湖南省自主创新体系的过程中，对于那些创新能力强、具有市场前景的科技型中小企业在投融资方面的支持力度往往成为自主创新能力提高的关键因素。

2. 推进科技与金融的深度融合和全面合作，弥补中小企业技术创新的资金缺口

应当以科技特色支行或科技支行为突破口，扶持科技型中小企业快速发展。采取贷款授信额度、降低贷款门槛、简化贷款程序等措施，为成长空间大、市场前景广、技术含量高的科技创新型企业提供综合性金融支持，倾力扶持科技型企业融资发展。

3. 组建湖南省风险投资基金体系

一要发展政府风险投资。相对于政府的直接财政补贴和银行贷款，风险资本融资渠道能够提高资本在自主创新与研发中的配置效率，可以在不同的投资组合与时期中分摊研发投入风险。政府的风险投资是在经济发展起步阶段对于企业资本和民间资本的有效补充与替代。政府投融资平台能够解决现有投融资平台融资渠道单一、实力较弱、融资能力不强等问题，能够及时筹措经济社会发展所需资金，增强政府对基础设施、产业结构调整升级、公益事业、科技创新、中小企业扶持等领域的资金投入能力。随着经济的发展，政府资本应当带动企业资本和民间资本，与民间资本合作以及委托专业商业机构来进行风险投资和管理是政府风险资本发展的重要趋势。二要鼓励大企业组建一定规模的风险投资基金。鼓励并引导省内的一些大型企业集团，涉足风险投资领域，为企业产品升级和新产品开发奠定基础。

（七）健全产学研用协同创新机制，推进科技成果转化，强化创新链和产业链的有机衔接

"十二五"时期，一个重要的问题就是科技研究成果的产业化转化效率不高，国家和湖南省政府在科技创新研究巨大的财政投入并没有获得与其完全对应的经济社会的发展。因此，湖南省政府应该加强和鼓励构建以企业为主导、产学研合作的产业技术创新战略联盟，制定促进联盟发展的措施，加强科技成果的转化。具体可从以下几方面着手：

（1）制定具体管理办法，允许符合条件的高等学校和科研院所科研人员经所在单位批

准，带着科研项目和成果、保留基本待遇到企业开展创新工作或创办企业，探索在战略性领域采取企业主导、院校协作、多元投资、军民融合、成果分享的新模式，整合形成若干产业创新中心。

（2）加强高等学校和科研院所的知识产权管理，完善技术转移工作体系，制定具体措施，推动建立专业化的机构和职业化的人才队伍，强化知识产权申请、运营权责。推动修订《促进科技成果转化法》和相关政策规定，在财政资金设立的科研院所和高等学校中，将职务发明成果转让收益在重要贡献人员、所属单位之间合理分配，对用于奖励科研负责人、骨干技术人员等重要贡献人员和团队的比例，可以从现行不低于20%提高到不低于50%。

（3）构建全国技术交易市场体系，在明确监管职责和监管规则的前提下，以信息化网络连接依法设立、运行规范的现有各区域技术交易平台，制定促进技术交易和相关服务业发展的措施，研究制定科研院所和高等学校技术入股形成的国有股转持豁免的政策。

（4）健全科技与标准化互动支撑机制，制定以科技提升技术标准水平、以技术标准促进技术成果转化应用的措施，制定团体标准发展指导意见和标准化良好行为规范，鼓励产业技术创新战略联盟及学会、协会协调市场主体共同制定团体标准，加速创新成果市场化、产业化，提高标准的国际化水平。

（八）深化科研评价奖励改革，造就一支规模庞大、素质优良的科技创新人才队伍

良好的科技评价和奖励制度是形成正确评价导向、激发科研人员创造活力的关键措施。要加快改革和完善人才发展机制，深化评价和奖励改革，统筹加强各方面人才队伍建设。主要从以下几个方面来促进其人才培养：

（1）完善以科研能力和创新成果为导向的人才评价标准，改变片面将论文专利、项目经费等与科研人员评价晋升直接挂钩的做法，形成正确的评价考核体系。同时改革科技奖励制度，优化奖励结构、规范程序、提高质量、减少数量。

（2）要促进科技人才市场化配置。一方面要改革院士遴选和管理体制，优化学科布局，提高中青年人才比例，实行院士退出和退休机制，更好地发挥院士团体的领军和参谋作用，加强科研诚信和科学道德建设，鼓励独立思考，提倡百家争鸣，着力打造公平竞争、宽容失败的创新环境；另一方面要坚持需求导向，强化市场配置，建立健全科技人才的合理流动、分配激励机制。鼓励企业通过股权、期权、分红、奖励等措施激励做出贡献的科技人员和高技能人才，增强企业对创新人才的吸引力。支持高校、科研院所科技人员领办创办科技型企业。

（3）允许高校、科研院所将职务科技成果转让净收入（或成果形成股权）的70%一次性奖励给成果完成人或团队；允许高校、科研院所用非政府科技项目结余经费出资入股或增资入股，其所获股权的70%奖励给成果完成人或团队；整合资源，建设功能齐全的省科技人才创新创业示范基地；制定实施促进科技成果转化股权和分红奖励的相关规定。

参考文献

[1] 杜弼云. 我国中部六省产学研科技联盟创新系统协同度比较研究 [J]. 管理科学，2015（2）：105–107.

[2] 贺定光. 湖南科技创新舆论环境建设研究 [J]. 文史博览，2009（4）：62–64.

[3] 李代明. 湖南机械制造业创新驱动发展存在的问题与对策 [J]. 邵阳学院学报，2015（1）：72–77.

[4] 李小妹. 河南省创新驱动发展研究 [J]. 黄河科技大学学报，2015（3）：26–31.

[5] 彭一峰. 湖南科技创新投融资环境的优化分析 [J]. 经济问题，2009（4）：123–125.

[6] 孙熠. 创新驱动发展战略下的高校技术转移机制探析 [J]. 江苏科技信息，2015（9）：7–9.

[7] 王迪云. "入世"过渡期后湖南科技创新思路与对策 [J]. 区域经济，2008（3）：205–206.

[8] 王艳红. 河北省产学研协同创新发展现状及存在问题分析 [J]. 潍坊工程职业学院学报，2014（11）：9–11.

[9] 杨文治. 浅探湖南产学研协同创新的路径 [J]. 职业教育，2009（2）：231–232.

[10] 周世平. 创新环境下旅游服务供应链上主体企业新型运作模式研究 [J]. 科技广场，2014（7）：162–167.

（主要撰稿人：曾世宏 李启平 高亚林 阳小红 杨 鹏）

第二篇
地区篇

"十二五"时期中央实施了创新驱动发展的重大战略部署。湖南省各地州市认真抓好贯彻落实，尽管每个领域的创新发展进程各不相同，但各地州市的创新驱动发展所取得的成就还是有目共睹的，主要表现在科技自主创新能力显著提高，科技竞争力不断增强；新兴产业增势强劲，高新技术产业园区量质齐升，产业化基地稳步发展；高新技术产业优势领域、优势区域和龙头企业逐步实现了比较优势向竞争优势的转化；科技活动人员逐年增加，教育支出占公共财政支出的比重越来越大，科研资金投入逐年增长，代表科研成果的科技论文发表数、高新技术项目数、有效发明专利数逐渐增多，科技对经济增长的贡献率逐年提高。

2014 年，各地州市创新发展绩效综合排名前三位的分别是长沙、郴州、株洲，排名相对靠后的分别是怀化、张家界、湘西。目前，湖南省各地州市创新驱动发展仍然面临着诸多问题。在创新环境营造方面，各地州市的人均 GDP 仍存在较大差异，地区经济发展极不平衡，科技活动人员的增长速度缓慢且数量较小，各地州市教育支出占财政支出比重相对较小，规模以上工业企业办科技机构数总体而言仍然较小。在创新投入方面，科研经费内部支出占 GDP 的比重仍然相对较小，规模以上工业企业的研发经费有待增加；在创新产出方面，R&D 项目数较少，有效发明专利数太少，技术合同成交率较低；在创新绩效方面，各地州市规模以上工业企业的新产品销售收入占主营业务收入比重仍然较小，单位高新技术企业产品出口额较低，高新技术产业对经济增长的贡献率普遍较低。

针对湖南省各地州市创新驱动发展所存在的问题和面临的挑战，我们提出以下几点政策性建议：

其一是要理念创新。新常态下经济增速回落，产业结构优化升级，不能通过缩减工业实现第三产业的提升，要更加重视工业发展质量，以技术创新为产业结构优化升级提供物质基础和动力源泉。

其二是要战略创新。"一带一路"是党中央在经济新常态下提出的国家战略决策，将对我国未来经济发展产生重大而深远的影响。长沙作为重要的节点城市之一，要尽快融入国家发展战略之中，主动抓住这一战略机遇，积极对接中央、省里的决策部署，制订长沙的发展战略规划，精选优势产业产品，找准切入点，进一步重点培育壮大外向型产业，通过"一带一路"，将长沙的产品推向全球，扩大海外产品市场，促进长沙工业发展。

其三是要产品创新。科学规划，重点突出，在各园区原有产品生产格局的基础上，注入科技新元素，实现产品错位发展和创新发展。要继续发挥优势产业、优势企业的拉动力，加快技术研发和产品创新，不断推出满足市场需求的新产品，扩大市场份额，从产品模仿变成产品创新。

其四是推进科技成果市场交易机制创新。完善科技成果市场交易机制，充分发挥市场机制配置资源的决定性作用，使更多科技成果生产者、制造者成为成果商品化的经营者，增强成果创造者在市场经济中的主导作用，赋予其更多权限。

其五是推进科技金融体制创新。探索科技与金融结合新模式，营造有利于科技服务业发展的政策和体制环境，不断完善创新创业投融资服务体系，推动开放条件下的金融、科技和产业融合创新。支持设立创业投资引导基金、天使基金、产业基金、科技银行、股权交易中心、融资租赁、知识产权质押等创新金融业务，加大对科技型企业发展的融资支持。

其六是推进业态创新。紧紧围绕"互联网+"，推进特色优势产业与互联网深度融合。重点深入推进张家界、韶山、岳阳、衡阳等旅游业与互联网技术的深度融合，创新旅游业的分享经济发展模式。探索长株潭城市群在城市交通、教育培训、医疗、养老卫生等公共服务领域以及高端装备制造行业探索分享经济新模式。

其七是构建创新驱动战略实施主战场。抓好创新园区建设，增强主导产业竞争力。要抓住发展"工业4.0"的机遇，提高产品质量和性能，积极争抢国际、国内市场。以高新技术产业园区为中心，选择几个创新基础较好的园区构建"一区多园"创新园区发展模式。

第二章
湖南区域创新发展绩效评价

一、引　言

美国学者迈克尔·波特认为，经济发展具有阶段性，在不同的发展阶段，驱动经济增长的力量是不一样的。国家竞争优势的发展可分为四个阶段，即要素驱动阶段、投资驱动阶段、创新驱动阶段和财富驱动阶段。随着科学技术的飞速发展，越来越多的国家和地区开始从要素驱动阶段、投资驱动阶段逐渐进入创新驱动阶段；与此相对应，21世纪的区域经济发展模式也逐步转变为创新型经济发展模式。此时，区域经济优势已不再严重依赖于自然资源和资本的拥有状况，而是依赖于国家和企业的创新构想和创新能力。

同时，中共十八大提出实施创新驱动发展战略，强调科技创新是提高社会生产力和综合国力的战略支撑，必须摆在国家发展全局的核心位置。这是中央在新的发展阶段确立的立足全局、面向全球、聚焦关键、带动整体的国家重大发展战略。根据《国家创新驱动发展战略纲要》要求，创新驱动就是要使创新成为引领发展的第一动力，科技创新与制度创新、管理创新、商业模式创新、业态创新和文化创新相结合，推动发展方式向依靠持续的知识积累、技术进步和劳动力素质提升转变，促进经济向形态更高级、分工更精细、结构更合理的阶段演进。

目前，我国经济发展也已进入新常态：经济增长由高速增长转为中高速增长，经济发展动力从要素驱动、投资驱动转向创新驱动，创新驱动成为推动经济发展方式转变、产业结构调整及区域经济健康发展的主要动力，创新驱动发展战略成为国家发展的核心战略。对区域发展而言，区域创新能力已经成为决定一个地区经济社会发展水平的关键因素之一和促进区域经济增长与区域产业发展的主要动力之一。创新驱动发展战略也是核心战略，可以最大限度地突破人口、资本、自然资源对区域经济发展的限制，进而促进区域经济发展，对区域创新驱动进行研究有着重要意义。

因此，对于湖南省各地州市来说，如何充分利用自身的区位优势与有利政策，加快提升区域创新能力，促进本地经济发展成为如今亟待解决的重大战略问题，并对全省有效发挥现有科技资源优势，提升区域创新能力，建设创新型湖南，实现由科技大省向科技强省转变具有重要的现实意义和理论价值。从全省的角度来看,湖南省具有较强的教育和科技基础,但这些基础在长株潭、大湘西、大湘南和洞庭湖不同区域是极其不平衡的。因此需要正确、客观地揭示和评价湖南省各地州市区域创新能力的现状,发现制约区域创新能力提高的因素与区域创新优势之所在,研究其区域创新能力培育、保持和提升的有效途径,并制定科学合理的区域创新政策。

二、创新绩效评价指标体系的建立与各二级指标的统计分析

创新是城市经济发展的不竭动力。一个城市创新能力的大小直接决定了这个城市发展的后劲和未来。创新是知识的生产、扩散和使用。区域创新系统由知识创新子系统、技术创新子系统、知识传播子系统和知识应用子系统构成;从创新的结构看,区域创新由创新主体系统、创新基础子系统(技术标准、数据库、信息网络、科技设施等)、创新资源子系统(人才、知识、专利、信息、资金等)和创新环境子系统(政策法规、管理体制、市场和服务等)构成;从创新的动态过程上看,区域创新系统由研究和开发子系统、创新导引子系统(创新计划和战略)、创新运行与调控子系统(制度、规则和政策)、创新支撑与服务子系统构成;从创新对象上看,区域创新系统由技术创新系统、制度创新系统、组织创新系统和管理创新系统构成。本报告创新绩效评价指标体系是根据 2014 年中国创新指数的创新指标体系创立的,由于部分数据的缺失,所以将某些指标用相似的指标替代,即得到了湖南省创新指标体系分为三个层次:第一个层次反映区域创新总体发展情况;第二个层次反映区域创新环境、创新投入、创新产出和创新绩效四个领域的发展情况;第三个层次反映构成创新能力各方面的具体发展情况[①]。本书共选取了 21 个评价指标,各指标是根据中国创新指标体系框架调整变换得到的[②],为便于后文的说明,将各指标用英文大写字母进行说明。本书将各指标的权重取为相等,这样便于计算,以减小由于权重的差异而引起的判断误差(见表 2-1)。

表 2-1　湖南省创新绩效评价指标体系

一级指标	二级指标	权数
1. 创新环境	1.1　A. 科技活动人员数占年末就业人员数的比重(人/万人)	1/5
	1.2　B. 人均 GDP(元/人)	1/5
	1.3　C. 互联网用户数(万户)	1/5
	1.4　D. 教育支出占公共财政支出的比重(%)	1/5
	1.5　E. 规模以上工业企业办科技机构数(个)	1/5

①② http://www.gov.cn/xinwen/2015-12/30/content_5029478.htm.

续表

一级指标	二级指标	权数
2. 创新投入	2.1 F. 规模以上工业企业每万人R&D人员全时当量（人年/万人）	1/5
	2.2 G. R&D经费内部支出占GDP比重（%）	1/5
	2.3 H. 规模以上工业企业R&D经费内部支出/R&D人数（万元/人）	1/5
	2.4 I. 规模以上工业企业R&D经费占主营业务收入比重（%）	1/5
	2.5 J. 规模以上工业企业办科技机构数所占比重（%）	1/5
3. 创新产出	3.1 K. 全部R&D项目（课题）数（项）	1/6
	3.2 L. 每名R&D人员有效发明专利数（件/人）	1/6
	3.3 M. 规模以上工业企业新产品开发项目数（项）	1/6
	3.4 N. 新认定的总的商标数（件）	1/6
	3.5 O. 每万人R&D人员技术合同成交金额（亿元/万人）	1/6
	3.6 P. 发表科技论文数（篇）	1/6
4. 创新绩效	4.1 Q. 规模以上工业企业新产品销售收入占主营业务收入的比重（%）	1/5
	4.2 R. 单位高新技术企业产品出口额（万美元/个）	1/5
	4.3 S. 单位GDP能耗（吨标准煤/万元）	1/5
	4.4 T. 劳动生产率（全社会总产值/年末从业人员）（万元/人）	1/5
	4.5 U. 高新技术产业对经济增长的贡献率（%）	1/5

（一）创新环境

该领域主要反映创新驱动发展所必备的人力、财力等基础条件的支撑情况，以及政策环境对创新的引导和扶持力度，共设五个评价指标，分别为：A——科技活动人员占年末就业人员的比重（人/万人）、B——人均GDP（元）、C——互联网用户数（万户）、D——教育支出占公共财政支出的比重（%）、E——规模以上企业办科技机构数（个）。科技活动人员占年末就业人员的比重反映湖南省劳动力综合素质和创新人力资源情况，2014年湖南省各地州市科技活动人员占年末就业人员的比值如图2-1所示。

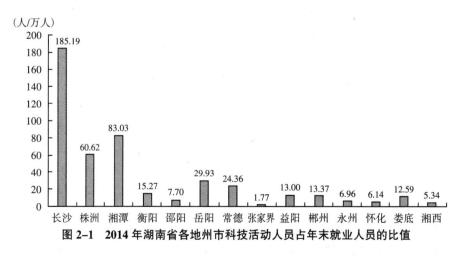

图2-1 2014年湖南省各地州市科技活动人员占年末就业人员的比值

从图2-1可以中看出，比重由高到低排名依次为长沙、湘潭、株洲、岳阳、常德、衡阳、郴州、益阳、娄底、邵阳、永州、怀化、湘西、张家界。相对而言，排名前三的长株潭三个地州市的科技活动人员占年末就业人员的比重远远高于其他地州市，长沙每万人就业人员中约有 186 个科技活动人员，湘潭每万人就业人员中约有 84 个科技活动人员，株洲每万人就业人员中约有 61 个科技活动人员。排名靠后的张家界、湘西和怀化三个地州市的科技活动人员占年末就业人员的比重远远低于其他地州市，排名最后的张家界每万人就业人员中仅有两个科技活动人员，排名倒数第二的湘西每万人就业人员当中有 6 个科技活动人员，排名倒数第三的怀化每万人就业人员当中有 7 个科技活动人员，与排名倒数第二的湘西相差不多。

发展经济学中常用人均 GDP 作为衡量经济发展状况的指标，是最重要的宏观经济指标之一，它是人们了解和把握一个国家或地区的宏观经济运行状况的有效工具，是可以反映一个国家或地区经济实力最具有代表性的指标，也可以反映经济增长与创新能力发展之间相互依存、相互促进的关系，一个国家或者地区人均 GDP 越高，说明该国家或地区的区域创新的经济实力越雄厚，因此，人均 GDP 也能够作为衡量区域创新环境的指标之一。2014 年湖南省各地州市人均 GDP 的名义值比较如图 2-2 所示。从图 2-2 可以看出，湖南省 2014 年 14 个地州市人均 GDP 的名义值排名由高到低依次为：长沙、湘潭、株洲、岳阳、常德、郴州、衡阳、娄底、益阳、张家界、怀化、永州、湘西、邵阳。排名第一的长沙人均 GDP 为 107683 元/人，远远高于排名第二的湘潭（人均 GDP 为 55968 元/人）。排名第二的湘潭和排名第三的株洲人均 GDP 相差较小，为 1227 元/人，说明其经济发展状况比较接近。岳阳、常德都为 40000~50000 元/人，郴州、衡阳、娄底均为 30000~40000 元/人，益阳、张家界、怀化、永州均为 20000~30000 元/人，其中，张家界和益阳相差不多，怀化和永州较为接近。湘西和邵阳均为 10000~20000 元/人，相差不大。

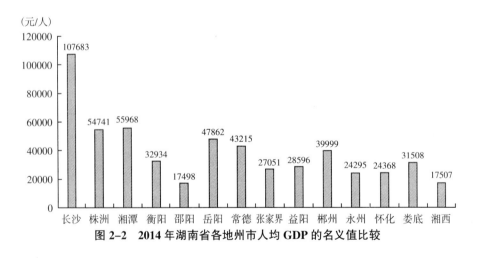

图 2-2　2014 年湖南省各地州市人均 GDP 的名义值比较

互联网用户数通常用来测量地区创新环境的一个指标。由图 2-3 可以看出，2014 年湖南省各地州市互联网用户数的排名依次为：长沙、常德、衡阳、岳阳、株洲、邵阳、郴州、湘潭、娄底、怀化、永州、益阳、湘西、张家界。由图 2-3 可以看出排名第一的长沙远远高于排名第二的常德，是益阳的 2 倍多，是排名在最后的张家界的 8 倍左右。排名位于前三位的长沙、常德、衡阳分别为 150 万户、72.45 万户、64.05 万户，占湖南省 2014 年全省互联网用户数的 38.46%。排名后三位的张家界、湘西、益阳分别为 18.91 万户、25.59 万户、34.17 万户，占湖南省 2014 年全省互联网用户数的 10.56%。

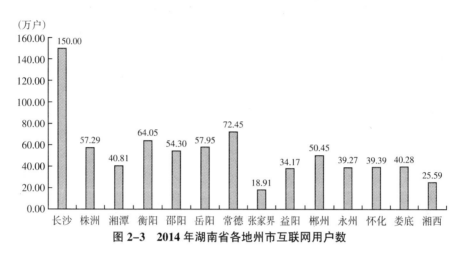

图 2-3 2014 年湖南省各地州市互联网用户数

教育支出占公共财政支出的比重是衡量一个地区的教育水平的基础线，是创新环境的一个衡量指标，该指标反映政府对教育的支持力度以及对重点、关键和前沿领域的规划和引导作用。由图 2-4 可知，2014 年湖南省各地州市教育支出占公共财政支出比重的排名为：郴州、永州、怀化、娄底、邵阳、湘西、张家界、益阳、岳阳、长沙、衡阳、株洲、常德、湘潭。其所占比重均在 10%~20%，其中排名位于第一的郴州和排名位于第二的永州分别为 18.32% 和 18.30%，相差很小，为 0.02%。排名第一的郴州和排名最后的湘潭在此指标分别为 18.32% 和 13.40%，相差为 4.92%。即总体而言，湖南省 14 个地州市的教育支出占公共财政支出比重的变化不是很大。

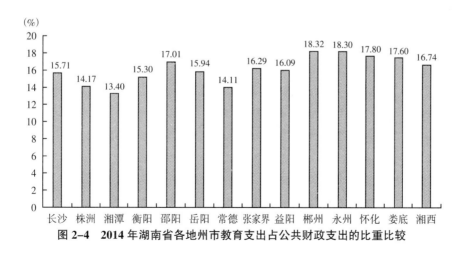

图 2-4 2014 年湖南省各地州市教育支出占公共财政支出的比重比较

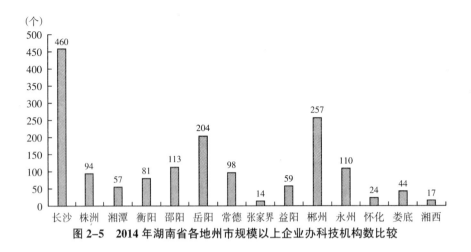

图2-5　2014年湖南省各地州市规模以上企业办科技机构数比较

　　规模以上企业办科技机构个数是科技创新环境的一个指标，该指标从一个侧面反映企业创新环境情况。由图2-5可以看出，2014年湖南省各地州市规模以上企业办科技机构数的排名为长沙、郴州、岳阳、邵阳、永州、常德、株洲、衡阳、益阳、湘潭、娄底、怀化、湘西、张家界。排名第一的长沙的规模以上企业办科技机构个数远远多于排名第二的岳阳的个数。湖南省各地州市规模以上企业办科技机构个数较多的三个地州市为长沙、郴州和岳阳，分别为460个、257个、204个，占2014年湖南省全省的56.43%，排名靠后的三个地级市为张家界、湘西、怀化，分别为14个、17个、24个，仅占湖南省全省的3.37%。

（二）创新投入

　　该领域通过创新的人力财力投入情况、企业创新主体中发挥关键作用的部门（即研发机构）建设情况以及创新主体的合作情况来反映国家创新体系中各主体的作用和关系。由于缺乏创新的人力和财力投入指标且研发是当前我国创新的最重要环节，因此，这里的投入指标用研发投入指标来代替，该领域共设有5个评价指标，分别为：F——规模以上工业企业每万人R&D人员全时当量（人年/万人）、G——R&D经费内部支出占GDP比重（%）、H——规模以上工业企业每个R&D活动人员的R&D经费内部支出（万元/人）、I——规模以上工业企业R&D经费占主营业务收入比重（%）、J——规模以上工业企业办科技机构数所占比重（%）。

　　该指标是规模以上工业企业R&D人员全时当量与规模以上工业企业R&D人员之比，每万人R&D全时人员当量反映的是自主创新人力的投入规模和强度，是衡量创新投入的一个指标。由图2-6可知，2014年湖南省各地州市规模以上工业为企业每万人R&D人员全时当量排名为：湘潭、益阳、株洲、怀化、张家界、长沙、常德、邵阳、郴州、岳阳、娄底、衡阳、湘西、永州。根据排名可知，湖南省2014年各地州市的自主创新人力的投入规模和强度湘潭市最高，为8351.03人年/万人；其次是益阳，为8111.99人年/万人，相差并不是很大。但是，长沙的自主创新人力的投入和规模排名第六，为6927.25人年/万人，相对于湘潭和株洲而言较低。排名第一的湘潭和排名最后的怀化相差 3398.81 人年/万人，相差较大，说明 2014 年湖南省各地州市自主创新人力的投入规模相差较不平稳。

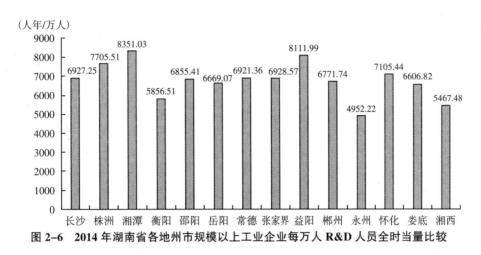

图 2-6　2014 年湖南省各地州市规模以上工业企业每万人 R&D 人员全时当量比较

R&D 经费内部支出占 GDP 比重是用来衡量创新投入的一个指标，又称为 R&D 投入强度，是反映一个国家或者地区科技投入水平的核心指标，也是我国科技中长期科技发展规划纲要中的重要指标。由图 2-7 可知，2014 年湖南省各地州市 R&D 经费内部支出占 GDP 比重的排名是长沙、湘潭、株洲、岳阳、娄底、常德、衡阳、郴州、益阳、邵阳、湘西、永州、怀化、张家界。排名前三的地州市是长沙、湘潭、株洲，分别为 2.19%、1.77%、1.71%。排名靠后的三个地州市是永州、怀化、张家界，分别为 0.29%、0.27%、0.08%，排名第一的长沙市约为排名最后的张家界的 27.16 倍，由此可见，2014 年湖南省各地州市的 R&D 投入强度极度不平衡，存在严重的地区性差异。

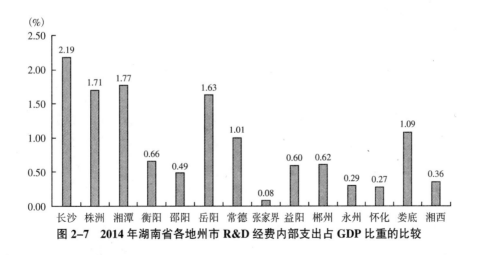

图 2-7　2014 年湖南省各地州市 R&D 经费内部支出占 GDP 比重的比较

规模以上工业企业每个 R&D 活动人员的 R&D 经费内部支出是用来衡量创新投入的一个指标，在一定程度上可以代表一个地区的创新能力，用来反映一个地区在加强原始创新

能力上所做的努力。由图 2-8 可以看出，2014 年湖南省各地州市规模以上工业企业每个
R&D 活动人员的 R&D 经费内部支出的排名为：娄底、岳阳、常德、郴州、株洲、衡阳、
益阳、湘潭、长沙、湘西、张家界、怀化、永州、邵阳。排名第一、第二的娄底、岳阳分
别为 47.25 万元/人、43.47 万元/人，相差 3.78 万元/人；排名第三和第四的常德、郴州，
分别为 30.80 万元/人、30.57 万元/人，相差 0.23 万元/人，相差不大；排名第五、第六、
第七的分别是株洲、衡阳、益阳，分别为 27.87 万元/人、27.68 万元/人、27.59 万元/人，
相差相对较小；排名第八、第九、第十的是湘潭、长沙、湘西，分别为 25.71 万元/人、
25.34 万元/人、23.00 万元/人；排名靠后的张家界、怀化、永州、邵阳相差不大。由此看
出，2014 年湖南省各地州市规模以上工业企业每个 R&D 活动人员的 R&D 经费内部支出
差异并不是很大，但是排名第一的娄底与排名最后的邵阳相差为 28.06 万元/人，相差还是
较大，可以看出 2014 年湖南省各地州市的原始创新能力局部来看分布差异不大，但是就
湖南省全省而言，其原始创新能力差异较大。

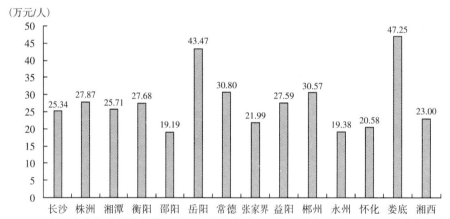

图 2-8　2014 年湖南省各地州市规模以上工业企业每个 R&D 活动人员的 R&D 经费内部支出比较

　　企业是创新互动的主体，而工业企业又在企业创新活动中占主导地位。规模以上工业
企业 R&D 经费与规模以上工业企业主营业务收入之比反映了创新活动主体的经费投入情
况，是衡量一个地区创新投入的指标。由图 2-9 可以看出，2014 年湖南省各地州市规模
以上工业企业 R&D 经费占主营业务收入比重排名为：长沙、株洲、常德、岳阳、湘潭、
娄底、衡阳、湘西、益阳、永州、邵阳、郴州、怀化、张家界。仅有排名前三的长沙、株
洲和常德此比重超过了 1%，分别为 1.51%、1.23%、1.15%。郴州和怀化的比重都为
0.36%，排名第一的长沙是排名最后的张家界的 6.48 倍，由此可见，2014 年创新活动主体
的经费投入是具有明显的地区差异的。

　　该指标是规模以上工业企业办科技机构数与规模以上工业企业数之比。企业办科技机
构指企业自办（或与外单位合办），管理上同生产系统相对独立（或者单独核算）的专门
科技活动机构，主要任务是从事科技活动，该指标从侧面反映企业持续开展科技活动的能
力，是衡量创新投入的指标。由图 2-10 可以看出，2014 年湖南省各地州市规模以上工业

企业办科技机构数所占比重排名为：郴州、长沙、永州、岳阳、邵阳、常德、张家界、衡阳、益阳、株洲、湘潭、湘西、娄底、怀化。排名第一的郴州比排名第二的长沙要多5.52%，排名位于第三和第四的永州和岳阳差异不是很大，相差0.42%，排名第九、第十、第十一、第十二的益阳、株洲、湘潭、湘西分别为6.33%、6.27%、6.23%、6.20%，相差不大，排名第一的长沙是排名最后的怀化的5.38倍。基于此，湖南省2014年各地州市规模以上工业企业办科技机构数所占比重的地区差异化整体还是比较大的。

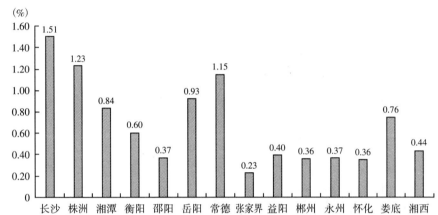

图 2-9 2014 年湖南省各地州市规模以上工业企业 R&D 经费占主营业务收入比重的比较

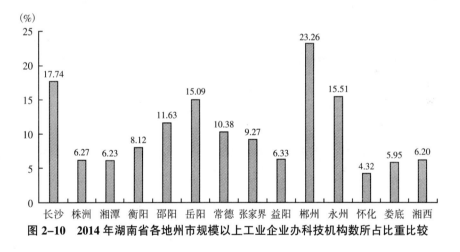

图 2-10 2014 年湖南省各地州市规模以上工业企业办科技机构数所占比重比较

（三）创新产出

该领域通过论文、专利、商标、技术成果成交额反映创新中间产出结果，该领域共设六个评价指标，分别是 K——全部 R&D 项目（课题）数（项）、L——每名 R&D 人员有效发明专利数（件/人）、M——规模以上工业企业新产品开发项目数（项）、N——新认定的总的商标数（件）、O——每万人 R&D 人员技术合同成交金额（亿元/万人）、P——发表科技论文数（篇）。

R&D 项目（课题）数是指研发活动项项数，是衡量地区创新产出的一个指标，该指标反映了研发活动的产出水平和效率。由图 2-11 可以看出，2014 年湖南省各地州市全部 R&D 项目（课题）数排名如下：长沙、湘潭、衡阳、株洲、岳阳、郴州、常德、湘西、永州、益阳、邵阳、怀化、娄底、张家界。排名前三的长沙、湘潭、衡阳分别为 28051 项、4785 项、2825 项。这三个地州市 R&D 项目（课题）数达到了湖南省 R&D 项目（课题）数的 78.02%；排名靠后的地级市是怀化、娄底、张家界，分别为 559 项、377 项、24 项，总占比不足 3%。由此对比发现，湖南省 2014 年的 R&D 活动项目主要集中在某些地级市，地区差异化较为严重。

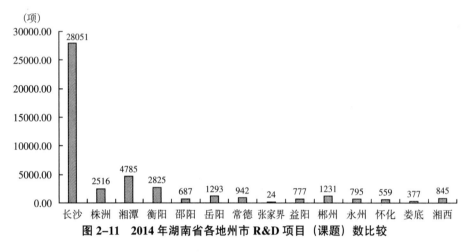

图 2-11　2014 年湖南省各地州市 R&D 项目（课题）数比较

有效发明专利数是在专利授权之后持续缴费的专利。专利授权是指国内职务专利授权。专利授权书是创新活动中间产出的另外一种方式，此指标也是衡量创新产出的指标，反映研发活动的产出水平和效率。由图 2-12 可以看出，2014 年湖南省各地州市每名 R&D 人员有效发明专利数排名为：张家界、株洲、永州、长沙、湘西、郴州、娄底、岳阳、怀化、常德、衡阳、益阳、湘潭、邵阳。其中排名位于第一的张家界是排名位于第二的株洲的 4.52 倍，是排名位于最后的邵阳的 22.51 倍。并且，2014 年湖南省每名 R&D 人员有效发明专利数的地区差异化很大。

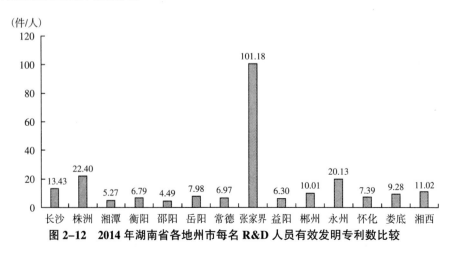

图 2-12　2014 年湖南省各地州市每名 R&D 人员有效发明专利数比较

　　新产品开发是指从研究选择适应市场需要的产品开始到产品设计、工艺制造设计，直到投入正常生产的一系列决策过程，是衡量创新产出的一个指标。由图 2-13 可以看出，2014 年湖南省各地州市规模以上工业企业新产品开发项目数排名为：长沙、株洲、衡阳、湘潭、常德、岳阳、郴州、邵阳、益阳、永州、娄底、怀化、湘西、张家界。排名前三的长沙、株洲、衡阳分别为 4305 项、1331 项、805 项。该三个地州市规模以上工业企业新产品开发项目数达到了湖南省规模以上工业企业新产品开发项目数的 66.01%；排名靠后的地级市是怀化、张家界、湘西，分别为 100 项、37 项、32 项，总占比不足 2%。由此对比发现，湖南省 2014 年的规模以上工业企业新产品开发项目主要集中在某些地级市，地区差异化较为严重。

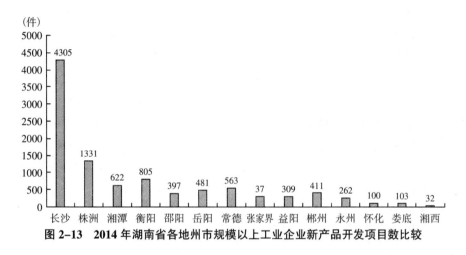

图 2-13　2014 年湖南省各地州市规模以上工业企业新产品开发项目数比较

　　商标数是指企业拥有的在国内外知识产权部门注册的受知识产权法保护的商标数量。该指标在一定程度上反映各地州市企业自主品牌拥有情况和自主品牌的经营能力，是衡量创新产出的一个指标。由图 2-14 可以看出，2014 年湖南省各地州市新认定的总的商标数排名为：长沙、岳阳、常德、邵阳、衡阳、株洲、湘潭、益阳、郴州、永州、怀化、娄

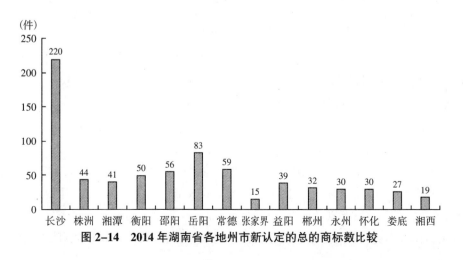

图 2-14　2014 年湖南省各地州市新认定的总的商标数比较

底、湘西、张家界。2014 年新认定的总的商标数最多的三个地州市分别是长沙、岳阳、常德，分别为 220 件、83 件、59 件，该三个地区的总的认定商标总数达到 2014 年湖南省全省认定总的商标总数的 48.59%；认定的总的商标数最少的三个地州市分别是娄底、湘西、张家界，分别为 27 件、19 件、15 件，该三个地区的总的认定商标总数仅达到 2014 年湖南省全省认定的总的商标总数的 8.19%。通过对比发现，湖南省企业自主品牌拥有情况和自主品牌的经营能力的地区性差异还是比较大的。

技术市场成交额指全国技术市场合同成交项目的总金额，是衡量创新产出的一个指标。该指标反映技术转移和科技成果转化的总体规模。由图 2-15 可以看出，2014 年湖南省各地州市每万人 R&D 人员技术合同成交金额的排名为：郴州、张家界、怀化、益阳、株洲、常德、衡阳、长沙、湘潭、永州、邵阳、娄底、岳阳、湘西。仅有排名第一的郴州达到了每万名 R&D 人员平均技术市场成交额超过 10 亿元，为 14.70 亿元/万人。张家界、怀化、益阳、株洲的每万名 R&D 人员平均的技术市场成交额均在 5 亿~10 亿元，分别为 7.10 亿元/万人、6.43 亿元/万人、5.79 亿元/万人、5.47 亿元/万人。而排名靠后的邵阳、娄底、岳阳、湘西的每万名 R&D 人员平均技术市场成交额均未达到 1 亿元，分别为 0.98 亿元/万人、0.79 亿元/万人、0.37 亿元/万人、0.20 亿元/万人。由此可见，2014 年湖南省各地州市每万人 R&D 人员技术合同成交金额存在明显的地域差异。

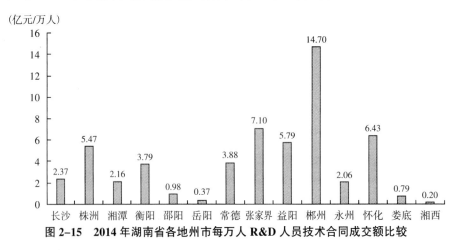

图 2-15　2014 年湖南省各地州市每万人 R&D 人员技术合同成交额比较

科技论文是指企事业单位立项的由科技项目产生的，并在正规刊号的刊物上发表的学术论文，科技论文是创新活动中间产出的重要成果形式之一，该指标反映研发活动的产出水平和效率。由图 2-16 可以看出，2014 年湖南省各地州市发表的科技论文数排名为：长沙、衡阳、湘潭、株洲、岳阳、常德、邵阳、湘西、娄底、怀化、益阳、郴州、永州、张家界。其中排名第一的长沙为 33746 篇，是排名第二的衡阳（4680 篇）的 7.21 倍，排名前三的长沙、衡阳、湘潭，占湖南省 2014 年各地州市总共发表科技论文的 78.89%，排名后三名的郴州、永州、张家界（分别为 776 篇、678 篇、17 篇），仅占湖南省 2014 年各地州市总共发表科技论文的 2.70%。发表科技论文篇数排名第一的长沙是排名最后的张家界的 1985.06 倍，由此对比可见，2014 年湖南省各地州市发表科技论文数具有明显的地区差异。

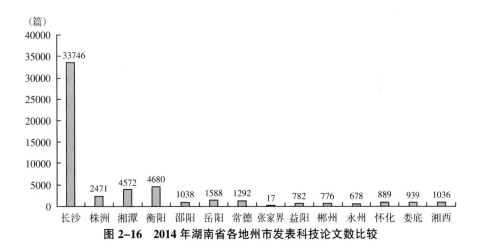

图 2-16　2014 年湖南省各地州市发表科技论文数比较

（四）创新绩效

该领域通过产品结构调整、产业国际竞争力、节约能源、经济增长方面，反映创新对经济社会发展的影响，该领域共设五个评价指标，分别为：Q——规模以上工业企业新产品销售收入占主营业务收入的比重（%）、R——单位高新技术企业产品出口额（万美元/个）、S——单位 GDP 能耗（吨标准煤/万元）、T——劳动生产率（万元/人）、U——高新技术产业对经济增长的贡献率（%）。

新产品销售收入是反映企业创新成果，即将新产品成功推向市场的指标，该指标用于反映创新对产品结构调整的效果，是衡量创新成效的指标。由图 2-17 可以看出，2014 年湖南省各地州市规模以上工业企业新产品销售收入占主营业务收入比重的排名为：岳阳、长沙、常德、娄底、株洲、衡阳、郴州、益阳、湘潭、邵阳、怀化、张家界、永州、湘西。排名前三的岳阳、长沙、常德分别为 30.34%、29.88%、28.73%，相差不是很大。娄底、株洲、衡阳的规模以上工业企业新产品销售收入占主营业务收入的比重均在 10%~20%，分别为 16.40%、14.14%、11.17%。郴州、益阳、湘潭、邵阳的规模以上工业企业

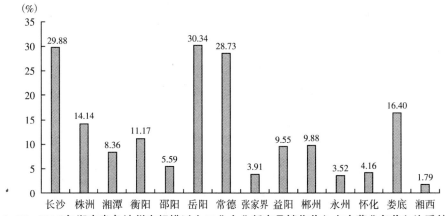

图 2-17　2014 年湖南省各地州市规模以上工业企业新产品销售收入占主营业务收入比重的比较

新产品销售收入占主营业务收入的比重均在 5%~10%，分别为 9.88%、9.55%、8.36%、5.59%。排名第一的岳阳是排名最后的湘西的 16.97 倍。由此对比可以看出，2014 年湖南省各地州市规模以上工业企业创新成果具有明显的地域差异。

单位高新技术企业产品出口额是高新技术产业出口收入与高新技术企业数之比。高新技术产业与创新具有互动关系，该指标通过高新技术产品出口的变化情况，反映创新对产业国际竞争力的影响结果，是衡量创新成效的一个指标。由图 2-18 可以看出，2014 年湖南省各地州市单位高新技术企业产品出口额排名顺序为：株洲、郴州、衡阳、长沙、湘潭、娄底、益阳、湘西、常德、邵阳、永州、张家界、岳阳、怀化。仅排名第一的株洲的单位高新技术企业产品出口额就超过了 1500 万美元/个，为 1873.10 万美元/个，郴州、衡阳、长沙的单位高新技术企业产品出口额均超过了 1000 万美元/个，分别为 1381.53 万美元/个、1142.35 万美元/个、1039.24 万美元/个。湘潭、娄底、益阳均在 600 万~700 万美元/个，分别为 688.94 万美元/个、669.36 万美元/个、604.04 万美元/个，这三个地州市相差不大。排名靠后的张家界、岳阳、怀化均没有超过 100 万美元/个，分别为 84.61 万美元/个、76.82 万美元/个、14.69 万美元/个。排名第一的长沙是排名最后的怀化的 70.75 倍，排名倒数第二的岳阳是排名最后的怀化的 5.23 倍，由以上分析可知，湖南省 2014 年各地州的单位高新技术企业产品出口额具有明显的地区差异。

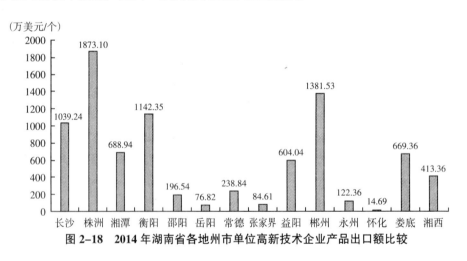

图 2-18　2014 年湖南省各地州市单位高新技术企业产品出口额比较

单位 GDP 能耗指每产出万元国内生产总值（GDP）所消耗的以标准煤计算的能源。节约能源是企业技术创新的目的之一，创新是节约能源的途径和保障，对节约能源起决定性因素，该指标是反映创新对降低能耗的效果，该指标越小表明创新对降低能耗的效果越明显，也是衡量创新成效的一个指标。由图 2-19 可以看出，2014 年湖南省各地州市单位GDP 能耗的排名为：娄底、湘潭、郴州、岳阳、永州、株洲、邵阳、湘西、怀化、衡阳、益阳、常德、长沙。其中仅娄底超过了 1.00 吨标准煤/万元，为 1.55 吨标准煤/万元。湘潭的单位 GDP 能耗相对于其他的地州市较高，为 1.00 吨标准煤/万元，郴州和岳阳分别为0.83 吨标准煤/万元和 0.81 吨标准煤/万元，相差 0.02 吨标准煤/万元。永州和株洲一样，为 0.79 吨标准煤/万元，邵阳和湘西一样，为 0.78 吨标准煤/万元。怀化和衡阳分别为 0.75 吨标准煤/万元和 0.73 吨标准煤/万元，相差 0.02 吨标准煤/万元。张家界和常德分别为 0.60 吨标准煤/万元和 0.59 吨标准煤/万元，相差 0.01 吨标准煤/万元。由以上分析可以看出，2014 年湖南省各地州市的单位 GDP 能耗除了娄底、湘潭较高以外，其他地州市波动不是很大。

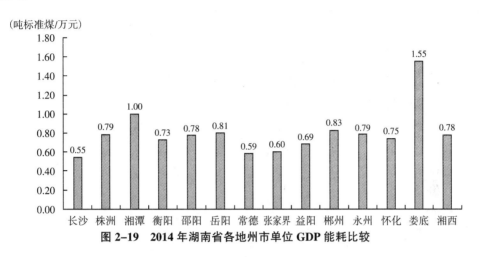

图 2-19　2014 年湖南省各地州市单位 GDP 能耗比较

劳动生产率是指一定时期内全社会总产值与年末从业人员之比。创新是影响劳动生产率的重要因素，提高劳动生产率是企业创新的目的之一，该指标反映创新对工业经济发展的促进作用，是衡量创新成效的一个指标。由图 2-20 可以看出，2014 年湖南省各地州市劳动生产率排名为：长沙、湘潭、株洲、岳阳、衡阳、常德、娄底、郴州、益阳、怀化、永州、张家界、邵阳、湘西。排名第一的长沙为 43.58 万元/人，是排名第二的湘潭的 1.84 倍。湘潭和株洲为 20 万~25 万元/人，分别为 23.65 万元/人和 22.33 万元/人；岳阳为 15.09 万元/人；衡阳、常德、娄底、郴州、益阳均为 10 万~15 万元/人；怀化、永州、张家界、邵阳、湘西均为 5 万~10 万元/人，排名第一的长沙是排名最后的湘西的 8.37 倍。由以上

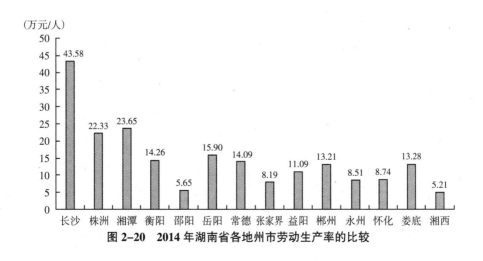

图 2-20　2014 年湖南省各地州市劳动生产率的比较

分析可以看出，湖南省各地州市 2014 年劳动生产率存在一定的地域差异。

高新技术产业对经济增长的贡献率是指地区高新技术产业增加值的增量与地区生产总值增量之比，是高新技术进步对经济增长的贡献份额，即扣除了资本和劳动之外的其他因素对经济增长的贡献，该指标是衡量该新技术竞争实力和高新技术转化为现实生产力的综合性指标，用劳动生产率反映创新对国民经济发展的促进效果，是衡量创新成效的一个重要指标。由图 2-21 可以看出，2014 年湖南省各地州市高新技术产业对经济增长的贡献率排名为：长沙、湘潭、郴州、益阳、邵阳、株洲、岳阳、永州、常德、张家界、湘西、娄底、怀化、衡阳。其中长沙高新技术产业增量对地区生产总值增量的贡献率达到了109.08%；湘潭和郴州均超过了 50%，分别为 69.92% 和 60.55%；常德、张家界、湘西、娄底均在 1%~10%；最引人注意的是怀化和衡阳居然为负值，分别为 -2.33% 和 -18.14%。由以上分析可知，湖南省 2014 年各地州市高新技术产业对经济增长的贡献率存在明显的地区差异。

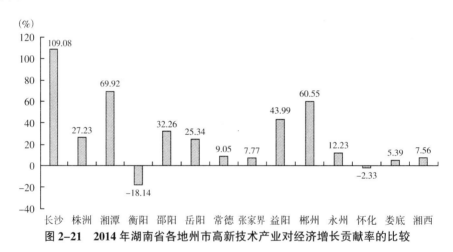

图 2-21　2014 年湖南省各地州市高新技术产业对经济增长贡献率的比较

三、湖南省各地州市 2014 年创新发展绩效的综合评价

本次评价运用较常用的综合评价方法计算每个地州市的相对位置进行对比，现将各地州市指标的原始数据进行标准化处理，消除原始数据的量纲不同对评价结果的影响，再将每个变量下各地州市的数据均除以这个指标中的最大值，因为标准化处理后的数据有正有负，则得到的结果也必然有正有负，因为同时加减一个数并不会改变其相对位置，再根据每个指标的各地州市的相除的结果，根据这组结果的大小同时加上一个正数，进而可得到全部都是正数的值，这些正数就是每个地州市在各指标下的相对位置，故为这个地州市就这个指标在湖南省的排名，再根据指标体系中给出的权重算出二级指标的各地州市的相对位置，最后根据二级指标在指标体系中的权重计算出 2014 年湖南省 14 个地州市创新发展

总的相对位置，就得到的各层次的结果进行比较分析。由上述方法可得到各地州市在各指标的排名，如表 2-2 所示。

表 2-2 各地州市在各创新指标中的排名

地州市	A	B	C	D	E	F	G	H	I	J	K	L	M	N	O	P	Q	R	S	T	U
长沙	1	1	1	10	1	6	1	9	1	2	1	4	1	1	8	1	2	4	1	1	1
株洲	3	3	5	12	7	3	3	5	2	10	4	2	2	6	5	4	5	1	9	3	6
湘潭	2	2	8	14	10	1	2	8	5	11	2	13	4	7	9	3	9	5	13	2	2
衡阳	6	7	3	11	8	12	7	6	7	8	3	11	3	5	7	2	6	3	5	5	14
邵阳	10	14	6	5	4	8	10	14	11	5	11	14	8	4	11	7	10	10	8	13	5
岳阳	4	4	4	9	3	10	4	2	4	4	5	8	6	2	13	5	1	13	11	4	7
常德	5	5	2	13	6	7	6	3	3	6	7	10	5	3	6	6	3	9	2	6	9
张家界	14	10	14	7	14	2	14	11	14	7	14	1	14	14	2	14	12	12	3	12	10
益阳	8	9	12	8	9	2	9	7	9	9	9	10	12	9	8	4	11	8	7	4	4
郴州	7	6	7	1	2	9	8	4	12	1	6	6	7	9	1	12	7	2	12	8	3
永州	11	12	11	2	5	4	12	13	13	3	9	3	10	10	10	13	13	11	10	11	8
怀化	12	11	10	3	12	4	13	12	13	14	12	9	11	3	11	11	14	14	6	10	13
娄底	9	8	9	4	11	11	5	1	6	13	13	7	11	12	10	9	11	2	6	12

由表 2-2 可以看出各地州市按照本报告的得分方法得出的排名情况跟原始数据的排名情况一样，即本书的得分排名方法是可行的。由此，进一步可以得到指标体系中各一级指标和综合得分排名情况，如表 2-3 所示。

表 2-3 各一级指标得分和综合得分及其排名

地州市	创新环境		创新投入		创新产出		创新绩效		综合	
	得分	排名	得分	排名	得分	排名	得分	排名	得分	排名
长沙	1.95	1	1.70	1	1.63	1	1.60	1	1.72	1
株洲	1.08	8	1.51	3	1.04	4	1.26	2	1.22	3
湘潭	0.99	14	1.48	4	0.95	6	1.18	4	1.15	5
衡阳	1.07	9	0.98	10	0.98	5	0.93	9	0.99	9
邵阳	1.18	7	0.99	9	0.88	12	0.80	10	0.96	10
岳阳	1.26	4	1.59	2	0.92	10	1.12	6	1.22	4
常德	1.03	12	1.37	5	0.95	7	1.01	7	1.09	7
张家界	1.00	13	0.90	11	1.10	2	0.67	14	0.92	13
益阳	1.06	10	1.19	8	0.94	8	0.95	8	1.03	8
郴州	1.45	2	1.30	7	1.09	3	1.17	5	1.25	2
永州	1.29	3	0.78	13	0.90	11	0.73	11	0.92	11
怀化	1.19	6	0.89	12	0.93	9	0.68	13	0.92	12
娄底	1.21	5	1.35	6	0.85	13	1.19	3	1.15	6
湘西	1.03	11	0.76	14	0.83	14	0.72	12	0.84	14

由表 2-3 可以看出长沙在创新环境、创新投入、创新产出、创新绩效这四个一级指标中排名均位于全省第一位，在总的排名中仍居于全省第一位；株洲在创新绩效位于全省第二，在创新投入中位于全省第三，在创新产出中位于全省第四，在创新环境中排名相对靠后，位于全省第八，在综合排名中位于全省第三；湘潭在创新投入和创新绩效中均位于全省第四，在创新产出中排名全省中间位置，位于第六名，在创新环境这个一级指标中排名处于全省最后；衡阳在创新产出中排名全省第五位，在创新环境和创新绩效中排名都为全省第九，在创新投入中排名全省第十，在综合排名中位于全省第九；邵阳在创新环境中排名位于全省中间位置，排名第七，在创新投入、创新产出、创新绩效中排名均相对靠后，分别为第九、第十二、第十，在综合排名中排第十；岳阳在创新投入这个指标中排名位于全省第二，在创新环境这个指标中排名位于全省第四，在创新绩效这个指标中排名第六，在创新产出中相对落后排名第十，在综合排名中位于全省第四；常德在创新投入中排名第五，在创新产出中排名第七，在创新绩效中排名第七，在创新环境中排名处于全省后面，排名第十二，在综合排名中排名位于全省中间位置，排名第七；张家界在创新产出这个指标中排名位于全省第二，在创新环境、创新投入、创新绩效这三个指标中排名均处于全省后面的位置，分别为第十三、第十一、第十四，其在综合排名中排第十三位；益阳在创新投入、创新产出、创新绩效中排名均处于全省第八，在创新环境中排全省第十，其综合排名排全省第八；郴州在创新环境和创新产出这两个指标中排名均位于全省前三，分别为第二和第三名，在创新绩效中排名排全省第五，在创新投入中排名全省第七，在综合排名中位于全省第二；永州在创新环境中排名位于全省第三，在创新投入、创新产出和创新绩效中排名均处于全身后面位置，分别为全省第十三、第十一、第十一，在综合排名中排列全省第十一；怀化在创新环境中排名位于全省较中间靠前位置，排名全省第六，在创新投入、创新产出、创新绩效中排名均处于全省后面位置，分别为全省第十二、第九、第十三，在综合排名中位于全省第十二名；娄底在创新绩效中排名全省第三，在创新环境中排名全省第五，在创新投入中排名全省第六，在创新产出这个指标中排名位于后面，排名第十三，在综合排名中位于全省第六；湘西在四个一级指标中排名均处于全省后面位置，在创新环境和创新绩效中分别排第十一和第十二，在创新投入和创新产出中均处于全省最后位置，在综合排名中也处于全省最后位置。

四、"十三五"时期全省推动区域创新发展的突破点

在"十三五"时期，全省的突破点是加快长株潭两型社会试验区第二阶段改革，增强核心增长极辐射带动能力。从长株潭、洞庭湖区、湘南、大湘西四个地区的区域创新发展特点来看，未来全省的区域创新发展应做到以下几方面：

第一，努力打造长株潭城市群成为中西部地区发展新的增长极。依托湘江新区、两型

社会试验区和国家自主创新示范区三大平台，积极参与长江中游城市群合作与建设；进一步发挥长沙作为省会城市在城市群合作中的重要带动作用，努力增强环长株潭城市群的集聚辐射功能，更大程度地发挥长株潭的核心增长极作用，打造全省转型发展的先行区、示范区、引领区。

第二，努力把洞庭湖区建设成为全省经济社会发展的新引擎。积极融入长江经济带，发挥岳阳"桥头堡"的作用，着力推进黄金水道建设，加快建设承接长三角、珠三角产业转移的示范区；着力培育以岳阳、常德、益阳、津澧新城等为中心，以一批富有山水人文特色的县城和重点小城镇为配套的环洞庭湖新型城镇群。

第三，努力使湘南建设成为国家级承接产业转移示范区。以承接产业转移示范区为平台，加快衡阳、郴州、永州等湘南地区中心城市建设，加快与珠三角、港澳台、北部湾和东南亚的对接融合，努力建设开放合作的重要窗口和门户。

第四，努力将大湘西中心城市打造成为西部重要交通枢纽、边区贸易中心和生态文化旅游城市。发挥大湘西地区生态资源和沪昆高铁优势，培育怀化、吉首等区域性中心城市，开拓西部大市场，把区域开发与精准扶贫结合起来，打造充满活力的县域经济。

根据各地级市的绩效评价结果分析以及区域创新发展目标定位，从各地级市的区域发展共性出发，提出以下突破点：

（一）加强创新平台体系建设

从评价结果来看，湖南省整体创新投入不高，表现为各市在大中型工业企业科技活动人员数量不多，科技活动项目数太少。从目前创新情况来看，大中型工业企业创新能力不强，主要是因为公共创新平台体系建设还不够完善。

任何创新活动都是在一定平台条件下产生的，良好的平台条件是催生创新成果的温床，也是区域创新系统发展的重要基石。创新的平台条件包括促进创新的物质和信息基础设施以及各种形式的科技服务中介机构。在培育和发展湖南省区域创新系统的过程中，要通过加强创新基础设施建设，构建信息网络平台，完善科技服务中介体系，保障信息联通、信息共享和信息传播，实现生产要素的自由流动，实现信息、人才、资本的自由平等交换。

从湖南省各地级市创新平台体系建设现状来看，长沙的高等院校数量最多，其次为株洲、湘潭、衡阳，其他各市的高等院数量均在其以下，就各市高校的全国排名来看，长沙的湖南大学、中南大学、湖南师范大学排名靠前，而位于湘南、湘西的怀化学院、湘南学院、湖南文理学院则排名靠后，高校实力与省会长沙的高校也相去甚远。就各市大中型企业所办的科研机构来看，张家界、怀化、湘西自治州、永州规模以上工业企业数量较少，且工业企业多为能源加工与有色金属冶炼企业，还处于粗放扩张阶段，对企业自办科研机构，提高自身的研发能力、创新能力的认识还不够。国家级省级实验室是区域科技创新的重要实现平台，目前除长沙市有一定数量的国家级省级实验室，其他各市实验室的发展均还处于发展初期及筹建创阶段，就长沙的实验室发展现状而言，多是附属于高等院校，独立的实验室较少。

综上所述,加强区域创新平台体系的建设,湘南、湘西的大部分地级市还需加强高等院校软实力的建设,转变企业的发展方式,提升企业的科技创新能力,加快促进发展成熟企业建立相关的科研机构。而湘东北的长株潭城市群及衡阳、岳阳、常德等市则要加强创新平台体系内各要素间的联系,鼓励高校、研究机构与大企业共建技术中心、研发基地以及产业孵化器,允许其以技术、知识形式入股,依托高校国家重点实验室以及专业优势,积极参与省内各大型开发各项目的建设。

(二)加强区域创新合作,改善区域创新环境

加强区域创新合作,不仅指加强省内各地级市的区域创新合作,还应加强长株潭城市群与环洞庭湖城市群、湘南城市群、湘西城市群间合作,同时,还要促进湖南省与长三角地区及珠三角地区的区域创新合作。从省内邮电业务总量与外商直接投资来看,湘西、湘南地区总量较低,而湘东长株潭、湘北环洞庭地区区域内联系与区域间联系都较为紧密,表现为在邮电业务总量较大,外商直接投资所占比重较高。

从全省来看,构建开放式的区域创新合作创新模式是关系湖南省区域经济和社会发展的长期性、全局性的系统工程。因此要鼓励开放式的合作创新,形成群际间、城际间和创新主体间既有序竞争又广泛合作的互动关系与战略协同。努力推进湖南省内各城市群内各城市创新子系统间的相互融合。通过各子系统和各微观主体有目的、有调节的"自组织"过程,构建城市群创新网络,推动城市群内不同城市间开展广泛的科技交流与合作,加速城市群经济一体化进程。实现城市群一体化,建立一体化的市场,实施一体化的政策,以形成有利于生产要素流动的良好条件,从而促进湖南省各地级市科技成果转化效率的快速提升。

鉴于科技资源的稀缺性以及由于科技资源分割而造成的有限的资源得不到充分利用的现象,湖南省还需要进行跨区域的科技合作与交流,应集中有限的资源联合开展科技攻关,促进科学发展和技术进步。湖南省可以与相邻省份对那些资源同质,具有共性技术攻关联系的区域科技项目进行合作,如大规模资源开发区、大规模环境保护与生态修复区等。另外,湖南省应加强与长三角地区、珠三角地区的区域创新合作,积极承接东部产业的梯度推移。按照市场经济规律引导东部地区将某些产业转移到湖南,为其完成经济起飞所需的资金积累和技术积累奠定基础。但在转移的过程中要注意以高新技术对这些传统产业进行改造。湖南省区域创新能力评价研究不足,导致一些指标与其他城市群相比还有一定距离,教育服务地方经济和社会建设的能力还不强。尤其是省内各地文化教育投入不均,教育投入极化现象较为突出,长株潭地区教育投入较多,而省内其他地区教育投入较少,因此,对于湘西、湘南地区的地级市,我们要进一步转变教育观念,加大教育投入,要进一步重视地方高等院校、职业院校的建设,加强现有高等院校培养科技型人才的能力。对于长株潭地区,要注重整合高等院校资源,特别要重视高等院校的内涵建设,提升现有高等院校实力,提高高校科技创新对经济增长的贡献力度,加强高校重点工程中心和

重点实验室建设，使之成为知识创新和高层次人才培养的基地，为企业创新和社会科技进步提供技术和人才支撑。

（三）优化区域创新布局，打造区域经济增长极

聚焦全省区域发展战略，以创新要素的集聚与流动促进产业合理分工，推动区域创新能力和竞争力的整体提升。

长株潭地区和湘南地区需要更加注重提高原始创新和集成创新能力，全面加快向创新驱动发展转型，培育具有国际竞争力的产业集群和区域经济。洞庭湖生态经济区和大湘西地区走差异化和跨越式发展道路，柔性汇聚创新资源，加快先进适用技术推广和应用，在重点领域实现创新牵引，培育壮大区域特色经济和新兴产业。同时要构建跨区域创新网络，推动区域间共同设计创新议题、互联互通创新要素、联合组织技术攻关。提升各战略区域科技创新能力，打造区域协同创新共同体，统筹和引领区域一体化发展，推动长株潭优势地区建成具有全球影响力的科技创新中心。

另外，要进一步打造区域创新示范引领高地，优化自主创新示范区布局，推进各区域高新区按照发展高科技、培育新产业的方向转型升级，开展区域全面创新改革试验，建设创新型城市，培育新兴产业发展增长极，增强创新发展的辐射带动功能。

（四）推动产业技术体系创新，建造创新型经济新格局

要加快工业化和信息化的深度融合，把数字化、网络化、智能化、绿色化作为提升产业竞争力的技术基点，推进各领域新兴技术跨界创新，构建结构合理、先进管用、开放兼容、自主可控、具有国际竞争力的现代产业技术体系，以技术的群体性突破支撑引领新兴产业集群发展，推进产业质量升级。

另外，要进一步培育创新产业集群，增强经济社会发展的信息化基础。开展"互联网+"行动，大力发展移动互联网、云计算、大数据、物联网等产业，加快互联网与制造业、生物健康等重点产业跨界融合发展。如在长沙实施"麓谷制造"计划，通过"互联网+"转型，加速传统制造业的升级改造，大力推进制造业的智能化、信息化，打造智能制造基地。制定益阳"互联网+"行动计划，发挥"互联网+"的乘数效应，加快新一代信息技术成长，推进信息化迈上新台阶。加快发展"互联网+产业经济"，推进"互联网+制造"、"互联网＋农业"、"互联网＋物流"等产业发展模式。在长株潭地区，依托新材料、生物健康、信息安全等特色产业，不断发掘和培育一批新的经济增长点，培育一批能够直触产业前沿、具备承担重大科技专项实力的新兴产业创新基地。突破3D打印、先进动力电池能量包等一批主导产业核心技术，实施创新平台提质发展工程，建设国家级、省级、技术创新平台。

同时，发展支撑商业模式创新的现代服务技术，驱动经济形态高级化。以新一代信息和网络技术为支撑，积极发展现代服务业技术基础设施，拓展数字消费、电子商务、现代物流、互联网金融、网络教育等新兴服务业，促进技术创新和商业模式创新融合。加快推

进工业设计、文化创意和相关产业融合发展，提升重点产业的创新设计能力。

（五）以现代农业改革试验为突破，统筹推进农业现代化

湖南是一个农业大省，各地级市都应围绕创新现代农业产业体系、构建新型农业经营体系等九大改革重点，稳步推进现代农业改革试验，全面提高农业综合生产能力、抗风险能力和市场竞争能力，促进农业增效和农民增收，以实现种业自主为核心，转变农业发展方式，突破人多、地少、水缺的瓶颈约束，走产出高效、产品安全、资源节约、环境友好的现代农业发展道路。

要继续推进土地有序流转，加快培育新型农业经营主体，发展适度规模经营，推进农业生产经营专业化、规模化、集约化。深入开展节水农业、循环农业、有机农业和生物肥料等技术研发，开发标准化、规模化的现代养殖技术，促进农业提质增效和可持续发展。不断提升农业机械化水平，继续完善农业社会化服务体系。大力发展农产品精深加工，支持农业产业化龙头企业做大做强。启动智慧农业园和肉类深加工基地等项目建设。

同时要提高粮食安全保障能力。推广农业面源污染和重金属污染防治的低成本技术和模式，发展全产业链食品安全保障技术、质量安全控制技术和安全溯源技术，建设安全环境、清洁生产、生态储运全覆盖的食品安全技术体系。进一步强化粮食主产区地位，坚持最严格的耕地保护制度，严守基本农田红线。全面实施粮食增产提质计划，加大高标准农田建设力度，落实粮食财政奖补政策，稳定粮食生产面积和粮食总产量。

（六）提高高新技术产业抗风险能力，优化高新技术产业结构

湖南省高新技术产业具有许多显著优势，但同时也存在产业结构不合理、创新能力不匹配和人才队伍不健全等特点。因此，把高新技术产业打造成湖南经济社会发展新的增长点，是一项长期的战略任务，必须以产业发展为核心，以改革开放为动力，以技术创新和制度创新为重点，以各级高新技术产业开发区为依托，找到制约其发展的突破点，扎扎实实地稳步推进。

要建立以企业为主体的技术创新体系。建立健全高技术产业发展的创新体系，为高技术产业发展提供技术支撑。确立企业技术创新的主体地位，建议以企业为主体的技术创新体系。同时，建立以大学和科研院所为主体的知识创新体系。充分利用长株潭城市群智力资源优势，发挥该地区高等院校和科研院所的作用，加强高校、科研院所同企业之间的创新合作，积极探索产学研相结合的创新模式，整合创新资源，对一些具有广阔市场前景的技术领域和国家级的重点项目进行联合攻关，形成一批具有自主知识产权、与长株潭城市群市产业结构相吻合的关键技术和可持续发展的高技术成果，为湖南高新技术产业发展提供知识和技术支持。

同时要建立健全知识产权保护体系。一是要优化高新技术产权制度安排。首先，边界明确，在法律上准确划分职务发明与非职务发明的界限，明确知识产权的所有者，以鼓励为高技术产业发展做出贡献的产权所有者；其次，要保护高技术产业投入者的利益，将高

技术外部效益内部化，避免"公地悲剧"的发生；最后，加大知识产权的执法力度，严厉打击侵害知识产权的违法行为，保护知识产权所有者的合法权益不受侵犯。二是完善技术创新奖励制度。大力营造尊重知识、尊重人才的良好社会环境。建立适应新时期科技工作特点的科技人员业绩考评制度，拓宽奖励渠道，完善科技工作激励机制。由省、市政府予以奖励表彰，鼓励科技人员通过开发研究，转让技术成果，发展高技术企业先富起来。三是优化政策环境。结合高技术产业发展的特点，积极探索，大胆创新，制定出台鼓励高技术产业发展的政策。

（七）加大教育和科技投入

从前文的分析结果可以看出，湖南省有一大部分地级市全社会的科技活动人员数较少，文化教育支出所占比重较低，这样就容易导致创新人才和经费的缺乏，因此要加大投入，重视科技创新人才的培养，增强科技创新基础和实力，提高科技创新效率。

教育是推动人类社会文明进步最重要的杠杆，也是增强科技竞争力和创新经济效率的核心。目前湖南省的教育虽然取得了长足的发展，湖南各地级市的教育投入有了较大的增长，特别是普通高校数与高校在校学生人数与其他中部省份相比，具有明显的优势，但教育投入不足，导致一些指标与其他城市群相比还有一定距离，教育服务地方经济和社会建设的能力还不强。尤其是省内各地文化教育投入不均，教育投入极化现象较为突出，长株潭地区教育投入较多，而省内其他地区教育投入较少，因此，对于湘西、湘南地区的地级市，我们要进一步转变教育观念，加大教育投入，要进一步重视地方高等院校、职业院校的建设，加强现有高等院校培养科技型人才的能力。对于长株潭地区，要注重整合高等院校资源，特别要重视高等院校的内涵建设，提升现有高等院校的实力，要提高高校科技创新对经济增长的贡献力度，加强高校重点工程中心和重点实验室建设，使之成为知识创新和高层次人才培养的基地，为企业创新和社会科技进步提供技术和人才支撑。

同时要加大科技投入，建立符合市场规律的科技创新体制。从目前湖南省各市的科技投入状况来看，本书主要是从国家级省级科技项目数及科技项目经费的角度来分析，与发达省份相比，湖南省的国家级、省级科技项目数量较少，高校及研究院所对申请国家级、省级科技项目的积极性不高，就省内科技项目的空间布局来看，长沙由于高等院校较多，院校排名较为靠前，申请到的国家级、省级科技项目较多，其他各市的科技项目较少，因此对于省内科技投入较少的地市，如娄底、永州、郴州、张家界、怀化、益阳等市应尽快建立重大科技项目决策机制，完善省级、市级科技项目申请、审批制度；而对于长沙、株洲、湘潭、衡阳等市应继续深化科研院所改革，加快应用开发型科研院所向企业的转制；打破中介与地方科技资源的条块分割，加快资源优化配置与组合，提高科技创新效率。

（八）构建更加高效的科研体系，打造创新型人才高地

要发挥科学技术研究对创新驱动的引领和支撑作用，遵循规律、强化激励、合理分工、分类改革，增强高等学校、科研院所原始创新能力和转制科研院所的共性技术

研发能力。

围绕产业链和创新链，完善人才培养和引进机制，推动人才结构战略性调整。推进高精尖人才培养工程，培养一批国际一流水平的科学家和科技领军人才，一批具有国际管理经验和跨文化、跨领域经营能力的企业家，一批高素质的专业技术人才和高技能人才，一批讲政治、懂专业、善管理、有国际视野的党政人才。善于发现、重点支持、放手使用青年优秀人才。加大对留学回湘人才和外省来湘人才的创业创新支持。

优化对基础研究的支持方式。切实加大对基础研究的财政投入，完善稳定支持和竞争性支持相协调的机制，加大稳定支持力度，支持研究机构自主布局科研项目，扩大高等学校、科研院所学术自主权和个人科研选题选择权。改革基础研究领域科研计划管理方式，尊重科学规律，建立包容和支持"非共识"创新项目的制度。改革高等学校和科研院所聘用制度，优化工资结构，保证科研人员合理的工资待遇水平。完善内部分配机制，重点向关键岗位、业务骨干和做出突出成绩的人员倾斜。

建立高等学校和科研院所技术转移机制。逐步实现高等学校和科研院所与下属公司剥离，原则上高等学校、科研院所不再新办企业，强化科技成果以许可方式对外扩散。加强高等学校和科研院所的知识产权管理，明确所属技术转移机构的功能定位，强化其知识产权申请、运营权责。建立完善高等学校、科研院所的科技成果转移转化的统计和报告制度，财政资金支持形成的科技成果，除涉及国防、国家安全、国家利益、重大社会公共利益外，在合理期限内未能转化的，可由国家依法强制许可实施。

参考文献

[1] 2016 年湖南省政府工作报告全文——在省十二届人大五次会议上 [EB/OL]. http: //leaders.people. com.cn/n1/2016/0203/c58278–28107495.html.

[2] 甘蓉蓉. 湖南省区域创新能力评价研究 [D]. 上海：华东师范大学，2011.

[3] 湖南省 2015 年国民经济和社会发展统计公报 [EB/OL]. http: //www.hntj.gov.cn/tjfx/tjgb_3399/hnsg-mjjhshfztjgb/201603/t20160317_607667.html.

[4] 湖南省国民经济和社会发展第十三个五年规划纲要 [EB/OL]. http: //hunan.sina.com.cn/news/b/ 2016–04–22/detail-ifxrpvcy4348958.shtml.

[5] 湖南省统计局. 湖南省统计年鉴（2015）[M]. 北京：中国统计出版社，2015.

[6] 黄鲁成. 关于区域创新系统研究内容的探讨 [J]. 中国管理科学，1999，11（7）：821–826.

[7] 李建波. 创新型经济：硅谷与深圳的比较 [J]. 特区实践与理论，2011（3）：71–73.

[8] 李潇浪，梁颖，卢博礼. 贵州区域技术创新绩效评价指标体系的构建与研究 [J]. 安徽农业科学，2013，41（7）：3244–3246.

[9] 宋丽萍. 区域创新系统绩效评价及创新能力提升路径研究 [D]. 北京：中国地质大学，2014.

第三章
长株潭区域创新驱动发展对策建议

一、引 言

　　长株潭地区是以长沙为中心，加上株洲市和湘潭市，是湖南省经济发展的核心增长极，土地面积约 2.8 万平方千米，占湖南省土地总面积的 13.2%。其功能定位为全国资源节约型和环境友好型社会建设的示范区，是全国重要的综合交通枢纽以及交通运输设备、工程机械、节能环保装备制造、文化旅游和商贸物流基地，区域性的有色金属、生物医药、新材料、新能源、电子信息等战略性新兴产业基地。其中长沙作为核心城市定位为现代化、国际化城市，侧重发展新兴工业，是全省政治、经济中心；株洲作为湖南核心工业城市，侧重发展高端轨道交通装备，是全省区域物流中心；湘潭同样作为湖南核心工业城市、老工业基地，侧重发展红色旅游业。总而言之，作为核心增长极，长株潭地区无论产业布局、发展质量、发展效益等，均在全省市州中起着引领和示范作用。

二、长株潭区域创新驱动发展主要成就

　　长株潭国家自主创新示范区依托长沙、株洲、湘潭三个国家高新区建设，实体经济基础雄厚，科技体制改革成绩突出，城市群协同创新初见成效，涌现出超级稻、超级计算机、深海钻探等一批世界级的科技成果。近五年，长株潭国家高新区高新技术产业增加值年均增长 36% 以上，位居全国第一。在三个国家高新区的支撑带动下，长沙、株洲、湘潭三市创造了湖南省 70% 的科技成果，实现全省 60% 以上的高新技术产业增加值，有力地推动了湖南省综合创新能力全国排名提升六位，创新绩效全国排名提升九位，国家科技奖励数连续多年保持全国第五位。

　　2014 年 12 月 11 日，国务院下发《关于同意支持长株潭国家高新区建设国家自主创新示范区的批复》（以下简称《批复》），同意支持长沙、株洲、湘潭三个国家高新区建设国家

自主创新示范区。《批复》要求，要按照党中央、国务院决策部署，全面实施创新驱动发展战略，充分发挥长株潭地区科教资源集聚和体制机制灵活的优势，积极开展激励创新政策先行先试，努力把长株潭国家自主创新示范区建设成为创新驱动发展引领区、科技体制改革先行区、军民融合示范区、中西部地区发展新的增长极。

（一）长沙区域创新驱动发展主要成就

2014年10月21日，长沙正式出台了《关于强化企业自主创新能力建设　加速转型创新发展的意见》，在深化科技体制改革创新、强化企业自主创新主体地位、激发科研院所产业创新支撑、创建科技金融服务链等方面进行了大胆的改革创新，特别是对企业获批创新平台、产业孵化器载体、科技人才创业、产业技术创新战略联盟等大力支持。

长沙全市拥有科学研究开发机构96个，2014年共取得省部级以上科技成果584项。专利申请17763件，比上年增长11.3%，授权专利11448件，比上年增长10.5%；签订技术合同2278项，成交金额27.76亿元，高新技术产业增加值2231.92亿元，增长21.2%。2015年高新技术产业增加值2730亿元，2011~2015年年均增长31.5%，占GDP的比重为32.1%，比2010年提高16.8个百分点，其中电子信息技术增加值年均增长69.9%，新材料技术增加值年均增长27.4%，生物与新医药技术增加值年均增长24.8%。全市高新技术产业共拥有科技活动人员12.4万人，比2010年增加8万人；投入科技活动经费内部支出246.9亿元，是2010年的4.2倍。2014年末有效发明专利拥有量为9333件，是2010年的3倍，城市万人有效发明专利拥有量居省会城市第四位，获评国家知识产权示范城市。同时，长沙深化商事制度改革，率先实施"三证合一、一照一码"，激发了创新创业活力。2014年新增商事主体10.7万户，比上年增长8.7%。小微企业保持活跃，规模工业中的小微企业增加值增长14%，快于规模以上工业4.8个百分点，占规模工业的比重达34.5%。

（二）株洲区域创新驱动发展主要成就

面对国际形势复杂多变、国内经济"三期叠加"、株洲全市"两型社会"建设任务特别繁重的经济发展新常态下，在株洲市委、市政府的正确领导下，全市人民紧紧围绕"三个率先"总目标，坚持"稳中求进、好中求快"总基调，以改革创新为总引领，抢抓"一带一部"建设新机遇，大力推进"四大攻坚战"，着力提高经济增长的质量和效益，全市经济呈现稳中有进、转型提质的运行态势，各项社会事业取得新的进步。

科技事业加快了发展。2014年，株洲全市承担国家各类科技计划项目51项，国家863计划项目6个，共有国家级工程技术研究中心2个，省级23个；国家级企业重点实验室1个，省级8个；获得国家科技进步奖励1项，省部级以上科技成果56项；专利申请5363件，较2010年增加3087件；高新技术企业198家，较2010年增加60家。

产业高端化成效明显。株洲工业致力于推动产业发展的高端化，不断提升制造业水平，加快高新技术产业发展步伐。2015年，株洲全市高加工度工业实现增加值504.1亿元，增长9.5%，增幅高于规模工业1.3个百分点，占规模工业增加值的比重为47.1%，比上年同期提高 1.5 个百分点；高技术工业增加值 110.9 亿元，增长 9.7%，高于规模工业增速 1.5 个百分点，占规模工业增加值的比重为 10.4%，比上年同期提高 0.2 个百分点。

增长动力转换成效初显。一是轨道交通产业拉动有力。2015 年，株洲轨道交通产业突破千亿元大关，总量达 1003.7 亿元，成为株洲首个千亿元产业。其中，轨道交通规模以上装备制造业实现增加值 182 亿元，增长 8.5%，高于规模工业增速 0.3 个百分点，对规模工业的贡献率达 17.2%，拉动规模工业增长 1.4 个百分点。在国家首批 94 个"智能制造"专项项目中，株洲有 4 家企业项目上榜，其中有 3 大项目均是轨道交通项目。湖南首批 10 家"智能制造"示范企业中，株洲的中车株机、时代电气等轨道交通企业就占了 3 席。二是电子信息制造业等战略性新兴产业发展较快。2015 年，全市计算机、通信和其他电子设备制造业实现增加值 83.3 亿元，增长 9.7%，高于规模工业增速 1.5 个百分点，对规模工业的贡献率为 8.9%，拉动全市规模工业增长 0.7 个百分点。三是高新技术产业加速发展。2015 年，全市高新技术产业实现增加值 525.9 亿元，增长 17.9%，高新技术产业增速高于规模工业 9.7 个百分点。高新技术产业占规模工业的比重为 48.4%，比上年同期提高 2.4 个百分点。

（三）湘潭区域创新驱动发展主要成就

面对复杂多变的外部环境，湘潭市委、市政府始终坚持稳中求进的总基调，统筹推进稳增长、促改革、调结构、惠民生等各项工作，带领全市人民主动作为，攻坚克难，全市经济运行总体呈现"稳中有进"的良好态势。2014 年末，全市有 16 个省级工程（技术）研究中心，比上年增加 2 个。承担国家各类科技计划项目 113 项；全年共取得省部级以上科技成果奖 120 项；共签订技术合同 322 项，技术合同成交金额 5.0 亿元，增长 45.0%；全年专利申请量 3327 件，授权量 1883 件（其中，发明专利申请量 1221 件，增长 34.8%；发明专利授权量 240 件，增长 15.9%）；高新技术产业增加值 487.4 亿元，增长 24.4%。全市研究与试验发展（R&D）经费支出 32.2 亿元，增长 11.4%，占地区生产总值的比重为综合实力显著提升。

同时综合实力显著提升。全市地区生产总值由 2010 年的 894 亿元增加到 2015 年的 1703.1 亿元，年均增长 11.6%，人均 GDP 达 60430 元，年均增长 11.2%。与全省比较，主要经济指标年均增幅在全省排名靠前，其中固定资产投资、社会消费品零售总额年均增幅均居全省第一位，地区生产总值年均增幅居全省第二位。"十二五"期间，湘潭先后成功获批长株潭国家自主创新示范区、全国红色旅游融合发展示范区、全国红色旅游国际合作创建区、国家现代农业示范区等多个国家级品牌。

三、长株潭区域创新发展存在的问题与目标定位

(一) 长沙发展中存在的问题和目标定位

长沙按照建设创新驱动发展引领区、科技体制改革先行区、军民融合创新示范区、中西部地区发展新的增长极的战略定位，全面实施创新驱动发展战略，解放思想、抢抓机遇，深入推进体制机制创新，建设一批创新平台和载体，努力培养和聚集一批创新创业人才特别是产业领军人才，研发和转化一批国际先进的科技成果，做强做大一批行业领先的创新型企业，不断优化创新创业生态系统，显著提高自主创新能力，大力推进科技与金融、科技与文化融合发展，推动军民资源共享互动，在先试先行中争创新优势、实现新跨越，进一步增强长沙高新区的高端聚集、示范引领和辐射带动作用，推动自主创新示范区建设取得明显成效，为推进湖南"一带一部"和"四化两型"建设做出新贡献。

推进创新驱动，全面激发创新创业引领城市活力。打造中部创新中心，全面建设国家自主创新示范区，充分发挥人才、企业的主体作用和园区的载体作用，实施产业关键技术攻关工程，力争建设100个市级以上示范众创、众包、众扶、众筹、众智平台。建设智能制造强市，引导产业提质转型，大力发展先进制造业，实施"制造+互联网+服务"工程，推动制造业向智能化、高端化、低碳化升级，构建现代智造体系，打造具有国际竞争力的智能制造基地。优化创新创业生态，完善普惠性创新支持政策，降低创新创业门槛，促进科技创新与大众创业深度融合，弘扬创新创业文化，让创新创业者成为真正的时代英雄。

1. 存在的主要问题

(1) 核心关键技术自给率低，核心技术突破少、储备少。目前，长沙核心关键技术自给率低，核心技术突破少，前沿性基础研究储备不足，基础技术创新能力薄弱。长沙绝大部分企业依然处在产业链中低端，基础技术创新能力薄弱，原创性创新能力不足，缺少核心关键技术。以工程机械为例，从目前情况来看，尽管长沙市在中国工程机械市场上占据了非常大的份额，但是工程机械关键零部件仍然需要从国外进口，重大技术储备不足。

(2) 产学研平台对接不畅，科技成果转化率低。一是长沙本土顶尖的研究性大学或科研院所还没有完全成长起来，不能为创新提供源源不断的智力来源，科技研发整体性力量和人才集聚区尚未形成，产业集聚效应不明显。二是市外技术转让转化效果不明显，这些年来长沙努力与市外多所高校建立起技术转让机制和技术转让平台，但由于投入不足，高校自身管理、激烈竞争等原因，虽有收获，但还不够理想。三是科技孵化器力量发育不足，由于缺少科技成果孵化系统支持机制和政策，长沙市科技型创新企业的创立和发展动能不足。四是与海外科研联系少，利用海外科技成果少。

(3) 科技创新人才极为短缺，对技术创新缺乏有效支持。长沙市创新型人才的缺乏成

为长沙市自主创新战略实施的一个重大的瓶颈。一是掌握核心技术、有重大科技成果、能带领形成创新型团队的高层次科技领军型人才所占比例不高。二是人才外流严重，尽管这些年长沙市经济快速发展和人才引进工作的加强使得越来越多的人才进入长沙市，但我们应该清醒地认识到，长沙培养出来的创新型人才，尤其是高级研发、技术人员、管理人员、技术人才更多地纷纷"孔雀东南飞"。三是长沙市人居环境、人才配套政策与措施仍需改善。长沙市物价上涨速度快、食品质量参差不齐、交通拥堵、基础教育设施不完善等问题，严重影响了人才的选择意愿，尤其是高端人才关注的教育、医疗问题，与发达地区相比问题还很突出。

2. 主要目标

"十三五"时期，我国经济长期向好的基本面没有变。长沙既具备加快发展的有利条件，也面临转型创新发展的艰巨任务，仍处于大有作为的重要战略机遇期。"十三五"是全面小康向基本现代化迈进的攻坚期。按照市委确定的 2017 年率先建成全面小康、2022 年实现基本现代化阶段性目标的战略部署，长沙面临双重发展任务和诸多风险挑战，既要破解难题，又要引领发展，必须以更大的决心和勇气攻坚克难，不断开拓发展新境界。"十三五"是产业转型升级的关键期，传统产业比较优势需要巩固，新兴产业培育壮大尚待时日，产业结构缺乏竞争力，只有抓住机遇，补齐短板，促进产业加快迈向中高端，才能牢牢把握发展主动权。"十三五"是新旧发展动力的转换期，新常态下，旧的发展动力逐步减弱，过于依赖要素投入的增长模式难以持续，迫切需要将发展动力转换到创新驱动上来，用发展新动力开拓发展新空间。

未来五年主要预期目标：地区生产总值年均增长 9%；规模工业增加值年均增长 9%；固定资产投资年均增长 12%；社会消费品零售总额年均增长 10.5%；进出口总额年均增长 10%；财政总收入年均增长 10%；城镇登记失业率控制在 4% 以内；城乡居民人均可支配收入年均增长 9%；价格总水平基本稳定；单位地区生产总值能耗、二氧化碳和主要污染物排放总量达到省定目标。

推进创新驱动，全面激发创新创业引领城市活力。打造中部创新中心，全面建设国家自主创新示范区，充分发挥人才、企业的主体作用和园区的载体作用，实施产业关键技术攻关工程，力争建设 100 个市级以上示范众创、众包、众扶、众筹、众智平台。建设智能制造强市，引导产业提质转型，大力发展先进制造业，实施"制造+互联网+服务"工程，推动制造业向智能化、高端化、低碳化升级，构建现代智造体系，打造具有国际竞争力的智能制造基地。优化创新创业生态，完善普惠性创新支持政策，降低创新创业门槛，促进科技创新与大众创业深度融合，弘扬创新创业文化，让创新创业者成为真正的时代英雄。

（1）到 2017 年，高新区麓谷园区规模工业企业研发总投入占规模工业增加值的比重达 12% 以上，每万人拥有有效发明专利数达到 50 件以上，高新技术企业达到 700 家以上，建成一批国家级科技创新平台，突破一批重要产业关键核心技术，新引进和培育创新创业人才 1 万名以上，打造成为国家和区域创新体系的重要支撑。

（2）体制机制改革取得突破。积极开展科技体制改革和机制创新，在科研院所转制、科技成果转化、军民融合发展、科技金融、文化科技融合、人才引进、绿色发展等方面先行先试，取得新突破，构建有利于自主创新的体制机制。

（3）军民融合创新成效明显。规划建设军民融合产业园、北斗导航产业园、航空产业园、3D打印产业园和专业孵化器。以应用技术研发和产业化为主攻方向，政校企联合促进省军民融合协同创新研究院发展。大力发展北斗导航等军民融合产业，抓好军民融合产业招商和企业培育，争取到 2017 年实现军民融合企业数量、产业总收入均翻一番，初步形成军民融合产业示范基地。

（4）区域经济引领作用突出。产业结构进一步优化，形成一批创新特色鲜明、竞争力强的产业集群、移动互联网等战略性新兴产业竞争力大幅提升。力争到 2017 年高新区"一区四园"实现企业总收入 5000 亿元，麓谷园区实现企业总收入 3000 亿元，其中先进制造产业实现产值 800 亿元以上，新一代信息技术产业实现收入 500 亿元以上，节能环保（含现代绿色建筑）、生物健康、现代服务业等产业均实现收入 200 亿元以上，新材料、新能源等产业实现产值 100 亿元以上，长沙高新区在湖南和中西部地区创新发展中引领作用明显增强。

（二）株洲发展中存在的问题和目标定位

全面贯彻落实中共十八大和十八届三中、四中全会精神，深入实施创新驱动发展战略，坚持"创新驱动、产业集聚、军民融合、区域协同"的原则，以打造中国动力谷为重点，发挥国家高新区核心引领作用、省级园区辐射带动作用，在全市范围落实推广先行先试政策，着力激发全社会创新活力，营造创新创业生态环境，增强企业自主创新能力，提高产业发展水平，推动大众创业、万众创新，把株洲建设成创新驱动发展引领区、科技体制改革先行区、军民融合创新示范区、中西部地区发展新的增长极。

1. 存在的主要问题

（1）产业结构有待进一步优化。湖南高新技术产业中战略性新兴产业领域规模比较小，企业总体层次不高。从三次产业结构来看，高新技术产业呈现一业独大的局面，第二产业占据绝对地位。具有人才密集、知识密集、附加值高、低能耗等特点的高技术服务业总体规模不大，这说明湖南高新技术产业发展的信息化和生态化水平依然不高，优化和升级产业结构任务依然艰巨。

（2）产学研结合有待进一步深化。虽然湖南每年都有一大批科技成果诞生，但应用成果少、发明专利少、拥有自主知识产权的核心技术少、产学研机制仍不够健全。企业与科研机构、大学之间缺乏有效的产学研联合机制，难以形成科技与企业发展相结合的整体效应。企业技术中心建设步伐不快、质量水平不高、科技成果转化不足。科技优势领域与支柱产业发展错位，对接不上，能支撑产业发展的科技成果有效供给不足，科研机构游离于企业之外的现象严重。

2. 主要目标

到 2020 年，将株洲基本建成为中部地区极具竞争力、全国一流的国家创新型城市，部分产业达到国际领先水平。科技体制改革取得明显成效，创新创业扶持政策基本完善，自主创新能力大幅提高，创新创业环境显著优化，大众创业、万众创新的良好氛围全面形成。具体目标如下：

（1）加大创新投入力度。建立企业研发准备金制度，引导企业有计划、持续地增加研发投入。设立自主创新专项资金，积极争取国家各项产业基金和创投基金，统筹用于创新能力建设、创新创业扶持、人才队伍建设、科技服务购买、政策补贴等。向小微企业发放创新券，鼓励企业配套资金投入购买科技研发和服务。通过财政后补助引导规模以上企业成立研发机构，开展技术创新活动。

（2）打造创新研发平台。建设中国动力谷自主创新园，围绕轨道交通、通用航空、新能源汽车三大动力产业，全产业链布局创新链，引进10家以上工业技术研发机构，着力突破核心关键技术，提升产业核心竞争力。依托龙头企业建设城市轨道交通车辆系统集成、大功率交流传动电力机车系统集成、大功率半导体器件、减震降噪材料、中小航空发动机系统集成等关键技术领域的国家级研发平台10家以上。依托行业协会、优势企业，建设先进硬质材料、电子信息、生物医药、食品加工、新型陶瓷、服饰设计等重大产业创新平台和省级以上研发机构60家以上。

（3）集聚创新创业人才。启动院士培育工程，在全市优势产业领域遴选3~5名院士培养候选人，在项目申报、资源配置等方面予以重点倾斜，到2020年，在企业中再产生一名中国工程院院士。实施"万名人才计划"、"5211人才计划"，在轨道交通装备制造、汽车及零配件、通用航空、电力电子、新材料、生物医药和健康食品、电子信息等重点产业领域，引进和培养一批掌握国际国内领先技术、引领产业发展、具备全球视野和战略思维的高端人才。依托国家重大科研项目、重大平台，着力培养一批科研水平突出、创新实战经验丰富的科技领军人才。发挥株洲职业教育、大型骨干企业优势，培养大批高技能人才和技术骨干。积极搭建一批公共服务平台，打造一批众创空间，降低创业风险和创业成本，鼓励和支持各类创业人才成就梦想。

（4）推进创新资源共享。鼓励硬质合金国家重点实验室、国家变流工程中心、国家高分子材料检测中心、国家橡塑产品质量控制与技术评价实验室等国家、省级创新平台开放共享，通过采取市场化方式对外提供检验、检测和产品研发服务。制定《大型科学仪器设施共享目录》，将使用财政资金购置的50万元及以上的科学仪器设备纳入统一开放的国家网络管理平台，逐步形成跨部门、跨领域、多层次的网络服务体系。鼓励企业和社会力量参与共建重大科研基础设施，组建专业的科研仪器设备服务机构，促进科研仪器设备使用的社会化服务。科技部门牵线搭桥，推进开放合作，对接珠三角、长三角等发达地区的创新资源共享平台，构建信息共享机制，为株洲创新创业争取更广泛的资源。

（5）深化产学研合作。深化株洲市政府与武汉大学、中南大学、湖南大学等六所高校的市校战略合作，引导和鼓励企事业单位与高等院校联合开展技术攻关、人才培养、共建研发机构等，建立多层次、多领域的合作关系。以提升轨道交通、通用航空、新能源汽车、先进硬质材料等株洲支柱产业和新兴产业竞争力为目标，支持企业、高校、科研机构组建产业技术创新战略联盟。到 2020 年，建成 10 个省级以上产业技术创新战略联盟。加强产学研合作重大载体建设，推动院士工作站、人才培养基地、教育实践基地等建设，促进知识流动和交换。定期组织"院士株洲行"、"企业高校行"等活动，引导和鼓励产学研各方建立互访机制。发挥高等院校、龙头企业人才作用，深入开展科技特派员行动，利用派出单位的科研、教育、人才等优势条件，促成企业与高校、科研机构的有效对接，建立产学研合作的长效机制，引导知识成果、智力成果向现实生产力转化。推进国际交流与合作，依托国际先进技术、人才资源，通过自主创新与引进、消化、吸收、再创新相结合，推动株洲支柱产业和优势产业发展水平向产业链中高端迈进。

（三）湘潭发展中存在的问题和目标定位

对照国家自主创新示范区建设的要求，比较中关村、东湖等先进自主创新示范区和长沙等兄弟市的发展经验，湘潭地区自主创新还面临着诸多挑战。

1. 存在的主要问题

（1）区域创新整体优势不够明显。从有关高新技术产业数据可以看出，2013 年湘潭市高新技术企业为 238 家，为长沙的 1/4；高新技术总产值只占全省总产值的 9.7%，也仅为长沙的 1/4。作为区域创新的湘潭高新区，在全国的创新能力综合排名第 53 位，处于中游水平，与位于全国前十的长沙高新区相比相差较远，这表明作为传统老工业基地的湘潭向创新型城市的转变还任重道远。

（2）企业创新主体作用发挥不够。多数中小企业只忙眼前效益，没有精力和心思顾及创新，产品以跟踪模仿为主，未掌握产品开发的主动权，独立开发能力弱，对技术的依赖性强，缺少技术储备和后续产品。少数新兴的创新型企业表现出一定的创新潜质，但创新能力不强，产品呈现初级化特点，对技术进步发展方向把握不清、不准，特别是企业的创新投入普遍相对不足。

（3）创新创业政策体系有待完善。比较国内外先进科技园区发展经验，湘潭创新创业政策体系还不够完善。一是针对不同成长阶段的科技企业的政策体系，特别是对于研发型孵化企业扶持政策还不够完备。二是缺乏促进新兴产业发展的资助政策，对于三大战略性新兴产业没有专项扶持政策细则出台。三是缺乏领军人才引进政策，导致高层次的研发机构和领军式的创新人才引进数量还不够，在产业引进和培育中处于劣势。

2. 主要目标

湘潭在参与长株潭自主创新示范区的建设中，应该借助于长株潭示范区的作用和功能，争取在整合区域创新要素、做强主导产业、深化科技体制创新、协同政产学研合作以及集聚高端创业人才等方面取得重大突破。

（1）整合区域创新要素，强化区域创新合力。目前，湘潭共有省级以上园区八个，是湖南省级以上园区最密集的地方，园区间存在的领域有较大的相似性，产业同质化程度比较高。因此，湘潭在长株潭国家自主创新示范区建设中，可以整合八个园区的优势创新资源与创新要素，打破既有园区界限对创新资源与创新要素的分割与限制，构建"一核七园"的空间布局。"一核"，即着力打造以湘潭高新区为核心的示范区，谋划推进湘潭高新区"西进东升，提质扩容"的发展思路，大力发展"湾畔经济"，促进其创新发展、转型发展，争取在全国高新区排名大幅前移，进入全国一流高新区行列；"七园"，即以其他七个省级以上园区为自主创新示范区的政策辐射园，进一步明确各园区主导产业，统一招商引资、推进项目政策、建设规划，科学统筹各园区的产业定位和总体发展。

（2）打造智能制造谷。大力推进国家自主创新示范区建设，积极对接"一带一路"、"中国制造2025"、"互联网+"等战略，主攻智能制造，构建"1+4"特色工业体系，打造中部地区崛起制造谷。到2020年，智能装备制造产值达两千亿级，汽车及零部件、食品医药、新材料分别达到千亿级，新一代信息技术产值过500亿元。布局完成"一轴一带"经济走廊，到2020年，"一轴一带"走廊工业总产值突破4000亿元；湘潭高新区、湘潭经济开发区力争工业总产值均达到1500亿元左右，四个省级特色产业园工业总产值总计达到3000亿元左右，其他各园区均成为地域核心增长极。实施工业强基和转型升级行动，培育发展机器人、3D打印、移动互联网、北斗导航应用、节能环保、新能源电池、高性能医疗器械等新兴产业，到2020年，高新技术产业增加值占比达36%以上。实施人才优先发展战略，坚持高瞻远瞩抓好高端人才的引进、培育和使用，打造人才高地，领军创新发展。

（3）建设长株潭供应链核心枢纽，大力发展现代服务业，发展壮大现代商贸物流业。以打造长株潭供应链核心枢纽为龙头，培育壮大中国（中部）岳塘国际商贸城、义乌小商品城等专业市场，加快长株潭中央商贸区、湖南一力物流公路港、长株潭现代生态商贸新城等项目建设；改造提升建设路口、基建营等商圈；推进万达广场、湘潭中心等城市综合体建设，鼓励步步高、心连心等企业向多样化商业服务综合体转型。做大做强文化旅游业，以创建全国红色旅游融合发展示范区等为抓手，实施文化旅游产业重大项目带动工程，文化产业、旅游产业各引进投资20亿元以上项目1个或10亿元以上项目2个。突出韶山、昭山、隐山和水府庙水库、窑湾"三山一水一湾"旅游开发，抓好山市晴岚文化旅游小镇、文化艺术品交易中心、韶山黑石寨片区整体开发、水府旅游区和昭山设计创意产业园、媒体产业园等项目建设。

（4）调整优化产业结构。一是增加有效供给，要以质为帅，提升湘潭制造的品质高度。坚持瞄准国际高精尖产业、"中国制造2025"和"工业4.0"，围绕湘潭的优势产业，加快创新步伐，以更优品质的产品、更便利的服务占领未来市场。二是清除无效供给，要积极借鉴以往国企脱困和债务风险处置的做法和经验，尽快制定去产能和清理僵尸企业的政策意见和制度安排，为去产能创造条件。三是挖掘潜在供给，要适应生产生活方式智能化、信息化、城市化、绿色化的发展趋势，在医疗、教育、金融、交通、通信等诸多领域创造新供给，发掘潜在的新需求。

四、促进长株潭地区创新发展的对策建议

从长株潭全局的角度来看，为促进长株潭总体的创新发展水平，特提出以下政策建议：一是增强自主创新能力。发挥长株潭科教资源集聚优势，强化企业技术创新主体地位，促进高等院校和科研院所成果转移转化，激发各类创新主体活力，推动产学研合作体制机制创新，构建优势突出、特色鲜明的区域创新体系，增强持续创新能力。二是优化创新创业生态。以构建市场化、专业化、集成化、网络化的众创空间为载体，有效整合资源，培育创新创业主体，完善创新创业服务体系，弘扬创新创业文化，形成有利于创新创业的生态系统，释放蕴藏在"大众创业、万众创新"之中的无穷创意和无限财富。三是培育创新型产业集群。立足现有产业基础和创新资源禀赋，根据科技、产业发展趋势，按照"做强主导产业、做大先导产业、培育新兴业态"的发展思路，培育一批企业集聚、要素完善、协作紧密、具有国际竞争力的创新型产业集群，形成"5+5+X"的产业格局和分工明确、优势互补、良性互动的空间布局，在以智能制造为主导的"工业4.0"战略和"中国制造2025"行动以及全球新一轮产业革命中抢占先机，确立竞争优势。四是推动区域开放协同。根据长株潭在长江中游城市群中的核心地位和"一带一路"区位中的优势，以深度融入长江经济带和"一带一路"为重点，全面推进跨区域开放合作，对接东中西部大市场，面向全国创造发展新空间，面向世界加快推进国际化，建设中部地区开放发展的先锋区域，打造成为推动东中西部地区开放融合发展的重要引擎。

以下就长株潭各地级市区域创新发展的特点，提出对策建议。

（一）促进长沙创新发展的对策建议

1. 提升创新发展驱动力

新常态下经济发展要转向创新驱动，创新是经济发展的主要驱动力。一是要理念创新。新常态下经济增速回落，产业结构优化升级，不能通过缩减工业实现第三产业的提升，要更加重视发展质量，以更加优质的工业经济为产业结构优化升级提供物质基础和动力源泉。二是要战略创新。"一带一路"是党中央在经济新常态下提出的国家战略决策，将对我国未来经济发展产生重大而深远的影响。长沙作为重要的节点城市之一，要尽快融入国家发展战略之中，主动抓住这一战略机遇，积极对接中央、省里的决策部署，制定长沙的发展战略规划，精选优势产业产品，找准切入点，进一步重点培育壮大外向型产业，通过"一带一路"，将长沙的产品推向全球，扩大海外产品市场，促进长沙工业发展。三是要产业创新。科学规划，重点突出，在各园区原有产业的基础上，引导新兴产业聚集，实现特色发展、错位发展。

2. 加大传统产业支撑力

一是要树立品牌。以行业骨干企业为核心，加强企业产品形象宣传，树立长沙传统产业品牌，不断创新丰富产品线，提供多样化产品，壮大品牌影响力。二要拓展市场。要增强多种销售渠道，不断拓展产品市场；要开展战略性合作，巩固本地市场；要利用本地商务平台，通过互"联网+"改进销售渠道，扩大网络销售，抢占全省、全国市场。

3. 发挥优势产业拉动力

通过近两年的发展，电子信息设备制造、汽车制造、有色材料加工等产业迅速壮大，已经初具规模，成为长沙工业的优势产业，是工业经济增长的重要支柱和动力源泉。要继续发挥优势产业、优势企业的拉动力，加快技术研发和产品创新，不断推出满足市场需求的新产品，扩大市场份额，努力实现从长沙制造变成长沙创造，从追赶发展变成引领发展。

4. 增强主导产业稳定力

各行各业要抓住发展工业4.0的机遇，提高产品质量和性能，积极争抢国际、国内市场，要跳出行业谋转型，发挥国际型企业管理、人才、资本等优势，通过企业兼并重组等多种方式进军新行业，增强稳定性，提高竞争力，要千方百计扩大生产、提高效益，改善、扭转工程机械业生产下滑幅度较大的状况。

（二）促进湘潭创新发展的对策建议

1. 深化科技体制创新，完善创新服务体系

一是畅通科技成果交易市场机制。要充分发挥市场机制配置资源的作用，使更多科技成果生产者、制造者成为成果商品化的经营者，增强成果创造者在市场经济中的主导作用，赋予其更多权限。二是推进科技与金融结合。探索科技与金融结合新模式，不断完善创新创业投融资服务体系，推动开放条件下的金融、科技和产业融合创新。支持设立创业投资引导基金、天使基金、产业基金、科技银行、股权交易中心、融资租赁、知识产权质押等创新金融业务，加大对科技型企业发展的融资支持。三是推进科技服务业改革试点，营造有利于科技服务业发展的政策和体制环境。四是强化知识产权保护和推进知识产权交易，积极推动重大专利技术产业化。

2. 做大做强主导产业，打造创新产业集群

一是实现关键领域和核心技术的创新突破。以湘潭优势装备制造领域为依托，重点突破智能制造核心技术，研发培育基于机器人的智能装备系统集成创新，形成机器人及智能装备"研发+制造+服务"的全产业链产业集群，推动湘潭工业由"装备制造"向"装备智造"转型。二是推进以新能源装备等战略新兴产业为导向的产业转型升级。以湘潭高新区为核心，重点发展以风电装备、光伏装备为核心的新能源装备制造产业，坚持以应用带市场，推动制造与服务跨界融合。三是实施湘潭产业发展"赶超者战略"。即加快培育高成长性创新型企业，完善创新型企业培育机制，建立覆盖企业初创、成长、发展等不同阶段的政策扶持体系，加快培育形成以高新技术企业为主力军的创新型企业集群。

3. 协同政产学研合作，激发创新主体活力

一方面，推动产学研高端合作。开展"名市与名校"合作，鼓励企业与国内外知名高校、研究机构合作，组建技术平台，引导国内外专家来湘潭开展产业关键和共性技术攻关，如积极引进深圳清华大学研究院共建长株潭清华创新中心，支持大中型企业普遍建立工程技术研究中心、技术中心、研究生工作站、博士后工作站、院士工作站，鼓励企业按照市场需要开展技术创新，提升企业自主创新能力。另外，积极推进军民融合创新。充分利用湘潭军工技术实力雄厚的优势，加快国家级军民结合产业示范基地建设。鼓励湘电、江南、江麓、江滨等军工企业，大力发展军民两用产业，同时，推动一批非军工企业大力开发军工技术和军工产品，争取进入军品采购目录。积极推进军民两用技术开发，探索建立支持开展军民融合科技创新机制，努力把军民融合产业打造成湘潭具有规模优势的特色产业。

4. 聚集高端创新人才，打造创新人才"洼地"

人才是自主创新的第一资源，也是转型升级的关键所在。要确立人才优先发展战略，积极对接国家、省创新人才推进计划，以高端人才为引领，以产业发展为导向，以企业需求为重点，大力培养引进科技领军人才、创新创业团队、高素质管理人才和高技能人才，打造创新人才集聚高地。湘潭市建设自主创新示范区，必须强化人才服务体系建设，推进人才政策与产业政策对接，尽快在人才开发、股权激励、技术入股、科技成果产业化、人才中介服务等方面取得突破，建立健全科研人才双向流动机制和激励机制，保障创新人才分享成果收益，鼓励科技创新项目和团队落户湘潭。要优化人才创业支持体系，大力完善创业风险投资机制，强化法治建设，切实保护创新创业者合法权益，努力营造"大众创业、万众创新"的良好氛围。

（三）促进株洲创新发展的对策建议

1. 加大创新投入力度

建立企业研发准备金制度，引导企业有计划、持续地增加研发投入。设立自主创新专项资金，积极争取国家各项产业基金和创投基金，统筹用于创新能力建设、创新创业扶持、人才队伍建设、科技服务购买、政策补贴等。向小微企业发放创新券，鼓励企业配套资金投入购买科技研发和服务。通过财政后补助引导规模以上企业成立研发机构，开展技术创新活动。

2. 打造创新研发平台

建设中国动力谷自主创新园，围绕轨道交通、通用航空、新能源汽车三大动力产业，全产业链布局创新链，引进工业技术研发机构，着力突破核心关键技术，提升产业核心竞争力。依托龙头企业建设城市轨道交通车辆系统集成、大功率交流传动电力机车系统集成、大功率半导体器件、减震降噪材料、中小航空发动机系统集成等关键技术领域的国家级研发平台。依托行业协会、优势企业，建设先进硬质材料、电子信息、生物医药、食品加工、新型陶瓷、服饰设计等重大产业创新平台和省级以上研发机构。

3. 集聚创新创业人才

启动院士培育工程，在轨道交通装备制造、汽车及零配件、通用航空、电力电子、新材料、生物医药和健康食品、电子信息等重点产业领域，引进和培养一批掌握国际国内领先技术、引领产业发展、具备全球视野和战略思维的高端人才。依托国家重大科研项目、重大平台，着力培养一批科研水平突出、创新实战经验丰富的科技领军人才。发挥株洲职业教育、大型骨干企业优势，培养大批高技能人才和技术骨干。积极搭建一批公共服务平台，打造一批众创空间，降低创业风险和创业成本，鼓励和支持各类创业人才成就梦想。

4. 深化产学研合作

深化市政府与武汉大学、中南大学、湖南大学等六所高校的市校战略合作，引导和鼓励企事业单位与高等院校联合开展技术攻关、人才培养、共建研发机构等，建立多层次、多领域的合作关系。以提升轨道交通、通用航空、新能源汽车、先进硬质材料等株洲支柱产业和新兴产业竞争力为目标，支持企业、高校、科研机构组建产业技术创新战略联盟。加强产学研合作重大载体建设，推动院士工作站、人才培养基地、教育实践基地等建设，促进知识流动和交换。定期组织"院士株洲行"、"企业高校行"等活动，引导和鼓励产学研各方建立互访机制。推进国际交流与合作，依托国际先进技术、人才资源，通过自主创新与引进、消化、吸收、再创新相结合，推动株洲市支柱产业和优势产业发展水平向产业链中高端迈进。

参考文献

[1] 长沙市 2015 年国民经济和社会发展统计公报 [EB/OL]. http：//www.hntj.gov.cn/tjfx/tjgb_3399/hnsgsztjgb/201603/t20160314_607586.html.

[2] 长沙市国民经济和社会发展第十三个五年规划纲要 [EB/OL]. http：//www.ocn.com.cn/chanjing/201606/lkgkk23091541.shtml.

[3] 长沙市统计局. 长沙市统计年鉴（2015）[M]. 北京：中国统计出版社，2015.

[4] 湖南省统计局. 湖南省统计年鉴（2015）[M]. 北京：中国统计出版社，2015.

[5] 王辉. "两型社会"建设背景下长株潭城市群都市农业发展研究 [D]. 株洲：湖南农业大学，2012.

[6] 湘潭市《政府工作报告》（全文）——2016 年 1 月 12 日在湘潭市第十四届人民代表大会第四次会议上 [EB/OL]. http：//www.xiangtan.gov.cn/new../wszf/ghjh/gzjh/zfgzbg/content_123797.html.

[7] 湘潭市 2015 年国民经济和社会发展统计公报 [EB/OL]. http：//www.hntj.gov.cn/tjfx/tjgb_3399/hnsgsztjgb/201604/t20160427_611842.html.

[8] 湘潭市国民经济和社会发展第十三个五年规划纲要 [EB/OL]. http：//news.xtol.cn/2016/0307/5051347.shtml.

[9] 湘潭市统计局. 湘潭市统计年鉴（2015）[R]. 内部资料.

[10] 周纳. 长株潭创新型城市群建设评价与实证研究 [D]. 长沙：湖南大学，2010.

[11] 株洲市 2015 年国民经济和社会发展统计公报 [EB/OL]. http：//www.hntj.gov.cn/tjfx/tjgb_3399/hnsgsztjgb/201604/t20160401_608263.html.

[12] 株洲市国民经济和社会发展第十三个五年规划纲要 [EB/OL]. http：//www.zznews.gov.cn/news/2016/0627/216891_8.shtml.

[13] 株洲市统计局. 株洲市统计年鉴（2015）[R]. 内部资料.

第四章
洞庭湖区域创新驱动发展对策建议

一、引 言

　　洞庭湖区域跨岳阳、益阳、常德三市，呈倒三角形分布，三市市中心彼此相距仅90千米。洞庭湖区域位于长江流域经济带的腰部，承东启西，通江达海，是联结长株潭城市群与武汉城市群的纽带，同时也是"3+5"的大都市区，物产丰富，吞吐量大，人口密集，消费水平高。洞庭湖区是典型的鱼米之乡，物产丰富，是我国现代农业的主产地区，粮棉油猪的生产在全国具有重要地位，对我国确保粮食安全和人民生活和谐影响巨大。洞庭湖区域内有着丰富的自然资源。首先是水资源相对丰富，年径流量3001亿立方米，是鄱阳湖的3倍、黄河的5倍、太湖的4倍，地下水年平均36亿立方米。其次是芦苇资源丰富，仅益阳市面积就达3.6万公顷，年产芦苇50万吨，为造纸提供了主要原料。最后是矿产资源富有，岳阳蕴藏矿产80余种，其中矿建材料储量占全省80%；常德有矿藏145种，金刚石、磷、石煤、石膏等储量为全省乃至全国之首；益阳有"有色金属之乡"的美称，其中锑矿占全国的1/5。

二、洞庭湖区域创新驱动发展主要成就

（一）岳阳区域创新驱动发展主要成就

　　三次产业结构继续优化，由"十一五"末14：54.2：31.8调整为11：50.1：38.9。形成石化、食品两大千亿元产业和10个省级以上工业园区，湖南岳阳绿色化工产业园获批国家首批低碳工业试点园区，岳阳电子商务产业园获批国家电子商务示范基地。2015年，岳阳全市园区工业增加值占规模工业比重为60.1%，非公经济占GDP比重为62.1%，高新技术产业占GDP比重为18.6%，较2010年提高6.1个百分点。实现旅游总收入332.7亿元，年均增长 26.5%。市级以上农业产业化龙头企业 267 家，农业综合机械化水平 67%，完成环洞庭湖基本农田建设重大工程，屈原、华容跻身国家现代农业示范区，君山获评全国农产品质量安全示范区，岳阳县获评全国绿色食品原料标准化生产基地。万元 GDP 能耗年均下降 6.6%，主要污染物排放削减率超额完成省定任务，岳阳获评全国节水型社会建设示范区。

截至 2014 年底，岳阳累计建设国家工程技术研究中心 1 个，省级工程技术研究中心 11 个，市级工程技术研究中心 65 个；获得国家科技进步奖励 1 项，获得国家技术发明奖励 1 项；科技成果登记数 63 项；全年专利申请 1824 件，授权专利权 1306 件，增加 142 件；全年共签订技术合同 102 项，技术合同成交金额 4018 万元。

（二）益阳区域创新驱动发展主要成就

经济总量不断扩大、综合实力明显跃升，产业结构不断优化、质量效益明显提高。三次产业结构由 2010 年的 22.8∶40.5∶36.7 调整为 2015 年的 18.3∶42.4∶39.3。财政总收入占生产总值比重为 7.7%，比 2010 年提高 1.3 个百分点。规模工业企业实现利税总额 140 亿元，是 2010 年的 2.3 倍。创新驱动能力不断增强，高新技术企业数量和增加值均较 2010 年实现翻番。4 家企业成功上市，8 家企业在新三板挂牌。单位规模工业增加值能耗累计下降 49.5%。

高新技术产业发展迅速。2015 年，益阳市 208 家高新技术产品生产企业，比上年增加了 70 家，实现总产值 750.24 亿元，比上年增长 20.4%；实现增加值 231.45 亿元，增长 21.3%；实现销售收入 713.69 亿元，增长 23.7%；实现利税总额 58.24 亿元，增长 21.6%。从主要指标增速情况来看，全市增加值、销售收入和利税额的增速分别排在全省第四位、第七位和第一位，处于全省中上等水平。如果继续保持这样的增速，益阳高新技术产业总量有望实现后发赶超，跻身全省第二方阵。

高新技术产业占工业比重不断提升。2015 年，全市高新技术产品产值 750.24 亿元，占全市规模工业总产值的 36.9%，比上年提高 6 个百分点；高新技术产品增加值 231.45 亿元，占全市工业增加值的 42.9%，比上年提高 10.4 个百分点。

重点领域集群发展，优势产业增势强劲。按照中国高新技术产品目录标准，全市高新技术企业基本形成电子信息、生物医药、新材料和高新技术改造等为主导的四大高新技术产业。这四大高新技术产业 2015 年共完成高新技术总产值 470.35 亿元，同比增长 23.3%，占全部高新技术产品总产值的 62.7%。其中，新材料领域实现产值 184.01 亿元，同比增长 19.0%，占 24.5%；高新技术改造实现产值 108.95 亿元，同比增长 20.1%，占 14.5%；电子信息领域实现产值 101.59 亿元，同比增长 16.4%，占 13.5%。生物医药领域增长最快，实现产值 72.80 亿元，同比增长 49.0%，占 9.7%。

科技事业进一步发展。2014 年，全市共争取各类科技计划项目 130 项，其中国家级项目 5 项，省级项目 125 项；获得项目资金 2458.68 万元，项目数量比上年增长 31.3%；共有 31 项成果获市科技进步奖，3 项成果获省科技进步奖，其中一等奖 1 项，三等奖 2

项；技术市场成交活跃，认定登记的技术合同 65 份，合同金额 3560 万元；全市高新技术企业达到 102 家，实现高新技术产品增加值 134 亿元，同比增长 25%。

（三）常德区域创新驱动发展主要成就

几年来，常德经济实力大为增强。地区生产总值由 2010 年的 1492 亿元增加到 2015 年的 2720 亿元（预计数，下同），总量位居全省第三，年均增长 11.3%。全市高新技术企业从 54 家增加到 97 家。现代农业推进有力，"五个双百亿产业"初步形成，大宗农产品生产保持稳定，西湖西洞庭和桃源国家现代农业示范区建设扎实推进。服务业发展步伐加快，旅游、金融、商贸发展提速提质，第三产业占生产总值比重达到 41%，比 2010 年提升 5.6 个百分点。

同时，改革开放也不断深化。重点领域改革稳步实施。商事制度改革、财税体制改革、医药卫生体制改革深入推进。市里自主推进的公路管理体制、园区管理体制、投融资体制、城管体制改革等取得明显成效。在科技发展方面，2014 全年常德市高新技术产品总产值达 654.9 亿元，比上年增长 18.2%，高新技术产品增加值 176.4 亿元，增长 13.8%；全年专利申请 1995 件，下降 0.05%，授权专利 1109 件，下降 8.6%。

三、洞庭湖区域创新发展存在的问题与目标定位

（一）岳阳发展中存在的问题和目标定位

岳阳全市坚持科学发展观，以"稳增长、调结构、促转型"为主基调，全市上下积极克服各种不利因素的影响，全力化解宏观经济下行的压力，抢抓机遇，乘势而上，强化企业创新主体地位，深化区域带动作用，优化产业内部结构，积极推进高新技术产业发展。全市高新技术产业呈现高增长、高效益的发展态势，高新技术产业规模继续扩大。

1. 存在的主要问题

（1）高新技术产品出口乏力，参与国际市场竞争力仍然较弱。岳阳市的高新技术产业外向度不高，企业拓展海外市场的能力不强，产品结构不优。原因一方面是受当前世界经济复苏趋缓的宏观经济形势制约，产品出口难度加大；另一方面主要是高校技术产品出口过于依赖少数几种产品，不可预测的风险抵抗力较弱，一旦国际市场对这种需求下降，市场竞争加剧，企业间的低价竞销现象很难避免，就会使我国高技术产品的出口陷入被动局面。

（2）高新企业生产要素受限，产能扩大面临制约。岳阳市结构性用工仍旧紧张。企业"招工难"问题没有得到根本性缓解，电子信息、生物医药、机械制造等高新行业劳动力紧缺依然严重。高新企业融资比较困难，很多国有银行有着"抓大放小"的惯性，使得部

分企业不得不去找利息高几倍的贷款公司贷款，很多中小企业存在贷款难、成本高的困难，创新活力难以释放。

2. 主要目标

大力发展高新技术产业，扩大高新技术产品的生产，是推动岳阳工业结构调整和优化升级的重要途径之一。当前及今后一个时期，要抓住国家加快科技创新体系建设的有利时机，从解决企业内部发展条件和外部环境问题入手，努力促进岳阳高新技术产业和高新技术产品生产的加快发展。

（1）进一步推动高新技术产业结构的优化升级，谋求全面发展，齐头并进。一要抓政策引导。要抓住国家、省和市加快培育和发展战略性新兴产业的机遇，对储备的战略性新兴产业项目进行重点培育和发展，全力加大资金争取力度、加强政策扶持、加快项目建设，确保项目早日开工建设，早日投产达效。二要抓项目储备。要围绕催化剂产业、环氧丙烷产业、碳四循环产业、北斗产业集群等重点领域，以企业为主体、市场为导向，通过产学研相结合等多种形式，鼓励企业加大研发投入，储备一批知识技术密集、物质资源消耗少、成长潜力大、综合效益好，且能对园区经济产业结构优化升级产生显著推动作用的项目。三要抓载体建设。按照建设绿色化工产业园工作要求，积极推进扩园满园建设，加强安全环保工作，创新人才工作机制，提升园区管理水平和服务水平，努力打造集约化、专业化、绿色化、国际化的国家级化工产业园区。

（2）政府要加强对高新技术企业的发展引导和生产帮扶。岳阳各级政府要针对高新技术企业发展中面临的各种要素制约瓶颈，有针对性地开展帮扶，积极争取将重点行业、重点企业、重点项目纳入全市"联手帮扶行动计划"。同时，主动加强与安监、环保、供电、国土、工信、金融、交通等部门的沟通联系，站在全市发展大局上做好服务企业工作，保障煤、电、油、气、运、土地、资金供应，为促进企业发展创造良好的环境。存量改造方面，着力加大国家产业振兴和技术改造政策宣传力度，有针对性地编制行业发展升级规划，大力推进产业结构调整，促进石化、食品、造纸、机械、纺织等传统产业提档升级，提高行业抗风险能力和整体拉动力。增量优化方面，着力推进绿色化工园、电子信息园、远大可建园、电动汽车园等重点园区基地建设，扶持园区围绕主导优势产业延伸产业链，引进关联企业。政策扶植方面，建议设立市级高新技术产业发展引导资金，整合高技术产业专项、财政投入等扶持资金，重点在"扩面"上下功夫，充分调动企业创新创造的积极性。

（3）促进高新技术产品的出口结构升级，改善高新技术产品出口的软环境。岳阳高新技术产品的出口，大多以加工贸易为主，这种出口导向型的结构，使岳阳高新技术产业对全球经济复杂多变的形势具有高度敏感度和对外部需求的高度依赖性，加深了高新技术产业和高新技术产品发展的不稳定性，对此，岳阳高新技术企业要增强技术消化吸收的能力，按照国际同行业、品牌质量的标准，加大新技术、新产品、新工艺开发的力度，扩大高新技术产品出口，提高国际市场的占有份额。企业要加大国际市场的开拓力度，挖掘传统市场，拓展新兴市场，特别要扩大与拉丁美洲、亚洲、非洲等发展中国家与欠发达国家的外贸出口。对于从事加工贸易的企业，要提高中间产品国内的采购率，降低加工贸易的波及效应，同时要积极应对国际技术性贸易壁垒，为高新技术产品的出口创造更加有利的条件。

（二）益阳发展中存在的问题和目标定位

1. 存在的主要问题

（1）高新技术企业规模偏小，产业经济总量不大。益阳市高新技术企业产业规模虽然不断扩大，但企业规模仍然偏小。这说明上规模、上档次的大中型高新技术企业数量太少，大多数小型企业还从事一般性的高新技术的生产和贸易。

（2）创新意识不强，创新能力薄弱。高新技术企业自主创新能力参差不齐，创新能力与经济效益成正比，经济效益越好，企业创新意识和能力就越强，而对处在创业期间的中小企业而言，首先是生存，然后才是发展，因此有相当数量的企业在经营理念上重成本、重销售、轻技术，创新能力相对较弱；此外，资金短缺成为技术创新的瓶颈因素，很多好的项目由于没有足够的资金投入而不能顺利进行产业化，新产品开发困难重重。有相当数量的企业难以在技术创新方面进行重点投入。益阳 R&D 经费虽然增长幅度较大，但因基数较低，研发投入在全省各市州中排位靠后，企业还没有真正成为科技创新的主体。

（3）高新技术产品出口能力不强。益阳市出口产品多集中在农副产品加工、专用设备制造业、电气机械及器材制造业等领域；食品、饮料制造业、橡胶制品业、交通运输设备制造业等领域没有出口收入。这充分说明益阳市高新技术企业主要是面向国内市场，对外出口能力需要进一步加强。

（4）高新技术产业"高投入，高收益"特征尚不明显。高新技术产业具有"高技术、高投入、高风险、高收益"等典型特征，但就目前情况而言，益阳市高新技术产业"高投入、高收益"的特征尚不明显。与发达国家或地区相比差距较大，有关资料显示，世界500强企业，R&D 经费投入强度一般为 5%~10% 以上，一些高技术产业如电信、医药等行业甚至更高。从全员劳动生产率和增加值率上看，益阳高新技术产业附加值不高。

2. 主要目标

（1）以增强发展动力和活力为目标，稳步推进改革开放。坚持改革与开放相结合，以开放促改革、以改革促发展，加快构建要素有序流动、资源高效配置、市场深度融合的开放型经济新体制。全面深化各项改革，突出抓好供给侧结构性改革。纵深推进已经启动的各项改革，深化行政管理体制、科技体制、文化体制、医疗卫生体制、财税体制、国企国资、金融、农村、农垦、户籍制度、不动产登记制度、供销合作社等改革工作，充分释放改革红利。全力推进招商引资，突出"招大、招群、招特"的工作思路，强化"精准招商"理念，坚持"管行业必须管招商"的原则，创新招商引资工作机制，配齐、配强招商引资力量，落实招商引资目标任务，突出抓好行业招商、平台招商、专业招商，加强招商引资分类管理、分类考核，确保招商引资取得重大突破。研究制定企业抱团进入、集群引进的优惠政策，提升产业集群承接能力。着力引进战略投资者，重点引进一批世界（国内）500强、央企、行业龙头企业和上市公司。加强对外贸易和对外交流，积极落实国家扩大出口鼓励政策，建立出口担保体系，培育出口知名品牌，增强出口产品竞争力。重点支持艾华电子、太阳鸟游艇、益华水产等企业参与国际竞争。加快口岸机构建设，确保商检大楼正式投入运营，争取设立海关益阳办事机构。继续加强与国外友好城市的交流与合作。

（2）以培育新兴业态为主攻方向，着力推进现代服务业发展。把握现代服务业发展的良好机遇，推动现代服务业向高端化、智能化、绿色化方向发展。大力发展新兴服务业，积极培育电子商务、文化创意、科技服务、节能环保、融资租赁等各类新兴服务业态，着力引进一批带动作用明显的服务业企业。积极推进湖南（益阳）工艺美术创意设计园、万国荟进出口商品城、芙蓉云计算数据中心、品尚电商园等重点服务业项目。大力发展休闲旅游业，围绕"文化、生态"两大主题，打响休闲益阳品牌，着力构建现代休闲旅游产品体系，积极创建国家旅游休闲示范城市。围绕湖、茶、竹等益阳特色，精心打造周末旅游、假日旅游、短途旅游精品线路。突出抓好以中心城区历史文化、佛教文化、三国文化为重点的文化旅游，以梓山湖片区、清溪村、皇家湖、南洞庭湖等为重点的生态旅游。着力引进旅游开发战略投资者，加快旅游景区景点开发和提质，努力创建一批5A级景区。继续提升茶马古道、桃花江竹海、梅山文化生态园等景区品质，加快推进游客服务中心、江南古城等重点旅游项目建设。切实加强旅游基础设施与配套设施建设，不断改善"吃、住、行、游、购、娱"等要素条件。积极培育以"大健康产业"为主的生活性服务业。加快"健康益阳"建设，培育"大健康产业"，促进养老服务、养生休闲、健康服务等产业快速发展。支持康雅医院养老项目建设，全面提升餐饮、住宿、家政、物业等生活性服务业的发展水平。落实中央去库存的政策措施，促进房地产市场稳定发展。大力发展生产性服务业，积极支持现代金融业发展。加强银行业机构建设，推进金融产品与服务创新，积极开展"金融服务创新示范园"创建活动。优化金融生态，防控金融风险。支持桃江县做好全国农村土地经营权抵押贷款试点工作，力争全年新增各类贷款100亿元。加快现代保险业发展。大力发展现代物流业，积极支持海吉星、益阳（湘运）现代物流园、兰溪粮食物流园、南洲物流园、安化黑茶物流中心、红联冷链等项目建设。大力发展现代商贸流通业，积极支持万达广场、海洋城、顺德城等项目加快建设。

（3）以"互联网+"为引领，大力推进信息化。制订益阳"互联网+"行动计划，发挥"互联网+"的乘数效应，加快新一代信息技术成长，推进信息化迈上新台阶。加快发展"互联网+产业经济"，推进"互联网+制造"、"互联网+农业"、"互联网+物流"等产业发展模式，引导安化黑茶、大通湖大闸蟹、沅江芦笋、桃江竹制品等特色产业通过互联网拓展市场、加快发展。抓好鱼形山智慧谷和智慧旅游项目建设前期工作。积极发展电子商务和服务外包产业，抓好桃江县全国第二批电子商务进农村示范县和中南网商园等项目建设。全面推进"互联网+民生事业"，加强信息惠民工程建设，推进基于互联网和移动终端的社区管理、医疗卫生、就业创业、社会保障、教育培训等民生事业发展。抓好全民阅读数字平台、食品药品监管信息惠民工程、智慧校园建设。鼓励各种市场主体共同参与

"互联网+民生"项目，让群众共享"互联网+"发展成果。扎实做好"互联网+政务服务"，整合互联网政务信息资源，推进政务服务信息化建设。重点建设云计算中心、信息资源共享平台、公共安全视频监控系统、一卡通等项目，打造高效便捷、互联互通的政务服务体系。加快建设突发公共事件预警信息发布系统，尽快启动中心城区数字化城市管理系统平台建设。积极拓展"互联网+招商引资"，大力引进 IT 企业、大数据中心、网络代理商，精心打造互联网招商平台。不断夯实"互联网+"发展基础，推进城市基础网络、宽带乡村、物联网应用示范等重大工程。推动光纤入户和宽带网络改造升级，提高城乡宽带网络普及水平和接入能力。大力推进 4G 网络和无线城市建设，实现全市 85% 以上的行政村光网覆盖，100% 的行政村无线互联网覆盖。

（三）常德发展中存在的问题和目标定位

从整体情况看，常德市科技创新发展取得了进展，但总体创新能力和水平与全省平均水平相比还有差距，全社会科技创新不足，创新环境仍需优化等薄弱环节和深层次问题依然存在。

1. 存在的主要问题

（1）科技创新覆盖面有待扩大，科技投入强度有待提高。R&D 的投入强度不够，难以为企业开展技术创新提供充足的资金保障，会使企业的技术创新能力、水平和竞争力一直处于较低的层次和水平。政府资金占比有待提升，政府资金是企业开展科学技术研究的先导，政府投入比重偏低一定程度上影响着政策对湖南科技的引导以及科技创新成果的开发应用。

（2）科技资金使用效率有待加强。近年来，湖南省出台了一系列鼓励引导科技创新的政策措施，但这些政策原则性规定多，可操作性措施少，相互之间缺乏配套衔接，降低了政策效应。一是政策缺乏系统性。如制定鼓励企业技术创新的税收优惠政策，大多局限于所得税方面，对国际上通用的加速折旧、投资抵免、延期纳税、专项费用扣除等间接优惠方式运用较少，形式单一，无法适应不同性质、不同规模的企业要求。缺乏对企业在降低风险、鼓励技术创新、提供核心竞争力等方面的政府支持和税收优惠政策。二是政府采购政策没能很好地支持本地企业创新。政府采购主要用于购买国外和国内大型企业的产品，对省内产品采购比例小，没能很好地发挥应有的调控功能，对湖南省各地州市的企业技术创新支持有限。

2. 主要目标

2016 年，是"十三五"的开局之年，也是推进结构性改革的攻坚之年。稳增长、调结构、惠民生、防风险的要求很高，去产能、去库存、去杠杆、降成本、补短板的任务很重。我们必须抢抓机遇，乘势而上，主动作为，迎难而上，继续打好"三大战役"，强力推进"五个常德"建设，瞄准目标发力，奔着难题攻坚，全面完成改革、发展、稳定各项任务，夺取推进新常德、新创业的更大胜利。2016 年经济社会发展的主要预期目标是：地区生产总值增长 9% 左右，规模工业增加值增长 8.5% 左右，固定资产投资增长 20% 左右，一般公共预算收入增长 10% 以上，城镇新增就业 6.7 万人以上，城乡居民人均可支配收入分别增长 9% 以上，完成省里下达的节能减排目标任务。

（1）着力推进新型工业化，夯实园区平台。继续打好园区攻坚战役，加强园区基础建设，推行工业城市综合体建设模式，完成基础设施投入 50 亿元以上，建设标准化厂房 150 万平方米以上，做大做实一批创新创业园区。推动园区扩规提质，培育园区特色，做大园区总量，力争全市产值过 200 亿元园区达到 3 个以上、常德经济开发区技工贸总收入突破 700 亿元，力争国家级高新区创建成功。完善园区体制机制，巩固"一权两制一司"改革成果，增强园区发展活力。

（2）促进产业升级。抢抓"中国制造 2025"和湖南省"制造强省五年行动计划"的机遇，深入推进"1115"工程，实现全年新增百亿元产业 1 个、亿元企业 20 家以上。积极支持传统优势产业转型提质，加快芙蓉王现代新城、鼎城中联起重、桃源辣妹子食品二期、临澧锦湖气门、澧县新鹏陶瓷二期、安乡晋煤金牛、津市新中意食品等项目建设，完成技改投入 440 亿元以上。大力发展战略性新兴产业，加快汉能光伏、华兰德光纤、力元新材、汉寿昊晖光伏、石门广电云数据中心等项目建设进度，加大中国中车、中国兵装集团、中国恒天集团等重大投资项目的引进力度，年内新兴产业产值增长 13% 以上。推进中小企业成长工程，力争年内新增规模工业企业 100 家以上。

（3）突出科技创新。构建科技创新公共服务体系，支持企业加快工程技术研究中心、院士工作站等创新平台建设。加大产学研结合力度，实施一批重大科技专项。强化品牌和质量兴市战略，保护知识产权，支持企业参与国家标准制定、争创名品名牌。年内新增高新技术企业 10 家以上，专利申请量 2100 件以上，高新技术产业产值达到 750 亿元以上。

四、促进洞庭湖地区创新发展的对策建议

贯彻创新发展理念，增强生态经济发展动力。洞庭湖生态经济区建设的核心是处理好经济发展与生态保护的关系，依赖于技术和制度的创新走集约化内涵式发展道路是根本途径。"十三五"时期，应大力支持洞庭湖区生态经济发展的科技创新，着力开发利用生态建设、环境保护和生态产业发展新技术，革新传统产业，发展新产业、新业态，尤其要依托湖区独特区位与资源，培育发展生态环保型替代产业和特色产业，推进生态工业园区、现代休闲农业观光园和生态农业基地建设，大力发展文化生态旅游等，构建技术、产业与环境保护互动的生产力布局，形成特色鲜明、竞争力强、与生态经济区定位相适应的现代产业体系。要加快推进体制机制创新，鼓励湖区先行先试，加快生态文明制度建设，完善现代市场体系，优化资源要素配置，探索生态资源产权交易的市场化路径，加快形成有利于创新发展的市场环境、管理体制、服务体系和一批可推广的制度成果，激发市场活力和社会创造力，增强洞庭湖区生态经济发展内生动力。

（一）促进岳阳创新发展的对策建议

1. 提高企业自主创新能力

一是支持高新技术企业发展。科技立项重点向高新技术产业倾斜，优先支持高新技术企业承担国家和省科技计划任务，加大企业研发费用税收优惠和高新技术企业普惠政策落实力度。二是鼓励企业加大创新投入。对年度科研经费投入总量占主营业务收入比例排名前30位的规模以上高新技术企业，市科技计划在同等条件下予以优先立项。三是鼓励企业建立研发机构。鼓励企业与高等院校、科研院所联合建立以高新技术开发和应用为主要内容的院士工作站、重点实验室、工程技术研究中心、企业技术中心等研发机构。

2. 完善公共技术和服务平台建设

一是引导企业、社会资本依托产业园区加快建设一批能有效满足大众创新创业需求、具有较强专业服务能力的众创空间等新型创新服务平台。强化创业苗圃、孵化器、加速器建设，构建以专业孵化器和创新型孵化器为重点，综合孵化器为支撑的创业孵化生态体系。二是完善科技创新服务体系。围绕产业创新需求，大力发展技术转移、检验检测认证、大型科学仪器设备共享等科技服务，探索建立公共创新服务平台的投入、建设和服务模式，形成可持续发展的平台运营机制。

3. 加强知识产权和标准化建设

一是实施专利战略。加强企业知识产权创造、运用、保护力度，鼓励企业依法申报科技创新成果专利，取得自主知识产权。市财政设立专利资助资金，对获得发明专利授权的给予专利补助。支持企业申报国家、省知识产权试点企业。引导企业着眼产业技术前沿，围绕构建产业链，集中突破一批产业核心关键技术，形成具有核心竞争力的知识产权。二是实施标准化战略。鼓励和引导企业、行业协会、高校、科研机构，积极参与国际标准、国家标准、行业标准、地方标准、联盟标准的制（修）订和开展标准化项目科研活动；支持企业或高校、科研机构承担各类专业标准化技术委员会、分技术委员会、工作组（TC/SC/WG）的工作；支持企业开展标准化良好行为的创建活动，鼓励企业采用国际标准或国外先进标准组织生产。

4. 推动科技与金融结合

一是支持科技金融服务。支持商业银行开办科技支行，支持银行业金融机构与创业投资、证券、保险、信托等机构合作，创新交叉性金融产品，开发和完善适合科技企业融资需求特点的授信模式。支持金融租赁公司开展大型设备、精密器材等科技租赁服务；支持科技担保公司、科技信托公司等科技金融经营性公司发展。二是建立和完善创业投资体系。鼓励各市创业投资机构来岳阳设立创业投资公司或直接投资高新技术产业项目。逐步建立风险投资机构与高新技术企业对接机制，实现企业与风险投资机构的良性互动。三是创新金融支持方式。进一步促进金融机构发展科技贷款和科技保险，完善知识产权质押融资的程序和制度，鼓励金融机构大力开展知识产权质押业务。四是鼓励高新技术企业购买科技保险产品。积极支持岳阳市高新技术企业购买与产品研发相关的责任险、研发设备保险和环境污染责任险，在保费费率上给予支持。

（二）促进益阳创新发展的对策建议

1. 扎实推进产业转型升级

未来五年，新型工业化仍将是益阳经济发展的第一动力，而产业转型升级是新型工业化的关键落脚点，建议继续扎实推进产业转型升级，夯实工业经济基础。一是运用新技术、新工艺带动化学行业、造纸及纸制品业、建材行业等传统产业进行升级改造，提高传统产品的科技含量、研发能力和企业管理水平，让新技术与老文化碰撞出火花。二是鼓励有色金属冶炼业、电力行业等产能过剩行业的企业并购重组，进行行业整合，淘汰部分落后过剩产能，增强全市工业的可持续发展能力。三是大力扶持高新技术行业、战略性新兴产业和文化产业等符合全市发展方向的产业发展，帮助企业做大做强，并引导其扩展产业链，发展一批为其提供配套服务的中小企业，发挥产业集群效应。

2. 加大对科技创新的投入

一是要加大财政投入。各级财政、各类园区要加大对科技三项经费的投入，投入比例不少于财政支出的2%，重点支持产学研对接、高新技术成果产业化、创新型中小微企业的孵化培育。二是各企业要加大研发投入，要充分发挥企业自主创新的主体地位作用，确保对科技创新人、财、物的支持，规模企业研发投入不少于销售收入的2%，高新技术企业不少于3%。

3. 强化产学研对接，跟踪引进高新技术成果

各级党委、政府、各主要经济部门、各类园区要加强与各高校、科研院所的密切联系，及时了解和掌握它们的创新成果，选择适合益阳经济发展的高新技术成果到益阳产业化，特别是要发挥益阳教育强市的优势。改革开放以来，益阳为各高校、科研院所培养了大量人才，要紧盯益阳籍人才，紧盯益阳籍人才的创新成果，用乡情来感化、吸引他们为家乡的产业发展做贡献。要把产学研对接项目个数纳入对县市区、主要经济部门的绩效考核，形成一个上下联动招商引资的良好工作氛围。

4. 加强与高校、科研院所对接

各企业，特别是规模企业、高新技术企业，要主动加强与高校、科研院所对接，背靠高校、科研院所成就技术支撑，解决人才缺乏、自主创新能力不足的问题，应当与高校、科研院所合作组建工程技术中心、重点实验室、博士工作站，以高校、科研院所的创新成果，促进企业的发展，促进企业的升级换代。

（三）促进常德创新发展的对策建议

建议常德应把工业转型升级、提质增效作为突破的关键和重点，鼓励企业自主创新，引导企业开拓市场，帮扶企业降本增效，积极培育新的经济增长点，力促全市工业经济保持稳定健康发展的态势。

1. 切实加大科技投入

夯实创新平台，重点支持常德经开区、鼎城区高新区建设综合性科技企业孵化器平台建设，加快以鼎城高新区为核心，以汉寿高新区、西洞庭生物科技产业园、武陵工业园三个园区为拓展区的创新园区建设。要大力培养创新人才，实施"高层次人才推进工程"、"青年英才培养工程"等计划；大力建设教育强市，加快推进常德职教大学城、湖南财经高等职业技术学院、常德技师学院等项目建设，打造泛湘西北职业教育中心。要加快推进信息化建设，加快"光网城市"建设和4G网络发展，大力发展"互联网+"经济，力争在"互联网+"农业、工业、服务业、政务的细分行业上有所突破。

2. 促进传统产业转型升级

加快落实国家在转型升级方面的政策措施，淘汰落后的、过剩的产能；同时支持企业加快创新，引导企业增加研发投入，加大技术改造力度，发展新工艺、新技术，生产新产品，延长产业链，增强在市场中的竞争能力。

3. 加大在重点领域的有效投资

要保持适度的工业投资规模，深入挖掘新的增长动力，遏制盲目投资和低水平重复建设，保证投资的效益和效果，避免较高的投资增幅和较低的投资效率矛盾，造成巨大的资源浪费，带来新的产能过剩问题。此外在投资方向上，要紧跟"中国制造2025"规划，积极争取能增强核心竞争力的重点项目，提高技术改造投资在工业投资中的比重。

4. 加大对小微企业的扶持力度

对小微企业，一方面是"扶"，积极探索小微企业在融资、担保、与大中型企业对接等方面的优惠政策、灵活机制，搞活经济；另一方面要"管"，要建立健全小微企业征信制度，做好市场监督，督促企业形成高度重视产品质量的营商氛围，搞实经济。

参考文献

[1] 常德市2015年国民经济和社会发展统计公报 [EB/OL]. http：//www.hntj.gov.cn/tjfx/tjgb_3399/hns-gsztjgb/201604/t20160407_608385.html.

[2] 常德市国民经济和社会发展第十三个五年规划纲要 [EB/OL]. http：//www.changde.gov.cn/art/2016/4/28/art_8_195012.html.

[3] 常德市统计局. 常德市统计年鉴（2015）[R]. 内部资料.

[4] 湖南省统计局. 湖南省统计年鉴（2015）[M]. 北京：中国统计出版社，2015.

[5] 益阳市2015年国民经济和社会发展统计公报 [EB/OL]. http：//www.tjcn.org/tjgb/201604/32742.html.

[6] 益阳市国民经济和社会发展第十三个五年规划纲要 [EB/OL]. http：//www.yiyang.gov.cn/yiyang/2/77/101/content_212383.html.

[7] 益阳市统计局. 益阳市统计年鉴（2015）[R]. 内部资料.

[8] 岳阳市2015年国民经济和社会发展统计公报 [EB/OL]. http：//www.hntj.gov.cn/tjfx/tjgb_3399/hns-gsztjgb/201604/t20160429_611935.html.

[9] 岳阳市国民经济和社会发展第十三个五年规划纲要 [EB/OL]. http：//www.yueyang.gov.cn/ghjh/con-tent_583418.html.

[10] 岳阳市统计局. 岳阳市统计年鉴（2015）[R]. 内部资料.

第五章

大湘南区域创新驱动发展对策建议

一、引　言

　　湘南地区包括衡阳市、郴州市、永州市。地理区位独特，战略地位重要。三市地处湖南省最南端，交通便捷，是湖南的南大门，紧邻珠三角城市群，有与港澳、东盟自由贸易区最直接的对接，是中国"一带一路"优势最为显著的地区。随着珠三角区域经济合作和中国—东盟区域合作的进一步深化，三市在湖南省区域经济布局中的战略地位更加凸显。三市劳动力资源雄厚，是湖南劳动力输出最为密集的地区；交通发达，衡阳是全国重要综合交通枢纽，湘南南接珠三角城市群，东南达福建海西城市带，西通东盟自由贸易区，北连武汉都市圈，是沿海经济向内陆辐射的第一接纳区域；资源禀赋深厚，坐拥丰富的有色金属和非金属矿，衡阳的钠长石储量居亚洲之首，硼砂为华南独有，岩盐居华南之冠，郴州的钨、铋、微晶石墨、萤石储量居全国之首，永州的稀土、锰与水能储量分别居全省第一、第二、第三位。且衡阳工业基础雄厚，拥有多个省级重点园区，世界500强企业有18家，成为继长沙之后，引进世界500强企业势头最强劲、成效最显著的地区。

二、湘南区域创新驱动发展主要成就

（一）衡阳区域创新驱动发展主要成就

　　经济发展稳中有进，经济实力不断提升。产业结构不断优化，三次产业结构调整为15.2∶46.8∶38.0，第三产业比重提高1.5个百分点。工业经济企稳回升，2014年全年完成高新技术产业增加值312亿元，增长11.4%；专利申请量达3069件，增长10.1%；全市共有法定计量检定机构8个，特种设备检验机构8个；规模工业增加值增长9.3%，高技术产业增加值占规模工业增加值的比重提高4.7个百分点，连续四届荣获"中国城市信息化50强"称号，常宁成为全省第二批特色县域经济（制造产业）重点县；第三产业增加值增长13.1%，对经济增长的贡献率达49%，创近年来最好成绩；接待国内外游客和实现旅游收入分别增长14.1%、20.2%，蔡伦竹海成功创建为国家4A级旅游景区，四明山获评国家森林公园。

创新发展质量不断提高。单位GDP能耗、单位工业增加值能耗分别下降7.1%、11.5%；存贷比优化为51.3%，较2014年初提高7.85个百分点；城镇和农村居民人均可支配收入分别增长9.3%、11.5%；科技创新成效明显，衡变公司获国家科技进步一等奖，全市专利授权量达1900件。发展后劲不断增强，全市开工建设445个重点项目，完成投资823.13亿元，平均每天1.2个项目和2.26亿元投资落地，均创历史新高。

（二）郴州区域创新驱动发展主要成就

高新技术产业势头良好，筑牢产业转型基础。2015年，全市高新技术产业总产值1537.1亿元，2011~2015年年均增长37.8%。2015年全市共培育国家高新技术企业66家，其中年销售收入超10亿元的高新技术企业达到23家。高新技术产业增加值占全市规模工业增加值比重接近41%，高新技术产业化集中程度为41.8%，集中程度较高，在全省排第四位。

技术创新能力稳步提升，提升产业转型质量。逐步建立了以企业为主体、市场为导向、政府引导、政产学研相结合的科技创新体系。先后建立省级工程技术研究中心（企业技术中心）15家，市级企业技术研发中心53家，院士工作站4个，博士后专家工作站2个，科技企业孵化器2个，培育省级创新型企业10家；郴州被列为国家知识产权试点城市、国家"十城万盏"试点城市、全国科技进步先进市，郴州高新区经过三年努力，成功获批国家高新区；资兴市创建国家可持续发展先进示范区，永兴县创建国家可持续发展试验区和国家高新技术产业基地。

创新技术成果不断涌现，注入产业转型动力。2015年，全市全年专利申请量和授权量分别为1835件和1194件，比上年分别增长12.3%和15.8%；发明专利申请量459件，比上年增长25.1%；发明专利授权量首次突破百件，达125件，比上年增长50.6%。围绕产业发展需求，全市科技企业联合高校组建技术创新战略联盟，开展技术攻关，取得一批关键技术成果，金贵银业等全市科技企业研发的技术成果获得2项国家科技进步二等奖和1项国家技术发明二等奖。特别是围绕有色金属产业的发展，宇腾、金旺等企业凭借"铅阳极泥中稀贵金属高效提取"、"富氧双侧吹溶池熔炼"等新技术新工艺，一举突破制约产业发展瓶颈，带动产业技术升级，成功打造有色金属千亿元产业集群。

（三）永州区域创新驱动发展主要成就

永州市共有127家工业企业通过申报纳入规模工业统计，企业增量居全省首位，同比增长21%，创历史新高。其中，成长性企业36家，新建新投产企业91家。随着这127家企业纳入规模以上工业统计范围，2014年全市的规模以上工业企业达794家。

科技事业不断进步。2014 年全市高新技术企业 89 家，实现高新技术产业产值 184.93 亿元，同比增长 20.7 %。2014 年全年申请 2194 件，同比增长 13%；授权专利 1070 件，同比增长 30.2%；发明专利授权 104 件，同比增长 23.8%。完成合同登记 54 项，技术合同交易金额 5112.80 万元，同比增长 42%。2015 年，全市 R&D 经费支出 6.38 亿元，比上年增加 3.29 亿元，增长 106.5%。全市高新技术企业 158 家，实现高新技术产业产值 347.36 亿元，增长 33.1%。国家工程研究中心 2 个，省级重点实验室 1 个，科技成果登记数 35 项。全年专利申请 2387 件，增长 8.8%，其中发明专利 710 件，增长 36%；授权专利 1075 件，增长 0.5%，其中发明专利 111 件，增长 6.7%。签订技术合同 45 项，成交金额 0.65 亿元，增长 23%。

三、湘南区域创新发展存在的问题与目标定位

（一）衡阳发展中存在的问题和目标定位

1. 存在的主要问题

（1）高新技术产品出口销售收入下降，参与国际市场竞争力较弱。2015 年，衡阳全市高新技术产品出口收入比上年同期减少 150551.4 万元，下降 20.45%。从注册类型看，内资企业实现高新技术产品出口收入 297949.2 万元，比上年下降 51.6%；股份有限公司企业实现高效技术产品出口收入 55240.2 万元，比上年下降 21.3%；私营有限责任公司企业实现高新技术产品出口销售收入 16472.4 万元，下降 18.8%。从高新技术的 8 大领域来看，新材料技术领域企业实现高新技术产品出口收入为 221087.4 万元，比上年下降 57.9%；资源与环境技术领域企业实现高效技术产品出口收入 32421 万元，比上年下降 57.9%。这两个领域的高新技术企业下降幅度最大，也是造成全市高新技术产品出口销售收入下降的重要因素。

（2）总体规模偏小，涵盖范围窄。2015 年，全市纳入高新产业统计的大中型企业 101 家，占全部科技统计笼子企业的 37.4%，高新产值过 10 亿元的企业只有 14 家，分别是胜添电子、衡阳华菱钢管有限公司、衡阳华菱连轧管有限公司、特变电工衡阳变压器有限公司、中核二七二铀业有限责任公司、中铁五局集团第二工程有限责任公司、湖南水口山有色金属集团有限公司、湖南金杯电缆有限公司、衡阳恒飞电缆有限责任公司、湖南春昌有色金属有限公司、中铁二十五集团第二工程有限公司、湖南省衡洲建设有限公司、衡阳建滔化工有限公司、大唐耒阳发电厂。从产业看，全市 270 家高新技术企业，只有 3 家建筑业企业，2 家服务业企业，其他 265 家企业均为工业企业。高新企业过于集中在工业企业，少数在建筑业，农林牧渔业、批发业企业匮乏，行业涉及面较窄，不利于衡阳市高新技术产业的全面发展。

（3）自主创新力量不足。近几年，全市通过产学研对接交流模式，产学研合作机制不断完善，创新要素进一步优化整合。目前衡阳已拥有两个产学研技术创新联盟：衡阳汽车零部件产业技术创新战略联盟和衡阳市盐卤化工产学研战略联盟。尽管产学研联盟促进了科技成果转化为企业生产力，但当前全市高新技术企业在技术上大多依赖于"拿来主义"，企业自主创新意识不强，创新力量不足。据统计，2015年全市高新技术企业从事技术开发活动的人员18248人，同比只增长了9.2%。同时，全市270家高新技术产业企业中，省科技厅认定的高新技术企业只有80家，占比不到30%，而在这80家企业中，成立国家级技术研发中心的只有4家，占比只有5%。

2. 主要目标

（1）加大产业结构调整力度，逐渐淘汰劣势产能。加大对高新技术产业结构调整力度，加快解决全市高新技术产业所存在的高新产品低附加值、技术密集程度不高等结构问题。首先，以市场为导向推进高新技术产业的结构调整。通过市场机制发挥对高新技术资源配置的基础性作用，明确企业是产业结构调整的主体，政府仅通过产业政策及法律法规等制度引导产业结构调整。其次，以技术演进路径指引高新技术产业的结构调整。高新技术的采用往往具有报酬递增的性质，先发展起来的技术可以凭借先占的优势，通过自我强化机制在竞争中胜出。

（2）提升高新技术产业的发展质量。从数量型发展向质量型转变，避免小而弱、抗风险能力差的企业的重复建设。提倡发展具有一定规模、资金和技术力量雄厚的大中型高新技术企业；提倡发展一些技术含量高，并且能将社会效益、经济效益、环境效益有机结合的高新技术企业，形成一定的产业规模，发挥产业集聚效应，避免过度依赖加工组装方式，从而提高衡阳市高新技术产业发展的整体质量。

（3）积极培育高新技术企业。截至2015年底，衡阳现有高新技术企业80家。从实际情况来看，衡阳仍有一大批企业符合高新技术资格认定企业的条件。从宣传的力度和优惠政策的落实两方面着手，鼓励企业申报，特别是要关注农业、建筑业以及服务业企业。一些已经进入高新技术产业园和基地的成熟科技企业，要积极抓紧、抓好培育和申报工作，成熟一个，申报一个，力争高新技术企业增长取得大的突破。

（二）郴州发展中存在的问题和目标定位

1. 存在的问题

（1）据了解，在郴州占研发支出20%左右的一起设备支出中，有50%以上要靠进口来满足，高科技含量的关键装备基本上依赖进口，对企业产业优化升级构成了严峻挑战。发明专利数量少，科技创新能力严重不足，使一些企业的经营活动越来越陷入受制于人的被动境地。

（2）创新人才匮乏。一定规模和较高素质的科研队伍是提高企业自主创新能力的关键性因素。从全市情况看，人员素质的提高仍不显著。2014年，全市规模工业企业办科技从业人员仅为4702万人，从事创新活动的R&D人员只有3680人。多数企业把缺少专门创新人才作为影响企业开展 R&D 活动的主要原因之一。技术源自创新，但是科研单位没有市场压力，科研成果未能及时转化成生产力，面对市场的企业又无钱进行核心技术研究。所以，外国技术一项项地进入中国企业，而中国优秀科学家一批批进入国外科研单位，在这一恶性循环中，国外的技术越来越强，而国内的技术依赖度越来越高，对企业的健康发展十分不利。

（3）创新资金短缺。对于郴州这样一个资源型城市而言，资金短缺始终是困扰工业企业自主创新的主要难点。由于现代工业企业对生产资料的技术要求高，因此要引进新的研发设备大多所费不菲。而对工业企业而言，国有企业受到政策制约，从过去的利润中所提取的经费十分有限，大多数民营企业在短短的发展历史中也没有能力在高风险下投入大量资金；加之企业信贷困难，融资渠道不畅，社会资本的融资难度较大。这一切都加剧了全市工业企业的资金紧张，从而无法为自主创新提供可靠的资金保障。

（4）未形成创新的企业文化。在全市乃至全国的很多企业中，缺少的正是这种有利于创新的企业文化。具体表现为：在企业的创新工作中，权力差距比较大，只有部分员工才有权参与创新活动，创新成功者被提升的机会很小，升迁的速度很慢，企业对其成员的有差异行为只能在一定的限度内予以容忍，对创新的失败者不够宽容。在一些企业中不强调集体主义的合作精神，也不提倡个人的创新和探索行为，忽视个人价值的实现，过分强调慎重的创新选择，一味地追求"和、平、稳"，这些都极大地抑制了企业的创新活动。

2. 主要目标

（1）坚持产业主导、协调发展，建设"实力郴州"。把产业建设作为经济工作的重中之重，以四个"四年行动计划"为总抓手，加快转方式、调结构，推动传统优势产业改造提升，战略性新兴产业迅速发展，充分挖掘潜在增长能力，全力打造郴州产业升级版，不断提升郴州综合实力。

（2）坚持深化改革、创新发展，建设"创新郴州"。抓实全面深化改革和创新驱动发展战略，打破体制机制束缚，营造"大众创业、万众创新"的政策环境和制度环境，在全社会形成浓厚的创新氛围，凝聚强大的创新合力，让郴州成为生机勃发、活力迸发的创新创业之城。

（3）突出兴产业、强实体，加快推动转型升级。围绕"兴产业、强实体、提品质、增实效"，大力实施"市场主体培育工程"，多举措帮助企业降低成本，加快提升产业整体素质和竞争力，不断提高供给体系的质量和效率。推进工业转型升级，充分发挥两个国家级质检中心作用，深化有色金属"五个一"战略体系建设，大力化解过剩产能，推进"两化"深度融合，加快有色、化工、建材、锻铸造、食品烟草等传统优势产业向高端化、智能化、绿色化发展。大力推进电子信息、先进装备制造、新材料、新能源等产业发展，重点培育壮大 LED、矿物宝石、生物医药、大数据等新兴产业。深入实施创新创业园区"1555"工作计划，完善园区发展考核指标体系，促进园区经济增量提质。力争郴州出口加工区升级为综合保税区，郴州经开区和资兴经开区创建国家经济开发区取得突破，推进服务业高端化发展。

（4）突出增动力、激活力，全面推进改革创新。坚持以深化改革促进扩大开放，以扩大开放促进深化改革，大力实施创新驱动发展战略，为经济社会发展注入新动力、增添新活力，抓实全面深化改革的各项任务。深化行政审批制度改革，提高政府效能。进一步明晰市与区事权责任，理顺市与区发展机制，更好地调动市、区两级推动发展的积极性。深化国资管理体制改革，促进政企政资分开，完善现代企业制度。深化要素配置市场化改革，促进人才、资金、技术等有序流动。深化公共资源管理体制改革，加快建立统一、开放、竞争、有序的公共资源市场交易体系。深化开放型经济改革，加快建立开放型经济新体制。积极稳妥推进自然资源生态空间统一确权登记工作。全面完成市级党政机关公务用车改革。推进更宽领域、更高水平的双向开放。以建设"无水港"城市为核心，优化口岸服务，提升口岸功能，力争郴州公路口岸跻身国家一类口岸行列。加快推进口岸物流中心、国际快件监管中心扩容、往来港澳公路跨境快速通关等项目建设，加快融入粤港澳通关一体化。支持国际快件个人物品清关业务发展，做大做强国际快件业务，确保"五定班列"正常运行。加快"两平台一基地"建设。高位推动湘粤开放合作试验区建设取得实质性突破。推动外贸转型升级，促进服务贸易等外贸新业态发展。引导支持企业到境外发展，大力推进大众创业万众创新，启动实施"关键技术突破工程"。加快建设永兴国家稀贵金属再生利用高新技术产业化基地，推进稀贵金属深加工技术突破。支持建设国家钨深加工技术研发中心、开发钨化工产品及钨合金材料。支持"微晶石墨提纯技术"成果应用及产业化，加快石墨烯产品研发和技术攻关。加快建设环保产业成果转化基地，转化一批重金属污染防治、矿山生态修复和资源综合回收利用等关键技术。积极创建国家知识产权示范城市。大力推进创业带动就业。深化商事登记和"三证合一、一照一码"制度改革，支持风险投资、创业投资和创业担保贷款发展，引导社会资金和金融资本支持创业活动。支持农民工返乡创业，发展新型农业经营主体。加强创新创业指导服务，统筹推进高校毕业生等重点群体就业。引导农村劳动力有序外出和就地就近转移就业。加快发展市场化、专业化、集成化、网络化的众创空间，为创业者提供低成本、便利化、全要素、开放式的综合服务平台和发展空间。推进郴州高新区、郴州经济开发区科技企业孵化器试点示范园区建设，力争郴州经济开发区创建为国家级创业孵化基地。

（三）永州发展中存在的问题和目标定位

1. 存在的主要问题

（1）R&D活动的整体投入不足。科技创新成本虽高，风险虽大，但为数不少的企业决策者已经意识到科技创新对企业发展的重要性，如福嘉有色、状元金刚石、瑞翔电子等公司，将科技创新作为今后发展的战略重点。然而，缺少有效的科技创新人才、项目、手段、技术是当前企业科技创新遇到的主要问题，加上企业内部自身资金不足，外部资金筹集困难等因素影响科技创新投入。

（2）企业重改造、轻技术，核心技术缺乏、创新缺少载体。从永州工业企业科技创新的现状看，确有部分企业对创新抱有无所谓的态度，也有一些企业科技创新意识不强，动力不足，创新的目的主要是为了支持企业当前的生产经营活动和着眼于眼前的生存问题。通过设备改造仅对产品和工艺进行局部的改造和改进，对引进、消化吸收和购买技术兴趣不浓，对核心技术、关键技术和新产品的开发与研究重视不够。由于缺乏核心技术，没有自己的自主知识产权，没有自己的品牌，导致创新没有载体，这些企业只作为加工工厂存在，产品的附加值相当低。

（3）项目难找、成本高、风险大，人才缺乏，影响科技创新的积极性。由于引进项目的信息和渠道狭窄，以及企业本身获取信息的局限性，有不少的企业认为要找一个适合企业自身需要发展的好项目比较困难。也有部分企业认为，即使有了企业认为可发展投入的新项目，但企业在进行创新决策时，一般都非常谨慎，因为新产品研发需要大量的财力、人力、物力的投入，如果开发不成功或开发出来的新产品不能适应市场需要，就会给企业带来极大的风险和损失，甚至会影响到企业的生存。成本与风险成为企业科技创新的重要障碍。应该说近几年来，无论是政府还是企业自身对人才工作都是相当重视的。但由于种种原因，企业现有人才仍不能满足当前企业科技创新活动的要求，特别是一些中小企业和部分在乡镇的民营企业尤为严重，创新型、科技型人才的不足严重影响了工业企业的科技创新活动的开展。

2. 主要目标

深入推进创新创业，把创新创业作为引领后发赶超的新动力，推动形成大众创业、万众创新的新态势。

（1）永州全年新增市场主体 1.5 万个，新设立企业 3000 家，新培育小微企业 1300 家以上，全面"减负"。继续深化商事制度改革，抓好"先照后证"后置行政审批、后续市场监管和企业信用体系建设，加快构建众创、众包、众扶、众筹"四众"支撑平台，通过舆论引导、典型示范、政策扶持，营造良好的"双创"氛围。

（2）积极"搭台"。开展降低实体经济企业成本行动，进一步整顿规范中介服务组织，积极稳妥推进行业协会商会与行政机关脱钩，清理各种不合理收费，精简归并"五险一金"，着力降低企业制度性交易成本、税费负担、社会保险费、财务成本、电力价格以及物流成本，切实为企业减负减压。

（3）科技驱动。加强创业型城市建设，深入开展创新创业带动就业示范县区和省级创新创业示范基地建设，每个县区都和永州经开区、永州国家农科园建设一个创新创业孵化园。全年新增城镇就业 5.5 万人、农村劳动力转移就业 4.7 万人。实施省级以上科技项目 30 个以上，新认定高新技术企业 5 家以上，专利授权 800 件以上，全社会研发经费增长 35%，新增 1 家省级以上企业工程技术研究中心。

四、促进湘南地区创新发展的对策建议

政府在发挥科技支撑和引领湘南开发的作用主要表现在，创造科技资源集聚效应，促进地区协调发展；建设基础设施，提供公共物品和公共发展平台；推进体制改革和制度创新，健全市场机制，为科技开发和利用提供制度支持；制定方针政策，规范和优化科技合作环境，引导区域科技发展方向。湘南科技开发利用是一个系统工程，它既是国家创新体系的重要组成部分，必须符合国家创新体系建设和实施国家中长期科技发展规划纲要的总体要求，又要服务于湘南地区区域协调发展的现实需要，为湘南地区的经济社会发展和竞争力的提高提供科技支撑。因此，开发利用科学技术，就要摆脱计划经济体制下形成的旧观念束缚，淡化行政区域概念，从更高的层次、更完整的系统观来看待湘南科技开发利用问题。

同时发挥科技对湘南开发的支撑和引领作用，必须打破地区封锁，以宽阔的胸怀、长远的战略眼光，促进市场开放，加强沟通交流，促进共同发展。要打破单纯的行政区域单兵突进的模式，走联合发展、共同发展的道路，让要素在一体化区域内流动起来，共建区域的科技合作创新的平台和环境，共享区域创新的成果，激活区域科技创新机制，在市场化的进程中，实现区域创新要素的无障碍流动，达到互补、互惠、互利、共赢的目的。

（一）促进衡阳创新发展的对策建议

1. 加大科技创新支持力度

一是支持各企业与有实力的国内高校、科研机构和央企实现深度科技对接合作，建立产学研协同创新机制，构建产业技术创新联盟，推动创新升级。二是增强企业自主创新能力，引导经济加大新产品开发力度，实现产品更新换代和产业转型升级。

2. 加大创新人才引进力度

一是完善人才优惠政策，不断优化人才发展环境，拓宽人才引进渠道，吸引更多的高端精英人才到非公有制企业发展，同时加强人才信息平台的建设和功能发挥，帮助企业化解人才不足的矛盾。二是企业应积极主动地加强企业内部的人才培训工作，将人才教育培训工作纳入企业发展计划，通过各种方式培训人才，努力实现企业各类人才竞相涌现。

3. 主动适应新常态，积极推进产业结构转型升级

农业上要通过提高粮食生产能力、优化农业结构、转变农业发展方式等手段，提升农业现代化水平。工业上要着眼于全市产业基础，切实提高先导性、支柱性产业核心竞争力和经济效益，尤其在加快诸如电子信息、先进制造、节能环保、生物医药等新兴产业的发展上。服务业上要充分发挥比较优势，以市场需求为导向，突出重点，引导资源要素合理集聚，构建结构优化、水平先进、开放共赢、优势互补的服务业发展格局。创新政策支

持，进一步研究制定促进服务业加快发展的政策措施，完善服务业市场监管体系，营造有利于服务业发展的体制机制和政策环境。

4. 加速推进项目建设

一是谋划推进制造强市项目。积极对接"中国制造2025"，坚定不移地实施重大项目带动战略，推进电子信息、先进装备制造、新能源新材料、"互联网+"等战略性新兴产业，争取进入"中国制造2025"试点城市范围，抢占技术市场制高点。二是开展产业链招商。围绕电子信息、高端装备制造、生物医药、新能源、新材料、移动互联网、工业机器人等新兴产业，开展建链、补链、强链等工作，积极引进战略投资者和行业领军企业，不断壮大新兴产业规模。

（二）促进郴州创新发展的对策建议

面对新常态、新机遇，郴州全市科技创新驱动产业转型要紧紧围绕市委、市政府确定的产业转型目标，立足郴州产业发展基础，整合科技资源，组织实施创新驱动工程，以科技创新促产业转型，以产业转型促科学发展。

1. 优化创新环境，建立完善的创新驱动战略政策体系

结合"十三五"科技创新发展规划编制，确立郴州创新驱动发展的政策方略。一是切实落实科技创新政策。落实中央、省委关于加快科技创新提出的政策措施，重点落实技术创新资金整合、科技金融结合和科技成果分配处置权益改革等重大政策措施。进一步加强部门统筹协调，确保财政科技经费投入稳定增长，高新技术企业所得税、研发费用加计扣除的减免和科技企业孵化器等政策法规落实到位。二是制定完善符合郴州产业发展需求的创新鼓励政策。结合创新工作的新形势、新常态、新定位，在科技企业培育和引进、科技金融结合和科技服务业发展等方面开展研究，制定既符合郴州现实基础又具有突破性的政策措施。

2. 培育创新企业，打造创新驱动战略实施主体

企业既是创新的主体，也是产业转型的主体。一是加快科技企业培育和引进。在全市组织实施"221"创新企业培育工程，即在全市重点培育20家创新型示范企业，扶持20家初创成长型科技企业，创建100家国家高新技术企业。二是引导企业提升创新能力。引导企业建立研发准备金制度，并给予财政补助，引导企业有计划、持续地增加研发投入；对销售收入超5亿元的高新技术企业，必须建立企业技术研发中心；探索建立科技成果转化和中试基地，帮助企业加快科技成果转化和产业化。三是加速科技创新创业企业孵化。探索"企业搭台、政府支持、高校参与"的创新创业基地建设机制，对在孵企业给予场地、政策、资金、人才和融资支持；依托湘南学院建设大学科技创业园，帮助大学生开展创新创业活动。

3. 完善创新体系，推进产业技术创新成果转化

在创新驱动战略的实施过程中，一方面要激活企业创新内生动力，另一方面要注重政府、企业、高校、市场和金融等创新要素的对接，从而加速推进创新成果的转化和应用，

实现技术创新对产业转型发展的最大功效。一是进一步深化产学研合作。进一步推动郴州市政府与省科技厅的会商机制，围绕郴州有色金属产业转型升级这个主题，通过政策帮扶、平台帮扶、项目帮扶和人才帮扶等内容，帮助郴州有色金属产业升级，力争打造成为国家创新型产业集群；进一步拓宽市校合作范围，在与省内高校继续保持合作的基础上，争取与中科院、清华大学、中山大学等国内知名高校院所建立合作关系，加速对外地先进技术成果的引进和转化。二是加快科技金融结合。通过设立科技成果转化基金，组建科技银行，开展科技成果（知识产权）质押和科技担保服务。加强与省股交所联系，支持全市有条件的科技企业上市融资，从而解决科技企业资金短缺的瓶颈。三是搭建产业技术创新成果转化平台。扶持和引进技术转移中心、技术创新服务中心、技术咨询中心、生产力促进中心等中介机构，加快建设科技成果转化信息平台、专利服务平台、农业科技成果转化服务平台。实施重大科技成果转化项目，促进技术创新及时转化为现实生产力。

4. 建设创新园区，构建创新驱动战略实施主战场

以高新区为中心，选择几个创新基础较好的园区构建"一区多园"创新发展模式。一是把郴州高新区打造为全市科技创新主阵地。争取国家、省有关科技金融结合、科技成果权益分配、股权激励等政策到高新区进行试点；加大对园区内科技企业的培育和支持力度，在项目申报、高企认定等方面给予优先支持；加强园区创新能力建设，帮助高新区科技企业孵化器创建省级以上科技企业孵化器，并在园区内规划建设高新技术产业基地、科技成果转化示范基地和中试基地等科技平台；结合"互联网+行动计划"，利用移动互联网技术在高新区内建设"科技中小企业创新创业服务平台"，并提供政策咨询、信息共享、项目跟踪等服务。二是加快创新创业园区建设。结合全省"135"工程和全市"1555"工程，加快推进创新创业园区建设，探索建设科技企业集聚区，鼓励和引导大型科技企业带动产业链上的小微企业集聚。

（三）促进永州创新发展的对策建议

1. 加快培育和发展战略性新兴产业

这是永州实现全面开放带动、发挥经济赶超崛起、推动社会科学发展的必然选择。金融危机背景下，全球需求结构面临重大调整，传统产业空间不断萎缩；中国经济增长速度下滑，但永州作为经济欠发达地区，发展的速度与效益都已经同比落后于周边地区，经济发展必须逆势加速，赶超崛起；随着资源稀缺性的凸显，瓶颈制约的加速，东南沿海产业加快向内陆进行梯度转移，而永州正是湖南省承接东南沿海产业转移的前沿阵地，是国家级的湘南产业转移承接示范区。面对这种社会变化新形势、经济发展新格局、外向经济新变化，要支撑永州市"十三五"期间乃至更长时期内的赶超崛起和科学发展，必须大力培育和发展战略性新兴产业，为经济发展提供新动力，构建新支点，开辟新途径，推进新型工业化向纵深发展，将永州打造成湖南省对外开放的排头兵、对接东盟的桥头堡、产业承接的示范区、区域发展的增长极，高起点构建现代产业体系，增强国民经济持续发展能力。

2. 增强自主创新能力

当前，全球经济与竞争格局正在发生深刻变革，科技发展正孕育着新的革命性突破，各国战略性新兴产业发展方兴未艾。全国各地、湖南省各市州都在抓紧时机制定战略性新兴产业发展"十三五"规划甚至更长时期的规划，以图跨越式发展和赶超崛起，实现后发而先至的发展要求，掀起战略性新兴产业发展的高潮。抓住难得的历史机遇，利用国际金融危机"倒逼机制"，顺应产业转型升级的潮流和技术加速创新的趋势，利用永州厚重的文化底蕴，加快发展战略性新兴产业，掌握关键核心技术，增强自主创新能力，有利于在后危机时代形成新的竞争优势和经济欠发达地区的后发优势，更好地参与高科技技术的未来国内外竞争。

3. 加快发展战略性新兴产业

生产要素成本的上升、资源环境的约束和国际国内竞争格局的变化，要求必须改变过度依赖物质投入的粗放型增长模式。加快发展战略性新兴产业，提高产业的技术密集度、知识密集度和人才密集度，是永州市抢抓"时不我待"的机遇，加快转变经济发展方式，提升产业层次，推动传统产业升级，加快发展绿色低碳经济，进一步提高经济发展质量和效益的快速途径。

参考文献

［1］郴州市 2015 年国民经济和社会发展统计公报 ［EB/OL］. http：//www.hntj.gov.cn/tjfx/tjgb_3399/hns-gsztjgb/201603/t20160330_608129.html.

［2］郴州市国民经济和社会发展第十三个五年规划纲要 ［EB/OL］. http：//www.czs.gov.cn/fgw/fzgh/zhgh/content_756379.html.

·［3］郴州市统计局. 郴州市统计年鉴 2015 ［R］. 内部资料.

［4］衡阳市 2015 年国民经济和社会发展统计公报 ［EB/OL］. http：//www.hntj.gov.cn/tjfx/tjgb_3399/hns-gsztjgb/201604/t20160401_608258.html.

［5］衡阳市国民经济和社会发展第十三个五年规划纲要 ［EB/OL］. http：//hengyang.hunancom.gov.cn/swdt/577096.html.

［6］衡阳市统计局. 衡阳市统计年鉴 2015 ［R］. 内部资料.

［7］湖南省统计局. 湖南省统计年鉴 2015 ［M］. 北京：中国统计出版社，2015.

［8］永州市 2015 年国民经济和社会发展统计公报 ［EB/OL］. http：//www.hntj.gov.cn/tjfx/tjgb_3399/hns-gsztjgb/201605/t20160504_612057.html.

［9］永州市国民经济和社会发展第十三个五年规划纲要 ［EB/OL］. http：//news.yongzhou.gov.cn/2016/0317/385581.html.

［10］永州市统计局. 永州市统计年鉴 2015 ［R］. 内部资料.

第六章
大湘西区域创新驱动发展对策建议

一、引　言

　　大湘西即"湘西地区"，包括张家界市、怀化市、邵阳、湘西土家族苗族自治州，娄底也于 2014 年 5 月 29 日整体纳入湘西地区开发范围，并享受湘西地区开发相关优惠政策。湘西地区是湖南省主要的欠发达地区、少数民族地区和生态脆弱地区，同时也是承接东西部、连接长江和华南经济带的枢纽区，具有突出的区位特征和重要的战略地位。大湘西地区是精准扶贫的主战场之一，也是湖南实现全面建成小康社会目标的关键。大湘西近些年经济发展困难，是因为原来以矿产资源为依托的传统产业受资源、环境，特别是市场的约束已经难以为继，而高技术产业受到技术、人才的制约。大湘西地区自然生态优美，民族风情独特，多元文化交融，是湖南文化生态旅游资源最具特色的地区，如张家界是中国第一个国家级森林公园，以其得天独厚的旅游资源闻名于世；湘西有着厚重的历史文化，国家级历史文化名城凤凰古城，被新西兰著名作家路易·艾黎誉为中国最美丽的两座小城之一，境内有国家级景区景点 36 处；怀化区位条件独特，交通优势明显，自然资源丰富。因此文化生态旅游是大湘西地区独具文化特色和资源优势的产业。

二、大湘西区域创新驱动发展主要成就

（一）张家界区域创新驱动发展主要成就

　　张家界作为首批国家森林城市，坐拥独特的资源禀赋，以旅游为重点的第三产业得到迅猛发展。"十二五"期间，张家界市第三产业增加值总量和贡献率分别由 2011 年的 182.9 亿元和 67.7%增加到 2015 年的 293.9 亿元和 78.2%，第三产业已经成为带动张家界市地区经济发展的发动机。"十二五"期间，全市第三产业增加值由 2011 年的 182.9 亿元增加到

2015 年的 293.9 亿元，占地区生产总值的比重由 2011 年的 61.1% 提升到 2015 年的 65.6%，年均提高 1.1 个百分点，大幅超越小康考核指标"第三产业增加值占 GDP 比重"大于或等于 47% 的目标值，"三二一"的产业结构不断得到调优。

2014 年，全市承担国家各类科技计划项目 1 项；登记科技成果 15 项；签订技术合同 12 项，技术合同成交金额 5970 万元；专利申请量 432 件，其中发明专利 148 件；授权专利 156 件，其中发明专利 29 件；全市实现高新技术产业增加值 7.12 亿元，增长 71.2%。2015 年全市承担国家各类科技计划项目 36 项；登记科技成果 8 项；签订技术合同 16 项，技术合同成交金额 0.3 亿元；专利申请量 486 件，其中发明专利 180 件；授权专利 319 件，其中发明专利 30 件；全市实现高新技术产业增加值 7.55 亿元，增长 32.5%。

（二）娄底区域创新驱动发展主要成就

随着国家转变经济发展方式、推进产业结构调整和建设"两型"社会等改革的实施，娄底工业结构调整也取得了阶段性成果，趋向轻工化、低碳化、高新化。一是重化工业比重降低，2015 年，规模工业重工业总产值占整个规模工业的 80.7%，比 2010 年降低 9.8 个百分点，"十二五"期间，电子、医药、农产品加工、电子等轻工业企业苗壮成长，工业增长主要依靠重工业的局面有所改变。二是高耗能行业比重明显下降，2015 年，六大高耗能行业企业完成工业增加值占全部规模以上工业增加值的 40.94%，比 2010 年下降 16.9 个百分点。三是中高端产业发展迅速，2015 年末，拥有高新技术产业企业 98 家，比 2010 年增加 43 家，增长 78.2%。2011~2015 年战略性新兴产业增加值、高技术产业增加值年均分别增长 16.5%、18.3%，分别比规模工业增加值年均增长高 4.6 个、6.4 个百分点。四是非公经济占比提升，2015 年，国有企业工业总产值占规模工业的 2.9%，比重较 2010 年降低 8.8 个百分点；集体企业工业总产值占规模工业的 4.2%，比重较 2010 年下降 0.9 个百分点。以非公有制经济为主要组成部分的其他工业企业经济总量占比上升，其总产值占规模工业的 92.9%，比重较 2010 年提高 9.7 个百分点。

2014 年，科技创新能力进一步提升。全市完成高新技术产业总产值 575.5 亿元，同比增长 3.0%；高新技术产业增加值 134.45 亿元，增长 4.5%；科学研究与试验发展（R&D）经费支出 13.59 亿元，比上年增长 13.0%。累计建成国家级检验测试中心、企业技术中心各 1 个，省级工程技术研究中心 3 个，省级检验测试中心 2 个，省级企业技术中心 9 个。全年受理专利申请 1223 件，其中发明专利申请 227 件；授予专利权 893 件，其中发明专利授权 43 件。获湖南省科技进步一等奖 1 项、二等奖 1 项，湖南省专利奖 3 项。共申报国家和省级科技计划项目 138 项，已获立项支持 68 项，争取资金 1986 万元。2015 年，全市完成高新技术产业总产值 605.4 亿元，同比增长 3.9%；高新技术产业增加值 144.35 亿元，同比增长 5.6%。全市申请专利 1617 件，同比增长 32.2%，其中发明专利申请 330 件，同比增长 45.4%；全市专利授权 1002 件，同比增长 12.2%，其中发明专利授权 52 件，同比增长 20.9%。

（三）怀化区域创新驱动发展主要成就

经济实力实现了新提升。地区生产总值年均增长 10%，2014 年全市拥有科学研究开发机构 14 个；专利申请 781 件，其中发明 189 件，授权专利 428 件；签订技术合同 206 项，成交金额 1.93 亿元；获得省部级以上科技成果 1 项，高新技术产业增加值 51.95 亿元；R&D 经费（全社会研究与试验发展经费）支出 1.55 亿元，占 GDP 比重 0.13%。

（四）邵阳区域创新驱动发展主要成就

体制机制改革创新成效大。9 大类 154 项重点改革扎实推进，农村综合、文化体制、医药卫生、财税金融、工商登记、投融资等各项改革全面实施，特别是对长期拖累邵阳市经济社会发展的国企、公路管理、城市管理、自供区等体制实行成功改制和改革。科技创新不断发展，2014 年，高新技术产品生产企业 279 家，比上年增加 82 家，其中省厅认定的高新企业 55 家；全部高新企业实现产值 661 亿元，比上年增长 22%，增加值 185 亿元；全年专利申请量 1657 件，比上年增加 121 件，增长 7.9%，其中发明专利 243 件，增长 29.3%，专利授权量 988 件，增长 24.7%；签订技术合同 600 项，技术合同成交金额 0.7 亿元；财政科学技术支出 11864 万元，增长 19.4%。2015 年，科技创新持续发力。年末高新技术产品生产企业达到 335 家，比上年增加 56 家，其中省科技厅认定的高新企业 59 家；全部高新企业实现产值 840 亿元，比上年增长 27.1%；全年专利申请量 2334 件，比上年增加 677 件，增长 40.9%，其中发明专利 338 件，增长 29.3%，专利授权量 1518 件，增长 53.6%；签订技术合同 600 项，技术合同成交金额 1.06 亿元；财政科学技术支出 18170 万元，增长 19.4%。

（五）湘西区域创新驱动发展主要成就

新业态不断涌现。随着互联网经济的高速发展，带动湘西电子商务快速发展，经济发展新业态、新领域、新产品不断发展。湘西电商企业、网店分别发展到 20 家、8000 多家，"湘西馆"在苏宁易购、淘宝网正式上线运行。保靖县光学材料产业、泸溪县众鑫钒系铁合金产业及吉首市软件研发等新兴产业蓬勃发展。

优势产业建设成效明显。产业结构持续优化，三次产业结构由 2010 年的 16.3：39.9：43.8 调整为 2015 年的 15.2：31.9：52.9。园区建设推进有力，新增 6 个省级工业集中区，实现每个县市有 1 个省级产业园区；大力推进创新创业园区"73"计划和工业振兴"四百"工程。

科学研究成果丰硕。2014 年，湘西州有 4 个省级工程（技术）研究中心，2 个省级企业重点实验室。承担国家各类科技计划项目 7 项，取得省部级以上科技成果 8 项，签订技术合同 32 项，技术合同成交金额 496 万元。全年专利申请量 793 件，增长 27.5%。其中，发明专利申请 254 件，增长 53.9%；大专院校申请 302 件，增长 55.7%；工矿企业专利申请 195 件，增长 28.3%；机关团体申请 8 件，增长 800%。授权专利量 414 件，增长 20%。

其中，发明专利 36 件，增长 24.1%；大专院校授权 136 件，增长 67.9%；工矿企业授权 118 件，下降 9.9%。2014 年末湘西有产品检测实验室 1 个。法定计量检定机构 3 个，特种设备检验机构 2 个，工业产品生产许可证 27 张。参与制定国家标准 3 项，组织制定地方标准 46 项。2015 年，湘西共建成省级重点实验室 3 家，省级工程技术研究中心 4 家，省级博士后工作站 1 个，高新技术创业服务中心 1 家，科技孵化器 2 个。申请专利 1144 件，是 2010 年的 3.5 倍。共获授权专利达 765 件，是 2010 年的 4.1 倍。其中，发明专利 126 件，增长 2.5 倍，实用新型专利 440 件，增长 91.3%。吉首、永顺、龙山、凤凰获批省级可持续发展试验区；泸溪、凤凰、古丈、保靖、永顺、龙山列入国家富民强县项目实施范围，泸溪列入省知识产权试点县，花垣列入省级科技成果示范县。科技金融机构 2 家，主板上市企业 1 家，新三板挂牌企业 5 家，丰达科技列入省级科技成果示范企业。湘西签订技术合同 45 项，技术合同成交额 733 万元。

三、大湘西区域创新发展存在的问题与目标定位

（一）张家界发展中存在的问题和目标定位

面对当前经济环境复杂多变和经济下行压力的宏观环境，张家界市主动适应经济发展新常态，继续实施和深化工业"135"产业提质升级行动，不断调整和优化产业结构，大力发展特色工业，供给侧结构性改革积极推进，总体呈现"增速放缓，结构趋优"的特点。

1. 存在的主要问题

（1）规模企业停产较多。由于部分企业产品订单不足、季节性停产等因素叠加影响，全市工业企业有白龙煤矿等 9 家规模企业停产，有张家界腾飞建材实业有限公司等 12 家企业半停产，停产和半停产企业占全市 161 家规模以上企业的 19%。另外，产品价格低也是导致企业停产的一大因素。据统计，全省 PPI 指数虽然降幅收窄但仍连续 46 个月为负。目前，全市镍钼合金价格由 28 万元/吨降至 14 万元/吨，铁矿由 300 元/吨降至 200 元/吨，煤矿由 700 元/吨降至 300 元/吨，水泥由 320 元/吨降至 240 元/吨，大米由 3800 元/吨降至 3400 元/吨，标砖由 0.32 元/块降至 0.3 元/块。产品价格低位运行在一定程度上影响到企业的收入，是企业停产的一个客观因素。

（2）制度性交易成本高。通过前段时间运行情况来看，制约张家界工业发展的瓶颈依然存在。主要体现在以下几个方面：一是税费负担重。与 2014 年相比，2015 年企业所缴纳的税费都是增加的，占当年主营业务收入的比重也是增加的，如茅岩莓公司，税费占主营业务收入比重由 2014 年的 6% 提高到 2015 年的 7.2%。二是物流成本高。某企业同一件货物，由长沙发往广州为 3 元/件，而从张家界发往广州最少也需 8 元/件，如货物数量少，则需 10 元/件。三是用地成本高。张家界 2013 年对工业基准地价进行了上调，并从当年 7

月 1 日起开始执行新的工业用地价格，分别较调整前开发区已出让土地最高价格高出 107.55% 和 48.96%。另外，由于基准价格的提高，企业土地挂牌的相关税费也相应地提高，两个因素相加，企业的用地成本明显上升。四是用电成本高。造成工业用电成本居高不下的主要原因有三个。首先，错峰电价享受有限。企业每天的用电分尖峰、高峰、平段、低谷四个时段，而各时段电价各不一样。其次，大工业电价下，生产困难企业用电成本占比更高。电度电费 = 电量 × 电价 + 基本电费 × 容量费，生产困难企业依然需要支付基本电价，致使企业用电支出占生产成本的比重大大提高。最后，企业用电电压等级不高。电价与用电电压等级成反比，用电电压等级越高，单位电价越便宜。受企业规模限制，张家界目前只有华新水泥用电电压等级为 110kV，南方水泥用电电压等级为 35kV，其余全部为 10kV。

（3）融资难题亟待解决。园区外企业融资难、融资成本高，困扰企业经营。2014 年第一季度，全市工业贷款余额为 43.14 亿元（与上年末持平），全市工业缺口资金约 20 亿元。规模企业中，有 39 家企业因缺乏流动资金，导致原材料收购困难，处于半生产状况。另外，张家界工业企业贷款逐渐呈现两极分化的趋势。对国家要求关停的高耗能企业，如水泥、煤炭、火力发电等企业往往在贷款时遇到较大的阻力，而有政府扶持的一些产业，如战略性新型企业往往贷款相对容易。这使得一些企业由于资金困难而被迫停产，严重影响到张家界创汇收入。

2. 主要目标

突出改革开放，着力激活发展动力。坚持以改革创新促发展，大力破除影响发展、制约转型的体制机制弊端。

（1）推进关键环节和重点领域改革。全面完成合村改革，继续推动新一轮国有企业改革。深化商事制度、农村土地、价格体制、财税体制、金融体制、投融资体制、工业园区管理体制改革，加快推进不动产登记、公共资源管理体制、生态文明体制、行政执法体制等各项改革。着力抓好殡葬改革、公车制度改革。稳步推进公安改革、教育综合改革和供销合作社综合改革。

（2）形成创新创业机制。着力激活创新主体，积极培养引进创新型企业家、高技能人才、农村实用人才。着力夯实创新载体，重点围绕旅游业、特色现代农业、新材料、植物提取等领域，打造研发设计平台、基础条件平台、知识产权平台和创业孵化平台，构建一批低成本、便利化、全要素、开放式的众创空间，启动建设市科技馆。着力优化创新环境，依法加强知识产权保护，强化财政资金引导等公共服务保障。加强科普教育基地建设，不断提高市民科学素养和科技技能。

（3）提高对外开放合作水平。积极拓展口岸服务功能，力争获批旅游购物离境退税试点，提升口岸开放水平。积极创造条件，努力打造张家界外贸综合服务平台。充分发挥出口基地县和出口龙头企业作用，进一步扩大外贸规模。不断扩大对外合作交流，积极发展友城关系，不断拓宽合作领域。

（4）加大招商引资力度。创新招商方式、落实招商政策，形成大招商、招大商、真招商、招真商的浓厚氛围。围绕健康养老、生物医药等产业，大力引进上市公司、央企和国际知名品牌企业等战略投资者。继续坚持招商引资项目领导责任制和项目履约调度机制，力争全年签约重大项目 30 个，力促已签约项目落地开工建设。

（二）娄底发展中存在的问题和目标定位

1. 存在的主要问题

（1）科技创新能力不强。长期以来，娄底企业自主研发和创新能力不足的问题比较突出，2015 年，全市工业新产品产值同比大幅下降 20.9%，已连续两年为负增长，这就说明娄底大部分工业产品的生产仍然处于简单重复原有产品的阶段，产品科技含量不高，更新换代不快，核心竞争力不强，且研发型人才长期短缺，制约了娄底经济发展和转型升级步伐。

（2）企业自主创新意愿仍有待提高。2015 年全市高新技术产业企业 R&D 经费投入 19.4 亿元，虽同比有大幅增长，但其占销售收入的比重仅为 2.8%，低于《高新技术企业认定标准》中要求的 3% 及以上。全市高新技术产业虽整体科研产出水平较高，但仍有 59 家高新技术产业统计企业未申请自主知识产权的专利，占全部 98 家企业的 60.2%。有 60 家企业至今未拥有有效发明专利，占比为 61.2%。

（3）高新技术产业总量仍有待提升。从内部结构来看，2015 年末，全市共有纳入统计范围的规模以上工业企业 753 家，而规模以上高新技术及产品企业只有 98 家，只占规模工业单位数的 13.0%，高新技术产业占全部工业的比重仍然较低。从湖南省总量构成来看，娄底市高新技术产品增加值仅占全省总额的 2.4%，高新技术产品销售收入占全省总额的 2.9%，总量排名均列全省第 10 位，排名较为靠后，赶超压力较大。

2. 主要目标

"十三五"全市经济社会发展总的要求是：高举中国特色社会主义伟大旗帜，全面贯彻中共十八大和十八届三中、四中、五中全会精神，以邓小平理论、"三个代表"重要思想、科学发展观为指导，深入贯彻习近平总书记系列重要讲话精神，以"四个全面"战略布局和创新、协调、绿色、开放、共享发展理念为统领，以提高发展质量和效益为中心，坚持"加速转型、奋力赶超"，促进"三量齐升"，推进"五化同步"发展，统筹推进经济建设、政治建设、文化建设、社会建设、生态文明建设，确保如期全面建成小康社会，建设幸福娄底。

（1）坚持创新发展，增强发展内生动力。大力实施创新驱动战略，发挥科技创新在全面创新中的引领作用，推进"质量兴企、名牌强市"和重大科技创新工程，以创新塑造发展优势，确保全社会研发投入占地区生产总值比重达到 2.3% 以上。推进大众创业、万众创新，鼓励发展众创、众包、众扶、众筹新模式，让创新创业在湘中大地竞相迸发、充满活力。加大供给侧结构性改革力度，坚持供需两端发力，以供给创新释放消费潜力，确保社会消费品零售总额年均增长 12%。深度对接"中国制造 2025"湖南行动，实施"互联网+"行动计划，培育壮大高端装备、新材料、信息技术、生物健康、节能环保、移动互联网、文化创意、大数据、云计算等战略性新兴产业，构建多点支撑的产业体系。力争将三次产业结构调整为 10∶48∶42，高新技术产业增加值占地区生产总值比重达到 15%。

（2）坚持协调发展，构筑平衡发展格局。大力实施融城战略，加快对外"融入"，主动对接大长沙；加强对内"融合"，着力打造以娄涟双主板块、冷新副板块为支撑，以周边卫星镇为支点的湘中城市群，力争城镇化率达到 52% 以上。建立健全城乡规划体系，做大做强县域经济，加强"美丽乡村"建设，促进城乡统筹发展。以创建全国文明城市为总抓手，构建现代公共文化服务体系，促进物质文明和精神文明协调发展，建设文化强市。积极支持国防建设和军事改革，促进军民融合深度发展，提高防空、防灾应急救援一体化建设水平。

（3）坚持开放发展，提升对外开放水平。加快推进财税、金融、国资、农业农村和要素市场改革，主动对接和融入国家"一带一路"、省"一带一部"的新战略、新格局，把娄底打造成为沪昆经济带的重要支点城市。发展壮大产业园区，加快公共保税仓库、海关与出入境检验检疫机构建设，打造立体口岸体系和"大通关"平台，提升开放功能与服务水平。坚持娄商返娄战略，在此基础上注重以娄商引外商，拓宽视野，大力引进国内、国外各方面的投资商，大胆"走出去"，积极参与国际合作。坚持以引进项目为龙头，把引项目与引资金、引人才、引管理、引理念、引技术结合起来，以开放包容、合作共赢的理念，善待每一位客商，促成每一个项目。

（三）怀化发展中存在的问题和目标定位

1. 存在的主要问题

（1）经济创新动力亟待提升。R&D 投入强度是标志经济创新能力与活力的重要指标。当前 R&D 投入基数少、规模小、来源单一、活动层次低已严重影响经济发展竞争力，拉低全面小康进程。全市高等院校和科研机构 R&D 经费支出增长缓慢，支出的首要主体仍是企业，但开展 R&D 活动的企业在规模以上工业企业总数中所占比重仍然很小。R&D 经费与企业主营业务收入之比非常小，科技带动效能较低；政府资金占比较小，拉动效应较弱；以 2013 年 R&D 经费支出经费支出占 GDP 比重的 0.2% 为基数，忽略 CPI 增长因素、按 GDP 年均增长 8.0% 预测，2014~2020 年 R&D 经费支出经费支出年均需高速增长 1.6 倍，2020 年才能达到占比 ≥2.5% 的目标，压力巨大。

（2）园区带动承载能力显著薄弱。园区经济是拉动经济增长的重要力量，"园区规模工业增加值占规模工业增加值比重"是县级小康监测的重要指标。目前，全市园区覆盖率较低、拉动能力不强等问题已间接或直接地影响了市县两级小康实现程度的提升，园区经济对 GDP 增长的拉动作用与全省水平有较大差距。

2. 主要目标

"十三五"时期，是实现第一个百年奋斗目标、全面建成小康社会的决胜阶段。当前，怀化正处于工业化、城镇化加速推进阶段，农业现代化持续转型，信息化日新月异，绿色化潜力无限。加之怀化交通、区位、生态、文化等优势领域空间广阔，城市建设、产业发展、脱贫攻坚等短板方面潜力巨大，怀化拥有更为广阔的发展空间。

当前和今后一个时期，政府工作的总体思路是：高举中国特色社会主义伟大旗帜，全面贯彻中共十八大和十八届三中、四中、五中全会精神，以马克思列宁主义、毛泽东思想、邓小平理论、"三个代表"重要思想、科学发展观为指导，深入贯彻习近平总书记系列重要讲话精神，坚持"四个全面"战略布局，贯彻创新、协调、绿色、开放、共享发展新理念，坚持以提高经济发展质量和效益为中心，坚持"三量齐升"、"五化同步"，奋力实施"一极两带"和"一个中心、四个怀化"战略，确保如期全面建成小康社会，谱写建设富饶、美丽、幸福新湖南的怀化篇章。

（1）要把握改革创新这个根本动力。破解当前面临的各种难题，必须突出供给侧结构性改革，抓住牵一发动全身的关键环节，推出一批具有重大牵引作用的改革创新举措。下大力气推进简政放权、现代产权制度、投融资体制、财税体制、人才培养引进使用机制等重点领域和关键环节的改革，加快形成适应新常态的体制机制和充满活力、富有效率的发展环境。强化企业创新主体地位，加强核心关键技术攻关，深化产学研合作，加快建设一批研发中心、孵化基地、实验室，积极争取科技重点项目和重大专项支持，着力培育一支优秀的创新型人才队伍，全面优化创新创业环境，努力在全社会形成创造能量充分释放、创新成果不断涌现、创业活动蓬勃开展的生动局面。

（2）要把握项目建设这个关键抓手。抓发展就要抓项目，没有项目，发展就是纸上谈兵。充分发挥自身资源优势，精心谋划一批关联度高、带动性强的战略性大项目、好项目。紧盯国家和省里政策投资动向，争取落户一批对经济发展有支撑引领作用的重大项目。继续强化责任考核、警示约谈、项目巡检，加快推进一批重大项目建设。我们每一位干部，都要把项目建设当作最硬的抓手、最实的任务、最大的舞台，把心思集中到大干项目上，把本领体现在干大项目上，把目标锁定在干成项目上，充分发挥项目投资对经济发展的拉动作用。

（3）围绕破除体制机制障碍，突出抓好重点领域改革创新。继续深化行政审批制度改革，落实"四张清单"制度，取消和下放一批市级审批事项。加快园区体制改革，建立独立的市场化投融资平台，推动实施飞地经济、园政合一试点。积极抓好国企国资改革，实现经营性国有资产监管全覆盖。健全政府投资项目管、评、审分离的监管机制，理顺市区财政体制。继续抓好沅陵县发展新型农村合作金融组织试点和麻阳县全国农村信用体系建设试点。协调推进市县公务用车改革。创新农村产权抵押贷款和融资担保模式改革。建立和完善市级以上科技创新平台 3 个，高新技术企业增加到 40 家，组织实施一批科技创新和成果转化专项。大力推进"大众创业、万众创新"，加快出台科技服务业发展政策措施，重点支持文化创意孵化园、大学生创业园建设。落实湘黔两省高铁经济带的合作框架协议，支持大（龙）新（晃）经济协作示范园发展。积极促进长沙海关驻怀化监管机构办理海关业务，加快启动铁路口岸、公路口岸和公共保税物流仓规划设计。突出领导招商、产业链招商、小分队招商、以商招商，主动对接央企和国内 500 强企业，引进一批有重大影响力和核心竞争力的战略投资者，实现全年招商引资到位资金 420 亿元。

(四) 邵阳发展中存在的问题和目标定位

邵阳要实现科学发展跨越发展，实施创新驱动发展战略是必然选择。实施创新驱动发展战略，需要深入贯彻落实科学发展观，牢牢抓住和用好重要战略机遇期，从邵阳实际出发，切实做好战略创新、知识创新、技术创新、产业创新、制度创新等各项工作，技术创新是实施创新驱动发展战略的基础，制度创新是实施创新驱动发展战略的保障，从技术创新与制度创新的角度研究邵阳创新驱动发展战略具有极其重大的意义。

1. 存在的主要问题

(1) 高新技术产业结构有待继续优化。从高新领域看，邵阳高新技术产业企业虽然涉及全部八大高新技术领域，但过分集中于高新技术改造传统产业和新材料技术、生物与新医药技术这三大领域。而在这三大领域中，占全市高新技术产业企业增加值比重较大的企业大多处于价值链的中低端，有自主知识产权、高附加值、高科技含量的产品少。生物与新医药技术主要停留在化学制药的水平上，新型剂及制剂技术、基因工程类生物药品少。

(2) 发展资金匮乏，融资发展艰难。由于本县地方财政收入少，用于经济发展的财力远远不能满足需求，靠本身的经济实力求得经济的快速发展非常艰难。全县中小企业融资发展面临着诸多困难，存在的原因是多方面的。有体制的原因，也有企业本身的先天条件不足的制约。本县的几大国有银行基本是以揽蓄为主，存款余额基本是由省级对外地建设项目进行调贷，银行存贷比极不合理。企业研发投入水平有限。目前，邵阳企业技术创新基础条件较弱，研发投入严重不足。地方科研机构多数已转制成科技型经济实体，骨干研发力量大量外流，使得全市在行业关键技术研发方面自主创新能力减弱，这种状况将制约高新技术产业的发展。

(3) 缺乏创新机制，寻求突破艰难。一是科技创新不够。许多县经济实力弱，企业规模小且多为资源消耗型企业，产品技术含量低，科技人员少，工人整体素质偏低，企业创新资金匮乏，因而发明专利少，科技应用推广也不够。由于许多先天的不足，县级政府在鼓励科技发明创造等方面也难以有任何重大举措，没有形成新的科技创新机制，更谈不上有多少本县的科技发明成果来促进本县经济的重大发展。二是制度机制创新不够。由于有些县经济落后、财政困难、区位较偏，无论是干部还是群众，大多观念比较陈旧。与发达地区相比，人们的创新意识不强。深化改革困难大，国有企业改制还没有完成。鼓励创新的制度与办法也不多，经济发展的活力还没有被完全激发出来，难以形成新的突破。

2. 主要目标

(1) "十三五"时期是邵阳全面达小康、实现新突破的重要时期，也是加快转变发展方式、推动经济转型升级的关键阶段。要把创新发展方式、加速产业集聚作为主线，把区域协调发展综合配套改革作为强大动力，努力开创邵阳又好又快发展新局面。为达此目标，创新驱动是必然选择，而技术创新是邵阳创新驱动发展战略的基础。

(2) 技术创新是邵阳实施创新发展战略的基础，从邵阳实际出发，技术创新要做的工作很多，当务之急，是要做好农业技术创新、现代种业技术创新、食品加工技术创新、新材料产业技术创新等技术创新、现代服务业产业技术创新基础工作。

（3）有着深厚文化底蕴的邵阳加快发展，还离不开文化产业技术创新。专家顾问组认为，文化是城市发展的先导，因此，需要花大力气进行文化创新。一是从提高文化软实力的战略高度充分认识文化创新的重要性。二是文化创新要以社会主义核心价值体系为根本导向。三是大力加强创新文化建设。四是以文化创新促进邵阳文化产业又好又快发展。

（五）湘西发展中存在的问题和目标定位

1. 存在的主要问题

（1）产业结构不优，结构调整曲折复杂。第一产业增加值占 GDP 比重为 15.2%，高于全国平均水平的 6.2 个百分点，高于全省 3.7 个百分点，农业比重偏高，结构单一，竞争力弱的矛盾仍然突出。工业仍是湘西经济增长的重要动力，占 GDP 增加值 25.5%，六大高耗能行业增加值占比下降幅度小，仍高达 66.9%，其中有 3 个高耗能行业对规模工业的贡献率高达 78.6%，绿色发展压力加大。新兴服务业发展依然缓慢，租赁和商务服务、科学研究、居民服务等行业为主，营利性服务业发展增速低于全省平均水平，对 GDP 贡献率仅达 15.9%。

（2）创新力度不够。一是产业创新难。湘西部分产业由于产业技术水平不高、融合程度较差，加上市场对产品和服务的需求减少，呈现萎缩衰退的趋势。要实现产业创新，就要对传统产业结构进行调整优化，同时发展培育新兴产业，这就需要资金、技术、人才、外部环境等系统性保障手段支持，而这些手段正是当前湘西经济发展所缺乏的主要因素。二是技术创新难。湘西中小微企业创新人才建设基本上由企业自身来实施，科技人员面向中小微企业提供创业创新服务少，加上创新运行机制不完善，导致技术创新资源配置的条块分割和行政垄断，创新资源的配置效率不高，技术创新的内外环境不好。三是人才创新难。受湘西区位条件和经济基础影响，缺乏良好的创新创业产业平台和完善的政策扶持机制，人才"引得进、留不住"现象较为严重。

（3）市场需求不旺成为制约产业后续增长的重要原因。从外需看，国际市场需求总体依然偏弱、贸易保护主义形势依然严峻。虽然湘西高新技术产业产品销售略有增长，但产品出口却在大幅下滑，而湘西产业出口的增长主要聚集在生物与新医药领域，但是其他领域出口表现不佳，特别是湘西高新技术产业的支柱（新材料技术产业）严重下滑，产业出口尚未形成新的增长条件。从内需看，国内经济增长放缓，市场需求有限，工业产销状况不甚理想。从近期来看，订单不足、需求不旺在短期内难以得到根本改观，难以为产业增长带来新的增长点。

（4）产业结构转型升级短期内难以一步到位。湘西高新技术产业内份额较大的新材料技术产业随着湘西工业经济的发展而有所回升，生产与 2013 年同期相比呈上升趋势，但整体与经济形势较好时期相比仍有差距。电子信息、航空航天、新能源及节能等领域发展比较迅猛，展现出后发气势，但规模、总量依然偏小，对高新技术产业增长的拉动力比较有限，而且整个高新技术产业内各领域、各行业增长分化依然明显，部分领域、行业增长质量不高,主导行业之间尚未形成协调增长。从长期看,湘西高新技术产业格局的调整是产业实现持续健康发展的必然需要。然而,在保持平稳增长的前提下,产业格局短期内难以实现大幅转变。

（5）资金、成本等因素造成部分企业生产经营困难。尽管湘西高新技术产业生产情况好转,但销售市场低迷、产品价格持续走低,再加上原材料和劳动力成本大幅上升等导致企业生产成本进一步攀高,融资难、融资少等瓶颈问题进一步积累叠加,令相当一部分企业尤其是小型企业的生产经营长期处在相对艰难的时期,难以明显缓解。

2. 主要目标

"十三五"时期,是实现第一个百年奋斗目标、全面建成小康社会的决胜阶段。湘西经济社会发展总的要求是:全面贯彻中共十八大,十八届三中、四中、五中全会和习近平总书记系列重要讲话精神,按照"四个全面"战略布局,牢固树立创新、协调、绿色、开放、共享发展理念,落实省委"三量齐升"、"五化同步"总要求,坚持以脱贫攻坚统揽经济社会发展全局,坚守"542"发展思路,主动适应新常态,加快后发赶超,努力实现2017年建州60周年时城乡面貌发生历史性变化,确保2019年国家现行标准下的贫困人口全部脱贫、贫困县全部摘帽,2020年基本同步全面建成小康社会,为把湘西打造成国内外知名生态文化公园打下更加坚实的基础。

（1）着力深化改革,推进创新发展。健全有利于创新发展的体制机制,实施创新驱动战略,加大对外开放力度,加快实现发展动力转换。积极推进各项改革,坚持问题导向,聚焦发展短板,突出抓好行政管理体制、国有企业、非公有制经济、要素市场、财税体制、金融体制、产权制度等重点领域改革,充分释放发展活力。结合州情实际,积极推进精准扶贫、乡镇行政综合执法、生态文化旅游融合、"互联网+湘西"等一批自主改革事项,进一步激发内生动力。实施创新驱动发展战略,大力推进科技创新,强化企业创新主体地位,深入开展厅州合作和产学研合作,促进新技术、新产业、新业态加快发展,到2020年新增科技型企业100家以上。推动大众创业、万众创新,打造创新创业项目交易平台、投融资平台,实施创业主体培育工程、创业培训引导工程、返乡创业服务工程、青年创业工程、科技人才创业工程,到2020年新增市场主体6万个以上,基本建成全国创新创业示范地区。加大对外开放力度,坚持以改革促开放、以开放促开发,全面对接融入国家"一带一路"、长江经济带及湖南"一带一部"等发展战略,大力发展开放型经济,把园区、景区、城区作为招商引资的主阵地,着力引进大企业、大集团、大项目。加强特色农产品出口示范基地和出口品牌建设,提高出口产品的市场竞争力。

（2）深入推进各项改革。深化行政管理体制改革,完善"三清单一目录"制度,继续减免或取消不合理的收费项目,彻底取消非行政许可事项。加快行业协会与行政机关脱钩,积极推动事业单位分类改革。全面完成党政机关公车改革,启动事业单位公车改革。深化财税体制改革,健全政府预算体系,加强专项资金管理改革,强化财政资金绩效评价结果运用。深化金融改革,积极推进资本市场融资、PPP项目融资,防范化解金融风险。深化国企国资改革,完成地区国企改革遗留问题处理,加强国有资产监管,剥离机关事业单位经营性国有资产，实行统一经营管理。深入推进商事制度改革、不动产登记制度改革、农村产权制度改革。

（3）大力开展"招商突破年"活动。牢固树立大招商、招大商的理念，进一步完善招商思路，创新招商方式，增强招商实效，力争招商引资到位资金 250 亿元以上，增长 25% 以上，承接重大产业转移项目 10 个，新引进实施投资过亿元项目 30 个以上、10 亿元项目 10 个以上。围绕工业园区、文化旅游、现代农业、新型城镇化、商贸物流、电子信息产业等重点领域，抓好招商项目策划包装，加强与长三角、珠三角等发达地区的交流合作，积极开展园区招商、专题招商、产业链招商、网上招商，着力引进一批战略投资者。加强招商队伍和信息平台建设，形成一个口子对外推介、一条龙审批办理、一套班子跟踪服务的招商工作格局。实施鼓励招商引资的特殊政策，推行招商引资"一把手工程"，建立招商引资联席会议制度，加强招商引资目标管理和绩效考核，提高招商引资工作实效。

四、促进大湘西地区创新发展的对策建议

对于大湘西地区整体而言，首先要加大对大湘西地区科技创新特色产业扶持力度。根据大湘西地区产业特征，采用产业政策扶持、专项资金补助、金融支持以及人才和技术引进等多种方式，加大对有良好市场前景和技术发展潜力的矿产加工、食品加工、种养加工、竹木加工、装备制造、旅游开发等领域企业的科技创新扶持力度，引导和鼓励特色产业重点、骨干企业的科技创新活动，充分发挥特色产业重点、骨干企业技术创新的辐射效应，有效提升企业技术创新能力。其次要制订大湘西地区中小企业创新研究计划。引导和促进大湘西地区中小企业开展科技创新，各市州县区政府不仅要为中小企业创新发展计划提供资金，还要选派相关领域专家或技术人员参与中小企业科技开发和成果转化，最大限度地确保中小企业科技创新成果的实现。最后要建立大湘西地区科技创新、产品创新奖励机制。

大湘西地区各市州县区应当建立完善区域内科技创新、产品创新奖励机制，引导企业根据国家产业政策开展科技创新、产品创新，定期开展科技创新、产品创新评比，重奖取得重大经济效益的科技创新、产品创新项目，做好企业科技创新、产品创新的知识产权保护，保护企业、个人科技创新、产品创新积极性。

（一）促进张家界创新发展的对策建议

1. 巩固旅游优势，调优内部结构

以旅游为重点的第三产业具有作用半径大、辐射能力强、吸纳就业广等特点，为实现社会的充分就业创造了巨大的空间和潜力。结合实际，当前要牢固树立"旅游+"的发展理念，以文化挖掘、项目建设、税制改革和创新发展为着力点，继续巩固旅游优势和调优

内部结构是实现全市经济行稳致远的必然选择。

2. 深耕旅游市场，挖掘文化内涵

旅游作为张家界的立市之本、强市之基，无论在任何时候必须狠狠抓住不动摇，进一步发挥张家界独特的资源禀赋，不断实现由旅游资源大市向旅游经济强市的跨越。一是牢固树立全域旅游思维。在空间布局上明确"三星拱月、月照三星、全域旅游"的发展路径，搞好"三星一月"的提质升级与开发建设。二是继续深挖文化品牌内涵。当前，全市已有"天门狐仙"和"魅力湘西"获得全国文化产业示范基地荣誉，"白天看美景，晚上看大戏"已经成为来张家界游客的消费常态，这标志着张家界旅游市场与文化的融合发展成效显著，张家界的旅游地位成为湖南省的龙头已达成共识，那么下一步还要继续对张家界阳戏、鬼谷子文化、土司文化、红色文化等进行深度挖掘，切实丰富演艺产品线。

3. 强化项目建设，扩大旅游消费

一是要改善交通，对内要提质升级。对东线、西线和南线注重开发建设和转型提质并重，加快新城扩建、生态停车场、游客服务中心、澧水半岛、冰雪世界、武陵山大道等项目的推进；对外要改善"大交通"，即构建航空网、铁路网和公路网三网融合的立体网络，要把全市的旅游发展放在张吉怀、武陵山片区等区域协同发展中来谋划，用好用活荷花机场"落地签"政策，加快黔张常高铁建设进度，力推张吉怀高铁建设早日开工，同时确保桑龙和安慈高速尽早开工，将张家界建设成为武陵山片区旅游交通枢纽城市，其目的就是要实现游客的快速集散，使游客进得来、出得去。二是要补齐短板。当前，张家界市旅游商品还相对单一，且人均消费水平不高，与具有两块"国家森林公园"国字号招牌的旅游城市形象严重不符，所以要加快推动张家界旅游商品产业园建设，积极向省发改委争取"张家界市旅游商品产业园"项目参照全省工业标准厂房补贴政策进行帮扶，尽早将其打造成为集旅游商品生产、销售和展示等为一体的产业园区，扩大旅游消费水平。

4. 推动创新发展，增强市场活力

创新作为五大发展理念之一，是我们在经济新常态下推动"大众创业，万众创新"，实现绿色崛起的有效途径。一是推动"三新"业态。要围绕"互联网+"、新能源、文化创意、生物医药等重点，着力帮扶一批新产业、新业态和新商业模式的中小微企业，让更多的"三新"企业展现市场活力，培育它们成为经济增长的新动能。二是推进产学研合作。科技是生产力，关键要看成果转换。要推动本土企业加强与高校进行产学研合作，推动创新成果知识产权化、知识产权标准化、技术标准产业化，激励企业探索有利于创新成果转化效益最大化的商业模式。三是推进旅游业与信息产业融合。依托"智慧张家界"建设，推动在线旅游平台企业发展壮大，进一步完善旅游目的地"一诚通"信息系统，推广"安导通"旅游服务项目，逐步实现全市在线预订、宾馆免费网络、信息推送等功能全覆盖，促进人流、物流和信息流之间的互联互通。

（二）促进娄底创新发展的对策建议

总体来看，经过30多年的高速增长，娄底经济发展进入了转型创新发展的新阶段，结构调整将成为未来一段时期娄底发展的"新常态"。发展速度上，从过去高速增长向中高速增长转变，更加注重增长的可持续性；发展方式上，从粗放型发展转向集约型发展，更加注重经济发展质量；发展动力上，从劳动力、土地、资源等要素投入为主转向创新引领，更加注重科技进步和创新；在发展结构上，更加注重改善需求结构、优化产业结构、促进区域协调发展和推动以人为本的城镇化；发展目的上，更加注重以人为本，让人民群众更多地分享改革发展成果。

1. 加强企业文化建设，转变经营理念，是企业转型升级的基本前提

企业文化是一个企业所共同认同和遵循的价值观、信念和行为方式，企业文化建设的过程就是选择一种正确的价值观并且让它深深植入企业每个人的灵魂深处的过程。加强企业文化建设可以凝聚人心，激励斗志，调节企业与环境、顾客、企业、国家、社会之间的矛盾，还能通过各种渠道对社会产生积极影响。在当前国内宏观经济形势恶化、企业经营难度增大、社会矛盾增多的不利形势下相关部门可以主动作为，或邀请国内著名企业文化建设的老师来娄底授课，或组织企业主分期分批外出参学，这些举措投入少、产出大，对提升企业素质有着十分重要的现实意义。

2. 倡导企业自主创新，增强核心竞争力，是企业转型升级的根本出路

创新是促进企业转型、加快企业发展方式转变、提升核心竞争力的关键。但娄底绝大多数中小企业创新能力很弱，只有大力推进创新体系建设，支持企业成为科研开发投入和技术创新的主体，最大限度地调动一切先进生产力的积极性和创造力，才能使工业企业具有科技创新的强大动力。

3. 以提升传统产业为重点，推进技术革新改造，现阶段传统工业仍然是娄底整个工业体系的重要组成部分

鼓励企业用新技术、新工艺、新材料、新设备改造企业的产品开发、工艺流程、市场营销和企业管理等环节，重点在产品升级、节能降耗、环境保护、装备水平和安全生产等方面进行改造。大力推广应用 ERP 系统等现代工业生产流程管理技术与信息技术。在钢铁有色、建材和食品加工等传统重点领域，以提高两化融合水平为途径，推广集成制造、敏捷制造、柔性制造、精密制造等先进制造技术，使传统产业向中高端升级，焕发出新的生机和活力。

4. 切实转变政府职能，改善企业发展环境，是企业转型升级的必要保障

筑巢引凤仍然是各级政府工作的重要内容和着力点。要切实转变政府职能，牢固树立"人人都是投资环境"的观念，增强大局意识和服务意识，着力营造良好的服务环境、信用环境、法制环境和人文环境，为经济的可持续发展打下坚实基础。

（三）促进怀化创新发展的对策建议

1. 创新园区管理体制、运行机制和人才引进、薪酬激励制度，增强园区发展活力

积极探索飞地经济模式，加快建设以怀化工业园区为龙头的怀黔千亿元工业走廊，努力形成工业园区竞相发展的良好势头。全年产业园区技工贸总收入、财税收入、固定资产

投资、招商引资增长 25%。积极对接"中国制造 2025"、"互联网+"行动计划、制造强省"1274"行动,突出电子信息、现代制造、生物医药、新材料、新能源、节能环保等重点产业,培育壮大骨干龙头企业,推进同产业链企业分工合作,促进优势特色产业集聚发展。

2. 把握改革创新这个根本动力

破解当前面临的各种难题,必须突出供给侧结构性改革,抓住牵一发而动全身的关键环节,推出一批具有重大牵引作用的改革创新举措。推进简政放权、现代产权制度、投融资体制、财税体制、人才培养引进使用机制等重点领域和关键环节的改革,加快形成适应新常态的体制机制和充满活力、富有效率的发展环境。强化企业创新主体地位,加强核心关键技术攻关,深化产学研合作,加快建设一批研发中心、孵化基地、实验室,积极争取科技重点项目和重大专项支持,着力培育一支优秀的创新型人才队伍,全面优化创新创业环境,努力在全社会形成创造能量充分释放、创新成果不断涌现、创业活动蓬勃开展的生动局面。

3. 落实各项惠企政策

继续实行干部进驻企业定点帮扶制度,帮助企业降低成本,加强生产要素协调供应,促进企业正常开工、高效运行、增产增效。加快推进农业现代化,抓好优势农产品基地、全国农产品加工创业基地、国家农业科技示范园基地建设,完善农业专业化服务体系,促进农业与第二、第三产业融合发展。稳步扩大粮油、果蔬茶、畜牧水产等优势农产品基地规模。

4. 推动物流、电子商务、生态文化旅游建设

推进一批商贸物流重大项目建设,促进本土重点企业做大做强,培育一批具有核心竞争力的大中型商贸物流企业,促进传统商贸物流业转型升级。大力发展电子商务,努力创造农村电商平台怀化特色,力争走在全省前列。大力实施生态文化旅游"1354"工程,深入挖掘民俗文化、稻作文化、和平文化、红色文化、高庙文化等特色文化,打造精品线路,加快融入张吉怀精品生态文化旅游经济带。

(四)促进邵阳创新发展的对策建议

"十三五"时期,邵阳要紧密结合实际,加快推进体制机制改革,加快推进改革创新,加快改善民生,积极适应新常态,努力培养一批龙头企业,不断激发市场活力,谋求邵阳新发展,促进邵阳经济可持续较快发展。

1. 加强宏观指导,要重点发展重点行业

各级政府和部门要加强对各行业发展的宏观指导,对那些与人民生活密切相关的行业,以及适合邵阳市经济发展的新兴行业,要在政策上给予扶持,制定优先发展顺序。应抓好互联网、信息技术和房地产等空白行业的发展,发展营利性行业,努力挖掘租赁和商务服务业的发展潜力,培育好文化体育产业,继续把居民服务业、娱乐服务业、卫生事业、教育事业、科学研究事业等作为重点行业发展。

2. 着力构建经济新结构，打造湘中湘西南经济中心

发挥后发跨越优势，做好"加减乘除"，完成供给侧改革，使邵阳市经济结构在更高水平、更大范围实现供需平衡。巩固发展食品加工、装备制造、建材、轻工等优势产业，培育发展生物医药、电子信息、新材料、新能源、节能环保等战略性新兴产业。打造"一核一带多点"工业发展新格局，即宝庆经济技术开发区为核、沪昆高速百里工业走廊为带、县市工业园区为多点，促进工业聚集发展，构建富有竞争力的现代工业供给新结构。

3. 加强新兴服务业建设

以打造湘中湘西南现代服务中心为目标，重点建成 2~3 个湘中湘西南大型综合商贸物流中心，实施"互联网+"电商行动计划，运用大数据、云计算等信息技术，构建现代物流网、现代金融、现代信息科技等生产性服务产业体系。以建设国内外著名的世界遗产景观和生态文化旅游目的地为目标，构建旅游基础网，壮大旅游支柱产业，把西部打造成以路为径、以景为点的生态文化旅游圈，使之成为张家界—桂林黄金旅游线上的一颗明珠。巩固提升商贸餐饮、居民服务、房地产等生活性服务业，积极推进健康养老、文化创意、电子商务等新兴服务业。

（五）促进湘西创新发展的对策建议

1. 以创意驱动激发活力

旅游业已成为湘西增长速度最快的产业之一，加快旅游创意产业发展势在必行。一要强化政府主导，为旅游创意产业发展搭建平台，提供政策支持、资金扶持和法律保障。二要加强项目建设，重点推进非物质文化遗产保护传承项目建设。三要创新营销方式，扩大湘西文化旅游品牌的影响力。四要发展智慧旅游。利用新一代信息与通信技术，为游客提供个性化服务，将静态的文化旅游景观在互联网动态呈现，展示湘西文化旅游资源的独特魅力，促进旅游与互联网融合创新。五是大力培养创意人才。

2. 鼓励创新突破发展

把创新创业作为经济社会发展的优先目标，完善当前产业、财税、金融等创新创业扶持政策，放宽政策准入门槛、减少政策附加条款，构建管用、好用的创新创业扶持政策体系，构建良好的市场经营和投资环境大环境。鼓励和支持各种经济体创新发展，有效利用各地园区优势，加快创新创业示范园和电子商务孵化基地及配套体系建设，建立和完善创新创业服务平台，不断提升服务能力，引导和支持创新要素向园区集聚。

3. 实施"互联网+"发展战略，优化电商布局，打造特色园区

电子商务园区作为产业聚集平台，通过制定配套的产业政策，完善配套的基础设施，可加快汇聚优势企业和人、财、物等方面的优势资源。各级政府相关职能部门要结合当地实际，加强对电子商务产业基地建设的管理和引导，统筹规划基地，合理设置功能，推进特色发展，强化配套支撑，加大政策支持，优化电子商务布局，实现湘西"一盘棋"，同时避免重复投入、重复建设。要重点考虑小微企业电子商务应用需求，通过为电子商务企业提供公共服务的创业孵化平台，引导小微企业向电商园区集聚，以点带面，普及电子商务应用。要鼓励各类企业开展技术创新、模式创新，弥补区域内电子商务支撑体系中的短板，推出新产品、新服务，努力开拓国际、国内市场，使湘西电子商务发展能迎头赶上。

参考文献

［1］湖南省统计局.湖南省统计年鉴（2015）［J］.北京：中国统计出版社，2015.

［2］怀化市2015年国民经济和社会发展统计公报［EB/OL］.http：//www.hntj.gov.cn/tjfx/tjgb_3399/hns-gsztjgb/201607/t20160713_614812.html.

［3］怀化市国民经济和社会发展第十三个五年规划纲要［EB/OL］.http：//www.hhrcw.com/news_content/4774/.

［4］怀化市统计局.怀化市统计年鉴（2015）［R］.内部资料.

［5］娄底市2015年国民经济和社会发展统计公报［EB/OL］.http：//www.hntj.gov.cn/tjfx/tjgb_3399/hns-gsztjgb/201603/t20160325_607954.html.

［6］娄底市国民经济和社会发展第十三个五年规划纲要［EB/OL］.http：//www.hnloudi.gov.cn/zwgk/ldyw/zwdt/201601/t20160121_262334.html.

［7］娄底市统计局.娄底市统计年鉴（2015）［R］.内部资料.

［8］邵阳市2015年国民经济和社会发展统计公报［EB/OL］.http：//www.hntj.gov.cn/tjfx/tjgb_3399/hns-gsztjgb/201603/t20160325_607976.html.

［9］邵阳市国民经济和社会发展第十三个五年规划纲要［EB/OL］.http：//www.shaoyang.gov.cn/Content-98473.html.

［10］邵阳市统计局.邵阳市统计年鉴（2015）［R］.内部资料.

［11］湘西土家族苗族自治州2015年国民经济和社会发展统计公报［EB/OL］.http：//tjj.xxz.gov.cn/tjgb/xxzgb/201603/t20160315_203090.html.

［12］湘西土家族苗族自治州2016年政府工作报告——2016年2月25日在湘西土家族苗族自治州第十三届人民代表大会第五次会议上［EB/OL］.http：//www.piffle365.com/plus/view.php？aid=115988.

［13］湘西州统计局.湘西统计年鉴2015［R］.内部资料.

［14］张家界2015年国民经济和社会发展统计公报［EB/OL］.http：//www.hntj.gov.cn/tjfx/tjgb_3399/hnsgsztjgb/201603/t20160325_607969.html.

［15］张家界市国民经济和社会发展第十三个五年规划纲要［EB/OL］.http：//www.cnepaper.com/zjjrb/html/2016-01/28/content_5_1.html.

［16］张家界市统计局.张家界统计年鉴（2015）［R］.内部资料.

（主要执笔人：曾世宏　龚日朝　贺胜兵　马霖源　段昌梅）

第三篇
产业篇

　　"十二五"时期，湖南省三大产业围绕创新驱动发展取得了不菲成绩，主要表现为：第一，农业方面，总产值稳步增加，呈直线上升趋势，农林牧渔总值达到了5000亿元。农业的现代化发展迅速，形成了以水稻、湘莲、柑橘等为主的支柱性产业，粮食生产跃上了600亿斤。农业机械化程度显著提高，机械总动力达到了5680万千瓦，增强了农耕的抗旱能力。大力发展农村职业教育，从业人员的素质有所提高。农业现代科学技术为转变农业发展方式提供创新驱动力，农产品附加值不断增加。第二，工业方面，湖南省工业创新驱动发展对整个湖南省经济的贡献率将近40%，对提高经济社会发展和城市化水平做出了巨大贡献，对促进新型工业化和产业结构优化升级具有重大指导和实践意义。在湖南省工业创新驱动发展过程中，工业企业扮演着核心角色，工业企业的创新驱动发展水平决定了整个工业的创新驱动发展水平。2010~2014年，湖南工业企业研发水平不断提高，企业不断发展壮大，企业科技创新呈现良好的发展态势。第三，服务业方面，总体规模不断扩大，服务业对经济增长贡献程度持续提升。从业人员数量稳定增加，吸纳就业能力不断提高。产业投资规模不断加大，投资增速持续稳定。现代服务业稳定发展，产业内部结构不断优化。生产性服务业得到重视，成为经济发展的重要支撑。创新驱动政策初见成效，新兴服务业态不断涌现。

　　然而，通过对比分析，湖南省三大产业在创新驱动发展方面还面临不少问题和挑战。一是在创新产出方面，农业：国内三种专利申请授权数（农林牧渔类）总量不高，其增长率远远低于安徽等省；农业科技论文量较高但增速不快；农业生产总值高于全国水平但增速不快且低于全国水平；农业劳动生产率较低以及增长速度较慢，且一直低于全国平均水平。工业：规模以上工业企业R&D项目数和新产品开发项目数均低于全国平均水平；2010~2014年工业企业专利申请数和有效发明专利数有大幅增长，低于全国平均水平；技术市场成交额显著低于全国平均水平，在中部六省中成交额及其增速均较靠后。服务业：湘西地区位置偏远，因此服务业发展力度不够，有待进一步完善。二是在创新投入方面，农业：从业人员总量较低且处于逐渐减少的趋势；农业财政支出占总财政支出的比重逐年下降且所占比重较其他省份而言较低；农业机械总动力增长率较高但总量仍不高。工业：规模以上工业企业 R&D 人员全时当量在 2010~2014 年逐年增加，依然低于全国平均水平，排在中部六省第四位；规模以上工业企业 R&D 经费内部支出占 GDP 比重以及新产品开发经费支出依然低于全国平均水平。服务业发展存在区域不均衡，大部分地区服务业发展比较薄弱。

针对湖南省三大产业在创新驱动发展所存在的问题和面临的挑战，我们分别提出了以下政策建议。

第一，"十三五"期间推进湖南省农业创新驱动发展的具体对策建议。一要改善农业创新产出不足，发展现代化新型农业。二要加快农业供给侧改革，发展创新型农业。三要积极融入"互联网+"农业模式，促进农业又好又快发展。四要走创新型农业发展道路，把握农业创新未来发展重点。

第二，"十三五"期间推进湖南省工业创新驱动发展的具体对策建议。一要加强创新驱动发展战略的组织与领导，二要认真落实和优化创新发展相关的优惠政策，三要提升对科技创新与创新驱动发展重要性的认识，四要营造良好的"大众创新、万众创业"环境氛围，五要强化企业创新主体地位，打造高水平创新承载平台，六要推动科技创新与产业化发展的有机结合，七要创新政策管理机制，提升科技创新资金的使用效率，八要实施工业创新驱动发展的人才战略。

第三，"十三五"期间推进湖南省服务业创新驱动发展的具体对策建议。一要发展分享经济和供给侧改革，优化和提升服务业，完善市场制度，优化市场环境。二要普及湖南省互联网技术，拉动创新型发展，按照服务业集聚发展、融合共生的产业特性，汇聚优质资源和关键要素，逐渐培育重点产业和行业领军企业，着力构建门类齐全、层次较高、具有较强核心竞争力的现代服务业体系。三要配合商业模式创新，形成公共服务资源配置新常态，创新公共服务资源配置模式，实现三方共赢。四要加强科技创新与成果转化，促进湖南省新兴科技服务业发展，湖南省应该抓住重点对"十二五"现代科技服务业布局规划中的重点建设区域优先打造，集中现有优势提升科技服务业的竞争力，促进重点区域科技服务业发展起来，打造品牌性科技园区。五要生产性服务融合与价值链重构，促进湖南省支撑性产业创新驱动，重视市场融合，推动生产性服务业与制造业的价值重构。六要鼓励企业加强自主创新，打造品牌战略，加大对服务业企业创新支出税费减免力度，加大服务业发展专项资金和服务业发展引导资金，倾斜于技术密集型服务业企业的关键技术研发，提高服务业自主创新能力。七要加大创新力度，增强服务业企业创新发展后劲，扩大政府信贷支持，优化服务业企业融资环境。政府应该积极打造金融、服务与科技三链融合的生态链，加大对互联网企业及"两化"融合企业的信贷支持。八要鼓励服务业人才的培养和引进，保障服务业发展的人力支持，服务业的发展需要更多应用型人才，而应用型人才的培养不仅仅是高校的责任，也是相关企业的社会责任，引导人力流入，重视应用型人才。

第七章
湖南农业创新驱动发展现状与对策建议

近年来，湖南各地把转变农业发展方式、加快农业现代化建设、推进农业创新驱动发展作为制定经济社会发展规划的重要内容，农业经济发展规划要以农业现代化建设为主线，统筹安排现代农业发展重点项目。湖南省提出在"四化两型"的高起点上破解农业发展"瓶颈"，以转变农业发展方式为主线，把转变农业经济发展方式的要求落实到加快发展现代农业、建设新农村和推进城乡一体化的具体实践中，加强统筹规划和协调推进农业现代化，不断提高农业综合生产能力，缩小城乡收入差距，全面建设小康社会和社会主义新农村。

湖南省认真贯彻落实中央经济工作会议和"1号文件"精神，坚持农业基础地位不动摇，加大农业投入，全省农村经济发展迅速，增收的长效机制基本建立起来，农业发展也取得了不小的成就。第一，农业产业结构不断优化，总产值稳步增加，成直线上升，农林牧渔总值达到了5000亿元；第二，农业的现代化发展迅速，形成了以水稻、湘莲、柑橘等为主的支柱性产业，粮食生产年总产跃上了600亿斤；第三，农业机械化程度显著提高，机械总动力达到了5680万千瓦，增强了农耕的抗旱能力；第四，大力发展农村职业教育，从业人员的素质有所提高；第五，农业现代科学技术为转变农业发展方式提供创新驱动力，农产品附加值不断增加。

但是，通过对湖南省农业创新驱动发展省际差异对比和14个地州市区域差异分析，发现目前湖南省农业创新驱动发展仍然面临着一些问题。第一，在创新产出方面，国内三种专利申请授权数（农林牧渔类）总量不高且其增长率仅为161.22%，远远低于安徽等省；农业科技论文量较高但增速不快；农业生产总值较高排名第四且高于全国水平，但增速不快且低于全国水平；农业劳动生产率较低以及增长速度较慢，且一直低于全国平均水平。第二，在农业创新投入方面，农业从业人员总量较低且处于逐渐减少的趋势；农业财政支出占总财政支出的比重逐年下降且所占比重较其他省份而言较低；农业机械总动力增长率较高但总量仍不高。第三，在农业创新环境方面，农业有效灌溉面积在逐年提高但灌溉面积绝对值较小；农村居民人均可支配收入同样在逐年增加但其总量较少且低于全国平均水平；农村宽带接入用户数增长速度快，但其总量较小且低于全国平均水平；货运量逐年增加但增长率较低且其总量偏低；大专以上农业专业院校数较为理想但仍然需要加大对其投入。

"十三五"期间推进湖南省农业创新驱动发展，农业现代化建设的具体对策建议如下。

其一，改善农业创新产出不足，发展现代化新型农业。重视农村教育工作，提高农村从业人员素质；创新财政投入方式，提高财政使用效率；积极推进湖南省农业现代化产业基础设施的建设，提高农业现代化程度；提高农业研发力度以增强农业创新产出；加大对龙头企业的扶持，增强龙头企业对固定资产的投资作用；大力推广农村互联网点的普及并积极鼓励农村用户接入互联网宽带等。其二，加快农业供给侧改革，发展创新型农业。加强农业科学技术创新、推动农业组织体系创新、促进农业制度机制创新、落实"十三五"规划农业创新发展的总体任务。其三，积极融入"互联网+"农业模式，促进农业又好又快发展。利用"互联网+"解决农业经营的投资瓶颈问题；利用"互联网+"拓宽传统农业经营流通渠道；利用"互联网+"突破传统农业经营服务模式局限，积极发展定制农业、体验农业以及生态农业等。其四，走创新型农业发展道路，把握农业创新未来发展重点。依托农产品精深加工，培育一批农业创新的龙头企业；加快农业重大科研成果转化推广，完善农业成果转化积极政策；加快发展生态农业，提高可持续发展能力；构建更加高效的农业创新科研体系；创新农业人才培养，提高农业专业院校教育质量；实施农业创新驱动发展战略；大力发展农业园以及农业科研机构；积极推广"互联网+农业"的新型发展模式；转变农业发展方式，加快推进农业现代化；加快建设农业现代化基础设施，提升发展农业新势能。

一、湖南农业创新发展取得的主要成就

湖南省作为农业大省，农业创新化发展不仅是其创新体系的重要组成部分，也是促进农业现代化发展和增强地区竞争力的关键因素。在实现农业创新化的进程中，创新农业技术已成为改造生产方式、提升农业综合生产能力、促进农业增产和农民增收的关键，也为农业的现代化、技术化、创新化的发展发挥着重要的保障和支撑作用。近年来，在省委、省政府的带领下，全省广大农民群众主动适应新形势以及经济下行压力，大力实施"四化两型"战略，科学应对挑战，顺利完成了农业发展的各项目标任务，取得了辉煌成就，全省经济社会发展呈现"三量齐升"新态势。

（一）农业产值稳步增长，产业结构不断优化

如图 7-1 所示，湖南省农业生产总值 2010~2014 年逐年成直线上升，农业经济发展速度较快，这为农业创新发展提供了良好的发展环境。2014 年，湖南地区生产总值 27048.5 亿元，其中第一产业的增加值为 3148.8 亿元，增长 4.5%。农林牧渔总产值 3048.8 亿元，占总值 11.6%，其中，农业增加值为 2020.3 亿元，比 2013 年增长 4.2%；林业增加值为 225.5 亿元，增长 5.8%；牧业增加值为 682.4 亿元，增长 4.7%；渔业增加值为 220.6 亿元，增长 5.6%。如表 7-1 所示，2010~2014 年湖南全省农林牧渔业发展迅速，2014 年农业发

展相对比较快的六个市（长沙、衡阳、邵阳、岳阳、常德、永州）的农林牧渔总产值达到3000亿元，且仅仅衡阳市的产值就达到了591.07亿元，在全省排名处于首位。

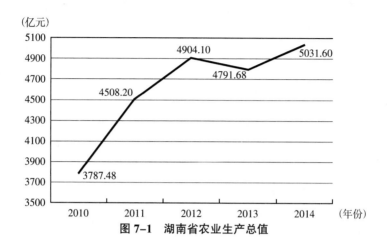

图 7-1　湖南省农业生产总值

表 7-1　2010~2014 年湖南省 14 个市（州）农林牧渔总值情况　　（单位：亿元）

区域 ＼ 年份	2010	2011	2012	2013	2014
长沙市	323.64	387.72	419.78	454.62	490.59
株洲市	181.07	191.73	211.19	227.80	247.79
湘潭市	162.87	171.88	183.49	199.44	217.65
衡阳市	429.63	474.66	527.15	548.49	591.07
邵阳市	264.00	318.56	350.23	374.66	406.82
岳阳市	326.42	380.50	390.78	412.76	445.30
常德市	448.02	469.20	482.73	518.16	559.57
张家界市	50.69	61.52	67.21	72.14	77.44
益阳市	242.63	290.29	318.11	343.33	371.98
郴州市	212.32	248.10	262.25	281.72	304.04
永州市	337.08	406.02	434.34	469.25	507.21
怀化市	163.06	215.73	244.83	266.27	287.23
娄底市	160.30	213.91	237.84	257.62	279.12
湘西州	81.81	90.87	98.88	106.78	114.97
合计	3383.54	3920.69	4228.81	4533.04	4900.78
最大值	448.02	474.66	527.15	548.49	591.07

随着工业化和城市化进程的加快，对农产品的需求量产生了直接影响，农业的生产结构以谷物型种植业为核心，也开始重视畜牧业中奶肉蛋等产品的生产。就农业产业结构而言，种植业一直在湖南省农业中占绝对位置。首先，随着农产品加工业对农产品多样化的强烈需求，城市化进程加快，城市人口增加，加大了对农牧渔业产品的需求。农民开始尝试摆脱严重依赖于传统种植业的局面，也开始加大了对林业和牧业的发展，林业所占比重逐渐增加，并且保持着较高的增长趋势。其次，产品的结构做出了重大的调整。在保证粮食产量的同时，尝试改变原来的水稻种植业独占鳌头的情况，开始投向其他经济作物的生产。最后，农业生产品种结构也发生了变化，水稻种植开始向优质型、专用型发展，加大力度对优质稻的推广，最近几年来，优质稻播种面积均超过 200 万公顷，超过全省水稻种植面积的 50%。

（二）农业现代化发展迅速，支柱性产业更加突出

不断推进农业现代化是建设新农村的首要任务，是促进农民增加收入的基本途径，也是发展农业创新化的必经之路。近年来，湖南省着力构建现代农业产业体系，着力强化现代农业基础支撑，着力发展规模化、集约化经营，着力提高现代农业科技水平，以加快农业现代化的步伐。湖南省改变了主要依靠扩大播种面积使粮食增长的局面，转向依靠科技进步、改善生产条件、推广良种良法上来，确保全省粮食总产值增加。湖南省倡导以农业增效和农民增收为中心，因地制宜发展效益农业与增收产业，大力发展特色农业、生态农业、休闲农业、城市农业和外向型农业等现代化农业，加快了农业现代化建设，提高了现代农业发展水平。

湖南农业近几年来发展迅速，2014 年湖南省农业总产值为 5304.82 亿元。湖南农林特产丰富多彩，形成了以水稻、湘莲、柑橘、湘茶、辣椒、苎麻、畜禽、蔬菜、水产品等产业为主的支柱性产业。其中，水稻产量居中国首位，其杂交水稻系列研究水平走在全国乃至世界的前列。湘莲是拥有 3000 多年历史的著名特产，产量历年来也稳居全国首位。湖南省为中国四大产茶大省之一，岳阳君山银针茶茶汁杏黄，香气清鲜，叶底明亮，被称作"琼浆玉液"。湖南享有"鱼米之乡"的声誉，水产品生产的天然条件较好，品种多、质量好、营养高，社会效益明显。此外，还拥有经济价值较高的水生植物莲、菱、席草、蒲草和芦苇等，有效地带动了农民的收入，成为部分农民的主要收入来源。支柱性产业的稳定增长，保证了市场供给的充裕，粮食生产总量跃上了 600 亿斤的台阶。生猪出栏也稳定在 6000 万头以上，茶叶、水果等大宗农产品价格稳定，质量提高；农民可支配收入稳定增长，2015 年突破了万元大关，达到了 10600 元，城乡居民的收入比逐步缩小，由"十二五"末的 3∶1 缩小到 2015 年的 2.63∶1。这些支柱性产业的不断壮大，发展势头猛增，促进了湖南省农业的创新化发展。

（三）耕地抗旱能力不断增强，农业机械化程度显著提高

如表 7-2 所示，2014 年，湖南省用于农林牧渔业的各种动力机械的总和为 5680.34 万

千瓦，大约是 2004 年的两倍，相比 2013 年增加了 244.41 万千瓦，增长了 4.50%。2014 年湖南省的有效灌溉面积，也由 2013 年的 276.81 万公顷增长到了 310.17 万公顷，也就是说，能够进行正常灌溉的水田和水浇地的面积达到 300 多万公顷，反映了湖南耕地抗旱能力有所增强。农村用电量逐渐增加，也说明了湖南正在加速推进农业机械化。

2014~2015 年湖南省实施的"千社"工程，省财政共扶持建设完成 1000 家符合条件的现代农机合作社，拨付省级补贴资金 1.5 亿元，市县配套 1.5 亿元。项目实施成效十分显著，有力调动了农民购置农机的积极性，促进了湖南农业生产全程机械化较快发展。据统计，截至 2015 年底湖南经工商登记注册的农机合作社达 2484 家，全省水稻机耕、机插、机收水平分别达 93%、24%、80%，综合机械化水平达到 68.4%，相比 2014 年增长 2.9 个百分点。

表 7-2　2010~2014 年湖南省农业机械化程度

年份	农业机械总动力 （万千瓦）	有效灌溉面积 （千公顷）	化肥施用量 （万吨）	农村用电量 （亿千瓦时）
2010	4651.55	2726.66	236.57	98.63
2011	4935.59	2762.41	242.49	106.03
2012	5198.24	3070.84	249.11	110.23
2013	5435.93	2768.12	248.19	118.58
2014	5680.34	3101.70	247.80	123.83

（四）农业职业教育初见成效，从业人员素质普遍提高

2014 年，湖南省农业从业人数为 1651.37 万人，占从业人员的 40.8%。可见，农业从业人员较多，农村人口主要以农业为主。因农业的创新发展需要众多的劳动力，所以 1600 多万名从业人员为农业大规模的创新发展奠定了基础。随着教育改革的不断深化，居民受教育的程度普遍提高，湖南省农业从业人员的文化水平、素质也随之提高，这会极大促进农业的创新发展。近几年来，湖南省大力发展农村职业教育，积极培训农村劳动力，2015 年已培训出科技示范带头人、创业能手、种养能手、农机能手、农村经纪人和专业合作组织领班人 100 万人；转移农村劳动力约 100 万人，全部实现转移就业。湖南省从业人员中具有研究生及以上、大学本科、专科、高中、初中及以下学历的人员分别占 0.6%、8.3%、19.0%、36.0% 和 36.1%；具有高级技术职称、中级技术职称、初级技术职称的人员分别占 8.1%、40.2% 和 51.7%。湖南省拥有大批中专及以上学历的高质量、高转化率科研成果的农业科研人才，以及能够逐步实现产业化经营的农村科技创业人才和实用人才，这为湖南省的农业创新化提供了保障。

（五）农业科技发展迅猛，农产品附加值显著提高

近年来，随着杂交水稻等农业技术的不断推广和改进，标志着湖南省已经迈进农业科技高含量的农业大省行列。湖南省以《科学技术进步条例》、国家《农业技术推广法》等为

基础框架，建立了农业科技保障体系，培养了农业科技领军人，促进了大型农业科技成果的生成，攻克了多个生产技术瓶颈。2014 年，湖南杂交水稻示范田产量超过公斤亩，2015 年，湖南省杂交水稻全程机械化制种示范区实割 342.21 平方米，以袁隆平院士领军的研究杂交水稻及其制种技术代表了中国乃至世界水稻研究的最高水平，让湖南坐稳坐实"国际稻都"的称号。

除此之外，茶叶功能成分体制、安全型饲料配置等技术研究也获得国家级科学奖励，研究培育出数百个农作物新品种。此外，主要麻类作物高效育种及其高值化多用途利用技术、黑茶产业化关键技术创新与应用、苎麻生态高效纺织加工关键技术及产业化等项目获得了国家科学技术进步奖，为湖南省农产品的创新铺平了道路。另外，隆平高科技园、望城国家农业科技园带动先进科技转化，吸纳以金健米业、亚华种子、红安种业等多家涉及农资生产、农副产品加工、农业生物资源提取等多个领域的企业。农业科技作为农业发展中的稀缺资源引入生产发展，实现对农业的创新发展。例如，湖南省相梧工程技术研究中心研发创制相橘生物酶法脱皮技术，推广到湖南辣妹子罐头生产厂，以湖南省石门县为例，将特色相橘种植业发展成相橘生产基地，全县成片橘园高达万亩，与辣妹子等相橘加工企业联合，增加了产品附加值，将农业创新生产提上新的高度。

二、湖南农业创新驱动发展的省际比较

（一）对比省份和评价指标的选取

由于经济发展水平、地理位置、资源禀赋等多方面的差异，我国各个省市的创新发展存在很大的差异，同样地，农业创新发展也存在一定的差距。为使湖南的农业创新发展与其他省农业创新发展的可比性更强，我们选取了与湖南具有相近的地理位置、资源禀赋以及国家财政政策的中部六省和在全国范围内农业发展较好的三个省市，分别为：山东、江苏、江西、河南、湖北、山西、湖南、安徽、广东。另外，我们还选取了全国平均水平来从均值的视角看待湖南省农业创新发展问题。

我们从创新发展的概念和本质出发，并充分考虑创新主体创新资源配置能力，构建了既能从总体上衡量农业创新能力，又能描述农业创新能力各构成要素的创新评价指标体系，包括创新产出能力、创新环境能力、创新投入能力的评价指标体系，具体指标体系如表 7-3 所示。

表 7-3　农业创新能力评价指标体系

一级指标	二级指标
创新产出	国内三种专利申请授权数（农林牧渔类）
	科技成果数
	农业增加值
	农业劳动生产率
创新环境	农业有效灌溉面积
	农村居民人均可支配收入
	农村宽带接入用户数
	货运量
	大专以上农业院校个数
创新投入	农业从业人员
	政府农业支出/总财政支出
	农业机械总动力

（二）农业创新产出能力的省际对比

1. 国内三种专利申请授权数的省际对比

通过比较国内三种专利申请授权数（农林牧渔类），我们能够更加直观地看出湖南农业创新产出的能力。国内三种专利申请授权数（农林牧渔类）数据来源于国家知识产权局 IPC 大类的分类统计表中的 A 01 类（农林牧渔），我们是以专利授权发布时间为准进行统计而非授权专利申请时间。

通过对比我们发现：第一，湖南省的专利申请授权数的增长率比较高，如表 7-4 所示，2010~2014 年，湖南国内三种专利申请授权数（农林牧渔类）的增长率为 161%，增长速度较快，与其他八省相比，湖南的增长率排在第五名，低于安徽的 557%、江西的 304%、江苏的 257% 以及河南的 192%。

表 7-4　2010~2014 年国内三种专利申请授权数（农林牧渔类）增长率省际对比　　　（单位：项）

省份＼年份	2014	2013	2012	2011	2010	增长率（%）
山东	2583	2814	2038	1424	1026	152
江苏	3014	2913	1810	1264	844	257
江西	287	247	175	105	71	304
河南	1158	913	629	503	396	192
湖北	738	770	503	457	336	120
山西	375	326	233	154	156	140
湖南	640	659	487	320	245	161
安徽	1300	1266	724	419	198	557
广东	1685	1748	1238	902	710	137

资料来源：国家知识产权局 IPC 大类的分类统计表中的 A 01 类（农林牧渔）。

第二，湖南省专利申请授权数的总量不高。如图 7-2 所示，2010~2014 年的 5 年中，湖南省三种专利申请授权数（农林牧渔类）总量仅高于江西、山西，排在第七名。可见湖南对于农业的研发力度不高，导致湖南农业创新的产出能力不强，农业技术创新水平不高。

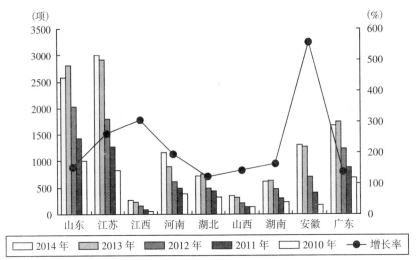

图 7-2 农林牧渔专利授权数省际对比

资料来源：国家知识产权局 IPC 大类的分类统计表中的 A 01 类（农林牧渔）。

2. 科技成果数的省际对比

科技成果是指人们在科学技术活动中通过复杂的智力劳动所得出的具有某种被公认的学术或经济价值的知识产品。科技成果主要可分为三种类型：第一种是基础理论成果，主要有科学论文、著作、原理性模型等。第二种是应用技术成果，指在研究、开发及应用中取得的新技术、新材料、新工艺、新设备，以及生物、农业、矿产新品种和计算机软件等。第三种是软科学成果，成果形式主要为研究报告。农业科技成果主要是基础理论成果，主要形式为农业科技论文数。农业科技论文数能体现农业创新能力产出，其能在一定程度上体现各省农业科研机构以及农业高等院校的研究能力与水平。

通过省际对比，我们发现：第一，湖南农业科技论文总量高于其他省份。如表 7-5 所示，湖南省 2010~2014 年发表的农业类论文总数为 1119 篇，山东为 1825 篇、江西为 1257 篇、河南为 1119 篇、广东为 1106 篇、山西为 713 篇、江苏为 694 篇、安徽为 656 篇以及湖北为 307 篇。由农业类论文总数来看，排名第一、第二的为山东、江西，湖南与河南并列第三，可见湖南农业科技论文发表量较多，体现了湖南科研机构以及农业高等院校的研究能力与水平较高。

第二，论文数量的增长水平有限，从图 7-3 我们可以看出，湖南 2010~2013 年，发表论文数基本相等，分别为 297 篇、227 篇、304 篇以及 204 篇，增长幅度不大而且还有下降的趋势，当然从 2014 年的 87 篇我们可以了解到此资源整合平台有一定的滞后性。

表 7-5　2010~2014 年农业科技论文数量省际对比　　　　　　（单位：篇）

年份 省份	2014	2013	2012	2011	2010	总数
山东	76	308	333	693	415	1825
江苏	18	72	157	274	173	694
江西	158	223	305	276	295	1257
河南	87	204	304	227	297	1119
湖北	31	50	83	66	77	307
山西	141	149	174	141	108	713
湖南	87	204	304	227	297	1119
安徽	38	132	181	159	146	656
广东	96	181	252	233	344	1106

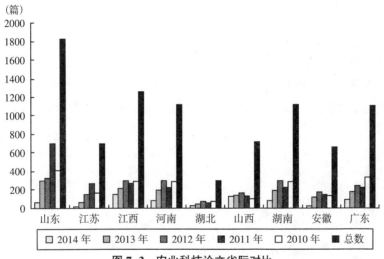

图 7-3　农业科技论文省际对比

3. 农业总产值的省际对比

农业总产值，指以货币表现的农林牧渔业全部产品和对农林牧渔业生产活动进行的各种支付性服务活动的价值总量，它反映一定时期内农业生产的总规模和总成果。农业总产值是衡量农业创新产出能力的最直观、最重要的指标，也是衡量农业创新产出能力的核心指标。农业总产值水平越高代表农业发展能力越强，农业总产值越低代表农业发展水平越低。

通过省际对比，我们发现：第一，湖南农业总产值增长较慢。由表 7-6 可知，湖南 2010~2014 年农业总产值分别为 3787.5 亿元、4508.2 亿元、4904.1 亿元、5043.58 亿元、5304.82 亿元，可以发现湖南农业总产值呈现逐年上升的趋势，其增长率为 40.06%，但在对比省份中湖南仅排名第六，且低于全国平均增长率的 47.47%。

表 7-6   2010~2014 年农业总产值省际对比   (单位：亿元)

省份 \ 年份	2014	2013	2012	2011	2010	增长率（%）
广东	5234.21	4946.81	4656.85	4384.44	3754.9	39.40
山东	9198.26	8749.99	7945.76	7409.75	6650.9	38.30
江苏	6443.37	6158.03	5808.81	5237.45	4297.1	49.95
江西	2726.54	2578.35	2399.26	2207.27	1900.6	43.46
河南	7549.11	7198.08	6679.04	6218.64	5734.2	31.65
湖北	5452.84	5160.56	4732.12	4252.90	3502.0	55.71
山西	1530.48	1447.01	1304.26	1207.57	1047.8	46.07
湖南	5304.82	5043.58	4904.10	4508.20	3787.5	40.06
安徽	4223.73	4009.24	3728.30	3459.66	2955.4	42.92
全国平均	3297.62	3128.88	2885.58	2622.71	2236.12	47.47

资料来源：《中国统计年鉴》。

　　第二，农业总产值总量排名靠前。从表 7-6 以及图 7-4 可知，湖南 2010~2014 年农业总产值总量为 23548.2 亿元，排名第四，仅低于山东、河南以及江苏的 39954.66 亿元、33379.07 亿元以及 27944.76 亿元，同时湖南省农业生产总值比全国平均值要高，可见湖南农业总产值相比于其他省份而言较为理想，这与湖南优越的地理环境以及政府的大力支持相关。

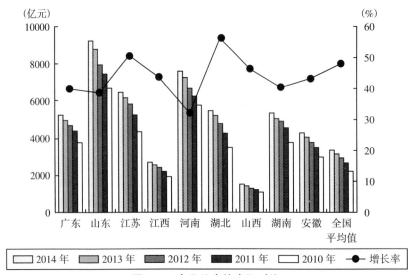

图 7-4　农业总产值省际对比

资料来源：《中国统计年鉴》。

　　4. 劳动生产率的省际对比

　　决定农业劳动生产率高低的主要因素有：农业劳动者生产技术水平、劳动熟练程度、农业生产的技术装备状况和农业生产过程的机械化水平、农业科学研究成果在农业生产中的应用情况、农业劳动组织形式和农业生产经营单位的管理水平以及影响农业生产的其他自然条件等。农业生产率的提高，是人类社会中农业以外一切经济部门得以独立化和进一步发展的基础，也是衡量农业创新产出的一个重要指标。

通过省际对比，我们发现，第一，农业劳动生产率呈现上升趋势。由表 7-7 可知，2010~2014 年，湖南的农业劳动生产率从 2.24 万元/人上升到了 3.23 万元/人，尽管处于持续增长的状态但是增长速度不快，远远低于山西、江苏以及全国平均值。可见湖南的农业劳动生产率的增长速度不够理想。第二，农业劳动生产率较低。相较于其他省份而言，湖南的农业劳动生产率处于中间位置，高于安徽、湖北、河南等地，但是远远低于江苏、山东、山西等地，湖南应积极提高农业劳动生产率，使农业生产更有效率。

表 7-7　2010~2014 年农业劳动生产率省际对比　　　　　　（单位：万元/人）

省份＼年份	2014	2013	2012	2011	2010
广东	3.79	3.52	3.28	3.07	2.62
山东	4.55	4.19	3.67	3.35	2.93
江苏	7.01	6.44	5.87	5.12	4.05
江西	3.40	3.14	2.85	2.54	2.14
河南	2.85	2.81	1.06	2.33	2.11
湖北	1.95	1.91	1.58	1.42	1.13
山西	4.75	3.83	2.87	2.58	1.88
湖南	3.23	3.05	2.94	2.68	2.24
安徽	2.52	2.51	2.43	2.35	2.09
全国平均	4.49	4.01	3.47	3.06	2.48

资料来源：《中国统计年鉴》。

通过与其他八省以及全国平均值的农业创新产出对比发现，湖南国内三种专利申请授权数（农林牧渔类）不高，总数量远远低于安徽等省；农业科技论文量较高但增速不快；农业生产总值较高排名第四且高于全国水平但增速不快，且低于全国水平；农业劳动生产率较低以及增长速度较慢，且一直低于全国平均水平。

综上所述，我们发现，湖南省农业创新产出能力不强，总体上处于中后位置，排名靠后。因此，找出湖南农业创新能力不足的原因并针对这些原因提出相应的对策建议，成为本书工作的重点。

（三）农业创新投入能力的省际对比

1. 农业从业人员省际对比

农业从业人员指乡村人口中 16 岁以上实际参加生产经营活动并取得实物或货币收入的人员，既包括劳动年龄内实际参加劳动人员，也包括超过劳动年龄但实际参加劳动的人员，但不包括户口在家的在外学生、现役军人和丧失劳动能力的人，也不包括待业人员和家务劳动者。农业从业人员在一定程度上能反映湖南农业创新投入的情况。一般而言，政府对农业发展的支持力度越大、创新创业环境越好，从事农业的人员也就越多，农业的发展潜力也就越大。

通过省际对比，我们发现，第一，农业从业人员逐年下降。由表7-8可知，农业从业人员总量2010~2014年呈现逐年减少的趋势。湖南省农业从业人员分别为2014年的1640.44万人，2013年的1656.01万人，2012年的1668.99万人，2011年的1679.94万人以及2010年的1690.03万人，从这些数据我们可以看出2010~2014年湖南农业从业人员正在逐步减少，同时通过图7-5对比发现各省的农业从业人员都有不同程度的下降（除安徽省增长率为18.6%外），这与农业现代化机械化以及城镇化发展有一定的联系。

表7-8　2010~2014年农业从业人员省际对比　　　　　　　（单位：万人）

省份 ＼ 年份	2014	2013	2012	2011	2010	增长率（%）
广东	1382.41	1405.06	1418.38	1427.34	1434.88	−3.66
山东	2023.2	2086	2168	2211.6	2273.1	−10.99
江苏	918.84	956.74	989.98	1023.02	1060.29	−13.34
江西	801.4	820.88	841	870.5	888.6	−9.81
河南	2651.74	2562.6	2287.5	2670.45	2711.72	−2.21
湖北	2800.96	2700.93	3000.04	3004.35	3100.56	−9.66
山西	322	378	455	468	556	−42.09
湖南	1640.44	1656.01	1668.99	1679.94	1690.03	−2.93
安徽	1678.5	1598.9	1531.2	1469.7	1415.3	18.60
全国平均	735.2	779.7	831.4	857.9	901	−18.40

资料来源：《中国统计年鉴》。

第二，农业从业人员总量较低。由图7-5我们可以看出，湖南2010~2014年从业人员总量处于第四的位置，高于全国平均水平，但是远远低于湖北、河南以及山东，这也是湖南农业创新产出不及河南、湖北以及山东的一个原因。

2. 政府财政支出对农业投入的省际对比

由于各个省份的经济发展环境以及经济基础不一致，单独比较政府支出中农业支出无法看出各个省份政府对农业发展的重视程度。因此，我们采取农业支出占财政支出的比重来对比各个省份政府对农业创新发展的重视程度以及扶持程度，从而找出湖南省农业创新产出能力不足的原因。

通过省际对比，我们发现，第一，农业支出占财政支出增长率下降。2010~2014年，湖南农业支出占财政支出增长率为-6.92%，处于下滑状态。通过表7-9我们可以看到大部分省份包括全国均值的农业支出占财政支出的比重都呈现逐渐下降的趋势（除江苏、江西、山西以及广东外），这与产业结构变动有一定的关联。第二，农业支出占财政支出的比重逐年下降。经分析发现，湖南农业支出占财政支出的比重逐年下降。湖南的农业支出占财政支出的比重2010~2014年分别为：11.94%、11.20%、10.87%、11.01%、11.11%，可见湖南农业支出占财政支出的比重2010~2012年逐年有不同程度的下降，但是2012~2014年比重有所上升，但是从整体而言比重仍然有所下降。由表7-9可知湖南农业支出

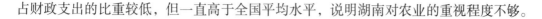

占财政支出的比重较低，但一直高于全国平均水平，说明湖南对农业的重视程度不够。

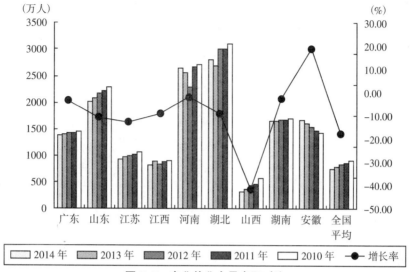

图 7-5　农业从业人员省际对比

资料来源：《中国统计年鉴》。

表 7-9　2010~2014 年农业支出占财政支出比重省际对比　　　　　（单位：%）

年份 省份	2014	2013	2012	2011	2010	增长率
山东	10.77	11.18	11.41	11.28	11.24	-4.22
江苏	10.61	11.13	10.73	9.94	9.95	6.63
江西	12.88	12.64	12.74	11.36	12.08	6.63
河南	10.98	11.28	11.02	11.31	11.69	-6.04
湖北	9.81	10.64	11.14	11.70	12.21	-19.70
山西	10.63	11.21	11.22	10.21	10.44	1.75
湖南	11.11	11.01	10.87	11.20	11.94	-6.92
安徽	10.78	10.99	10.87	10.65	11.30	-4.66
广东	6.09	7.08	7.30	6.26	5.99	1.62
全国平均	8.98	9.52	9.51	9.10	9.05	-0.70

资料来源：《中国统计年鉴》。

3. 农业机械总动力的省际对比

中共十八大报告中提出要"坚持走中国特色农业现代化道路"，农业现代化是新时期农业发展的必然要求，是推动国民经济健康发展的基本保障。在实现农业现代化的进程中，创新农业技术已成为改造生产方式、提升农业综合生产能力、促进农业增产和农民增收的关键，为建立优质高效的农业现代化生产体系发挥着重要的保障和支撑作用。农业机械化水平在一定程度上体现了农业现代化的水平，同时也反映了湖南农业技术的发展水平。

通过省际数据对比，我们发现，第一，农业机械总动力增长率较高。湖南农业机械总动力增长率较高且排名靠前。通过表 7-10 和图 7-6 的对比我们发现湖南的增长率为

21.94%，在对比省份中排名第二，仅低于湖北省的 27.35%，可在一定程度上反映湖南农业机械化水平正在逐年上升，有利于湖南农业创新产出能力的提升。

表 7-10　2010~2014 年农业机械总动力省际对比　　　　　　（单位：万千瓦）

省份＼年份	2014	2013	2012	2011	2010	增长率（%）
山东	13101.4	12739.83	12419.87	12098.25	11628.97	12.66
江苏	4649.98	4405.62	4214.64	4106.11	3937.34	18.10
江西	2118.39	2014.13	4599.68	4200.03	3805	-44.33
河南	11476.81	11149.96	10872.73	10515.79	10195.89	12.56
湖北	4292.9	4081.05	3842.16	3571.23	3371	27.35
山西	3286.2	3183.3	3056.09	2927.3	2809.17	16.98
湖南	5672.1	5433.99	5189.24	4935.59	4651.54	21.94
安徽	6365.83	6140.28	5902.77	5657.08	5409.78	17.67
广东	2632.37	2564.89	2496.68	2414.82	2345.28	12.24
全国平均	3485.7	3351.83	3308.35	3152.73	2992.92	16.46

资料来源：《中国统计年鉴》。

第二，农业机械化总量较低。由图 7-6 可知，2010~2014 年，湖南的农业机械化总量较低但高于全国平均水平，总量排名第四且高于全国平均水平。同时由表 7-10 可知，2014 年，山东、河南以及安徽的农业机械化总量为 13101.4 万千瓦、11476 万千瓦以及 6365.83 万千瓦，而湖南 2014 年的农业机械化总量仅为 5672.1 万千瓦。这与山东、河南以及安徽的农业机械化总量相差较大，可见湖南的农业机械化水平较低。当然，这与湖南的地理位置以及环境特征有很大的关联，湖南处于丘陵地带，与山东以及河南相比平地较少，这是造成湖南农业机械化水平不高的主要原因。

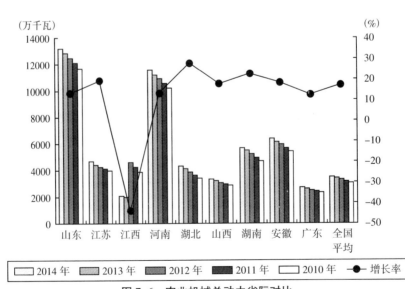

图 7-6　农业机械总动力省际对比

资料来源：《中国统计年鉴》。

通过农业创新投入能力的对比发现，湖南农业从业人员总量较低且处于逐渐减少的趋势；湖南农业财政支出占总财政支出的比重逐年下降且所占比重较其他省份而言较低；农业机械总动力增长率较高但总量仍不高。综上所述，湖南农业创新投入尽管高于全国平均水平但与对比城市相比其创新投入不足，这是造成湖南农业创新产出能力不足的主要原因。

（四）农业创新环境省际对比

1. 农业有效灌溉面积省际对比

一个地区农业创新产出能力与该地区的地理环境有着重要的联系，地理环境优越的省份其农业创新能力肯定较高；反之亦然。只有将各个省份的地理环境考虑进去，才能更加准确地找出湖南农业创新产出能力不足的原因。而衡量地理环境的重要指标是某地区的农业有效灌溉面积。

通过省际农业有效灌溉面积数据，我们发现，第一，农业有效灌溉面积逐年增加。从图 7-7 我们可以看出，湖南有效灌溉面积 2010~2014 年逐年上升，其增长率为 13.24%，增长速度较快，仅低于湖北的 19.98% 以及安徽的 23.07%，位列第三，且高于全国平均水平。

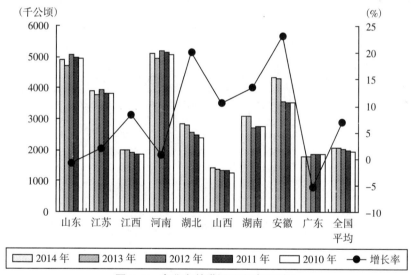

图 7-7 农业有效灌溉面积省际对比

资料来源：《中国统计年鉴》。

第二，农业有效灌溉面积较小。如表 7-11 所示，湖南 2010~2014 年的农业有效灌溉面积分别为 2739.00 千公顷、2762.41 千公顷、2715.78 千公顷、3084.30 千公顷以及 3101.70 千公顷，远远低于山东、江苏、河南以及安徽，但高于全国平均水平，这反映出湖南的农业创新能力产出不及山东以及江苏的重要原因。

表7-11　2010~2014年农业有效灌溉面积省际对比　　　　　　（单位：千公顷）

年份 省份	2014	2013	2012	2011	2010	增长率（%）
山东	4901.95	4729.03	5058.11	4986.88	4955.30	-1.08
江苏	3890.53	3785.27	3929.72	3817.92	3819.74	1.85
江西	2001.57	1995.60	1907.06	1867.67	1852.39	8.05
河南	5101.15	4969.11	5205.63	5150.44	5080.96	0.40
湖北	2855.32	2791.41	2548.91	2455.69	2379.78	19.98
山西	1408.17	1382.79	1319.06	1319.85	1274.15	10.52
湖南	3101.70	3084.30	2715.78	2762.41	2739.00	13.24
安徽	4331.69	4305.53	3585.09	3547.65	3519.78	23.07
广东	1770.99	1770.76	1874.44	1873.16	1872.46	-5.42
全国平均	2081.92	2047.53	2033.43	1989.73	1946.70	6.95

资料来源：《中国统计年鉴》。

2. 农村居民人均可支配收入省际对比

通过省际数据对比，我们发现，第一，农村居民人均可支配收入逐年增加。由表7-12可知，2010~2014年湖南农村居民人均可支配收入为4310.4元、5179.4元、5870.1元、9028.6元以及10060.2元，呈现逐年增加的趋势，增长率为133.39%，与其他各省相比湖南农村居民人均可支配收入增长率低于湖北、江西、河南以及安徽。

表7-12　农村居民人均可支配收入省际对比　　　　　　　　　（单位：元）

年份 省份	2014	2013	2012	2011	2010	增长率（%）
山东	11882.3	10686.9	6776.0	5900.6	4807.2	147.18
江苏	14958.4	13521.3	9138.2	8094.6	6542.9	128.62
江西	10116.6	9088.8	5129.5	4659.9	3911.6	158.63
河南	8969.1	9966.1	5032.1	4320.0	3682.2	143.58
湖北	10849.1	9691.8	5726.7	5010.7	4090.8	165.21
山西	8809.4	7949.5	5566.2	4587.0	3663.9	140.44
湖南	10060.2	9028.6	5870.1	5179.4	4310.4	133.39
安徽	9916.4	8850.0	5556.0	4957.3	4013.3	147.09
广东	12245.6	11067.8	7458.6	6725.6	5515.6	122.02
全国平均	10488.9	9429.6	6223.3	5504.1	4581.4	128.94

资料来源：《中国统计年鉴》。

第二，农村居民人均可支配收入绝对值较低。由图7-8可知，湖南农村居民人均可支配收入绝对值低于江苏、山东、广东以及湖北，而且与全国平均水平相比仍低于其500元左右，可见湖南农村居民人均可支配收入较低，这必然将极大地限制农业创新能力的提高。

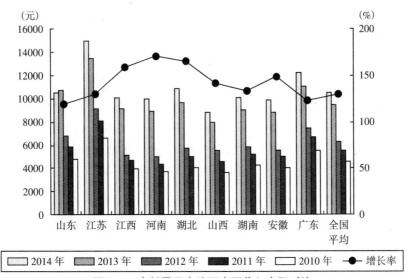

图 7-8　农村居民人均可支配收入省际对比

资料来源：《中国统计年鉴》。

3. 农村宽带接入用户数省际对比

农村宽带接入用户数是指农村互联网用户数，该指标可以用来衡量农村地区信息化发达程度，而信息发展程度是现代农业、新兴农业等创新发展的基础。在当前"互联网+"快速发展的时期，一个地区互联网联通情况在一定程度上影响了其经济的发展。在农村相对闭塞的环境下，互联网的进入让其能更加有效、快速地与外面经济市场相联系，形成"互联网+农业"的创新形式，这将极大地提高农业创新水平。因此，该指标可以很好地反映一个地区农业创新环境的优劣。

通过农村宽带接入用户数省际对比，我们发现，第一，农村宽带接入用户数增长速度较快。通过表 7-13 的数据对比，我们发现湖南农业宽带接入用户数增长速度较快，其增长率为 75.76%，而全国平均水平增长率仅为 47.30%。同时，湖南农村宽带接入用户数增

表 7-13　2011~2014 年农村宽带接入用户数省际对比　　　（单位：万户）

年份 省份	2014	2013	2012	2011	增长率（%）
山东	453.5	448.8	402.9	301.3	50.51
江苏	588.2	575.2	539.5	406.1	44.84
江西	111.6	103.9	92.1	73.3	52.25
河南	314.4	301.7	255.3	189.7	65.74
湖北	146.3	144.1	126.3	102	43.43
山西	49.7	51.1	52.5	49.5	0.40
湖南	150.1	140.2	113.2	85.4	75.76
安徽	143.7	142	129.7	113.3	26.83
广东	534.2	518.6	483.6	418.9	27.52
全国平均	157.2	152.8	131.5	106.7	47.30

资料来源：《中国统计年鉴》。

长率均高于其他八个省份，排名第一。由此可见湖南农业宽带用户在快速地增加中，这极其符合农业"互联网+"的发展趋势。

第二，农村宽带接入用户数绝对值较低。由表 7-13 可知，2011~2014 年湖南农村宽带接入用户数分别为 85.4 万户、113.2 万户、140.2 万户、150.1 万户，远远低于山东、江苏、广东以及河南，且其农村宽带接入用户数低于全国平均水平，农村宽带接入用户数省际对比的直观差距如图 7-9 所示。可见，湖南农村宽带接入用户数较低，这将在一定程度上阻碍湖南"互联网+农业"的发展，也将不利于农业创新能力的提高。

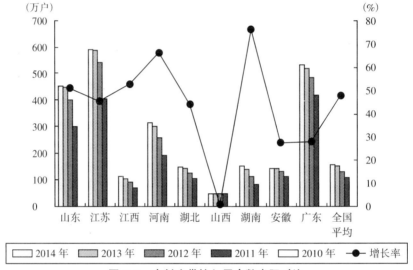

图 7-9　农村宽带接入用户数省际对比

资料来源：《中国统计年鉴》。

4. 货运量省际对比

货运量是指某地区在一定的时期内实际运送的货物数量，其反映运输生产成果，体现一地区交通的通达程度，也在一定程度上体现地区与外部的联系程度。在经济全球化的大环境下，一个地区要想得到快速的发展就需要与外界联系，实现资源互换，资源共享。可见，货运量对经济的发展起着至关重要的作用，其同样也会影响湖南的农业创新产出能力。

通过省际对比，我们发现，第一，货运量增长率较低。由图 7-10 可以看出，湖南货运量增长率为 35.79%，远远低于安徽、广东以及江西，但高于全国平均水平的增长率（34.99%）。湖南货运量增长率不快，其将在一定程度制约湖南经济的增长，并进一步制约湖南农业创新产出能力的提高。

第二，货运量较低。由表 7-14 可知，湖南省 2010~2014 年货运量分别为：149540 万吨、168516 万吨、191052 万吨、184535 万吨以及 203053 万吨，高于全国平均水平，但远远低于安徽、广东、山东以及河南等地。湖南货运量较低体现交通通达率较低，其必然会影响湖南与外部的联系程度，阻碍湖南资源"走出去"以及外部技术和资源引进来，这必然不利于湖南经济的快速发展。

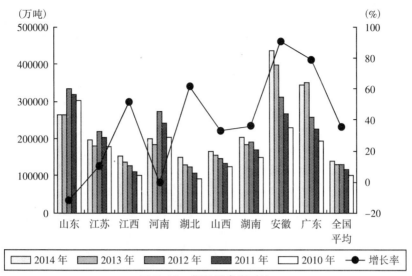

图 7-10　货运量省际对比

资料来源：《中国统计年鉴》。

表 7-14　2010~2014 年货运量省际对比　　　　　　　（单位：万吨）

省份＼年份	2014	2013	2012	2011	2010	增长率（%）
山东	264459	264100	333603	318407	301313	-12.23
江苏	196153	181775	220007	202528	179014	9.57
江西	151878	135172	127196	111851	100635	50.92
河南	200801	184823	272115	241017	202962	-1.06
湖北	150762	131000	122945	106913	93422	61.38
山西	164918	156045	144608	134436	124367	32.61
湖南	203053	184535	191052	168516	149540	35.79
安徽	434298	396391	312437	268413	228104	90.39
广东	343491	349011	256077	224394	192343	78.58
全国平均	138585	129523	129866	117140	102665	34.99

资料来源：《中国统计年鉴》。

5. 大专以上农业院校数省际对比

农业专业院校可为一个地区培养专业的农业技术人员，有利于某地区的农业创新能力的提高以及农业科研能力的提高。通过比较各个地区大专以上农业专业院校的个数，可反映出各个地区农业创新环境的不同，从而找出农业创新产出不同的原因。

由于 2010~2014 年，各省的农业专业院校个数并没有变化，因此本书利用各个地区大专以上专业院校的总数进行对比。从图 7-11 可以看出，湖南大专以上农业专业院校高于全国平均水平，但低于江苏、河南且与山东、安徽并列第三。从总体上看湖南大专以上农业院校的数量较为理想，与其他农业发展大省差距较小，可见其并不是影响湖南农业创新产出能力不足的主要原因，但若在全国范围内进行比较，湖南的农业院校的个数仍然不是

133

很理想，如黑龙江大专以上农业专业院校为八所。可见，湖南若想提高农业创新能力，仍然需要加大对农业专业院校的投入，提高湖南的农业创新环境，进而提高湖南农业创新产出能力，缩小与农业发展大省之间的差距。

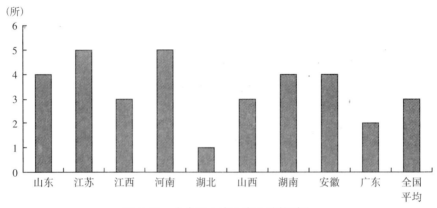

图 7-11　大专以上农业专业院校对比

资料来源：中国教育网。

通过上文农业创新环境五个指标的对比，我们发现：湖南农业有效灌溉面积在逐年提高，但灌溉面积绝对值较小；湖南农村居民人均可支配收入同样在逐年增加，但其总量较少且低于全国平均水平；湖南农村宽带接入用户数增长速度快，但其总量仍然较小且低于全国平均水平；湖南货运量逐年增加，但增长率较低且其总量偏低；湖南大专以上农业专业院校数较为理想，但仍然需要加大对其投入。由此可见，湖南农业创新环境与其他农业发展大省有一定的差距，这也是造成湖南农业创新产出能力不足的一个重要原因。

（五）总结

通过农业创新投入以及农业创新环境的对比发现，湖南农业从业人员以及农业有效灌溉面积较少是直接影响湖南农业总产值不及农业发展大省的直接原因；农业机械总动力以及货运量则是影响湖南农业生产率低的最直接原因；湖南农业财政支出占总财政支出比重较低、农村宽带接入用户较少以及大专以上专业院校数成为湖南国内三种专利申请授权数（农林牧渔类）不高以及农业科技论文量增速不快的最主要原因；农业财政支出占总财政支出比重较低以及农业机械总动力总量不足也在一定程度上影响湖南农业生产总值的增加；农村居民人均可支配收入与农业生产率也有一定的关联，同时农村居民人均可支配收入较低且低于全国平均水平是湖南农业从业人员逐渐减少的一个重要影响因素。

综上所述，农业创新投入以及农业创新环境是影响湖南农业创新产出能力不足的主要因素，同时各个因素间又是相互关联的，只有有步骤有计划地增加湖南农业创新投入以及改善湖南农业创新环境，才能达到提高湖南农业创新产出的效果，进而达到三种因素互相促进的循环可持续发展的结果。

三、湖南农业创新驱动发展的区域内对比分析

农业创新驱动发展区域内差异是区域农业发展过程中的一个普遍现象，区域农业创新驱动发展不平衡是威胁农业可持续发展及社会和谐的极大障碍。地处中部地区的湖南省，虽然近年来，在农业生产水平不断提高、农村经济日益繁荣的同时，区域农业发展不平衡问题也日益凸显，逐渐成为影响经济发展、社会稳定的重要因素，长此以往，必将影响其农业大省地位的创新驱动发展。在农业创新驱动发展的过程中，本部分就湖南省农业创新驱动发展的区域内差异问题进行简要分析。

（一）区域内农业创新能力比对指标的选取

根据农业创新能力的影响因素和构建指标体系的原则，参考多套指标体系，在结合湖南省 14 个地州市农业创新发展情况的基础上，本部分从创新环境、创新投入、创新产出三个方面构建了湖南省区域农业创新能力指标体系，并且选取了多个具有代表性的指标，初步构建了指标体系，一共包括 9 个指标，如表 7-15 所示，包括地区人均 GDP，"三农普"机构数，农村居民人均可支配收入，农业固定资产的投入、农业从业人员、农业机械总动力、农业财政支出、农业劳动生产率、农业增加值。

表 7-15　湖南省区域农业创新能力指标体系

一级指标	二级指标
创新产出	农业劳动生产率
	农业增加值
创新环境	地区人均 GDP
	"三农普"机构数
	农村居民人均可支配收入
创新投入	农业固定资产的投入
	农业从业人员
	农业机械总动力
	农业财政支出

（二）农业创新产出的对比

1. 农业劳动生产率的差异分析

根据农业总产值（单位：亿元）和农业从业人员（单位：万人），由公式农业劳动生产率＝农业总产值/农业从业人员，得出各个地州市的农业劳动生产率（单位：万元/人）如图 7-12 所示。由图 7-12 可知，长沙市的农业劳动生产率位居全省首位，超过了 3 万元/人，株洲市、岳阳市和常德市的农业劳动生产率超过了 2 万元/人，虽然常德市的农业

总产值高于长沙，但由于其农业从业人员超出长沙市的 1 倍，所以农业劳动生产率比长沙市低一些。湘潭市、衡阳市、益阳市、郴州市、永州市的农业劳动生产率超过了 1.5 万元/人，衡阳、永州市的农业总产值比较高，但由于其农业从业人员也较多，所以其农业劳动生产率并没有很高。邵阳市、怀化市和娄底市的农业劳动生产率也超过了 1 万元/人。张家界市的农业劳动生产率为 0.94 万元/人，湘西州的农业劳动生产率为 0.74 万元/人，与其他市州在农业劳动生产率上的差距较大。

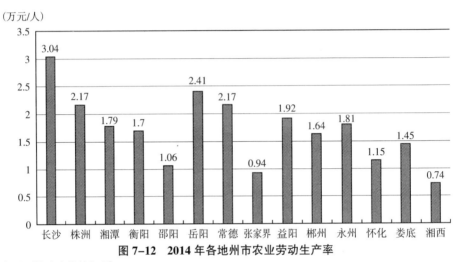

图 7-12　2014 年各地州市农业劳动生产率

资料来源：《湖南省统计年鉴》。

2. 农业增加值的差异分析

湖南省 2013 年、2014 年总的农业增加值分别为 504 亿元、530 亿元，呈现上升趋势。各地州市的农业增加值如图 7-13 所示：2014 年，永州市、常德市农业增加值较高，其中

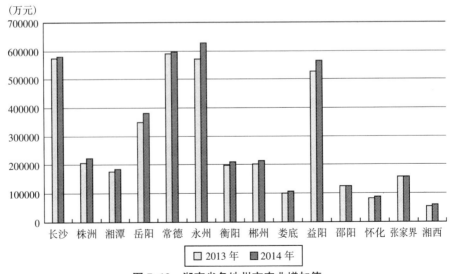

图 7-13　湖南省各地州市农业增加值

资料来源：湖南省各地州市统计年鉴。

永州市农业增加值增长速度较快。长沙市和益阳市农业增加值次之，益阳市农业增加值增长速度较快。岳阳市的农业增加值也超过了 30 亿元，增加值增长速度也处于上升趋势。株洲市、衡阳市和郴州市的农业增加值超过了 20 亿元。湘潭市、娄底市、邵阳市、怀化市以及湘西州农业增加值较低，其中怀化市和湘西州的农业增加值还没有达到 10 亿元。

3. 湖南省农业发展的区域分类

根据湖南省各地州市农业劳动生产率和农业增加值创新产出的比较，以及对各市（州）农业发展综合生产能力的评价，综合省内 14 个地市州的具体情况，将 14 个市（州）划分为三大类，如表 7-16 所示，分别为农业优势发展区、农业综合发展区和生态农业发展区。

表 7-16　湖南省农业发展的区域分类

类别	名称	城市
第一类	农业优势发展区	长沙、岳阳、常德、益阳、永州
第二类	农业综合发展区	株洲、衡阳、郴州、湘潭
第三类	生态农业发展区	邵阳、怀化、娄底、湘西、张家界

第一类农业优势发展区，包括长沙、岳阳、常德、益阳、永州五个市，这些地区农业结构合理，规模适度，耕地面积较大，劳动生产率比较高，代表湖南省农业创新发展的最高水平，湖南省绝大多数农业科研单位集聚于长沙，科技研发推广优势全省最优，人均用电量优势表明科技转化为机械力量作用于生产。随着农业科技的提升，推动农业创新的发展。

第二类农业综合发展区，包括株洲、衡阳、郴州、湘潭在内的四个城市。这些地区农业增加值和农业劳动生产率处于全省的中间位置。郴州市山地丘陵梯田面积比例较大，占总面积的 75%，农业发展较为落后，起步晚。但是，这些区域近几年来工业化进程较快，工业技术的引进也为农业创新发展带来了新的契机。

第三类生态农业发展区，包括邵阳、怀化、娄底、湘西、张家界在内的五个地州市。该区域为多山地区，种植业主要是梯田，农业机械化程度较低，资源相对疲乏，农业生产对劳动力的依赖较大，劳动生产率较低。随着劳动力成本的上升，该地区开始转型开发山区农业丰富的生态资源，改变资源稀缺性投入是该区域农业创新发展的道路。

（三）农业创新环境的对比

1. 地区人均 GDP 及其增长速度的差异分析

人均 GDP，是重要的宏观经济指标之一，也是人们了解和把握一个地区的经济运行和发展状况的有效工具，进行人均 GDP 的比较，对于农业创新发展更有说服力。图 7-14 为湖南省 14 个地州市 2014 年的人均 GDP 及其增长速度，长沙市人均 GDP 超高过了 10 万元，株洲市和湘潭市人均 GDP 超过了 5 万元，这三个城市位居全省人均 GDP 前三位。岳阳市和常德市的人均 GDP 超过了 4 万元，衡阳市、郴州市、娄底市也超过了 3 万元，其中郴州市达到了 39999 元。益阳市、永州市、怀化市、张家界市人均 GDP 超过了 2 万元，邵阳市和湘西州的人均 GDP 较低，处于全省最后两位。就其增长速度来看，邵阳市、张家界市以及湘西州的增长速度较快，其增长速度达到了 11%，株洲市、常德市、益阳市、郴州市这四个市的增长速度也达到了 10%，怀化市的增长速度较慢，增长速度为 4.65%。

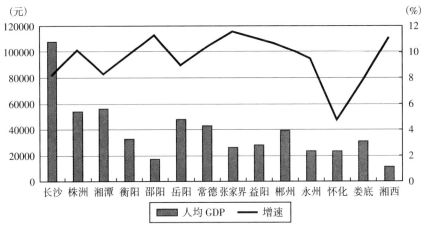

图 7-14　2014 年湖南省各地州市人均 GDP 及其增长速度

资料来源：《湖南省统计年鉴》。

2. "三农普"机构数的差异分析

湖南省各地州市第三次全国农业普查县级以上机构成立情况如图 7-15 所示。农业优势发展区中，长沙市和永州市所辖县市区已全部成立，其他的几个市也基本完成机构的成立。农业综合发展区中，株洲市、湘潭市和郴州市都已经完成了所有所辖县市区的机构数建立，衡阳市也完成了 50% 的机构数建立。生态农业发展区中，张家界市和娄底市完成了所有所辖县市区的机构数建立，邵阳市和怀化市机构成立数不理想，各占 8.33%、16.67%。湖南省各地州市市级"三农普"机构都已经成立发文。

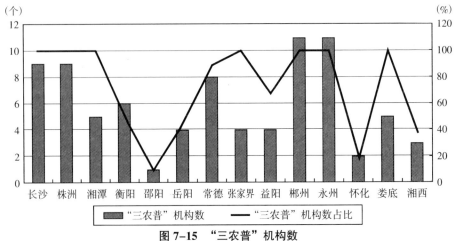

图 7-15　"三农普"机构数

资料来源：湖南省统计信息网。

3. 农村居民人均可支配收入的差异分析

2014 年，湖南省农村居民人均可支配收入为 10060 元，比 2013 年增长了 11.4%，扣除价格因素实际增长 9.9%。各个地州市农村居民人均可支配收入的情况如图 7-16 所示，长沙市的农村居民人均可支配收入为 21723 元，是全省农村居民人均可支配收入的两倍，位居全省首位。株洲市、湘潭市、衡阳市、岳阳市、常德市、益阳市、郴州市的农村居民人均可支配收入都达到了 10000 元以上，也都超过了全省农村居民人均可支配收入，其他各市的农村居民人均可支配收入也都超过了 5000 元，其中湘西州位于全省最后一位，农村居民人均可支配收入为 5891 元。就其增长速度来看，邵阳市的增长速度最快，为 12.3%。湘西州的增长速度居于第二位，为 12%。衡阳市、常德市、张家界市、益阳市的增长速度也都超过了全省的增长速度。岳阳市和永州市的增长速度，与全省的增长速度持平，为 11.4%。其余各市的增长速度也都在 10% 以上，其中长沙市的增长速度最低，为 10.2%。

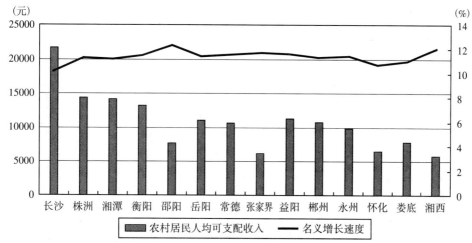

图 7-16　农村居民人均可支配收入及名义增长速度

资料来源：《湖南省统计年鉴》。

通过对农业创新环境三个指标的对比，我们得出：湖南各地区人均 GDP 均不等，其中长沙市居首位，湘西州最低。农业优势发展区和农业综合发展区人均 GDP 的增长速度都在 8% 以上，生态农业发展区中怀化市人均 GDP 的增长速度远低于全省的增长速度。湖南各地州市的"三农普"机构成立情况已经逐步完善，农业优势发展区和农业综合发展区多数地州市所辖县市区全部成立发文，生态农业发展区只有张家界市和娄底市所辖县市区全部成立发文。湖南各地州市的农村居民人均可支配收入在逐年增加，但是生态农业发展区的人均可支配收入低于全省的农村居民人均可支配收入。由此可见，湖南各地州市农业创新环境之间有很大的差距，这也是造成湖南各地州市农业创新产出能力差距的一个重要原因。

（四）农业创新投入的对比

1. 农业固定资产投资的差异分析

2000 年以来，湖南省农业投资总量总体保持了增长趋势。2010~2014 年第一产业固定资产的投资分别为 353.9 亿元、399.59 亿元、499.24 亿元、604.49 亿元、858.9 亿元，比 2000 年增长了 17 倍，年均增长 22.9%。2010 年后，湖南农业固定资产增长加快，以 42.2%的年均增长速度增长。图 7-17 为 2014 年湖南各地州市农业固定资产投资情况，邵阳、郴州两个农业大市的农业固定资产投资水平最高，分别达到 138.53 亿元和 132.41 亿元。长沙、衡阳、岳阳和永州等农业大市也超过了 60 亿元，保持了较高的农业固定资产投资水平。株洲和湘潭农业投资总量并不高，这是由于乡村人口总量少于 300 万人，整体农业总产值小，少于 250 亿元所致。岳阳、常德和益阳的农业固定资产投资处于全省中等位置。张家界农业固定资产投资量为 8.26 亿元，湘西固定资产投资量为 5.07 亿元，与其他市州在农业投资上的差距较大。

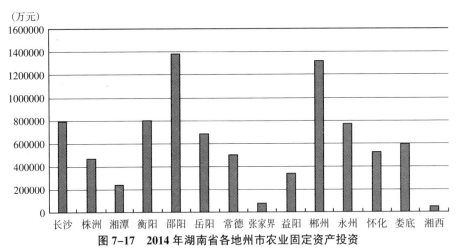

图 7-17 2014 年湖南省各地州市农业固定资产投资

资料来源：《湖南省统计年鉴》。

2. 农业从业人员的差异分析

湖南省近几年来农业从业人员正在逐年减少，各地州市的乡村劳动力资源和农业从业人员也出现了持续下降，要素规模驱动力减弱，需要引起我们的高度关注。如表 7-17 所示，2014 年，衡阳市和邵阳市农业从业人员超过了 200 万人，常德市、永州市和怀化市农业从业人员超过了 150 万人，长沙、岳阳、益阳、郴州、娄底这五个市的农业从业人员超过了 100 万人，而株洲、湘潭、张家界和湘西农业从业人员还没有达到 100 万人。就其增减速度来看，株洲、常德农业从业人员占比减少了 2 个百分点，湘潭、岳阳、益阳、郴州、湘西也减少了 1 个百分点，张家界增加了 1 个百分点，其他的城市也有些许减少。虽然湖南农业从业人员有所减少，但是农业专业技术人员有所上升，这也正好说明了湖南各地州市农业机械化程度正进一步提高，农业创新化发展正进一步加快。

表 7-17　湖南省各地州市的农业从业人员　　　　　（单位：万人）

市州	农业从业人员		从业人员总数		农业从业人员占比（%）	
	2013 年	2014 年	2013 年	2014 年	2013 年	2014 年
长沙市	105.62	104.66	456.63	460.57	23.13	22.72
株洲市	81.90	78.38	242.79	246.37	33.73	31.81
湘潭市	78.16	73.94	184.48	180.30	42.37	41.01
衡阳市	214.83	214.73	475.44	476.45	45.19	45.07
邵阳市	257.73	258.16	508.69	517.60	50.67	49.88
岳阳市	121.84	121.40	348.17	360.76	34.99	33.65
常德市	167.65	161.58	357.39	362.04	46.91	44.63
张家界市	52.61	52.39	97.70	95.58	53.85	54.81
益阳市	124.59	122.04	265.25	269.92	46.97	45.21
郴州市	111.48	110.57	318.10	326.61	35.05	33.85
永州市	161.52	158.34	345.31	342.07	46.78	46.29
怀化市	150.26	149.08	303.30	304.23	49.54	49.00
娄底市	122.14	121.87	252.16	251.54	48.44	48.45
湘西州	93.62	93.40	185.41	190.23	50.49	49.10

资料来源：湖南省各地州市统计年鉴。

3. 农业机械总动力的差异分析

如图 7-18 所示，就各个市州来说，农业机械化程度较高的城市有长沙、衡阳、岳阳、常德、永州，其次是株洲、邵阳、益阳、郴州等地，最后是张家界、湘西。对于长株潭地区，长沙是湖南省省会，也是湖南省农业发展的核心城市，机械化程度无疑要比株洲、湘潭两地高得多。对于洞庭湖地区，条件优厚的常德、岳阳等地的机械化程度比较高，平均水平超过了 500 万千瓦。大湘西地区的张家界、湘西农业机械总动力最低的原因是受到自然条件的限制。就其增长速度来看，株洲的增长速度最快，其增长率为 9.03%。衡阳、岳

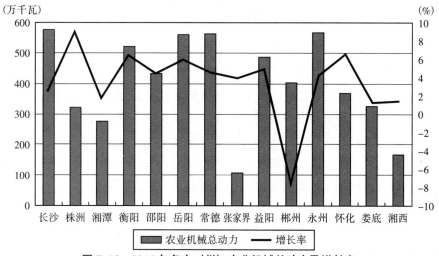

图 7-18　2014 年各市（州）农业机械总动力及增长率

资料来源：湖南省各地州市统计年鉴。

阳和怀化的增长速度也比较快,其增长率都超过了 5%。郴州的农业机械动力有所下降,下降了 7.8%。常德、益阳、岳阳地势平坦适合机械推广,虽然农业机械总动力的总值较大,但由于耕地面积量大导致单位面积机械投入仍然有限。

4. 农业财政支出的差异分析

由图 7-19 可知,长沙市农业财政支出超过了 60 亿元,位于全省首位,占财政总支出的 6%。常德、永州农业财政支出超过了 50 亿元,分别占财政总支出的 14%、17%。岳阳、衡阳、郴州、邵阳、益阳、怀化农业财政支出超过了 30 亿元,超过了财政总支出的 10%。株洲、湘潭、娄底、湘西农业财政支出超过了 20 亿元,张家界的农业财政支出为 15.59 亿元,位于全省最后一位。就其增长速度来看,株洲的增长速度最快,比 2013 年增长了 28.03%。湘潭、郴州、益阳和张家界的增长率超过了 20%。长沙、常德、永州、娄底、怀化的增长率在 15% 以上,岳阳、衡阳、湘西的增长率也超过了 10%,邵阳的增长速度最低,其增长率为 4.33%。

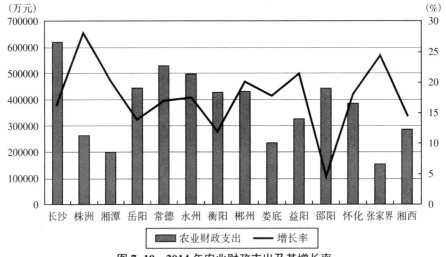

图 7-19　2014 年农业财政支出及其增长率

资料来源:湖南省各地州市统计年鉴。

通过以上对农业创新投入能力的对比发现,湖南各地州市关于固定资产投入中,在生态农业发展区,虽然邵阳市居首位,但是其他地区的投入量却相对较低,农业从业人员占比逐渐减少的趋势,其中生态农业发展区的占比较高,农业优势发展区和农业综合发展区的占比较少,这说明农业优势发展区和农业综合发展区大力发展工业和服务业,这也为农业的创新发展提供了基础。从湖南各地州市的农业财政支出可以看出,农业优势发展区的农业财政支出较高,农业综合发展区次之,生态农业发展区较低。从湖南各地州市农业机械总动力可以看出农业优势发展区和农业综合发展区的机械总动力较高,生态农业发展区较低。综上所述,可见湖南农业创新投入水平各城市参差不齐,固定资产投入和农业从业人员不能很好地反映出各地州市创新能力问题,但是农业财政支出和农业机械总动力可以反映出各地州市农业创新产出能力差距的原因。

（五）总结

通过对各地州市农业创新投入以及农业创新环境的对比可以发现，农业从业人员以及固定资产投入对于各地州市创新能力发展的影响较小；农业机械总动力则是影响各地区农业生产率存在差距的最直接原因；农业财政支出成为湖南各地州市农业增加值存在差距的主要原因；农业财政支出以及农业机械总动力总量不足也在一定程度上影响湖南农业生产总值的增加；湖南各地州市的人均 GDP、"三普农"机构数也是各地区农业增加值及农业生产率存在差距的主要影响因素；农村居民人均可支配收入与农业生产率存在差距也有一定的联系。

综上所述，农业创新投入以及农业创新环境是影响湖南各地州市农业创新产出存在差距的主要因素，同时创新投入和创新环境之间也存在一定的联系，只有有计划地增加生态农业发展区的创新投入、改善湖南农业综合发展区的创新环境才能使湖南农业创新产出的差距有所缩减，推动全省各地州市的农业创新的发展。

四、湖南农业创新发展存在的问题

湖南是农业大省，最大的省情是"农情"。农业是基础、是命脉，更是战略，中央连续七年的 1 号文件均是关于农业的，足见其重要性。湖南要提高农业创新能力，唯有加速推进湖南农业现代化、实现规模化、产业化经营。本书依据湖南农业发展的现状与前两章的农业省际对比和区域对比，以农业经济发展的一般规律，发现了湖南省农业创新发展的一些问题。

（一）湖南省是农业大省，却非农业技术创新强省

首先，湖南农业科技贡献率为 56%，略高于全国科技进步贡献率的 55.1%，但远低于北京、山东及江苏地区；其次，农业科技投入不足，2014 年科技支出仅占财政支出的 0.012%，远未达到国家要求的规定，且科技投入结构不合理，资金大多流向高校和科研领域，成果转化领域资金较少；再次，农业企业创新能力不足，根据国际经验，技术研发收入占销售收入额 5% 及以上的企业才具有核心竞争力，而湖南省重点龙头农业企业达到这一标准的比例很少；最后，科技资源分布不合理，绝大部分农业科技资源集中在省会长沙市，其余市州非常匮乏。

（二）基础设施建设相对滞后

政府虽投入了大量资金用于兴修水利和加强机耕道等基础设施建设，使全县农业基础设施条件有所改善，但仍有很大部分水库、骨干塘、渠道等水利设施多年来缺乏维修管

护，特别是连接稻田的最后一段没有得到很好的贯通，许多地方有水源却不能直接到田；机耕道建设重点倾向于向全县水稻等办点示范。

（三）种粮效益明显走低

国家逐年提高粮食最低保护价，但生产资料、机械费用和劳动力价格上涨的速度却大大超过了粮食价格的涨幅，粮食涨价收入被抵消。且受"镉米事件"影响，尽管启动了最低保护价执行预案，但由于国家收储企业自负盈亏，收购点实际收购价格远低于国家保护价，市场粮食的流通价不但没有得到很好的保护，实际收购价格反而下滑。

（四）农业劳动力素质不高

农村青壮年劳动力大多外出务工，而留守劳动力由于年龄偏大，小农思想严重，对新知识、新技术接受能力弱，势必影响新品种和新技术的推广应用，制约了农业科技水平的提升。且随着老龄化时代的到来，以及自然减员、疾病等多方面因素影响，务农人员将逐年减少，农村用工将越来越贵。

（五）农业适度规模经营面积不大

许多县土地流转规模较小，流转程序也不规范，大多数租赁承包主要是自发行为，口头协议居多，没有书面合同，不能形成长效机制。且流转时间短，大多数是一年期流转。全县种植业发展仍以千家万户分散经营为主，大规模的专业化、区域化生产基地较少。

五、实现农业创新驱动发展的对策建议

（一）改善农业创新产出不足，发展现代化新型农业

"十三五"规划指出湖南农业创新发展的基本想法就是按照中央的要求，走产出高效、产品安全、资源节约、环境友好的现代农业发展道路。中央提出了创新发展、协调发展、开放发展、共享发展、绿色发展五大理念，根据湖南农业创新发展的实际情况，要协调推进湖南农业创新发展，需通过创新发展和开放发展实现产业之间的协调以及农村、农民、农业之间的协调；通过协调发展来实现绿色发展、环境保护，实现全省农民共享发展成果的共享发展。

1. 基于省际对比的对策建议

通过前文的省际对比，我们了解到湖南 GDP 以及人均 GDP 都相对较低，可见湖南经济发展水平不高，因此若想提高湖南的农业创新发展能力，湖南首先应着重提高经济发展水平，为农业的创新发展提供优越的经济环境。

鉴于"十三五"规划以及中央的指导思想，本书对农业创新发展提出了以下的对策建议：

第一，湖南农业从业人员逐年下降，农业劳动力素质不高，因此应重视农业教育，加大对农村教育的投入，并积极推广科学化生产、机械化生产以提高湖南农业创新产出能力以及效率。

第二，农业支出占财政总支出逐年下降，基于此现状湖南应该创新财政农业投入方式，提高资金使用效益，带动民间资本、工商资本、金融资本投入现代农业建设。

第三，湖南农业机械化总量不高，因此应积极推进湖南农业现代化产业基础设施的建设，提高农业现代化程度；同时推进现代农业改革试点示范，加快建设一批国家和省级现代农业示范园。

第四，国内三种专利申请授权数（农林牧渔类）总量不高以及农业科技论文增长速度不快，可见湖南需要提高农业研发力度以增强农业创新产出，提高农业创新能力。

第五，湖南农业劳动生产率较低，可见湖南应找到适合农业发展的方法，针对不同的农业发展现状以及区域相应的地理环境，选择合适的农业生产方法、农产品的品种以及农业生产工具，同时加大对农村教育的投入，重视农村教育，以提高农村劳动人员素质，最终达到提高湖南农业劳动生产效率的效果。

第六，湖南固定资产投资不足，可见政府应加大对湖南龙头企业的扶持，使湖南龙头企业变大变强，增强龙头企业对农业固定资产的投资作用。

第七，湖南农村宽带用户接入数绝对值较低，可见为使湖南顺应"互联网+"的宏观经济发展趋势，政府应该大力推广农村互联网点的普及，并积极鼓励农村用户接入互联网宽带，全面实施基础设施网络完善工程和宽带乡村工程，与此同时，政府也应定期组织培训活动向农业从业人员普及互联网的相关知识，让消费者、农户，甚至整个农业产业循序渐进地接受"互联网+"新思维，并主动融入"互联网+"发展趋势中去。

第八，湖南货运量较低，可见湖南经济对外联系较少，这将在很大程度上影响湖南农业创新的产出能力。因此，湖南应积极加强对基础设施的建设，同时向湖南对外运输的农业类等企业或个人提供一定的价格优惠（如减免高速费，提供相应补助等）。

2.基于区域对比的对策建议

通过农业创新能力的区域对比我们将湖南省14个地州市分成了三类：第一类为农业优势发展区，第二类为农业综合发展区，第三类为生态农业发展区。根据三类农业发展区的现状，本书将对农业创新发展提出以下建议：

第一，湖南大部分科研资金以及科研机构都集中于农业核心区，分布不均，因此若想从整体上提高湖南农业创新能力就必须较为均匀地分配各种资源且各项政策都能尽可能地考虑到各个市州，最终使湖南各个市州能达到均衡发展。

第二，湖南各个市州的地理环境以及人文环境都有较大的差异，因此，湖南在农业创新发展的过程中需要做到具体问题具体分析。针对不同的农业发展区的现实情况，进行有重点、有针对地发展。

第三，农业核心区可以考虑其经济发展的状况以及地理位置，着重发展类都市农业圈；农业优势发展区，地处洞庭湖平原，是国家重要的商品粮基地，便于规模化、机械化生产，因此其可以着重发展现代农业；农业综合发展区地处丘陵地带，农业发展落后，因此其应着重引进新工艺新技术，利用科学成果解决各种技术难题，逐步形成大湘南丘陵农业区；生态农业发展区山地较多，土地资源贫乏，因此该地区应着重发展生态农业，并逐步形成大湘西山地生态农业区。

第四，各个州市应着重发展自身的优势产业，并逐步形成自身所独有的优势产业园，同时有计划、有步骤地向外省以及国外进行推广打响优势产业品牌，如湘潭的湘莲产业、长沙的大棚蔬菜产业、湘西的腊肉产业以及怀化的茶叶产业等。

第五，各农业发展区经济发展水平不一致，经济基础也各有差别，因此各农业发展区应该相互扶持、相互帮助，使发展区能够共同发展，实现共赢，最终使湖南农业创新能力更具有竞争力。

（二）加快农业供给侧改革，发展创新型农业

"农业供给侧结构性改革"这一表述，在 2015 年末召开的中央农村工作会议上首次进入公众视野。习近平总书记在参加湖南代表团审议时讲过，我国当前的粮食供求关系发生了一些阶段性的变化，过去长期供不应求，所以主要目标是追求产量，因而，现在就出现了结构性的问题：有些品种供过于求，有些仍然供不应求。同时，我国农产品又面临国际市场农产品价格的竞争，这给我们造成很大压力。从目前情况来看，虽然产量问题也还要解决，但如何使农产品品种更适应市场需要，质量安全水平更能满足人们需求，价格上有竞争力是更迫切需要解决的问题。由于我国有些农产品的品种适应不了市场要求，因而供给侧结构性改革势在必行。

1. 加强农业科学技术创新

有些农产品农民不愿意种，主要是因为它产量太低、效益太差，同样的品种比国外的产量低 1/3 甚至低一半，没有任何竞争力。良种对农业生产发展至关重要，要推出、产量高、质量好的优良品种，要推广科学栽培技术，改进农艺措施，科学施用化肥农药。

2. 推广农业组织体系创新

家庭承包经营制度是宪法规定的基本制度，这个是不会改变的，不能让农民放弃或者剥夺他们的土地承包经营权。为解决一家一户地块太小太散、劳动生产率低下等问题，就要构建新型农业经营体系，健全社会化服务，发展适度规模经营，提高农业发展效率。

3. 促进农业制度机制创新

农产品产量不足时，我国通过实行临时收储政策调动了农民的积极性。由于农民生产成本不断上升，政府就不得不一再提高收购价格，但长期这样又使得国内价格大大高于国际市场。推进农产品价格形成机制改革，已经显得非常迫切。

4. 农业创新的"五个坚持"

第一是坚持调结构、优品种，力促农产品竞争力新提升；第二是坚持强基础、补短

板，实现农业生产条件新改善；第三是坚持促融合、优功能，拓展农民收入增长新空间；第四是坚持降成本、增效益，推动农业经营方式新转变；第五是坚持强监管、提质量，确保安全生产工作新成效。

5. 落实"十三五"规划农业发展的总体任务

湖南应全面落实供给侧改革精神，其概括起来是"一一六六"：突出"一个目标"，即率先实现农业现代化；坚持"一条主线"，即加快转变农业发展方式；实现"六个全面提升"，即全面提升都市现代农业产业结构水平，全面提升农业技术装备水平，全面提升农业可持续发展水平，全面提升农产品质量安全水平，全面提升农民经营效益，全面提升农业组织化水平；推进"六大重点工程"，即主导产业提质工程、新型农业经营主体培育工程、现代农业园区建设工程、"互联网+农业"发展工程、装备技术水平提升工程、农产品质量安全保障工程。

（三）积极融入"互联网+"农业模式，促进农业又好又快发展

1. "互联网+"农业的创新发展模式

"大众创业，万众创新"新时代的到来，让"创新"的理念及成果走进了人们生活中的方方面面，而"互联网+"计划的提出，正式将产业创新及信息化进程提升到了国家级高度。"互联网+"的概念就是互联网思维改造传统行业，提高传统行业，提高传统行业的效率，其作为一种新的生产方式，旨在促进传统产业在线化、数据化并以此带动产业发展方式转变。

"互联网+"嵌入并作用于农业产业链各环节，通过融通整个产业链的物质、资金和信息流，逐步形成农业互联网生态圈，带动产业链向共生、互利、共赢迈进。充分发挥"互联网+农业"的平台服务与增值服务互补的服务化优势，做好农业大数据应用服务，积极发展"互联网+农业组织"。当前，众多企业及个人纷纷发力，围绕"农资电商、农业信息化、农村互联网金融"三大方向展开尝试，都取得了较好的效果。

在当前的经济趋势之下，利用"互联网+农业"创新模式可以采取以下措施解决农业创新发展面临的问题，为农业创新发展提供新思路，进而促进农业创新产出的提高。

第一，利用"互联网+"解决农业经营的投资瓶颈问题。加快形成农村互联网金融发展的制度保障，加速农村互联网金融的基础设施建设，加强和完善农村互联网金融征信系统建设，建立和完善农村互联网金融监督机制。第二，利用"互联网+"拓宽传统农业经营的流通渠道。在流通环节，创造廉价高效的"销售入口"，在经营环节，积极创新农业商业模式。第三，以"互联网+"突破传统农业经营服务模式的局限。基于互联网信息平台构建农业服务新机制，利用"互联网+"强化政府服务农业职能，充分发挥"互联网+"平台对农业资源的优化配置功能。

当前，"互联网+农业"发展环境大好，我国农业生产的不断规模化为农业现代化打下基础，农业现代化和"互联网+"的结合，是国家发展过程中对农业的要求，更是农业产业优化升级的必然选择。

2. 基于"互联网+"的分享农业创新发展模式

"互联网+生态文明"催发的分享经济，呈现百花齐放、多元并存的新趋势。现代分享经济从类型上看，可分为有偿分享经济、对等分享经济、劳务分享经济、众筹分享经济、新乡村分享经济等模式。分享经济时代的兴起，是"互联网+生态文明"双重力量催化的结果。互联网为分享经济兴起提供了技术支持，而生态文明则提供了内生动力。环保意识、精神消费、新生活方式三个自觉意识是生态文明时代推动分享经济发展的内动力。分享经济预示着一个追求节约、低碳、实现物质与精神均衡的新生活方式与新生产方式的革命正在兴起，这是生态文明时代破解能源环境危机、物质与精神消费失衡危机的新经济。"创新、协调、绿色、开放、共享"五大发展理念集中体现分享经济是新技术革命的产物，是一种新的经济形态、新的资源配置方式和新的发展理念，集中体现了创新的内在要求。

分享经济的最大优势就是利用互联网，而互联网的特性就是开放共享，而"互联网+农业"的创新发展模式必将在一定程度上把农业与分享经济结合起来，形成一种新型的农业创新发展模式。

农业与分享经济结合模式能够有效地消除信息障碍、降低进入门槛、重构信任关系，促进了资源要素流动和供需高效匹配，有助于实现经济与社会、物质与精神、城乡之间、区域之间的协调发展。与此同时，发展分享经济作为推进供给侧结构性改革的重要抓手，能在一定程度上促进农业现代化发展。

当前，定制化农业、体验化农业、休闲农业、观光农业、农业O2O等农业发展新模式中都带有分享经济的基因，其就是分享经济在农业领域的实现与应用。分享经济进入农业领域将有助于盘活农村闲置资源，提高土地、水利设施、农机设备等利用效率，帮助农村劳动力创业就业，建立和完善农产品质量保障体系。

（四）走创新型农业发展道路，把握农业创新未来发展重点

1. 依托农产品精深加工，培育一批农业创新的龙头企业

提高加工深度是增加农业效益的根本措施，强大的农副产品加工龙头企业是发展现代农业的关键带动力量，必须把发展精深加工和培育龙头企业放在发展农业的首要位置。进一步完善和落实扶持农业产业化龙头企业的优惠政策，加大对重点农产品加工企业的扶持力度，按照市场运行机制，尽快形成一批像泰格林纸、正虹科技、南山乳业等产业关联度大、技术装备水平高、带动能力强、多种类型的龙头企业和企业集团。坚持多种所有制、多种形式进入原则，鼓励民营资本进入农产品加工领域，使更多的龙头企业进入省级和国家级重点农业产业化龙头企业行列。

2. 加快农业重大科研成果转化推广，完善农业成果转化激励政策

传统农业精耕细作的生产技术对农业发展的贡献越来越小，未来农作物产量和质量提高必须依靠生物技术，以生物技术的突破来带动农业效益的提高。湖南应提高农业自主创新能力，加大科技兴农力度，依托隆平农业科技创新中心，重点支持水稻、棉花、柑橘、畜禽等主导农产品的良种繁育、生产加工技术研发。加强基层农业技术推广体系建设，建

立激励机制，积极引导农、科、教机构和社会力量参与多元化的农技推广服务，推广超级稻、测土配方施肥等农业科技成果，提高湖南农业科技贡献率。

3. 加快发展生态农业，提高可持续发展能力

现代农业的发展并不仅仅是追求经济效益，还要建设良好的生态系统，实现人与自然的和谐发展。湖南在发展农业的过程中，要把发展生态农业作为一项关键任务，努力实现生产与生态的共同进步。要坚持需求导向、生态优先，生态和产业相互促进，加快培育公益林，大力发展商品林，合理利用森林资源，营造良好生态，建设绿色湖南。

4. 构建更加高效的农业创新科研体系

发挥科学技术研究对创新驱动的引领和支持作用，遵循规律、强化激励、合理分工、分类改革，增强高等学校、科研院所原始创新能力和转制科研院所的共性技术研发能力，如湖南农业大学以及中南林业大学。优化对基础研究的支持方式，加大对科研工作的绩效激励力度，改革高等学校和科研院所科研评价制度，深化转制科研院所改革，建立高等学校和科研院所技术转移机制。

5. 创新农业人才培养、引进和吸收机制，提高农业院校教育质量

围绕建设一支规模宏大、富有创新精神、敢于承担风险的农业创新型人才队伍，按照创新规律培养和吸引人才，按照市场规律让人才自由流动，实现人尽其才、才尽其用、用有所成。构建农业创新型人才培养模式，建立健全科研人才双向流动机制，实行更具竞争力的人才吸引制度。同时加强农业专业院校学生创新能力的培养。湖南农业大学以及中南林业科技大学作为省属农业高等院校，必须关注学生创新能力培养，注重提高学校的整体教学水平和学生培养质量。此外，也应加大对农业高等院校的投入，重视其教育质量，为农业创新能力的提高提供高质量的专业人才，促进湖南省农业创新发展，并在一定程度上促进湖南经济的发展，促进农业创新发展。

6. 实施农业创新驱动发展战略

发挥科技创新在农业创新中的引领作用，加强农业基础研究，重视农业发展的原始创新，重点推动农业集成创新和引进、消化、吸收、再创新。推进长株潭农业自主创新示范区建设，努力在科研院所转制、科技成果转化、军民融合发展、科技金融、人才引进等领域探索出农业创新发展的新路子。

7. 大力发展农业园以及农业科研机构

以国家级农业产业园区为重点，配套完善农业园区基础设施和公共服务，建设一批规模较大、集中度高、竞争力强的特色农业园区，推动优势农业集聚集约发展。像湖南的隆平农业科技创新中心等农业科研机构更加需要提高自主创新能力，为湖南农业创新发展提供坚实的技术支持。

8. 积极推广"互联网+农业"的新型发展模式

大力发展农业网络经济。实施网络强省战略，推行"互联网+农业"行动计划，推进农业组织、农业商业模式、农业供应链、农业物流链创新，支持基于互联网的各类农业创新，发展分享经济。促进互联网与农业融合，培育网络化、智能化、精细化的现代生态农

业新模式。

9. 转变农业发展方式，加快推进农业现代化

着力构建现代业产业体系、生产体系、经营体系，推动现代粮经饲统筹、种养加一体、农牧渔结合、一二三产业融合发展，走产出高效、产品安全、资源节约、环境友好的农业现代化道路。加强粮食等农产品主产区建设，优化农业区域布局，加快形成各具优势和特色鲜明的长株潭都市农业圈、洞庭湖现代农业示范区、大湘南丘陵农业区、大湘西山地生态农业区。

10. 加快建设农业现代基础设施，提升发展农业新势能

构建江河湖库功能互补的水利设施网，推进除险加固、续建配套、节水改造、农田水利、安全饮水工程建设，推进河湖水系连通工程，推进洞庭湖蓄滞洪区建设，加快建成农业洪旱灾害的防御体系，加快实施农村防洪防旱工程。

参考文献

［1］2014 年湖南省国民经济和社会发展统计公报 ［EB/OL］. http：//district.ce.cn/zt/zlk/bg/201601/28/t20160128_8610425.shtml.

［2］2016 年湖南省十三五规划基本思路及十三规划内容全文解读 ［EB/OL］. http：//www.depeat.com/lianghui/113267.html.

［3］2016 年湖南省十三五规划基本思路及十三规划内容全文解读 ［EB/OL］. http：//www.depeat.com/lianghui/113267.html.

［4］分享经济与中国：4 点特殊意义与 4 大有利条件 ［EB/OL］. http：//xue163.com/5178/10381/51789599.html.

［5］黄祖辉，邵峰，朋文欢. 协调推进工业化、城镇化和农业现代化 ［J］. 中国农村经济，2013（1）：8-14.

［6］李艳. 农业机械化的经济效应实证研究 ［J］. 经济研究导刊，2013（4）：49-51.

［7］刘俊威，汪建丰. 都市型现代农业发展理论再探——基于农户视角 ［J］. 湖北社会科学，2011（3）：75-78.

［8］卢翰，许秀美等. 推进湖南现代农业发展的思考与对策 ［J］. 湖南农业科学，2012（3）：144-146.

［9］农业供给侧结构性改革要进行三大创新 ［EB/OL］. http：//www.qstheory.cn/zhuanqu/bkjx/2016-03/22/m_1118405627.html.

［10］"十二五"农业发展情况、"十三五"农业发展规划及 2015 年工作总结、2016 年工作思路 ［EB/OL］. http：//www.linli.gov.cn/xxgk/？c=zwgk&id=12616.

［11］我省 2016 年现代农机合作社建设项目正式启动 ［EB/OL］. http：//www.hnnjj.gov.cn/details.aspx？id=21123.

［12］熊晓红. 现代农业统计指标分析 ［J］. 农业与技术，2014（34）：4-7.

［13］严立冬，屈志光，邓远建. 现代农业建设中的绿色农业发展模式研究 ［J］. 农产品质量与安全，2011（4）：10-12.

［14］喻昌祺，史宏霞，赵志敏. 论通信运营之科技发展规划 ［J］. 经济管理，2014（6）：260-262.

［15］张德元，张杰兮. 市级农业技术创新能力研究——基于安徽省的定量分析 ［J］. 兰州学刊，2013

（9）：190-197.

　　［16］中共中央、国务院：营造鼓励创新的文化和社会氛围［EB/OL］. http：//www.wenming.cn/xj_pd/ssrd/201503/t20150323_2518210.shtml.

　　［17］中国互联网协会分享经济工作委员会白皮书组委会.分享经济的全球发展态势和我国发展概况分析［J］.互联网天地，2016（5）：74-80.

　　［18］周裕.对湖南省永州市农业科学研究所科研发展的思考［J］.现代农业科技，2011（12）：340-342.

（主要撰稿人：廖湘岳　李华金　张天平　清福华　王柯梦）

第八章
湖南工业创新发展现状与对策建议

　　湖南省工业创新驱动发展对整个湖南省经济的贡献率将近 40%，对提高经济社会发展和城市化水平做出了巨大贡献，对促进新型工业化和产业结构优化升级具有重大指导和实践意义。在湖南省工业创新驱动发展过程中，工业企业扮演着核心角色，工业企业的创新驱动发展水平决定了整个工业的创新驱动发展水平。2010~2014 年，湖南工业企业研发水平不断提高，企业不断发展壮大，企业科技创新呈现良好的发展态势，主要表现在以下几个方面：一是工业规模不断扩大，但增速有所放缓，2002~2011 年，湖南省规模工业增加值增速均在 16% 以上，年均增速达 20.8%，2014 年增幅比上年回落 2 个百分点；二是产业结构不断优化，2010~2014 年，湖南工业发展主动适应经济新常态要求，在生产增速换挡的同时，加快工业结构调整，产业结构不断优化升级；三是创新投入不断增加，创新能力不断增强，研发企业和研发机构不断增加，研发人员和研发队伍不断壮大，研发经费投入大幅增加；四是创新成果较为突出，新产品销售收入与主营业务收入持续增加，专利申请数量和质量不断提升；五是战略新兴产业不断壮大，增幅明显，2014 年，湖南省七大战略性新兴产业实现较快增长，增速继续领先全省 GDP 增速。但同时，湖南工业企业在创新驱动发展的过程中，也存在诸多问题，如研发人才缺乏、研发投入强度低和产学研结合不够紧密等问题，并制约着湖南省科技创新能力的进一步提高。

　　湖南省的经济发展在中部崛起战略实施过程中发挥了重要作用，湖南省的工业创新发展水平在中部六省中具有自己的特点和优势，也存在诸多不足。在创新产出方面，规模以上工业企业 R&D 项目数和新产品开发项目数均低于全国平均水平，但增幅大于全国平均水平，在中部六省中均排名第四，但增幅较靠前；2010~2014 年工业企业专利申请数和有效发明专利数有大幅增长，虽然低于全国，但在中部六省中排名第二；技术市场成交额显著低于全国平均水平，在中部六省中成交额及其增速均较靠后；新产品销售收入占主营业务收入比重明显高于全国平均水平，并在中部六省中排名第一；工业劳动生产率明显高于全国平均水平但低于安徽省。在创新投入方面，规模以上工业企业 R&D 人员全时当量在2010~2014 年逐年增加，在依然低于全国平均水平，排在中部六省第四位；规模以上工业企业 R&D 经费内部支出占 GDP 比重以及新产品开发经费支出依然低于全国平均水平，均排在中部六省第三位；在规模以上工业企业 R&D 经费内部支出占主营业务收入比重指标以及 R&D 经费支出/R&D 人数指标不仅均高于全国平均水平，且均排在中部六省第一位。

　　在创新驱动发展的过程中，湖南各地州市既有相似的地方，也有不同程度的差异，本书将湖南 14 个地州市分为四大地区，即长株潭地区、洞庭湖地区、湘南地区和大湘西地区进行对比分析。在创新产出方面，规模以上工业企业 R&D 项目数、规模以上工业企业专利申请数及有效发明专利数、新产品开发项目数、新产品销售收入占主营业务收入比重和地区劳动生产率等指标上，均表现出长株潭地区占绝对优势，其次为洞庭湖地区、湘南地区，最后是大湘西地区，除了个别指标上湘南地区略高于洞庭湖地区，抑或是大湘西地区略高于湘南地区。在创新投入方面，规模以上工业企业 R&D 全时当量以及规模以上工业企业办科技机构数指标上，长株潭地区依然占据绝对优势，其次是洞庭湖地区、湘南地区，最后是大湘西地区；工业企业 R&D 经费内部支出占 GDP 比重及占主营业务收入比重指标上，同样是长株潭地区占绝对优势，其次是洞庭湖地区、大湘西地区，最后是湘南地区。

通过湖南省工业创新驱动发展的省际比较及域内对比，分析探讨了湖南省工业创新驱动发展的优势、劣势以及存在的主要问题，为此从以下几个方面提出政策性建议：一要加强创新驱动发展战略的组织与领导，二要认真落实和优化创新发展相关的优惠政策，三要提升对科技创新与创新驱动发展重要性的认识，四要营造良好的"大众创新、万众创业"环境氛围，五要强化企业创新主体地位，打造高水平创新承载平台，六要推动科技创新与产业化发展的有机结合，七要创新政策管理机制，提升科技创新资金的使用效率，八要实施工业创新驱动发展的人才战略。

一、湖南省工业创新驱动发展取得的主要成就

中共十八届五中全会把创新提到了国家发展全局的核心位置，确立为五大发展理念之首，强调要让创新贯穿党和国家的一切工作，发挥科技创新在全面创新中的引领作用。2010~2014 年，湖南工业企业研发水平不断提高，企业不断发展壮大，企业科技创新呈现良好的发展态势。但研发人才缺乏、研发投入强度低和产学研结合不够紧密等问题制约着湖南省科技创新能力的进一步提高。

（一）工业规模不断扩大，增速逐渐放缓

2011~2014 年，全省工业增加值分别为 8122.8 亿元、9138.5 亿元、10001.0 亿元和 10749.9 亿元，2011 年同比增长 18.2%、2012 年同比增长 13.5%、2013 年同比增长 11.1%、2014 年同比增长 9.2%，如图 8-1 所示。同时，全省规模以上工业企业实现工业增加值分别为 7911.51 亿元、8562.88 亿元、9556.17 亿元和 10473.56 亿元，其中，2014 年，湖南规模工业增加值同比增长 9.6%，增幅比上年回落 2.0 个百分点，但仍比全国平均水平高 1.3 个百分点，居全国第 15 位，中部第 2 位。

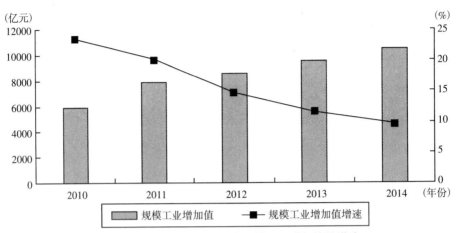

图 8-1 2010~2014 年湖南省规模工业增加值及增速

近年来，湖南工业呈现持续回落走势，但增速逐步平稳。2002~2011 年，湖南省规模工业增加值增速均在 16% 以上的平台上运行，年均增速达 20.8%；此后开始持续下滑，2012~2014 年三年间，湖南省规模工业增加值增速同比回落 5.5 个百分点、3 个百分点和 2 个百分点。

（二）产业结构不断优化，贡献率有所调整

2010~2014 年，湖南工业发展主动适应经济新常态要求，在生产增速换挡的同时，加快工业结构调整，产业结构不断优化升级。根据《2015 年湖南省统计年鉴》及《湖南省 2014 年国民经济和社会发展统计公报》，2014 年湖南省 GDP 的现价总量为 27037.32 亿元，按不变价格计算的增长速度为 9.5%。其中，第一产业增加值为 3148.75 亿元，增长速度为 4.5%；第二产业增加值为 12482.06 亿元，增长速度为 9.3%。工业增加值为 10749.88 亿元，增长速度为 9.2%；第三产业增加值为 11406.51 亿元，增长速度为 11%。2014 年，第一产业拉动经济增长 0.5 个百分点，第二产业拉动经济增长 4.5 个百分点，第三产业拉动经济增长 4.5 个百分点，工业拉动经济增长 3.9 个百分点，与 2010 年相比，工业拉动经济增长的比率下调 4.2 个百分点。

2014 年，第二产业对 GDP 的贡献率为 47.7%，高于第一产业的 5.3% 和第三产业的 47.0%，其中，工业的贡献率为 41.4%，与 2010 年相比，第二产业的贡献率下降 14.2 个百分点，工业的贡献率下降 14.4 个百分点，而第一产业和第三产业的贡献率分别增长了 1.8 个百分点和 12.4 个百分点，如表 8-1 所示。

从经济总量结构的变化来看，三次产业的比例关系由 2010 年的 14.5∶45.8∶39.7 调整为 2014 年的 11.6∶46.2∶42.2，形成了第二、第三产业共同拉动经济增长的格局，产业结构不断优化。2014 年，湖南省第一产业增加值占 GDP 比重为 11.6%，较上年下降 0.5 个百分点，第二产业增加值占 GDP 比重为 46.2%，较上年下降 0.7 个百分点，第三产业增加值占 GDP 比重为 42.2%，较上年增加 1.3 个百分点，工业增加值占 GDP 比重为 39.8%，较上

年下降 0.8 个百分点，如表 8-2 所示。

表 8-1　2010~2014 年湖南省三次产业及工业对 GDP 增长的贡献

单位：%

年份	GDP 增长率	三次产业对 GDP 的拉动			工业对 GDP 的拉动
		第一产业	第二产业	第三产业	
2010	14.6	0.5	9.0	5.1	8.1
2011	12.8	0.6	7.8	4.4	7.2
2012	11.3	0.4	6.1	4.8	5.6
2013	10.1	0.3	5.3	4.5	4.7
2014	9.5	0.5	4.5	4.5	3.9
年份	三次产业贡献率	三次产业对 GDP 的贡献率			工业对 GDP 的贡献率
		第一产业	第二产业	第三产业	
2010	100.0	3.5	61.9	34.6	55.8
2011	100.0	4.8	61.0	34.2	56.1
2012	100.0	3.6	54.0	42.4	49.6
2013	100.0	3.3	51.9	44.8	46.4
2014	100.0	5.3	47.7	47.0	41.4

资料来源：2011~2015 年《湖南省统计年鉴》。

表 8-2　2010~2014 年湖南省三大产业及工业增加值占国内生产总值的比重　（单位：%）

年份	第一产业增加值占 GDP 比重	第二产业增加值占 GDP 比重	第三产业增加值占 GDP 比重	工业增加值占 GDP 比重
2010	14.5	45.8	39.7	39.3
2011	14.1	47.6	38.3	41.3
2012	13.6	47.4	39.0	41.2
2013	12.1	46.9	40.9	40.6
2014	11.6	46.2	42.2	39.8

资料来源：根据 2015 年《湖南省统计年鉴》计算而得。

（三）创新投入不断增加，创新能力显著增强

工业企业是科技创新活动的主力军，其创新活动的普及和活跃程度对提升全省工业整体创新实力和创新型湖南建设具有举足轻重的作用。2014 年，湖南省创新投入不断增加，工业企业研发水平不断提高，工业企业不断发展壮大，企业科技创新呈现出良好的发展态势。

1. 研发企业和研发机构不断增加

截至 2014 年底，湖南省规模以上工业企业单位数共计 13723 家，按登记注册类型分，内资企业共有 13143 家，港、澳、台商投资企业有 323 家，外商投资企业有 257 家。较 2013 年相比，湖南省规模以上工业企业单位数有少量增加，其中内资企业增加了 143 个，港、澳、台商投资企业和外商投资企业均有小幅减少。按企业规模分，2014 年湖南省大型工业企业共有 220 个，中型工业企业共有 2300 个，小型工业企业共有 10910 个，微型

工业企业共有293个。较2013年相比，大、中、小、微四类工业企业数量均有少量增加，其中中型工业企业和微型工业企业增加最多，分别增加53个和48个，如表8-3所示。

表8-3　2013~2014年湖南省规模以上工业企业单位数　（单位：个）

		2013年	2014年
总计		13598	13723
按登记注册类型	内资企业	13000	13143
	港、澳、台商投资企业	336	323
	外商投资企业	262	257
按企业规模	大型工业企业	215	220
	中型工业企业	2247	2300
	小型工业企业	10891	10910
	微型工业企业	245	293

资料来源：2014年和2015年《湖南省统计年鉴》。

2014年，湖南省有R&D活动的单位数共计2626个，其中有R&D活动的科研机构103个，高等学校112个，工业企业2203个，非工业企业111个以及事业单位97个。较2013年相比，湖南省有R&D活动的单位数绝对增加值为305个，其中有R&D活动的工业企业增加了289个，占湖南省全省有R&D活动单位数的94.8%，如表8-4所示。

表8-4　2011~2014年湖南省有R&D活动的单位数　单位：个

年份	总计	科研机构	高等学校	工业企业	非工业企业	事业单位
2011	2073	101	123	1637	117	95
2012	2197	96	111	1777	121	92
2013	2321	99	108	1914	111	89
2014	2626	103	112	2203	111	97

资料来源：2011~2015年《湖南省统计年鉴》。

2014年，湖南省共有研究机构数2604个，其中，科研机构132个，高等学校658个，工业企业1632个，非工业企业121个以及事业单位61个。较2013年相比，湖南省总的研究机构数增加了266个，其中，高等学校和工业企业研究机构数分别增加了79个和187个，科研机构、非工业企业、事业单位研究机构数保持不变，如表8-5所示。

表8-5　2011~2014年湖南省研究机构数　（单位：个）

年份	总计	科研机构	高等学校	工业企业	非工业企业	事业单位
2011	1706	130	580	816	120	60
2012	1857	130	571	971	124	61
2013	2338	132	579	1445	121	61
2014	2604	132	658	1632	121	61

资料来源：2012~2015年《湖南省统计年鉴》。

2. 研发人员和研发队伍不断壮大

2014 年，湖南省全部从业人员年平均人数达 330.01 万人，共有研发人员 162548 人，全时人员达 100275 人。全省 R&D 人员全时当量共计 107432 人年，其中基础研究人员为 7028 人年，应用研究人员为 13178 人年，试验发展人员为 87228 人年。较 2013 年相比，2014 年湖南省研发人员增加了 11504 人，全时人员增加了 8058 人。全省 R&D 人员全时当量较 2013 年增加了 4018 人年，其中试验发展人员全时当量增加了 3828 人年，占全省 R&D 人员全时当量增加绝对值的 95.3%。

2014 年，湖南省规模以上工业企业从事 R&D 活动的人员达 109994 人，全时人员达 74573 人。按企业规模分，2014 年全省大型工业企业 R&D 人员为 57997 人，中型工业企业 R&D 人员为 25213 人，小型工业企业 R&D 人员为 26718 人，微型工业企业 R&D 人员为 66 人。规模工业以上工业企业 R&D 人员全时当量为 77428 人年。与 2013 年相比，湖南省规模以上工业企业 R&D 人员增加 10992 人，增幅为 11.1%，全省规模工业以上工业企业 R&D 人员全时当量增加 3870 人年，增幅为 5.3%，如表 8-6 所示。

表 8-6 2013~2014 年湖南省规模以上工业企业 R&D 人员情况

	R&D 人员（人）		R&D 人员全时当量（人年）	
	2013 年	2014 年	2013 年	2014 年
总计	99002	109994	73558	77428
大型工业企业	58405	57997	47835	41461
中型工业企业	19011	25213	12703	17941
小型工业企业	20124	26718	11948	17991
微型工业企业	1462	66	1072	36

资料来源：2014 年和 2015 年《湖南省统计年鉴》。

3. 研发经费投入大幅增加

2014 年，全省 R&D 经费内部支出达 367.9345 亿元，按经费来源分，政府资金为 50.0914 亿元，企业资金为 307.4208 亿元，境外资金为 1.1822 亿元，其他资金为 9.2401 亿元。当年，湖南省规模以上工业企业 R&D 经费内部支出为 310.0446 亿元，其中大型工业企业 R&D 经费内部支出为 171.862 亿元，中型工业企业 R&D 经费内部支出为 63.7417 亿元，小型工业企业 R&D 经费内部支出为 74.3166 亿元，微型工业企业 R&D 经费内部支出为 0.1243 亿元。按经费来源分，政府资金为 17.6539 亿元，企业资金为 287.3105 亿元，境外资金为 1.1410 亿元，其他资金为 3.9393 亿元。与 2013 年相比，湖南省规模以上工业企业 R&D 经费内部支出增加 39.6459 亿元，增幅达 14.7%，其中小型工业企业 R&D 经费内部支出增幅最大，达 40.6 个百分点，而微型工业企业 R&D 经费内部支出却骤降，降幅达到了 93.7 个百分点，如表 8-7 所示。

表 8-7   2013~2014 年湖南省规模以上工业企业 R&D 经费内部支出   （单位：亿元）

	2013 年	2014 年	变动幅度（%）
总计	270.3987	310.0446	14.7
大型工业企业	166.1465	171.8620	3.4
中型工业企业	49.4241	63.7417	28.9
小型工业企业	52.8555	74.3166	40.6
微型工业企业	1.9726	0.1243	-93.7

资料来源：2014 年和 2015 年《湖南省统计年鉴》。

（四）创新成果突出，创新驱动效应初见成效

1. 新产品销售收入与主营业务收入持续增加

2014 年，全省主营业务收入达 33489.44 亿元，较上年增长 5.1 个百分点，新产品销售收入为 6310.3689 亿元，其中出口占 4099.694 亿元，较上年增长 10.2 个百分点，全省规模工业新产品销售收入占主营业务收入比重达 18.8%。2010~2014 年，全省新产品销售收入和主营业务收入连年增长，且增幅明显，与 2010 年相比，2014 年新产品销售收入占主营业务收入比重增加了 6.2 个百分点，如图 8-2 所示。

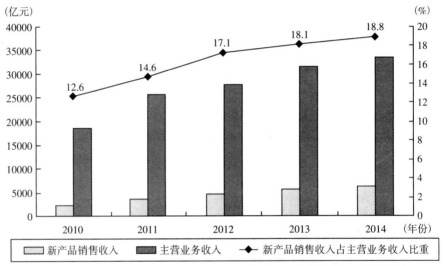

图 8-2   2010~2014 年湖南省规模工业企业新产品销售收入及主营业务收入

资料来源：2011~2015 年《湖南省统计年鉴》。

2. 专利申请数量和质量不断提升

2014 年，湖南省专利申请数总计 44194 项，较上年增加 2858 项，批准数总计 26637 项，较上年增加 2245 项。按种类分，发明专利申请数为 14474 项，实用新型专利申请数为 19248 项，外观设计专利申请数为 10472 项，其中发明专利申请数较上年增加了 2536 项，实用新型专利申请数较上年增加了 921 项，而外观设计专利申请数较上年减少了 599 项，如表 8-8 所示。

表 8-8 2013~2014 年湖南省专利申请数与批准数 （单位：项）

	申请数		批准数	
	2013 年	2014 年	2013 年	2014 年
总计	41336	44194	24392	26637
发明	11938	14474	3613	4160
实用新型	18327	19248	15205	15967
外观设计	11071	10472	5574	6510

资料来源：2014 年和 2015 年《湖南省统计年鉴》。

2014 年，湖南省规模以上工业企业专利申请数共计 17919 件，有效发明专利数为 14415 件。按企业规模分，大型工业企业专利申请数共计 7097 件，有效发明专利数共计 6838 件；中型工业企业专利申请数为 4747 件，有效发明专利数为 3446 件；小型工业企业专利申请数为 5969 件，有效发明专利数为 4080 件；微型工业企业专利申请数为 106 件，有效发明专利数为 51 件，如表 8-9 所示。

表 8-9 2013~2014 年湖南省规模以上工业企业专利申请数及有效发明专利数 （单位：件）

	专利申请数		有效发明专利数	
	2013 年	2014 年	2013 年	2014 年
总计	17424	17919	10512	14415
大型工业企业	8078	7097	4526	6838
中型工业企业	3838	4747	3155	3446
小型工业企业	5145	5969	2684	4080
微型工业企业	363	106	147	51

资料来源：2014 年和 2015 年《湖南省统计年鉴》。

（五）战略新兴产业不断壮大，增幅明显

2014 年，湖南省七大战略性新兴产业实现较快增长，增速继续领先全省 GDP 增速。截至 2014 年底，全省共有战略性新兴产业企业 3097 家，比上年底净增 532 家，总数为 2011 年底的 1.56 倍。战略性新兴产业企业中，规模以上工业企业 2130 家，占 68.8%。分地区看，长沙市、岳阳市、株洲市、衡阳市、郴州市、常德市的企业数均在 200 家以上，6 市企业合计 1989 家，占全省的 64.2%。经济规模逐年壮大，如图 8-3 所示。

2014 年，全省七大战略性新兴产业增加值 3088.39 亿元，占全省地区生产总值（GDP）的 11.4%，比重比上年提高 0.7 个百分点，比 2011 年提高 1.3 个百分点。工业是战略性新兴产业发展的主战场。2014 年，工业企业实现战略性新兴产业增加值 3003.83 亿元，占全省战略性新兴产业增加值的 97.3%，比重比 2013 年提高 0.2 个百分点，比 2011 年提高 1.0 个百分点；2014 年，工业企业实现战略性新兴产业增加值占全省规模工业增加值的 28.6%，比重比 2013 年提高了 2.6 个百分点，比 2011 年提高 5.1 个百分点，如图 8-4 所示。

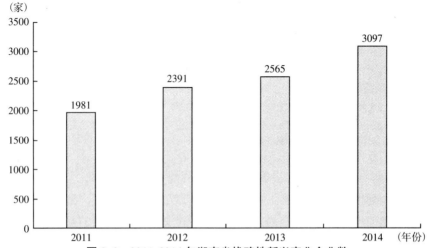

图 8-3　2011~2014 年湖南省战略性新兴产业企业数

资料来源：2012~2015 年《湖南省统计年鉴》。

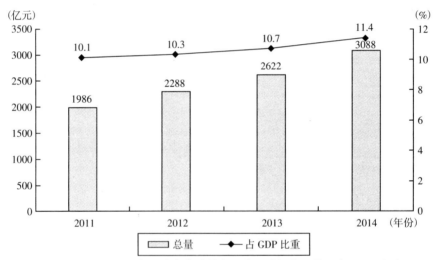

图 8-4　2011~2014 年湖南省战略性新兴产业增加值总量及占 GDP 比重

资料来源：2012~2015 年《湖南省统计年鉴》。

2014 年，全省七大战略性新兴产业增加值比上年增长 13.7%，增幅比上年高了 0.5 个百分点，但相比 2011 年和 2012 年则分别回落 17.4 个和 6.9 个百分点。其中，工业战略性新兴产业增加值增长 14.0%，高于平均水平 0.3%。虽然近年战略性新兴产业增加值增速呈回落走势，但仍一直领先于全省经济平均增长水平。2011~2014 年，战略性新兴产业增加值增速相比 GDP 增速而言，分别高出了 18.3%、9.3%、3.1% 和 4.2%，如图 8-5 所示。

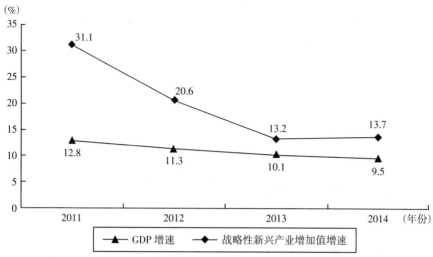

图 8-5　2011~2014 年湖南省 GDP 及战略性新兴产业增加值增速

资料来源：2012~2015 年《湖南省统计年鉴》。

二、湖南工业创新驱动发展能力的省际对比

（一）评价指标体系的选取

近年来，湖南省切实加强科技创新服务体系建设，推广应用新技术新成果，充分发挥科技的支撑和引领作用，大力推动科技创新驱动工业发展。同时，湖南省积极鼓励企业实施技改创新，引导企业加大科技研发经费投入，提高企业原始创新、集成创新和引进、消化、吸收、再创新的能力。本书选取全国平均值（共包含 31 个省市）以及中部六省（山西省、安徽省、江西省、河南省、湖北省和湖南省）为分析对象，通过构建以下指标体系（见表 8-10）对其各自的工业创新能力进行比较，以发现湖南省工业创新驱动发展的优势与不足。

表 8-10　规模以上工业企业创新能力指标体系

一级指标	二级指标
创新产出	规模以上工业企业 R&D 项目数（项） 规模以上工业企业专利申请数（件） 规模以上工业企业有效发明专利数（件） 规模以上工业企业新产品开发项目数（件） 技术市场成交额（万元） 规模以上工业企业新产品销售收入占主营业务收入的比重（%） 劳动生产率（工业增加值/年末城镇单位就业人员）（万元/人）

续表

一级指标	二级指标
创新环境	地区人均 GDP（元/人） 工业增加值（亿元） 客运量（万人） 货运量（万吨） 互联网普及率（%） 居民消费水平（元）
创新投入	规模以上工业企业 R&D 人员全时当量（万人年） 规模以上工业企业 R&D 经费内部支出占 GDP 比重（%） 规模以上工业企业 R&D 经费内部支出占主营业务收入比（%） 规模以上工业企业 R&D 经费支出/R&D 人数（万元/人） 规模以上工业企业新产品开发经费支出（亿元）

（二）工业创新产出的省际对比

近五年来，湖南省工业创新产出取得显著进展，不断缩小与其他中部省份之间的差距。2010~2014 年，湖南省规模以上工业企业 R&D 项目数、专利申请数、有效发明专利数以及新产品开发项目数虽然仍然低于全国平均水平，在中部六省中的排名处于下游位置，但是近五年来湖南省规模以上工业企业 R&D 项目数、专利申请数、有效发明专利数以及新产品开发项目数总数不断增加，进一步拉近了与中部其他省份的差距。2014 年，湖南省技术市场成交额为 979342 万元，低于全国平均水平，在中部六省中排名第三位。较 2010 年相比，湖南省技术市场成交额的增幅在中部六省中也排名第三位，次于湖北省和安徽省。可喜的是，近五年来，湖南省规模以上工业企业新产品销售收入占主营业务收入比重以及工业劳动生产率不断提高，其中规模以上工业企业新产品销售收入占主营业务收入比重从 2010 年的 12.59% 增加至 2014 年的 18.84%，工业劳动生产率从 2010 年的 12.47 万元/人增加至 2014 年的 17.98 万元/人。2014 年底，湖南省规模以上工业企业新产品销售收入占主营业务收入比重及工业劳动生产率均高于全国水平，其中在湖南省规模以上工业企业新产品销售收入占主营业务收入比重中部六省中排名第一位，工业劳动生产率在中部六省中排名第二位，仅次于安徽省。

1. 规模以上工业企业 R&D 项目数的省际对比

R&D 指在科学技术领域，为增加知识总量（包括人类文化和社会知识的总量），以及运用这些知识去创造新的应用进行的系统的创造性活动，包括基础研究、应用研究、试验发展三类活动。可译为"研究与开发"或"研究与发展"。截至 2014 年底，湖南省规模以上工业企业 R&D 项目数为 9393 项，较 2010 年增加 135.9 个百分点。与全国平均值相比，2014 年湖南省规模以上工业企业 R&D 项目数低于全国平均规模以上工业企业 R&D 项目数，与 2010 年相比，湖南省规模以上工业企业 R&D 项目数增幅大于全国平均规模以上工业企业 R&D 项目数增幅。就中部六省而言，2014 年湖南省规模以上工业企业 R&D 项目数低于安徽省、河南省、湖北省，居第四位，较 2010 年相比湖南省规模以上工业企业 R&D 项目数增幅仅低于安徽省，排名第二，如表 8-11 所示。

表 8-11　2010~2014 年全国平均及中部六省规模以上工业企业 R&D 项目数　　（单位：项）

地区＼年份	2010	2011	2012	2013	2014
全国平均	4696.42	7488.97	9274.97	10405.39	11048.61
山西	2194	2348	2795	2885	2726
安徽	4446	8426	11882	14394	14648
江西	1917	2608	2930	4288	4385
河南	6082	8415	9349	11257	12635
湖北	4602	7077	8062	9522	9955
湖南	3982	6928	7563	8425	9393

资料来源：中国、山西、安徽、江西、河南、湖北、湖南各年统计年鉴。

2. 规模以上工业企业专利申请数的省际对比

2010~2014 年湖南的工业企业专利申请数得到大幅增长。2010 年，湖南省规模以上工业企业专利申请数仅有 6652 件，2011 年湖南省规模以上工业企业专利申请数达到了 12808 件，增长了近一倍。截至 2014 年底，湖南省规模以上工业企业专利申请数达到了 17919 件，较 2010 年增加了 169.4 个百分点。与全国平均值相比，2014 年全国平均规模以上工业企业专利申请数高于湖南省，且较 2010 年相比全国平均规模以上工业企业专利申请数的增幅也高于湖南省。就中部六省而言，2014 年湖南省规模以上工业企业专利申请数排名第二，仅次于安徽省，可是相对于 2010 年而言，湖南省规模以上工业企业专利申请数的增幅仅高于山西省，排名第五，如表 8-12 所示。

表 8-12　2010~2014 年全国平均及中部六省规模以上工业企业专利申请数　　（单位：件）

地区＼年份	2010	2011	2012	2013	2014
全国平均	6415.81	12454.03	15804.68	18094.13	20340.68
山西	1776	2848	3765	5083	4723
安徽	7676	19214	26665	32909	40244
江西	1221	2363	3015	4893	6825
河南	5904	10186	12503	14400	16505
湖北	5768	9893	12592	16321	16839
湖南	6652	12808	16204	17424	17919

资料来源：中国、山西、安徽、江西、河南、湖北、湖南各年统计年鉴。

3. 规模以上工业企业有效发明专利数的省际对比

2014 年，湖南省规模以上工业企业有效发明专利数为 14415 件，与 2010 年相比，湖南省规模以上工业企业有效发明专利数增幅仅有 86.3%。与全国平均规模以上工业企业有效发明专利数相比，2014 年湖南省规模以上工业企业有效发明专利数低于全国平均值，较 2010 年相比湖南省规模以上工业企业有效发明专利数增幅严重低于全国平均规模以上工业企业有效发明专利数增幅。就中部六省比较而言，2014 年湖南省规模以上工业企业有效发明专利数仅次于安徽省，排名第二，可是较 2010 年湖南省规模以上工业企业有效发明专利数的增幅，排名末位，如表 8-13 所示。

表 8-13　2010~2014 年湖南省规模以上工业企业有效发明专利数　　　（单位：件）

年份 地区	2010	2011	2012	2013	2014
全国平均	3647.55	6486.74	8941.81	10819.39	14480.16
山西	1126.00	1659.00	2345.00	3008.00	3505.00
安徽	2536.00	5092.00	9215.00	13582.00	21667.00
江西	462.00	975.00	1398.00	2333.00	3383.00
河南	2186.00	4049.00	5133.00	6470.00	8497.00
湖北	2864.00	5379.00	7025.00	8745.00	12444.00
湖南	7739.00	7432.00	8436.00	10512.00	14415.00

资料来源：中国、山西、安徽、江西、河南、湖北、湖南各年统计年鉴。

4. 规模以上工业企业新产品开发项目数的省际对比

截至 2014 年底，湖南省规模以上工业企业新产品开发项目数为 9758 项，较 2010 年增加 135.4 个百分点。与全国平均值相比，2014 年湖南省规模以上工业企业新产品开发项目数低于全国平均值，较 2010 年湖南省规模以上工业企业新产品开发项目数的增幅与全国平均规模以上工业企业新产品开发项目数增幅持平。就中部六省比较而言，2014 年湖南省规模以上工业企业新产品开发项目数排名第四，低于排名第一的安徽省 86.4 个百分点，较 2010 年湖南省规模以上工业企业新产品开发项目数的增幅次于安徽省和江西省，排名第三位，如表 8-14 所示。

表 8-14　2010~2014 年全国平均及中部六省规模以上工业企业新产品开发项目数　　（单位：项）

年份 地区	2010	2011	2012	2013	2014
全国平均	5149.58	8588.13	10433.81	11557.65	12124.61
山西	1927.00	2171.00	2726.00	2938.00	2426.00
安徽	5919.00	11174.00	15137.00	17320.00	18185.00
江西	2084.00	2870.00	3241.00	4381.00	5139.00
河南	5762.00	7880.00	9106.00	11150.00	11341.00
湖北	5856.00	8633.00	9629.00	10722.00	11678.00
湖南	4145.00	7525.00	8418.00	9089.00	9758.00

资料来源：中国、山西、安徽、江西、河南、湖北、湖南各年统计年鉴。

5. 技术市场成交额的省际对比

2014 年底，湖南省技术市场成交额为 979342 亿元，比 2010 年增加了 144.3 个百分点。与全国平均值相比，2014 年全国平均市场成交额为 2766831.94 亿元，是湖南省技术市场成交额的 2.8 倍，较 2010 年增加了 119.6 个百分点，低于湖南省技术市场成交额增幅。就中部六省而言，2014 年技术市场成交额最多的省份是湖北省，其次是安徽省，湖南省位于第三位，对比 2010 年，增幅最大的省份是湖北省，其次是安徽省，湖南省位于第三位，与排名第一的湖北省相差 395.8 个百分点，如表 8-15 所示。

表 8-15　2010~2014 年全国平均及中部六省技术市场成交额　　　　（单位：亿元）

地区 \ 年份	2010	2011	2012	2013	2014
全国平均	1260185.58	1536631.90	2076473.65	2409395.29	2766831.94
山西	184911	224825	306088	527681	484595
安徽	46147	65033	861592	1308253	1698313
江西	230479	341861	397796	430552	507593
河南	272002	387602	399435	402406	407919
湖北	907218	1256876	1963922	3976158	5806801
湖南	400940	353901	422420	772098	979342

资料来源：中国、山西、安徽、江西、河南、湖北、湖南各年统计年鉴。

6. 规模以上工业企业新产品销售收入占主营业务收入比重的省际对比

2010 ~2014 年，湖南省规模以上工业企业新产品销售收入分别为 2350.13 亿元、3759.52 亿元、4768.98 亿元、5724.63 亿元、6310.37 亿元，占主营业务收入的比重分别为 12.59%、14.61%、17.14%、18.11%、18.84%。2014 年，湖南省规模以上工业企业新产品销售收入占主营业务收入的比重高于全国规模以上工业企业新产品销售收入占主营业务收入的比重，较 2010 年湖南省规模以上工业企业新产品销售收入占主营业务收入的比重增幅为 49.7%，高出全国规模以上工业企业新产品销售收入占主营业务收入的比重的增幅。就中部六省而言，湖南省规模以上工业企业新产品销售收入占主营业务收入的比重最大，高出第二名安徽省 4.5 个百分点，与 2010 年相比较，规模以上工业企业新产品销售收入占主营业务收入的比重增幅最大的省份是湖北省，其次是湖南省，如图 8-6 所示。

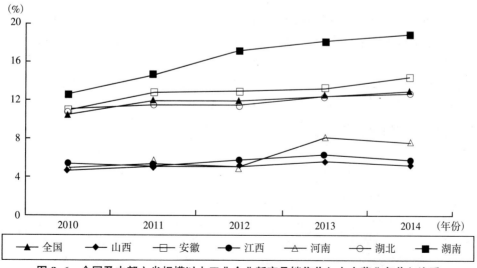

图 8-6　全国及中部六省规模以上工业企业新产品销售收入占主营业务收入比重
资料来源：中国、山西、安徽、江西、河南、湖北、湖南各年统计年鉴。

7. 工业劳动生产率的省际对比

由于数据的可得性，本书工业劳动生产率的数据来源于两个指标，工业增加值和年末城镇单位就业人员。2014 年，湖南省工业劳动生产率为 17.98 万元/人，较 2010 年增加了 44.2 个百分点。就全国而言，2014 年，湖南省工业劳动生产率高于全国工业劳动生产率，相对于 2010 年，湖南省工业生产率的增幅高于全国增幅。就中部六省而言，2014 年工业劳动生产率最高的省份是安徽省，其次是湖南省，较 2010 年对比而言，工业劳动生产率的增幅最大的省份是湖南省，其次是安徽省，如表 8-16 所示。

表 8-16　2010~2014 年全国及中部六省工业劳动生产率　　　　（单位：万元/人）

地区　　　年份	2010	2011	2012	2013	2014
全国	12.44	13.29	13.42	12.00	12.48
山西	11.81	14.55	13.82	12.59	12.10
安徽	14.50	17.16	18.37	17.09	18.12
江西	14.41	15.71	15.11	14.50	14.72
河南	15.90	16.62	17.04	13.88	14.26
湖北	13.18	14.57	16.28	14.56	15.55
湖南	12.47	14.73	16.10	16.64	17.98

资料来源：中国、山西、安徽、江西、河南、湖北、湖南各年统计年鉴。

（三）工业创新环境的省际对比

1. 地区人均 GDP 的省际对比

截至 2014 年底，湖南省地区生产总值（GDP）达 27037.32 亿元，较上年增长 9.8 个百分点，较 2010 年增长 68.6 个百分点。就全国平均值来看，2014 年，我国国内生产总值为 636138.70 亿元，较上年增长 8.2 个百分点，人均 GDP 为 46629 元，较上年增长 17.9 个百分点。与 2010 年相比，我国国内生产总值增幅达 55.6 个百分点，人均 GDP 增幅达 52.5 个百分点。从地区生产总值来看，2014 年，湖南省地区生产总值高于全国平均国内生产总值；从人均 GDP 来看，2014 年，湖南省人均 GDP 仍低于全国人均 GDP。就中部六省范围内来看，2014 年，河南省的国内生产总值高于其余五省，而湖北省的人均 GDP 以 47145 元位于中部六省首位，与 2010 年相比，人均 GDP 增幅最大的是湖北省，其次是安徽省、江西省、湖南省、河南省和山西省，如表 8-17、表 8-18 所示。

表 8-17　2010~2014 年全国平均及中部六省地区生产总值　　　　（单位：亿元）

地区　　　年份	2010	2011	2012	2013	2014
全国	408903.00	484123.5	534123.00	588018.80	636138.70
全国平均	13190.42	15616.89	17229.77	18968.35	20520.60
山西	9200.86	11237.55	12112.83	12665.25	12761.49
安徽	12359.33	15300.65	17212.05	19229.34	20848.75

地区＼年份	2010	2011	2012	2013	2014
江西	9451.26	11702.82	12948.88	14410.19	15714.63
河南	23092.36	26931.03	29599.31	32191.30	34938.24
湖北	15967.61	19632.26	22250.45	24791.83	27379.22
湖南	16037.96	19669.56	22154.23	24621.67	27037.32

资料来源：中国、山西、安徽、江西、河南、湖北、湖南各年统计年鉴。

表 8-18　2010~2014 年全国及中部六省人均 GDP

（单位：元）

地区＼年份	2010	2011	2012	2013	2014
全国	30567	36018	39544	43320	46629
山西	26283	31357	33628	34984	35070
安徽	20888	25659	28792	32001	34425
江西	21253	26150	28800	31930	34674
河南	24446	28661	31499	34211	37072
湖北	27906	34197	38572	42826	47145
湖南	24719	29880	33480	36943	40271

资料来源：中国、山西、安徽、江西、河南、湖北、湖南各年统计年鉴。

2. 工业增加值的省际对比

就全国来看，2010~2014 年，全国工业增加值分别为 162376.40 亿元、191570.80 亿元、204539.50 亿元、217263.90 亿元、228122.90 亿元，中部六省工业增加值占全国工业增加值的比重如图 8-7 所示。2010~2014 年全国平均工业增加值分别为 5237.95 亿元、6179.70 亿元、6598.05 亿元、7008.51 亿元、7358.80 亿元。2010~2014 年，湖南省工业增加值均高于全国平均工业增加值。与 2010 年相比，全国平均工业增加值增幅达 40.5 个百分点，湖南省工业增加值增幅达 70.5 个百分点，高于全国平均值。就中部六省范围内来看，2014 年，河南省的工业增加值高于其余五省，湖南省的工业增加值次于湖北省，居第三位。与 2010 年相比，湖南省工业增加值增幅位于第二位，仅次于安徽省，如图 8-7 所示。

3. 客运量的省际对比

2010~2014 年，我国客运量基本呈现先增长后下降的波动态势，2012 年达到增长顶峰，随即下滑。就中部六省而言，除了山西省的客运量在 2010~2014 年期间基本保持不变以外，其余五省的客运量均在 2010~2012 年期间不断增加，并在 2012 年达到最大值，随即在 2013 年大幅下滑，而在 2014 年均有不同程度的上涨。2010 年，湖南省客运量达 156404 万人，在中部六省中排名第三；2014 年，湖南省客运量为 161837 万人，在中部六省中排名第一，如图 8-8 所示。

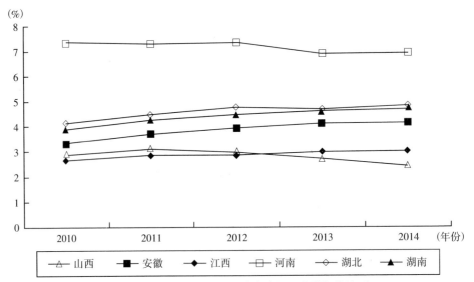

图 8-7 中部六省工业增加值占全国工业增加值比重

资料来源：中国、山西、安徽、江西、河南、湖北、湖南各年统计年鉴。

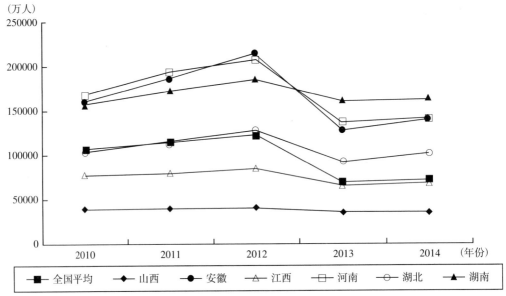

图 8-8 2010~2014 年中部六省及全国平均客运量

资料来源：中国及中部六省各年统计年鉴。

4. 货运量的省际对比

截至 2014 年底，湖南省货运量达 203053 万吨，在中部六省中排名第二，可是与第一名安徽省却相去甚远，2014 年，湖南省货运量不到安徽省的一半，仅为安徽省货运量的 46.75%。2010~2014 年，除了安徽省货运量不断增加以外，其余中部五省及全国平均值呈现出先增长后下降的变动态势，2012 年达到增长最大值，随即有小幅的下降。在这五年间，每年湖南省货运量均高于全国平均值，基本在中部六省中排名第三，在 2014 年首次超过河南，位于第二位，如图 8-9 所示。

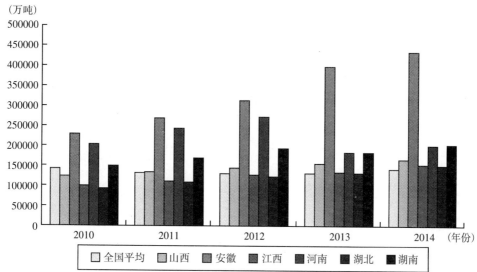

图 8-9 2010~2014 年中部六省及全国平均货运量
资料来源：中国及中部六省各年统计年鉴。

5. 互联网普及率的省际对比

近年来，随着互联网技术的快速发展，我国各个省（市、自治区）的互联网普及率不断上升，增幅明显。2010~2014 年，在中部六省中除了山西省的互联网普及率高于全国互联网普及率以外，其余五省均低于全国互联网普及率。截至 2014 年底，湖南省互联网普及率达 38.6%，较 2010 年增加了 41.4 个百分点，在中部六省中排名第三。尽管如此，湖南省互联网普及率仍然低于全国水平，以及排名第一的山西省和排名第二的湖北省，如图 8-10 所示。

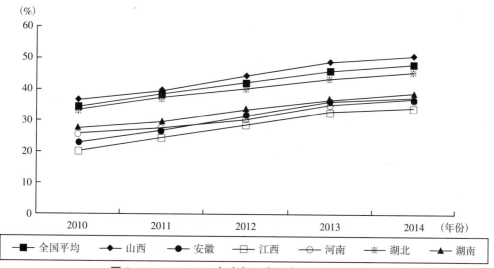

图 8-10 2010~2014 年中部六省及全国互联网普及率
资料来源：中国及中部六省各年统计年鉴。

6. 居民消费水平的省际对比

随着我国经济不断快速持续地增长，近些年来，我国居民消费水平不断提高。2010~2014 年，中部六省居民消费水平均呈现不同程度的上涨，截至 2014 年底，湖南省居民消费水平达 14384 元，仅次于湖北省。与全国居民消费水平比较而言，2014 年全国居民消费水平高达 17778 元，高于中部六省中的任何一个省份。与 2010 年相比，全国居民消费水平增加了 62.8 个百分点，湖南省居民消费水平增加了 61.2 个百分点，增幅在中部六省中排名第三位，低于全国居民消费水平的增加值。增幅居于第一位的湖北省居民消费水平增加了 76.7 个百分点，增幅居于第二位的河南省居民消费水平增加了 66.9 个百分点，如图 8-11 所示。

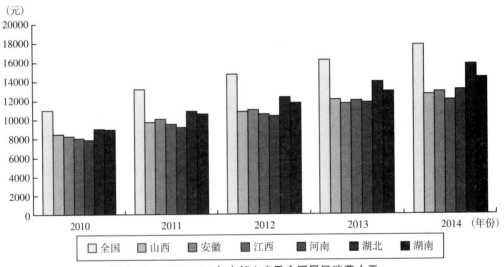

图 8-11　2010~2014 年中部六省及全国居民消费水平

资料来源：中国及中部六省各年统计年鉴。

（四）工业创新投入的省际对比

1. 规模以上工业企业 R&D 人员全时当量的省际对比

2010~2014 年，湖南省规模以上工业企业 R&D 人员全时当量逐年递增，2014 年，湖南省规模以上工业企业 R&D 人员全时当量为 7.74 万人年，较上年增加 5.2 个百分点，较 2010 年多出 119.9 个百分点。就全国平均值来看，截至 2014 年底，全国平均规模以上工业企业 R&D 人员全时当量为 8.52 万人年，高于湖南省。近年来湖南省规模以上工业企业 R&D 人员投入大幅增加，较 2010 年落后全国平均水平 20.3 个百分点相比，截至 2014 年底湖南省规模以上工业企业 R&D 全时当量仅落后全国平均水平 9.1 个百分点，差距逐步缩小。就中部六省范围内而言，河南规模以上工业企业 R&D 全时当量位于首位，其次是安徽省、湖北省，湖南省规模以上工业企业 R&D 全时当量排名中部六省第四，如图8-12 所示。这说明，湖南省规模以上工业企业的 R&D 人员投入虽大幅增加，可是仍然不足，湖南省仍需加大规模以上工业企业 R&D 人员的投入。

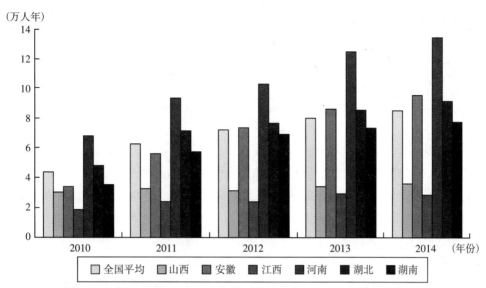

图 8-12　全国平均及中部六省规模以上工业企业 R&D 人员全时当量
资料来源：中国、山西、安徽、江西、河南、湖北、湖南各年统计年鉴。

2. 规模以上工业企业 R&D 经费内部支出占 GDP 比重的省际对比

2010~2014 年，湖南省规模以上工业企业 R&D 经费内部支出逐年递增，占 GDP 比重较"十一五"规划时期也有了大幅度上升。2014 年湖南省规模以上工业企业 R&D 经费内部支出达 310.0446 亿元，较上年增加了 14.7 个百分点，较 2010 年增加了 172.5 个百分点；2014 年，湖南规模以上工业企业 R&D 经费内部支出占 GDP 比重达到了 1.15%，与上年相比，湖南规模以上工业企业 R&D 经费内部支出占 GDP 比重有微幅上升，与 2010 年相比，湖南规模以上工业企业 R&D 经费内部支出占 GDP 比重上涨 0.44 个百分点。与全国规模以上工业企业 R&D 经费内部支出占 GDP 比重相比，2014 年底，湖南省的占比仍低于全国占比，与 2010 年相比，湖南省规模以上工业企业 R&D 经费内部支出占 GDP 比重的增幅达 61.7 个百分点，高于全国占比。这说明湖南省近年来，不断增加规模以上工业企业 R&D 经费内部支出占 GDP 的比重，与先进省市的差距正逐步缩小。就中部六省而言，2014 年规模以上工业企业 R&D 经费内部支出占 GDP 比重最大的是安徽省，其次是湖北省和湖南省，与 2010 年相比，增幅最大的是安徽省，其次是湖南省，如表 8-19 所示。

表 8-19　规模以上工业企业 R&D 经费内部支出占 GDP 比重　　　　　　　（单位：%）

年份 地区	2010	2011	2012	2013	2014
全国	0.98	1.24	1.35	1.41	1.45
山西	0.73	0.80	0.88	0.98	0.98
安徽	0.84	1.06	1.21	1.29	1.37
江西	0.62	0.66	0.72	0.77	0.82
河南	0.64	0.79	0.84	0.92	0.97

续表

年份 地区	2010	2011	2012	2013	2014
湖北	0.89	1.07	1.18	1.26	1.33
湖南	0.71	0.92	1.03	1.10	1.15

资料来源：中国、山西、安徽、江西、河南、湖北、湖南各年统计年鉴。

3. 规模以上工业企业 R&D 经费内部支出占主营业务收入比重的省际对比

截至 2014 年底，湖南省规模以上工业企业的主营业务收入达 33489.43 亿元，较 2010 年规模以上工业企业的主营业务收入上涨了 79.4 个百分点，而湖南 2014 年规模以上工业企业 R&D 经费内部支出占主营业务收入比重为 0.93%。与全国规模以上 R&D 经费内部支出占主营业务收入比重相比，湖南省的比重高于全国比重，且与 2010 年相比，湖南省规模以上工业企业 R&D 经费内部支出占主营业务收入比重高于全国占比。就中部六省相比而言，2014 年湖南省规模以上工业企业 R&D 经费内部支出占主营业务收入比重排名第一，高于其余五省，与 2010 年相比，其增幅也排名第一，并高出第二名湖北省 22.2 个百分点，如表 8-20 所示。

表 8-20　规模以上工业企业的 R&D 经费内部支出占主营业务收入比重　　　　（单位：%）

年份 地区	2010	2011	2012	2013	2014
全国	0.58	0.71	0.77	0.80	0.84
山西	0.53	0.53	0.59	0.67	0.70
安徽	0.57	0.65	0.72	0.75	0.77
江西	0.41	0.41	0.41	0.41	0.41
河南	0.41	0.45	0.48	0.50	0.50
湖北	0.68	0.78	0.81	0.82	0.88
湖南	0.61	0.71	0.82	0.86	0.93

资料来源：中国、山西、安徽、江西、河南、湖北、湖南各年统计年鉴。

4. 规模以上工业企业 R&D 经费支出/R&D 人数的省际对比

2010~2014 年，规模以上工业企业 R&D 人员投入大幅上涨，2010 年，湖南规模以上工业企业 R&D 人员仅有 49530 人，2011 年，规模以上工业企业 R&D 人员上涨至 78146 人，上涨了 57.8 个百分点。截至 2014 年底，湖南省规模以上工业企业 R&D 人员达到了 109994 人，较 2010 年相比上涨了 122.1 个百分点。不仅如此，规模以上工业企业 R&D 经费支出/R&D 人数比例也不断上涨，由 2010 年的 22.97% 上涨至 2014 年的 28.19%。就全国而言，2014 年，湖南省规模以上工业企业 R&D 经费支出/R&D 人数高于全国比值，较 2010 年来看，湖南省规模以上工业企业 R&D 经费支出/R&D 人数的增幅达 22.7 个百分点，高于全国增幅的 11.1 个百分点。就中部六省而言，2014 年，湖南省规模以上工业企业 R&D 经费支出/R&D 人数排名第一，高于第二名湖北省 1.99 万元/人，较 2010 年相比，湖南省规模以上工业企业 R&D 经费支出/R&D 人数的增幅仅次于山西省，排名第二位，如表 8-21 所示。

表 8-21　规模以上工业企业 R&D 经费支出/R&D 人数　　　　（单位：%）

地区＼年份	2010	2011	2012	2013	2014
全国	22.83	23.53	23.60	24.64	25.48
山西	17.17	21.70	24.24	26.59	25.61
安徽	21.65	19.59	18.87	19.41	19.52
江西	22.78	22.71	27.26	23.74	25.69
河南	16.43	17.16	17.68	17.56	18.54
湖北	22.21	21.55	23.39	24.18	26.19
湖南	22.97	23.26	24.75	27.31	28.19

资料来源：中国、山西、安徽、江西、河南、湖北、湖南各年统计年鉴。

5. 规模以上工业企业新产品开发经费支出的省际对比

截至 2014 年底，湖南省规模以上工业企业新产品开发经费支出为 315.11 亿元，较 2010 年增加了 176.8 个百分点。与全国平均值相比，2014 年全国平均规模以上工业企业新产品开发经费支出为 326.55 亿元，高于湖南省，与 2010 年相比，全国平均规模以上工业企业新产品开发经费支出的增幅为 128.9 个百分点，低于湖南省增幅。就中部六省而言，2014 年湖南省规模以上工业企业新产品开发经费支出排名第三，仅次于安徽省和湖北省，与 2010 年相比，湖南省规模以上工业企业新产品开发经费支出增幅最大，高出第二名安徽省 55.9 个百分点，如图 8-13 所示。

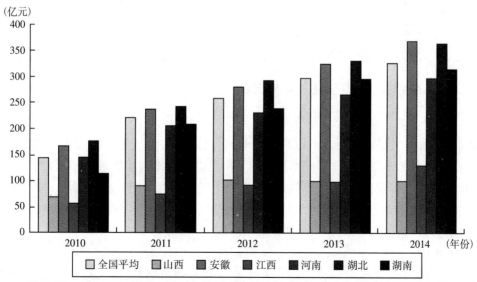

图 8-13　2010~2014 年全国平均及中部六省规模以上工业企业新产品开发经费支出
资料来源：中国、山西、安徽、江西、河南、湖北、湖南各年统计年鉴。

三、湖南工业创新驱动发展的域内差异分析

（一）评价指标体系的选取

在创新驱动发展的过程中，湖南各地州市既有相似的地方，也有不同程度的差异，本书将湖南 14 个地州市分为四大地区，长株潭地区、洞庭湖地区（岳阳、常德、益阳）、湘南地区（衡阳、郴州、永州）、大湘西地区（张家界、怀化、娄底、邵阳、湘西），通过构建以下湖南省规模以上工业企业创新能力指标体系（见表 8-22），对湖南省各地州市的总体状况和域内差异做一个简要分析。

表 8-22 湖南省规模以上工业企业创新能力指标体系

一级指标	二级指标
创新产出	规模以上工业企业 R&D 项目数（项） 规模以上工业企业专利申请数（件） 规模以上工业企业有效发明专利数（件） 规模以上工业企业新产品开发项目数（件） 规模以上工业企业新产品销售收入占主营业务收入比重（%） 地区劳动生产率（全社会总产值/年末从业人员）(万元/人)
创新环境	规模以上工业企业 R&D 人数占年末就业人数的比重（人/万人） 地区人均 GDP（元）
创新投入	规模以上工业企业 R&D 人员全时当量（人年） 规模以上工业企业 R&D 经费内部支出占 GDP 比重（%） 规模以上工业企业 R&D 经费内部支出/R&D 人数（万元/人） 规模以上工业企业 R&D 经费内部支出占主营业务收入比重（%） 规模以上工业企业办科技机构数所占比重（%）

（二）工业创新产出的域内差异分析

1. 规模以上工业企业 R&D 项目数的省内对比

2014 年底，湖南省规模以上工业企业 R&D 项目数共计 9393 项，长株潭地区有 6250 项，占全省总值的 66.5%，比洞庭湖地区、湘南地区和大湘西地区的总和还要多出 23.5 个百分点。与 2013 年相比，湖南省各地区规模以上工业企业 R&D 项目数除了湘南地区有所下降之外，其余地区均有所增加，其中长株潭地区增加了 895 项，洞庭湖地区增加了 35 项，大湘西地区增加了 176 项，而湘南地区减少了 102 项。

2. 规模以上工业企业专利申请数的省内对比

截至 2014 年，长株潭地区规模以上工业企业专利申请数达 11889 件，洞庭湖地区、湘南地区和大湘西地区规模以上工业企业专利申请数分别为 2568 件、2481 件、981 件，其中长株潭地区规模以上工业企业专利申请数分别是洞庭湖地区、湘南地区和大湘西地区

的 4.6 倍、4.8 倍和 12.1 倍。与 2013 年相比，长株潭地区、洞庭湖地区、湘南地区规模以上工业企业专利申请数均有少量增加，而大湘西地区规模以上工业企业专利申请数减少了74 项。

3. 规模以上工业企业有效发明专利数的省内对比

2014 年，长株潭地区、洞庭湖地区、湘南地区和大湘西地区规模以上工业企业有效发明专利申请数分别为 10687 件、1622 件、1321 件和 785 件，其中长株潭地区规模以上工业企业有效发明专利申请数分别是洞庭湖地区、湘南地区和大湘西地区的 6.6 倍、8.1倍和 13.6 倍。与 2013 年相比，湖南省各地区规模以上工业企业有效发明专利申请数均有所增加，其中增幅最大的地区为大湘西地区，增幅达 51.0%，其次为湘南地区，增幅达41.0%，长株潭地区增幅为 38.3%，而洞庭湖地区增幅最小，仅为 22.3%。

4. 规模以上工业企业新产品开发项目数的省内对比

2014 年，长株潭地区、洞庭湖地区、湘南地区和大湘西地区规模以上工业企业新产品开发项目数分别为 6258 件、1353 件、1478 件和 669 件，其中长株潭地区规模以上工业企业新产品开发项目数分别是洞庭湖地区、湘南地区和大湘西地区的 4.6 倍、4.2 倍和 9.4倍。与 2013 年相比，湖南省各地区规模以上工业企业新产品开发项目数均有所增加，其中大湘西地区增幅最大，达 57.8%，而长株潭地区、洞庭湖地区、湘南地区增幅均不足10%。

5. 规模以上工业企业新产品销售收入占主营业务收入比重的省内对比

2014 年全省规模以上工业实现新产品销售收入 6310.3689 亿元，同比增长 10.2 个百分点，全省工业新产品销售收入占主营业务收入比重达 18.8%。

按地区来看，新产品销售收入总额排全省前三位为长沙、岳阳和常德，分别为2488.5534 亿元、1381.5922 亿元和 623.6908 亿元；新产品销售收入增速前三位为益阳、郴州、张家界，分别为 213.5%、50.4% 和 44.5%；新产品销售收入占规模工业主营业务收入比重占比排前三为岳阳、长沙、常德，分别为 30.34%、29.88%、28.73%，如表 8-23所示。

表 8-23 2014 年全省规模工业新产品销售收入统计表

	新产品销售收入（亿元）	同比增速（%）	占规模工业主营业务收入比重（%）
全省	6310.3689	10.2	18.8
长沙市	2488.5534	32.1	29.88
株洲市	398.2746	−10.2	14.14
湘潭市	233.9204	1.8	8.36
衡阳市	254.3514	−46.5	11.17
邵阳市	90.0740	34.2	5.59
岳阳市	1381.5922	−3.0	30.34
常德市	623.6908	−0.9	28.73
张家界市	5.1728	44.5	3.91
益阳市	173.8731	213.5	9.55

续表

	新产品销售收入（亿元）	同比增速（%）	占规模工业主营业务收入比重（%）
郴州市	307.9849	50.4	9.88
永州市	32.5688	-44.6	3.52
怀化市	35.6979	11.7	4.16
娄底市	279.9760	32.2	16.40
湘西州	4.6387	-18.7	1.79

资料来源：2015 年《湖南省统计年鉴》。

截至 2014 年底，长株潭地区、洞庭湖地区、湘南地区和大湘西地区规模以上工业企业新产品销售收入占主营业务收入的比重分别为 22.38%、25.50%、9.42% 和 9.10%。与 2013 年相比，洞庭湖地区和湘南地区的规模以上工业企业新产品销售收入占主营业务收入的比重有所下降，而长株潭地区和大湘西地区规模以上工业企业新产品销售收入占主营业务收入的比重有小幅增加。

6. 地区劳动生产率的省内对比

2014 年，长株潭地区、洞庭湖地区、湘南地区和大湘西地区的劳动生产率分别为 33.63 万元/人、13.93 万元/人、12.24 万元/人和 7.87 万元/人，其中长株潭地区的劳动生产率分别是洞庭湖地区、湘南地区和大湘西地区的 2.4 倍、2.7 倍和 4.3 倍。与 2013 年相比，湖南省各地区劳动生产率均有所增加，除了长株潭地区劳动生产率增幅达 11.7% 以外，其余三个地区劳动生产率的增幅均不足 10%。

（三）工业创新环境的域内差异分析

1. 规模以上工业企业 R&D 人数占年末就业人数比重的省内对比

2014 年，湖南省规模以上工业企业 R&D 人数共计 109994 人，年末就业人数共计 4384.27 万人，其中长株潭规模以上工业企业 R&D 人数达 71157 人，占湖南省总数的 70.5%，年末就业人数占湖南省总数的 20.2%。2014 年长株潭地区、洞庭湖地区、湘南地区、大湘西地区规模以上工业企业 R&D 人数占年末就业人数的比重分别为 80.20 人/万人、20.59 人/万人、9.10 人/万人，5.87 人/万人，其中长株潭地区规模以上工业企业 R&D 人数占年末就业人数的比重比其余三个地区的总和还要多出 44.64 人/万人。对比 2013 年，2014 年湖南省规模以上工业企业 R&D 人数占年末就业人数的比重有所增加，长株潭地区、洞庭湖地区、湘南地区、大湘西地区分别增加了 6.65 人/万人、2.40 人/万人、0.34 人/万人和 1.15 人/万人，如图 8-14 所示。

2. 地区人均 GDP 的省内对比

截至 2014 年底，长株潭地区人均 GDP 达到 82046.26 元，同比增长 8.58%；洞庭湖地区、湘南地区和大湘西地区人均 GDP 分别为 40693.41 元、32036.19 元和 22512 元，分别同比增长 9.96%、9.81% 和 8.33%；人均 GDP 最高为长株潭地区，其次为洞庭湖地区、湘南地区，最后为大湘西地区；从增幅来看，洞庭湖地区最高，其次为湘南地区、长株潭地区，最后为大湘西地区。2014 年，长株潭地区人均 GDP 分别高出洞庭湖地区、湘南地区和大湘西地区 1.01 倍、1.56 倍和 2.64 倍，在整个湖南省处于绝对优势地位，而大湘西地区则相对薄弱，如图 8-15 所示。

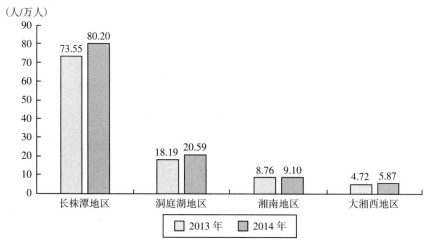

图 8-14　湖南省各地区规模以上工业企业 R&D 人数占年末就业人数比重

资料来源：2014 年和 2015 年《湖南省统计年鉴》。

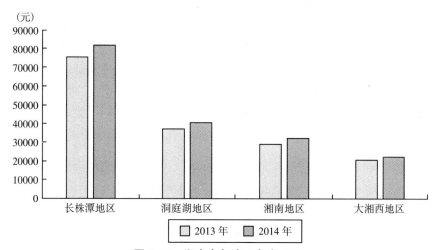

图 8-15　湖南省各地区人均 GDP

资料来源：2014 年和 2015 年《湖南省统计年鉴》。

（四）工业创新投入的域内差异分析

1. 规模以上工业企业 R&D 全时当量的省内比较

2014 年，湖南长株潭地区、洞庭湖地区、湘南地区、大湘西地区规模以上工业企业 R&D 全时当量分别为 51563.93 人年、14216.78 人年、6278.40 人年、5369.10 人年，其中长株潭地区规模以上工业企业 R&D 全时当量占湖南省规模以上工业企业 R&D 全时当量的 67%。与 2013 年相比，长株潭地区规模以上工业企业 R&D 全时当量有所减少，洞庭湖地

区、湘南地区、大湘西地区规模以上工业企业 R&D 全时当量均有所增加，如图 8-16 所示。

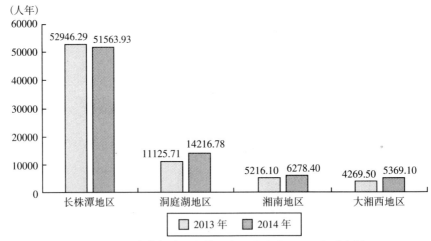

图 8-16　湖南省各地区规模以上工业企业 R&D 全时当量

资料来源：2014 年和 2015 年《湖南省统计年鉴》。

2. 规模以上工业企业 R&D 经费内部支出占 GDP 比重的省内比较

2014 年，湖南省规模以上工业企业 R&D 经费内部支出为 310.04 亿元，地区生产总值为 27037.32 亿元，其中长株潭地区规模以上工业企业 R&D 经费内部支出和地区生产总值分别为 183.81 亿元和 11556.38 亿元，则规模以上工业企业 R&D 经费内部支出占 GDP 比重为 1.59%。洞庭湖地区、湘南地区、大湘西地区规模以上工业企业 R&D 经费内部支出占 GDP 比重分别为 1.16%、0.51%、0.52%，长株潭地区规模以上工业企业 R&D 经费内部支出占 GDP 比重显著高于其余三个地区。与 2013 年相比，长株潭地区、洞庭湖地区、湘南地区、大湘西地区规模以上工业企业 R&D 经费内部支出占 GDP 比重均有所上升，如表 8-24 所示。

表 8-24　湖南省各地区规模以上工业企业 R&D 经费内部支出占 GDP 比重　　　　（单位：%）

	2013 年	2014 年
长株潭地区	1.56	1.59
洞庭湖地区	1.10	1.16
湘南地区	0.44	0.51
大湘西地区	0.46	0.52

资料来源：2014 年和 2015 年《湖南省统计年鉴》。

3. 规模以上工业企业 R&D 经费内部支出/R&D 人数的省内比较

2014 年，湖南省规模以上工业企业 R&D 人数共有 109994 人，其中长株潭地区有 71157 人，洞庭湖地区有 20440 人，湘南地区有 10421 人，大湘西地区有 7976 人，各地区规模以上工业企业 R&D 经费内部支出/R&D 人数分别为 25.83 万元/人、36.40 万元/人、27.28 万元/人、29.33 万元/人。与 2013 年相比，除了大湘西地区以外，湖南省其余三大地区规模以上工业企业 R&D 经费内部支出/R&D 人数均有不同程度的增加，尤以湘南地区增加最多，增幅达 21.6 个百分点，如图 8-17 所示。

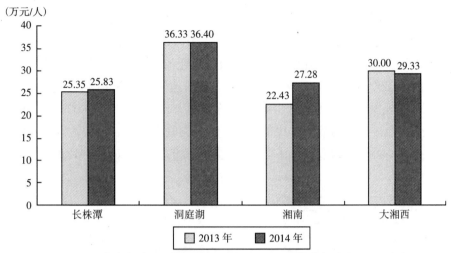

图 8-17　湖南省各地区规模以上工业企业 R&D 经费内部支出/R&D 人数

资料来源：2014 年和 2015 年《湖南省统计年鉴》。

4. 规模以上工业企业 R&D 经费内部支出占主营业务收入比重的省内比较

2014 年，湖南省规模以上工业企业主营业务收入 33489.43 万元，长株潭地区、洞庭湖地区、湘南地区、大湘西地区规模以上工业企业主营业务收入分别为 13943.97 万元、8545.85 万元、6316.99 万元、4567.7 万元，其中长株潭地区规模以上工业企业主营业务收入占湖南省 41.8%，洞庭湖地区占湖南省 25.6%，湘南地区占湖南省 18.9%，大湘西地区仅占湖南省 13.7%。截至 2014 年底，长株潭地区、洞庭湖地区、湘南地区以及大湘西地区的规模以上工业企业 R&D 经费内部支出占主营业务收入比重分别为 1.32%、0.87%、0.45% 和 0.51%。与 2013 年相比，湖南省各地区规模以上工业企业 R&D 经费内部支出占主营业务收入比重均有少量增长，如表 8-25 所示。

表 8-25　湖南省各地区规模以上工业企业 R&D 内部经费支出占主营业务收入比重

（单位：%）

	2013 年	2014 年
长株潭地区	1.31	1.32
洞庭湖地区	0.78	0.87
湘南地区	0.34	0.45
大湘西地区	0.44	0.51

资料来源：2014 年和 2015 年《湖南省统计年鉴》。

5. 规模以上工业企业办科技机构数所占比重的省内比较

截至 2014 年底，湖南省各地区规模以上工业企业单位个数总计 13723 个，其中，长株潭地区有 5007 个，占全省 36.5%，洞庭湖地区有 3228 个，占全省 23.5%，湘南地区和大湘西地区规模以上工业企业单位个数分别为 2811 个和 2692 个，分别占全省 20.5% 和 19.6%。2014 年，湖南省规模以上工业企业办科技机构数共有 1632 个，长株潭地区、洞庭湖地区、湘南地区以及大湘西地区分别有 611 个、361 个、448 个和 212 个，其中长株潭地区规模以上工业企业办科技机构数占全省总值的 37.4%，洞庭湖地区、湘南地区、大湘西地区分别占全省的 22.1%、27.5%、13.0%。2014 年，湖南省各地区规模以上工业企业办科技机构数占规模以上工业企业单位个数的总比值为 11.9%，其中长株潭地区和洞庭湖地区分别占 12.20% 和 11.18%，湘南地区和大湘西地区分别占 15.94% 和 7.88%。与 2013 年相比，湖南省规模以上工业企业办科技机构数所占比重增加了 14.02%，长株潭地区规模以上工业企业办科技机构数所占比重有所下降，洞庭湖地区、湘南地区和大湘西地区规模以上工业企业办科技机构数所占比重均有不同程度的增加，如图 8-18 所示。

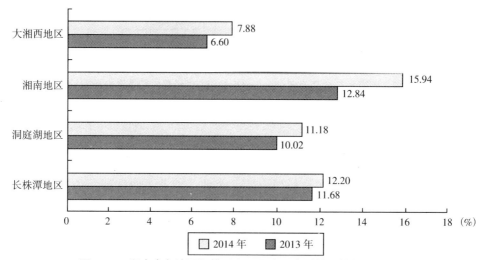

图 8-18 湖南省各地区规模以上工业企业办科技机构数所占比重
资料来源：2014 年和 2015 年《湖南省统计年鉴》。

四、湖南工业创新发展的未来目标定位

（一）湖南省工业创新发展的政策形势分析

"十三五"时期是我国进入全面建成小康社会的决定性时期。中共十八大报告指出：当前，世情、国情、党情继续发生深刻变化，我们面临的发展机遇和风险挑战前所未有。

从国际环境看，当前，全球经济仍然处于后危机时代，国际金融危机的影响具有长期性和复杂性，世界经济和贸易进入恢复性增长期。虽然面临着后危机时代经济衰退的挑战，但是由于南方国家经济的强劲增长动力，全球经济仍处于黄金增长期。全球产业结构持续调整升级；贸易自由化仍是世界经济发展主流，但贸易自由化与贸易保护主义的矛盾仍将在长时间内存在。创新能力将是决定一国在国际竞争中成败与否的关键因素。未来一段时期内，全球将进入科技创新活跃期，无论是科技成果的产出，还是科技市场的繁荣程度，抑或是各国的科技投入能力，在这一阶段都将呈现出快速发展的态势，全球将迎来更加激烈的科技竞争。

从国内层面看，我国仍处于并将长期处于社会主义初级阶段的基本国情没有变，人民日益增长的物质文化需要同落后的社会生产之间的矛盾这一社会主要矛盾没有变，我国是世界上最大的发展中国家的国际地位没有变。我国经济发展正处于向新常态过渡的阶段，正从高速增长转向中高速增长，经济发展方式正从规模速度型粗放增长转向质量效率型集约增长，经济结构正从增量扩能为主转向调整存量、做优增量并存的深度调整，经济发展动力正从传统增长点转向新的增长点。"十三五"时期，我国经济将保持平稳较快发展，经济实力大幅度提高的同时，综合国力也将大幅度提高。消费对于经济增长的贡献率大幅度提升。中国将进一步由出口导向的经济向内需主导的经济转变，将由投资主要驱动的经济体向消费为主要驱动的经济体转变。现代产业体系将向服务业主导型显著转变，逐渐转向以现代服务业为主的经济体。中国的人力资本总量占世界比重持续上升，形成新的教育红利；就业人口比率提高在一定程度上将抵消人口老龄化的负面影响；城镇就业和非农业就业比重持续上升，形成新的转移就业红利。科技实力将不断增强，主要科技产出排名大幅提升。

从区域发展看，湖南正处于工业化发展的中后期阶段，发展的阶段特征和内在规律决定了这一阶段通常是工业快速增长和转型升级的关键阶段，是新型工业化不可多得的发展机遇期。国际资本和沿海产业转移加快，湖南既有后发达地区资源丰富、环境容量相对较大和生产要素成本较低的优势，又有发达地区的工业基础和交通优势，还有突出的人才优势，为促进要素聚集和产业承接提供了有利条件。发挥"一带一部"区位优势将为工业企业创新驱动发展提供更加有利的外部条件，湖南工业创新发展也是充分发挥湖南"一带一部"区位新优势的重要内容。我国区域发展竞争加剧，中部地区省份更是你追我赶、竞相发展，突出表现在产业培育和打造上的竞争异常激烈。工业与互联网的融合进一步加快，制造业由单纯的产品制造向服务制造转变，由规模化标准产品向个性化定制产品延展，工业将呈现出组织分散的转变，主要模式包括协同研发、众筹融资、众包设计、网络制造。

（二）湖南省工业创新驱动发展的思路

深入贯彻落实中共十八大和十八届三中、四中、五中全会精神，主动适应经济发展新常态，坚持走新型工业化道路，以加快转变发展方式为主线，以科技创新为动力，以加快推进工业结构调整为主攻方向；把改革创新贯穿于产业经济发展的各个领域、各个环节，以提高经济发展质量和效益为中心，突出创新驱动、改革推动、项目拉动、开放带动，促使"三量齐升"，有效推进"四化两型"建设；加快传统产业改造升级和战略性新兴产业培育，大力加强自主创新，切实抓好节能减排，积极推进工业化与互联网融合，先进制造业与生产性服务业融合，加快市场主体培育，坚持集约、集聚、集群发展，努力构建富有竞争力的现代工业体系，加快推进新型工业化，不断提升工业创新驱动发展能力，提高工业整体实力和竞争力，实现工业经济又好又快的发展，推动湖南由工业大省向工业强省跨越。

（三）湖南省工业创新驱动发展的目标与定位

"十三五"时期，湖南要以转方式、调结构为重点，努力保持工业平稳较快发展，不断优化产业结构，加强技术创新实力，推进工业创新驱动发展。要力争实现以下目标：

——工业保持稳定增长。工业增加值年均增长 9%左右，2020 年达到 18000 亿元左右。三次产业结构调整为 7.5：40.5：52。

——工业结构进一步优化。到 2020 年，形成 18~20 个千亿元产业集群，形成以国家级开发区为主的 15~16 个千亿元产业园区。培植一批主业突出、跨国经营的千亿元企业、百亿元企业。中小企业发展活力显著增强，在经济中的作用更加重要。

——"两型"建设有力推进。力争到 2020 年，湖南万元 GDP 能耗比 2014 年下降 20%，达到 0.56 吨标煤，达到全国领先水平；万元 GDP 二氧化碳排放量比 2014 年减少 30%；二氧化硫排放总量、化学需氧量、氨氮排放总量比 2014 年降低 10%。

——科技创新能力增强。到 2020 年，R&D 经费支出占 GDP 比重达到 2.5%；高新技术产业增加值占工业增加值比重力争达到 50%，实现增加值 9000 亿元左右。

五、湖南工业实施创新驱动发展的对策建议

（一）加强创新驱动发展战略的组织与领导

进一步加强推进工业企业创新驱动发展的组织领导，各级党委、政府要始终坚持把科技创兴、创新驱动发展作为经济发展的第一推动力不动摇，切实加强和改进对工业创新发展的组织领导。树立正确的政绩观，按照工业创新发展的内涵要求，坚持规范发展、安全发展、"两型"发展，绝不能走"先污染后治理"的老路。要切实转变政府职能，完善考核评价机制，注重加大对新增规模工业数量、新增入园企业数量、工业技改投入、工业增加值和税收等主要指标的考核权重。不断完善工业创新发展考核指标体系，创新考核方式和手段，积极协调各部门整合资源，加速推进工业企业创新发展进程，形成推进工作合力。

（二）认真落实和优化创新发展相关的优惠政策

重点做好以下工作：一是调整税收优惠政策。要把税收优惠政策落实到基础研究和科技成果转化上，明确政策适应主体，通过税前抵扣、税收减免和加速折旧等措施促进科技

创新。二是建立激励科技创新的政府首购和订购制度，鼓励和支持工业企业、科研机构大力研制和开发重大创新产品和先进技术。三是加大金融扶持力度。利用基金、贴息、担保等方式，引导各类商业金融机构支持科技创新与产业化；通过推动科技与金融结合，引导商业银行与科技型中小企业建立稳定的银企关系；建立中小企业信用担保和风险分担机制，引导社会资金流向创业风险投资企业等。

（三）提升对科技创新与创新驱动发展重要性的认识

近年来，世界主要国家纷纷将科技创新提升为国家发展的核心战略，通过制定促进科技创新的宏观战略、加强科技创新的宏观管理、加大财政研发投入、强化对企业创新的支持以及加强创新主体互动等措施，来加速推进知识创造和技术创新的进程。国内各省市尤其是东部发达省市都把加强科技创新作为未来经济社会发展的主线，在强化企业主体地位、完善技术创新体系，整合创新资源、形成整体优势，加强科技园区建设、打造自主创新高地，推进科技与金融结合、增强科技企业融资需求，聚集创新人才、构造智力优势，统筹区域布局、发挥重点城市（地区）示范带动作用等方面进行了积极的探索，对于推动经济发展方式转变和产业转型升级起到了很好的效果。这些经验和做法，值得我们认真学习和借鉴，并结合湖南实际加以推广，使湖南科技创新能力和水平与经济社会文化发展相适应，不断提升科技创新对经济发展的贡献度。

（四）营造良好的"大众创新、万众创业"环境氛围

营造良好的创新创业环境，加大对创新创业的扶持力度，激发全省工业企业创新创业热情。以长株潭国家自主创新示范区建设为契机，在研发经费投入、相关政策落地、科技成果转化、体制机制创新上全面发力。围绕湖南优势产业集群和优势产业龙头企业，引导工业企业聚集发展，提高工业企业之间协作配套的能力和水平，充分发挥群体效应。围绕比较优势和区域特色，着力培育一批特色产业生产基地，发展区域品牌产业基地，为工业企业和全民创业提供发展载体。以承接产业发展为手段，带活本土配套产业、同类产业的创业发展，推动创业，不断培育具有创新能力和良好发展前景的工业企业。鼓励高校开设创业培训课程，完善由政府补贴的社会化创业培训机制。重点鼓励有资金、有技术、有经验的人员开展专职、兼职、合伙等灵活多样创业活动，并在编制、社保等机制上灵活处理。引导企事业单位有经验的管理人员、党政机关干部、大专院校和科研单位的科技人员充分发挥资源优势，争当全民创业的参与者和带头人。

（五）强化企业创新主体地位，打造高水平创新承载平台

一是加强创新型企业建设，努力培养一批龙头工业企业，促使大中型企业建立技术研发机构，使企业成为决策、投入、组织和成果应用的主体，提升企业核心竞争力。二是推动中小型工业企业科技创新，对成长性较好、有自主知识产权的创新型中小企业予以资助，积极推动科技型小微企业创新发展，培育自主创新生力军。三是推进产学研合作，引

导创新资源向企业集聚，从而形成以企业为主体、市场为导向、产学研相结合的区域技术创新体系。四是整合省内外科技创新资源，将属于不同产权所有、不同地域和行业的各类创新资源有机整合起来，搭建科技创新服务平台，形成整体优势。五是积极实施高新区"双带"工程。支持高新区带头创新驱动、带头转型升级。六是深化国际交流与合作，积极推进企业的国际化步伐，充分利用全球创新资源，在更高起点上推进自主创新。七是优化产业布局，长株潭地区、湘南地区、洞庭湖地区、大湘西地区应兼顾产业基础、区位优势及要素条件等，优化完善工业产业体系，避免重点产业及新兴产业布局散乱低效。

（六）推动科技创新与产业化发展的有机结合

强化科技与经济对接、创新成果与产业对接，加大院校、科研机构与企业的合作力度，提升高新技术产业的规模化、集约化水平。推进工业企业创新发展，提高工业产品科技含量，要实行企业自主创新与运用高新技术改造传统产业并举的政策措施。进一步加快高新技术产业化和应用先进适用技术改造提升传统产业的步伐，在全省骨干工业企业中普遍采用先进共性技术，实现产业、产品结构优化升级。突出集成创新和引进、消化、吸收的基础上再创新，有重点地开展原始性创新。要加大科研开发投入，要与跨国公司、高等院校、科研院所开展多种形式的技术研发合作与交流，在优势领域、关键环节和主导产业，加快科技自主创新步伐。同时要大力引进先进技术，把自主研发与引进创新很好地结合起来，提升企业科技创新水平，增强企业竞争力。

支持产业联盟在产业发展战略研究、技术方案选择、重大研究组织和商业模式创新等方面大胆实践，围绕产业链部署创新链，围绕创新链带动资金链。继续推进湖南省多点支撑的工业企业关键技术产业联盟建设。鼓励企业与国内外高等院校、科研机构通过成果转让、委托开发、合作开发、共建技术开发机构和科技型企业实体等多种形式组建产学研战略联盟。鼓励企业大幅度增加技术开发经费的投入，对企业自主创新投入的技术开发费用实行加计扣除，支持和鼓励企业强化品牌意识，积极申报专利，采用国际、国内的新技术和标准，建立技术研发机构。

（七）创新政策管理机制，提升科技创新资金的使用效率

一是加大政府对科技创新的投入，不断提升政府科技资金的使用效率。完善财政科技投入的稳定增长机制，根据每年财政收入的增长比例，相应提高技术创新专项资金的额度。鼓励市县设立技术创新专项扶持资金，用于支持企业开展技术创新活动。通过建立技术创新联席会议制度，实现各部门间科技计划的统筹协调，支持重点由以往的单个企业或技术环节向产业链整体关键环节转变，使用方向上向实体经济、关键共性技术、创新服务平台倾斜，提高资金使用集中度和效率，形成政策叠加效应。二是创新财政科技投入方式与机制，引导社会资金投向。优化政府科技资金投向，对科技资金实行竞争性分配，对省级自主创新重大专项等这样的项目要实行公开招标；改变财政资金无偿使用的传统做法，通过适当增加贴息、后补助、奖励性扶持的比例等措施，有效发挥财政资金的导向作用。

三是引导企业将更多的资金投向技术创新，投向新技术、新产品研发，在提升企业技术创新能力的同时提升企业的市场竞争力。通过设立新兴产业创业投资引导资金、科技信贷增长风险补偿奖励专项资金、科技成果转化项目贷款风险补偿专项资金等，吸引更多社会投资。加大金融模式集成创新力度，创新金融产品和服务模式，有效满足科技型企业多层次融资需求。四是搭建科技金融服务平台，完善科技金融服务体系。

（八）实施工业创新驱动发展的人才战略

一是进一步完善创新人才战略，加大高层次人才培养和省外、海外人才引进力度，造就一批高科技领军人才。二是重视激发人才的创新活力。改革科技人才评价、考核和奖励机制，建立和完善以科研能力、创新成果、实现效益等综合考虑的科技人才评价标准，以政府奖励为导向、社会力量和用人单位奖励为主体的科技奖励制度，完善科技人员收入分配政策，健全与岗位职责、工作业绩、实际贡献紧密联系和鼓励创新创造的分配激励机制。三是培养和造就一支创新型企业家队伍，要从制度、环境、待遇等方面完善企业家培养制度、激励机制、保障机制，像对待科学家、经济管理学家那样给予他们特殊的待遇和保护。

（九）制度创新，促进企业全方位可持续发展

一是加强政策引导。完善政策税收优惠以鼓励企业自主创新，通过设置行业专项基金，为具备行业领先的技术研发活动提供资金支持。针对重点发展的行业项目提供税收返还和税率优惠等政策，鼓励企业积极主动开展创新活动。二是推动模式创新。全力推进自主创新示范区工作，加快培育创新主体，积极打造创新平台，不断创新扶持方式和手段。以建设国家自主创新示范区为契机，充分发挥创新资源集聚优势，积极开展创新政策先行先试，以科技创新和"互联网+"推进转型升级，全面提高自主创新和辐射带动能力，打造具有全球影响力的"互联网+"创新创业中心，努力使湖南省成为"大众创业、万众创新"的先驱，促进经济质效和发展特色大提升。

（十）加快推进供给侧结构性改革

供给侧结构性改革的主体是工业企业，加快湖南省工业企业创新发展，必须要在"供给侧改革"中发挥主导作用，积极顺势有所为，才能在这一重要转型战略期蓄积新能力、谋求新发展。按照中央和省关于推进供给侧结构性改革的安排部署，要积极稳妥落实"去产能、去库存、去杠杆、降成本、补短板"等各项重点工作任务，努力增加有效投资，大力推动创新创业，积极推动工业企业对标活动，力促结构优化、动能转换；同时，要积极推进产业链、创新链、资金链"三链"协同，重点实施研发投入提升、创新平台建设、"双创"基地打造和人才保障的创新驱动"四大工程"，在推动工业企业供给侧改革上下功夫，做文章。

（十一）发展服务型制造业，提升核心竞争力

服务型制造是当今世界制造业发展的新趋势，是推动制造业与服务业的深度融合，是提升湖南甚至是我国制造业核心竞争力、促进工业转型升级的重要途径。加快推进服务型制造的发展，既可以有效激发内需潜力、带动扩大社会就业、持续改善人民生活、提高企业经济效益，也有利于引领产业向价值链高端提升，创造更多的附加值。

发展服务型制造是顺应世界经济发展的必然趋势。当前，全球经济进入新的发展机遇期，以信息网络技术为代表的新一代科技革命颠覆了传统的制造业生产方式，制造模式呈现出数字化、网络化、智能化、绿色化发展趋势，并由此催生的新技术、新产品、新业态加速推动制造业价值链向微笑曲线的两端延伸。在先进的制造业国家中，产品在生产过程中停留的时间很短，而处在流通领域的时间较长，其中产品60%以上的增值业务发生在服务领域。服务型制造成为全球制造业发展的必然趋势。湖南要以此为契机大力发展服务型制造，在服务型制造方面有所突破和新的发展。

参考文献

[1] 邓燕萍，徐小荣. 江西工业发展的实证分析与对策 [J]. 江西行政学院学报，2003（4）：25-29.

[2] 湖南省经济和信息化委员会. 2015年湖南企业技术创新发展报告 [EB/OL]. http：//www.hnjxw.gov.cn/xxgk_71033/gzdt/jxyw/201601/t20160128_2912490.html.

[3] 湖南省统计局. 湖南统计年鉴（2015）[M]. 北京：中国统计出版社，2015.

[4] 湖南省统计局. 科技创新助推湖南经济转型现状、问题及对策建议 [EB/OL]. http：//www.hntj.gov.cn/tjfx/jczx_3462/2015jczx/201512/t20151228_516068.html.

[5] 焦均志，李湛湘. 湖南省工业化发展现状及对策 [J]. 商场现代化，2007（11）：198-200.

[6] 孔杰. 淄博市工业创新发展的问题及路径探讨 [J]. 经济论坛，2015（10）：26-28.

[7] 李玲玲. 加快湖南新型工业化进程的思考 [J]. 衡阳师范学院学报，2005（3）：26-29.

[8] 李银秀，叶燕. 江西工业化水平分析及发展对策研究 [J]. 嘉兴学院学报，2004（6）：36-41.

[9] 罗文. 湖南工业结构及其工业化水平研究 [J]. 经济地理，2001（2）：21-24.

[10] 王亮. 提升湖南工业竞争力的对策探讨 [J]. 系统工程，2002（3）：20-26.

[11] 张义忠. 工业创新发展中面临的知识产权问题与对策 [J]. 工业技术创新，2014（5）：614-620.

[12] 赵榕. 广西工业创新发展的实证研究 [J]. 广西经济管理干部学院学报，2014（4）：32-35.

（主要撰稿人　仇　怡　杨继平　张其明　黄　丹　李华金）

第九章
湖南服务业创新发展现状与对策建议

中共十八大提出创新驱动发展战略要求创新引领发展，湖南省积极推进创新发展，通过创新来克服服务业发展水平总体滞后，发展动力不足等问题和制约因素。近五年来湖南省服务业创新发展取得了较大成就：一是总体规模不断扩大，服务业对经济增长贡献程度持续提升；二是从业人员数量稳定增加，吸纳就业能力不断提高；三是产业投资规模不断加大，投资增速持续稳定；四是现代服务业稳定发展，产业内部结构不断优化；五是生产性服务业得到重视，成为经济发展的重要支撑；六是创新驱动政策初见成效，新兴服务业态不断涌现。

湖南省地处中部地区，与湖北、安徽、江西、河南、山西形成了举足轻重的中部区域经济体系。而中部六省的地理位置、经济条件、国家政策等区位因素相近。对比湖南省与中部其余省份的服务业创新发展差别，发现湖南省服务业法人单位数量适中，尽管在中部六省处于中等水平，但要略高于全国的平均水平；湖南省的服务业总产值水平较低，存在一定的发展瓶颈；湖南省服务业对 GDP 增长的贡献在中部省份中处于较高水平，但是与全国的平均水平还存在一定差距；湖南省互联网普及整体水平较低，信息化程度不高，低于全国平均水平；普通高等学校本科毕业生人数略低于湖北省和河南省，处于中等水平；科学研究、技术服务业和地质勘探业城镇单位就业人员数量在 2012~2013 年增幅较大，发展速度略低于湖北省和河南省；科学研究、技术服务业固定资产投资增加较快，略低于安徽省的投资力度，领先其余省份；金融业固定资产投资力度远远低于同期安徽省的发展。

在服务业创新产出的区域内对比中，我们比较了服务业法人单位数、服务业总产值和服务业从业人员数，得出湘中地区的服务业发展较好，在湖南省处于"领头羊"的位置，另外湘中地区发展良好，湘西地区位置偏远，因此服务业发展力度不够，有待进一步完善。在服务业创新环境的区域内对比中，我们比较了互联网用户数，普通高等学校毕业生数，科学研究、技术服务业和地质勘探业法人单位数，得出长株潭地区、娄底市的服务业发展比较完善，衡阳、郴州、邵阳、永州、岳阳、益阳、常德的发展潜力巨大，张家界、怀化，湘西的经济实力较弱，服务业比较落后，有待提高。在服务业创新投入的对比中，我们比较了科学研究、技术服务业新增固定资产、科学研究、技术服务业固定资产投资、公共财政教育支出，得出湘中地区的服务业发展情况良好，在湖南省处于领先位置，其他地区的服务业发展比较薄弱。

通过湖南省服务业创新驱动发展的省际比较及域内对比，分析探讨了湖南省服务业创新驱动发展的优势、劣势以及存在的主要问题，为解决湖南省服务业创新发展存在的一系列问题提供对策建议，并规划其未来发展目标，促进湖南省服务业又好又快地发展。一要发展分享经济和供给侧改革，优化和提升服务业，完善市场制度，优化市场环境。加快教育、文化、金融、通信等领域的市场准入制度，提高这些领域对民营资本的开放力度，打造公平合理的市场竞争环境，为服务业发展注入新的活力和动力。二要普及湖南互联网技术，拉动创新型发展，按照服务业集聚发展、融合共生的产业特性，汇聚优质资源和关键要素，逐渐培育重点产业和行业领军企业，着力构建门类齐全、层次较高、具有较强核心竞争力的现代服务业体系。三要配合商业模式创新，形成公共服务资源配置新常态，创新公共服务资源配置模式，实现三方共赢。探索公共服务资源配置的新模式，努力实现政府、公众、第三部门、营利性组织的共赢。四要加强科技创新与成果转化，促进湖南新兴科技服务业发展，湖南应该抓住重点对"十二五"现代科技服务业布局规划中的重点建设区域优先打造，集中现有优势提升科技服务业的竞争力，促进重点区域科技服务业发展起来，打造品牌性科技园区。五要生产性服务融合与价值链重构，促进湖南支撑性产业创新驱动，重视市场融合，推动生产性服务业与制造业的价值重构。六要鼓励企业加强自主创新，打造品牌战略，加大对服务业企业创新支出税费减免力度，加大服务业发展专项资金和服务业发展引导资金，倾斜于技术密集型服务业企业的关键技术研发，提高服务业自主创新能力。七要加大创新力度，增强服务业企业创新发展后劲，扩大政府信贷支持，优化服务业企业融资环境。政府应该积极打造金融、服务与科技三链融合的生态链，加大对互联网企业及"两化"融合企业的信贷支持。八要鼓励服务业人才的培养和引进，保障服务业发展的人力支持，服务业的发展需要更多应用型人才，而应用型人才的培养不仅是高校的责任，也是相关企业的社会责任，引导人力流入，重视应用型人才。

一、湖南服务业创新发展取得的主要成就

"十二五"期间是湖南省坚持以科学发展观统领经济社会发展全局，着力推进经济发展方式转变和经济结构调整的五年。在国内外形势复杂、经济下行压力加大的情况下，湖南省坚持把推动服务业发展作为产业结构优化升级的战略重点，使得服务业保持平稳快速增长。为了积极响应创新驱动发展战略，解决自身服务业存在的创新能力不足等问题，湖南省在服务业创新发展方面做了大量工作，也取得了一定的成绩。

（一）总体规模不断扩大，贡献程度持续提升

"十二五"期间，湖南省把服务业发展作为产业结构升级的重点，努力促进服务业又好又快地发展。服务业总体稳中有进，增加值不断提高，对经济的贡献程度获得持续提升，产业结构不断优化升级，保持了较好的发展态势，为经济社会发展做出了重要贡献。

表 9-1   2011~2015 年湖南省三次产业增加值及产业结构情况   （单位：亿元）

年份	GDP 总量	第一产业	第二产业	第三产业	三次产业结构
2011	19669.56	2768.03	9361.99	7539.50	14.1：47.6：38.3
2012	22154.23	3004.21	10506.42	8643.60	13.6：47.4：39.0
2013	24621.67	2990.31	11553.97	10077.40	12.1：46.9：40.9
2014	27037.32	3148.75	12482.06	11406.50	11.6：46.2：42.2
2015	29047.21	3331.62	12955.39	12760.20	11.5：44.6：43.9

资料来源：湖南省统计局。

由表 9-1 可知，"十二五"时期，湖南省经济总量规模迅速攀升，2015 年，全省 GDP 总量高达 29047.21 亿元，是 2011 年的 1.5 倍。其中，第三产业的增加值由 2011 年的 7539.50 亿元上升至 2015 年的 12760.20 亿元，年均增长率高达 13.68%，服务业的总体规模得到不断扩大。与此同时，2011~2015 年全省三次产业结构由 2011 年的 14.1：47.6：38.3 变为 2015 年的 11.5：44.6：43.9，第一、第二产业比重逐渐下降，第三产业比重逐渐上升，产业布局更加合理。

由图 9-1 可知，第三产业占 GDP 的比重由 2011 年的 38.3% 提升至 2015 年的 43.9%。在此期间，第三产业对 GDP 增长的贡献率也由 2011 年的 34.2% 持续提升至 2015 年的 53.5%，第三产业已经超越第二产业成为拉动湖南省经济增长的主要动力。

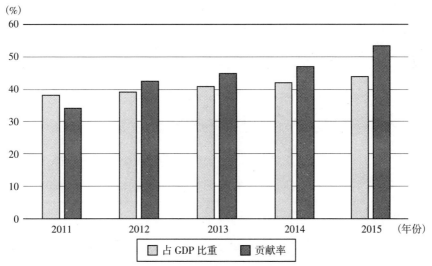

图 9-1   湖南省 2011~2015 年服务业占 GDP 比重以及 GDP 增长的贡献率

（二）从业人员数量稳定增加，吸纳就业能力不断提高

湖南省地区人口密集，经济发展的就业压力较大。而服务业具有就业弹性大、起点低、见效快、途径多等特点，已经成为劳动力就业的主要渠道。2010~2014 年，湖南省服务业得到快速发展，吸纳就业的能力不断增强，为经济社会的稳定发展提供了有力保障。

由表 9-2 可知，2010~2014 年以来，湖南省服务业年末从业人员数逐年增加，由 2010 年的 1377.27 万人增加到 2014 年的 1431.01 万人，增加了 53.74 万人。而且，全省服务业年末从业人员数占全体从业人员的比重始终保持在 34% 以上，并呈现逐年递增的稳定趋势，表明全省服务业吸纳就业的能力在不断增强。分行业来看，批发和零售业，交通运输、仓储和邮政业，住宿和餐饮业三大行业的从业人员数量高达 707.46 万人，占全部服务业从业人员的比重为 49.44%，成为吸纳服务业就业人员的主力军。信息传输、软件和信息技术服务业，金融业以及房地产业这三类行业尽管在从业规模方面不占优势，但是，作为新兴服务业吸纳就业人员的能力强，从业人员数量呈现稳定增长的态势，可能成为未来的服务业就业的新方向。

表 9-2 2010~2014 年湖南省服务业年末从业人员数 （单位：万人）

指标 \ 年份	2010	2011	2012	2013	2014
批发和零售业	371.24	338.19	359.65	367.88	375.97
交通运输、仓储和邮政业	165.44	170.06	176.43	162.63	145.30
住宿和餐饮业	180.18	190.80	214.56	194.87	186.19
信息传输、软件和信息技术服务业	50.99	54.29	56.08	61.46	70.77
金融业	24.96	26.19	26.76	31.42	46.57
房地产业	24.98	28.47	29.76	34.06	41.40
租赁和商务服务业	85.85	91.96	43.83	47.83	60.48
科学研究和技术服务业	13.76	17.38	20.08	23.39	29.71
水利、环境和公共设施管理	10.70	10.19	11.11	11.61	13.66
居民服务、修理和其他服务业	160.65	163.31	156.94	156.94	123.71
教育业	79.14	89.70	89.73	97.73	110.43
卫生和社会工作	50.97	48.90	50.17	58.06	62.84
文化、体育和娱乐业	56.42	60.15	61.51	63.68	58.71
公共管理、社会保障和社会组织	101.99	102.88	104.93	102.01	105.27
服务业从业人员总计	1377.27	1392.47	1401.54	1413.57	1431.01
全体从业人员总计	3982.73	4005.03	4019.31	4036.45	4044.13
服务业从业人员占全体从业人员的比重（%）	34.58	34.77	34.87	35.02	35.38

资料来源：《湖南省统计年鉴》。

（三）产业投资规模不断加大，投资增速持续稳定

湖南省在近五年内加快转变经济发展方式，加大经济结构调整力度，把服务业发展作为产业结构升级的重点，依靠投资引擎来发展服务业，对服务业的投资力度不断加大，很好地促进了全省服务业的发展。

由表 9-3 可知，2011~2015 年全省的服务业固定资产投资规模不断增加，投资增速持续、稳定。具体来看，2015 年受国内、国际大环境的影响，服务业投资增速有所放缓，但仍完成固定资产投资 14012.22 亿元，同比增长 17.6%；占全省固定资产投资的比重为

54.0%，比第二产业高 11.5 个百分点，成为湖南省产业投资的重点。分行业来看，2011~2015 年，文化、体育和娱乐业，水利、环境和公共设施管理业，教育业三大行业的投资保持了年均增长 32% 以上的高速增长态势，这三类行业是与民生密切相关的服务业，表明湖南省越来越重视改善民生相关产业。此外，信息传输、软件和信息技术服务业，科学研究和技术服务业，金融业和房地产业等新兴服务行业受国家政策影响较大，投资增速变化幅度较大，时高时低，但整体而言，总投资规模不断增加仍然是主流趋势。

表 9-3 2011~2015 年服务业主要行业固定资产投资增速　　　　　（单位：%）

年份 指标	2011	2012	2013	2014	2015
服务业合计	25.7	25.0	24.3	21.4	17.6
交通运输、仓储和邮政业	15.2	5.0	10.4	12.9	15.4
信息传输、软件和信息技术服务业	-32.2	-18.7	51.8	30.1	127.5
金融业	35.9	140.3	24.0	30.0	25.0
房地产业	30.1	26.6	16.3	12.3	-2.2
科学研究和技术服务业	71.9	16.0	15.5	55.7	46.6
水利、环境和公共设施管理业	23.3	30.2	40.2	30.0	29.7
教育业	27.4	43.0	34.6	38.1	19.8
卫生和社会工作	28.4	34.1	43.6	48.5	20.3
文化、体育和娱乐业	-8.7	25.2	68.8	32.5	14.3

资料来源：湖南省统计局。

（四）现代服务业稳定发展，产业内部结构不断优化

2011~2015 年，湖南省为充分发挥现代服务业在加快转变经济发展方式、提升产业综合素质、满足群众精神需求、实现全面小康建设目标的重要作用，大力支持现代服务业的发展。服务业内部结构沿着分化与融合两个方向进行，从传统制造业的两端分化并独立出商务服务业、信息服务业、物流业等。主辅产业的融合和服务业内部各行业的融合，实现传统产业改造升级，使得服务业内部结构不断优化升级。

由表 9-4 可知，2011~2015 年湖南省现代服务业固定资产投资占湖南省服务业总固定资产投资始终保持在 45% 左右，且现代服务业的固定资产投资由 2011 年的 5376.3 亿元增加到 2015 年的 11345.4 亿元，将近翻了一番。交通运输、仓储和邮政业，房地产业，水利、环境和公共设施管理业占据湖南省现代服务业投资的主要地位，信息传输、计算机服务和软件业，金融业，租赁和商务服务业，科学研究和技术服务业等新兴服务业得到重视。

表 9-4 2011~2015 年湖南省现代服务业固定资产投资变化情况　　　（单位：亿元）

年份 指标	2011	2012	2013	2014	2015
交通运输、仓储和邮政业	1191.8	1251.9	1381.9	1559.9	1800.9
信息传输、计算机服务和软件业	75.8	61.3	93.1	121.1	275.4
金融业	19.4	46.6	57.8	75.2	93.9

续表

指标 ＼ 年份	2011	2012	2013	2014	2015
房地产业	2256.3	2856.5	3323.1	3732.5	3651.9
租赁和商务服务业	196.5	299.0	359.5	419.4	552.9
科学研究和技术服务业	103.2	120.9	139.6	217.4	318.7
水利、环境和公共设施管理业	1150.5	1497.7	2099.6	2729.9	3539.6
教育业	157.0	224.6	302.3	417.5	500.3
卫生、社会保障和社会福利业	130.9	120.1	172.4	256.1	308.1
文化、体育和娱乐业	94.9	118.8	200.6	265.8	303.7
现代服务业合计	5376.3	6597.4	8129.9	9794.8	11345.4
服务业合计	11431.5	14576.6	18381.4	21950.8	25954.3
现代服务业占比（%）	47	45	44	45	44

资料来源：《湖南省统计年鉴》、《湖南省 2015 年国民经济和社会发展统计公报》。

由表 9-5 可知，服务业产业内部中批发和零售业，交通运输、仓储和邮政业，住宿餐饮业等传统服务业比重有所下降，金融业等现代服务业的比重逐渐上升，产业内布局合理，内部结构得到不断优化升级。具体来看，2011 年，批发和零售业占全部第三产业的比重为 22%，到 2015 年该比重下降为 18.4%，下降了 3.6 个百分点。金融业占第三产业的比重由 2011 年的 6.6% 上升到 2015 年的 9.1%，上升了 2.5 个百分点。其他服务业的比重由 2011 年的 46.5% 上升到 2015 年的 52.3%，上升了 5.8 个百分点。也就是说，归入其他服务业的文化、体育和娱乐业，公共管理、社会保障和社会组织，居民服务、修理和其他服务业，租赁业等新兴服务行业发展迅速，在第三产业中的比重越来越大，并呈现出持续增长的态势。

表 9-5　2011~2015 年湖南省第三产业内部结构变化　　　　　　　（单位：%）

指标 ＼ 年份	2011	2012	2013	2014	2015
第三产业总计	100	100	100	100	100
批发和零售业	22.0	21.4	20.2	19.4	18.4
交通运输、仓储和邮政业	12.6	12.5	11.6	11.0	9.9
金融业	6.6	6.7	7.5	8.3	9.1
房地产业	6.9	6.6	6.4	5.9	5.7
住宿餐饮业	5.4	5.3	5.0	4.8	4.7
其他服务业	46.5	47.5	49.3	50.6	52.3

资料来源：湖南省统计局。

（五）生产性服务业得到重视，成为经济发展的重要支撑

生产性服务业是指与制造业直接相关的配套服务业，是从制造业内部生产服务部门而独立发展起来的新兴产业，是一种典型的创新型产业，是加速产业融合的关键环节。鉴于

此，"十二五"期间，湖南省在推进经济结构战略性调整、加快转变经济发展方式的过程中，大力发展生产性服务业，将发展生产性服务业与发展现代制造业相结合，形成一批具有代表性的支柱产业。

2013 年，湖南省信息传输、软件和信息技术服务业，租赁和商务服务业，交通运输、仓储和邮政业，金融业，科学研究和技术服务业的增加值分别为 447.18 亿元、464.81 亿元、1172.31 亿元、758.9 亿元、242.26 亿元，分别占第三产业的 4.5%、4.7%、11.8%、7.6% 和 2.4%。湖南省第三次全国经济普查结果显示，信息传输、软件和信息技术服务业企业资产总计 1132.79 亿元，拥有企业法人单位 5264 个，作为新型服务业信息传输和信息技术服务业的发展形势较好；租赁和商务服务业的企业数量为 21873 个，是生产性服务业中企业数量最多的行业，其资产总额为 12289.27 亿元，大部分租赁企业发展规模小，没有形成规模经济；交通运输、仓储和邮政业企业法人单位资产总计 2611.88 亿元，企业数量为 5983 个，交通运输、仓储和邮政作为传统的服务业其发展是经济社会发展的重要支撑；金融业总资产为 36253.07 亿元，企业数量为 1036 个，规模以上的金融企业发展形势较好，是生产性服务业中资金实力较为雄厚的企业；科学研究和技术服务业企业总资产为 1013.49 亿元，企业数量达到 9155 个，科学研究和技术服务业的发展是湖南经济社会实现快速发展的动力。2014 年，全省生产性服务业增加值达到 4963.46 亿元，占 GDP 的比重为 18.4%，占服务业的比重达到 43.5%。

（六）创新驱动政策初见成效，新兴服务业态不断涌现

中共十八大提出的创新驱动发展战略要求创新引领发展，促进产业技术创新、企业创新以及大众创业、万众创新。在创新驱动发展战略的导向下，湖南省以市场需求为导向，以科技创新为动力，以高素质人才为支撑，为新兴服务行业和业态的发展营造了良好的环境。

湖南省服务业分行业来看，信息传输、软件和信息技术服务业，科学研究和技术服务业，居民服务业等新兴行业增长较快，2015 年同比增长分别达到 127.5%、46.6% 和 29.3%。湖南省生产性服务业实现增加值 5304.41 亿元，同比增长 9.2%，比 GDP 高出 0.6 个百分点。其中，金融业增幅最大，为 20.6%。湖南省文化和创意产业比重提高，增加值达到 1714.21 亿元，占 GDP 的比重提升到 5.9%。湖南省旅游产业快速发展，旅游总收入达 3712.91 亿元，增长 21.7%，其中国内旅游收入增长 21.9%。湖南省重点领域服务业发展势头喜人，规模以上服务业战略性新兴产业实现营业收入 432.87 亿元，同比增长 12.2%，高于全国平均水平 0.2 个百分点；规模以上高技术服务业实现营业收入 962.78 亿元，增长 14.5%，高于全国平均水平的 5.1 个百分点；规模以上科技服务业实现营业收入 1161.10 亿元，增长 14.4%，高于全国平均水平的 5.8 个百分点。

二、湖南服务业创新发展成果及能力的省际对比

（一）服务业创新发展成果及能力的评价指标

1. 对比城市的选取

就全国范围来看，服务业的发展水平参差不齐，不同地区资源禀赋不同，服务业的发展特征和水平等都可能造成巨大差异。为了使得问题的研究具有可比性，并从根源上找到湖南省创新发展存在的问题，我们主要选取在地理位置较近、资源条件类似的中部其他五个省份作为省际对比的主要对象，分别为湖北、河南、山西、安徽、江西。另外，我们还选取了全国平均水平来从均值的视角看待湖南省服务业创新发展的问题。

2. 评价指标的选取

在参考国内外关于创新驱动发展、产业创新指标等研究成果的基础上，我们主要从创新产出、创新环境和创新投入三个方面来构建省际对比的指标体系，具体如表9-6所示。

表9-6 湖南省服务业创新发展成果及能力省际对比的评价指标

一级指标	二级指标
创新产出	年末服务业从业法人单位数
	服务业总产值
	服务业对 GDP 的贡献率
创新环境	互联网普及率
	普通高等学校本科毕（结）业生人数
	科学研究、技术服务业和地质勘探业城镇单位就业人员数
创新投入	金融业新增固定资产
	科学研究、技术服务业固定资产投资
	科学研究、技术服务和地质勘探业固定资产投资项目建成投产率

（二）服务业创新产出的省际对比

通过对服务业创新产出指标中年末服务业从业法人单位数量、服务业总产值以及服务业对 GDP 的贡献率三项指标的省际对比，我们发现，与其他省份对比，湖南省服务业法人单位数量适中，尽管在中部六省处于中等水平，但要略高于全国的平均水平；从服务业总产值方面来看，湖南省的服务业产值水平较低，存在一定的发展瓶颈；从服务业对 GDP 的贡献率来说，湖南省服务业对 GDP 的贡献率在中部省份中处于较高水平，但是与全国的平均水平还存在一定差距。

1. 年末服务业法人单位数的省际对比

年末服务业法人单位数代表具有主体资格的从事服务业单位或机构数量。一般而言，

政府对服务业发展的支持力度越大，创新创业环境越好，从事服务业法人数量越多，服务业的发展潜力也就越大。

由图9-2可知，2010~2014年，与中部六省相比，湖南省的年末服务业从业法人单位数一直处于中等水平，总体增幅不大，增加速度远远落后于湖北省、河南省。与全国的平均水平相比，年末服务业从业法人单位数量要略高于全国水平，说明湖南省的服务业从业法人单位数量适中，具有一定的发展潜力。

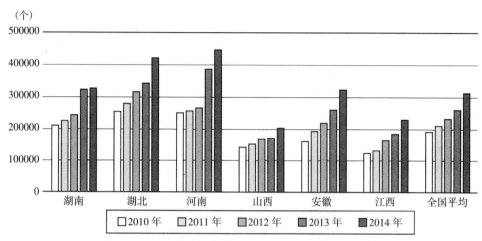

图9-2　2014年末服务业法人单位数的省际对比情况

2. 服务业总产值的省际对比

服务业总产值是服务业创新发展成果的重要指标，也是核心指标。服务业总产值水平越高代表服务业发展能力越强，服务业总产值越低代表服务业发展水平越低。

由图9-3可知，湖南省的服务业总产值在逐年增加，河南省的服务业总产值增幅最快，在2014年处于领先位置。山西、安徽、江西的服务业总产值水平低于全国平均。湖南省的服务业发展状况良好，要继续保持。

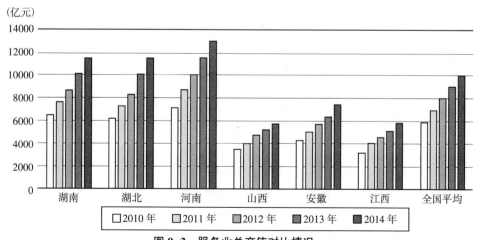

图9-3　服务业总产值对比情况

3. 服务业对 GDP 贡献率的省际对比

服务业的良好发展能促进地区经济繁荣，服务业发展水平越高，对 GDP 的贡献率当然就越高，这一指标不仅能够反映一个地区的服务业发展水平，也能在一定程度上反映地区的产业结构以及经济发展程度，可以在一定程度上代表服务业创新发展的成果。

如图 9-4 所示，湖南省服务业对 GDP 的贡献率一直低于全国平均水平，对地方经济的贡献程度较小，贡献率提高速度缓慢。与中部其他省份相比，湖南省的服务业对 GDP 的贡献率的整体水平处于中等偏上的水平。但是，近两年来，湖南省的服务业对 GDP 的贡献率增速放缓，2012 年曾跃居中部六省的第一名，但是 2013 年和 2014 年的增速较为缓慢，远远落后于湖北省，只能屈居中部六省的第二名。这一现象说明，湖南省的服务业发展受外部环境和政策引导的影响较大，增长速度持续稳定，总体而言，湖南省服务业对地区经济发展的贡献水平有限。

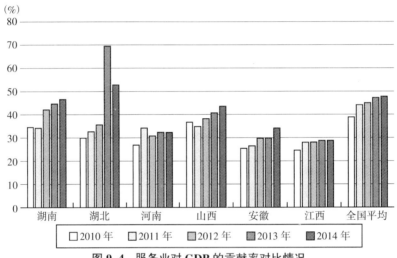

图 9-4　服务业对 GDP 的贡献率对比情况

（三）服务业创新环境的省际对比

通过对服务业创新环境指标中互联网普及率，普通高等学校本科毕（结）业生人数和科学研究、技术服务业和地质勘探业城镇单位就业人员数的对比，来找出湖南省服务业发展的创新环境存在的不足。

1. 互联网普及率的省际对比

互联网普及率是指全市互联网用户数占全市常住人口总数的比例，该指标反映一个国家或地区经常使用互联网的人口比例，国际上通常用来衡量一个国家或地区的信息化发达程度。而信息发展程度是现代服务业、新兴服务业以及生产性服务业等创新发展的基础，因此，该指标可以很好地反映一个地区服务业创新环境的优劣。

由图 9-5 可知，与全国的平均水平相比，湖南省的互联网普及率还存在较大差距，2014 年全国的平均值为 47.9%，而湖南省的互联网普及率为 38.6%，相差 9.3 个百分点。而在中部六省中，湖南省的互联网普及率也远低于山西省和湖北省，分别与山西省相差

12个百分点，与湖北省相差 6.7 个百分点。综上可知，湖南省的互联网普及率整体水平较低，信息化程度不高，这可能成为制约该地区服务业创新发展水平和能力的重要因素。

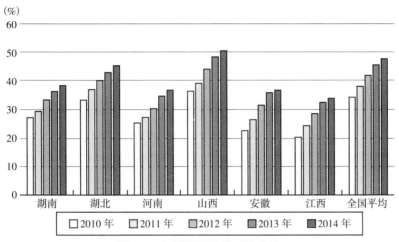

图 9-5 互联网普及率对比情况

2. 普通高等学校本科毕（结）业生人数的省际对比

普通高等学校本科毕（结）业生人数是反映地区教育水平的重要依据，人才素质是创新创业的重要基础，是创新驱动战略实施的重要保证，而人才素质的提高又依赖于一个地区的教育水平，因此，该指标可以成为衡量一个地区创新发展环境的重要指标。

由图 9-6 可知，湖南省的普通高等学校本科毕（结）业生人数在中部六省中处于中等水平，相对比发现，湖北省和河南省的教育投入大。湖南省要加大对教育的投资，从创新环境的角度来促进服务业发展。

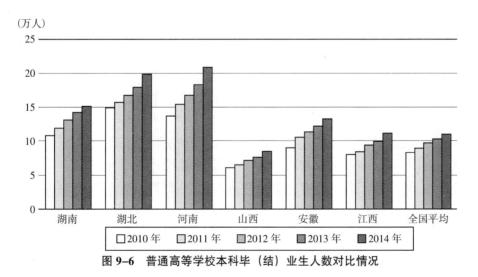

图 9-6 普通高等学校本科毕（结）业生人数对比情况

3. 科学研究、技术服务业和地质勘探业城镇单位就业人员数对比情况

科学研究、技术服务业和地质勘探业属于服务业的重要组成部分，而且科学研究、技

术服务业以及地质勘探业都属于高新技术服务业，是服务业实施技术创新、商业模式创新的重要来源之一，对其他服务业的创新发展具有重要的促进作用。这类行业的从业人员是一个地区实施服务业创新创业的重要人才储备基础，因此，该指标可以很好地衡量一个地区服务业的创新发展环境。

由图 9-7 可知，湖南省科学研究、技术服务业和地质勘探业城镇单位就业人员数在 2012~2013 年增幅较快，发展迅猛。在同年的发展中，湖南省的发展速度略低于湖北省和河南省的发展速度。

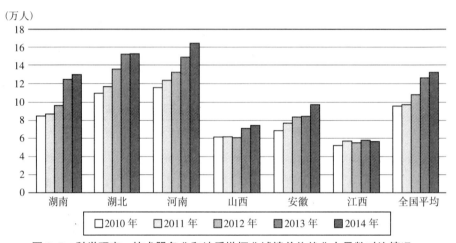

图 9-7　科学研究、技术服务业和地质勘探业城镇单位就业人员数对比情况

（四）服务业创新投入的对比

通过对服务业创新投入中金融业新增固定资产，科学研究、技术服务业固定资产投资和科学研究、技术服务和地质勘探业固定资产投资项目建成投产率指标的对比，从创新投入的角度，通过与中部其余五省的比较，来了解湖南省服务业的发展状况。

1. 金融业新增固定资产对比情况

新增固定资产投资审计是在原有的固定资产投资的基础之上，对由于技术改造项目投资新增加的固定资产进行审计。金融业的新增固定资产反映了各省份在促进本省服务业发展时的基础投入情况，同时代表了服务业在近期发展中的重视程度。

从图 9-8 中可以看出湖南省 2010~2014 年金融业新增固定资产数量为 4.3 亿元、14.97 亿元、25.61 亿元、34.4 亿元和 56.49 亿元，远远低于同期安徽省的发展速度。金融业新增固定资产数量不多，有待进一步发展。

2. 科学研究、技术服务业固定资产投资对比情况

固定资产投资是建造和购置固定资产的经济活动，即固定资产再生产活动。固定资产再生产过程包括固定资产更新（局部和全部更新）、改建、扩建、新建等活动。固定资产投资是社会固定资产再生产的主要手段。固定资产投资额是以货币表现的建造和购置固定资产活动的工作量，它是反映固定资产投资规模、速度、比例关系和使用方向的综合性指

标。科学研究、技术服务业固定资产投资能反映中部六省的经济活动方向，能表明各省促进服务业发展，建造和购置固定资产的活动情况。

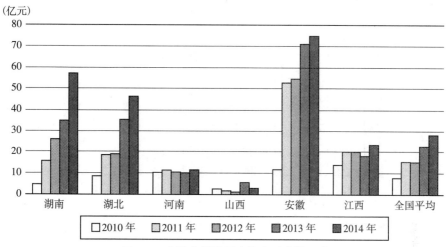

图 9-8 金融业新增固定资产对比情况

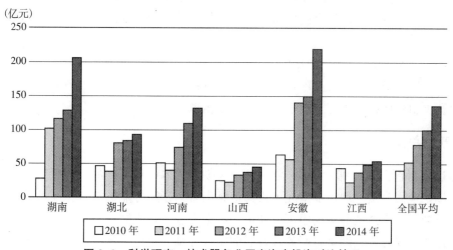

图 9-9 科学研究、技术服务业固定资产投资对比情况

从图 9-9 中可以看出，湖南省 2010 年的科学研究、技术服务业固定资产投资仅仅为 29.2 亿元，低于其他省份，也低于全国平均水平，在这五年期间，固定投资增加较多，服务业得到了快速发展，到 2014 年，湖南省的科学研究、技术服务业固定资产投资仍然低于安徽省，投资力度有待进一步加强。

3. 科学研究、技术服务和地质勘探业固定资产投资项目建成投产率对比情况

固定资产投资项目就是建造和购置固定资产的经济活动的项目，即固定资产再生产活动项目。固定资产投资项目是社会固定资产再生产的主要手段。科学研究、技术服务和地质勘探业固定资产投资项目是服务业固定资产再生产的手段。通过比较中部六省科学研究、技术服务和地质勘探业固定资产投资项目建成投产率能找出各个省份服务业发

展的具体情况。

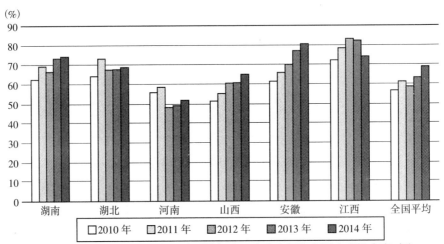

图 9-10　科学研究、技术服务和地质勘探业固定资产投资项目建成投产率对比

从图 9-10 中可以看出，湖南省的科学研究、技术服务和地质勘探业固定资产投资项目建成投产率增幅不大，与全国平均水平相当，低于同期江西省、安徽省的发展。

4. 小结

从服务业创新投入的角度来说，湖南省金融业新增固定资产数量不够多；科学研究、技术服务业固定资产投资力度不够，低于安徽省；科学研究、技术服务和地质勘探业固定资产投资项目建成投产率与全国平均水平大致相当，增幅不大。

（五）总结

通过湖南省服务业创新产出、创新环境及创新投入的对比，从科学研究、技术服务业和地质勘探业固定资产的增加情况可以知道湖南省对于服务业的投资力度不够，从服务业法人单位数、生产总值的对比中可以知道，湖南省服务业发展成效不明显，从互联网普及率的对比中可以知道，湖南省服务业发展的整体环境有待进一步完善。综上所述，我们发现湖南省服务业投资力度不够，发展不均衡，发展速度较慢，与中部五省差距较大。

三、湖南服务业创新发展成果及能力的市州对比

湖南省有 13 个地级市、1 个自治州，各市州之间经济发展很不平衡。为了更方便地对比市州之间服务业创新驱动发展的情况，我们把湖南省分为四大区域。湘南地区包括衡阳市、邵阳市、郴州市、永州市；湘北地区包括岳阳市、常德市、益阳市；湘中地区包括长沙市、株洲市、湘潭市和娄底市；湘西地区包括张家界市、怀化市、湘西土家族苗族自

治州。

（一）区域内服务业创新能力评价指标体系的构建

根据影响区域内服务业发展的各种因素，参考构建指标体系的原则，最后综合了湖南省 14 个市州各自的具体情况，我们构建了一个包括创新产出、创新环境及创新投入的区域内服务业创新能力评价指标体系，包含 9 项二级指标。

表9-7　湖南省区域服务业创新指标体系

一级指标	二级指标
创新产出	服务业法人单位数
	服务业总产值
	服务业从业人员数
创新环境	互联网用户数
	普通高等学校毕业生数
	科学研究、技术服务业和地质勘探业法人单位数
创新投入	科学研究、技术服务业新增固定资产
	科学研究、技术服务业固定资产投资
	公共财政教育支出

（二）服务业创新产出的区域内对比

1. 服务业法人单位数对比

随着湖南近几年"四化两型"建设的深入推进，服务业得到了较好的发展，企业数量也大幅度增长，但大多规模小、集中度不高、产业链条较短、规模效应不明显、缺乏有带动力和影响力的企业集团和品牌。

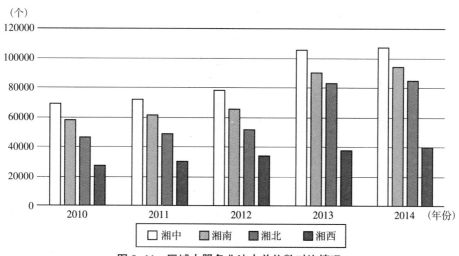

图9-11　区域内服务业法人单位数对比情况

从图 9-11 中可以看出，湘中地区的服务业法人单位数在 2010~2014 年都处于领先位置，湘南地区、湘北地区、湘西地区分别列第二、第三、第四位。湘西地区经济发展程度低，五年来服务业法人单位数增幅不大，远远落后于其他地区的发展。湘中地区发展势头良好，保持稳定上升的态势。

2. 服务业总产值对比

湖南省内四个区域内发展情况各异，湘中地区包含了湖南的省会城市，另外长株潭一体化是中部六省城市中，甚至是全国城市群建设的先行者，所以湘中地区的发展远远领先于其他地区。

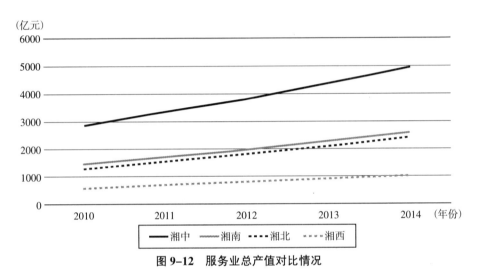

图 9-12　服务业总产值对比情况

从图 9-12 可知，湖南省服务业总产值都呈直线上升的状态，湘中地区服务业总产值增加较快，湘南和湘北地区总产值的增加状态很接近，湘西地区落后于三个区域的发展，而且湘西地区的服务业总产值增幅不大。

3. 服务业从业人员数对比

服务业从业人员的数量越多，代表该地区的服务业对人才的需求量越大，发展得越好。通过比较湖南省区域内服务业从业人员数量，可以直观看出各个区域的服务业发展状况。

从图 9-13 中可以看出，2014 年，湘西、湘北、湘南、湘中地区的服务业从业人员数分别为 201.59 万人、370.41 万人、572.86 万人、440.14 万人。从 2010~2014 年这五年的发展情况来看，湘西地区增幅很小，湘南地区处于遥遥领先位置，其次是湘中地区，再次是湘北地区，最后是湘西地区。衡阳、邵阳、郴州、永州的服务业从业人员数众多，服务业发展的比较完善。

4. 小结

湖南省的四个区域的发展情况不一致，从三项二级指标的对比中我们得到，湘中地区的服务业发展较好，在湖南省处于"领头羊"的位置，另外湘南地区发展良好，湘西地区

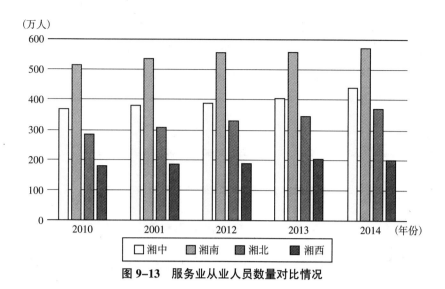

图 9-13 服务业从业人员数量对比情况

位置偏远，因此服务业发展力度不够，有待进一步完善。

（三）服务业创新环境的区域内对比

1. 互联网用户数对比

从图 9-14 中可以看出，湘中地区 2010~2014 年互联网用户数分别为 166.65 万户、204.46 万户、256.18 万户、281.9 万户、288.38 万户，而同期湘西地区互联网用户数分别为 45.46 万户、59.17 万户、69.58 万户、80.01 万户、83.89 万户。通过对比，可以明显看出湘西地区 2014 年的互联网用户数都没有达到湘中地区 2010 年的数量。这巨大的差距表明湖南市州之间的经济发展很不平衡。湖南省政府应该把更多的精力放在张家界、怀化以及湘西的发展上。

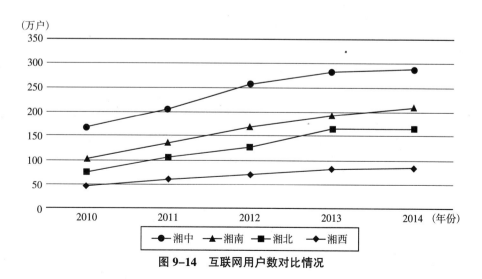

图 9-14 互联网用户数对比情况

2. 普通高等学校毕业生数对比情况

从图 9-15 可知，湘西、湘北、湘南、湘中地区五年来的普通高等学校毕业生数增幅不大，湘中地区教育实力强大，毫无疑问位于领先位置。湖南省的教育力量大多集中于湘中地区，湘北、湘南地区有少量分布，湘西地区最少。

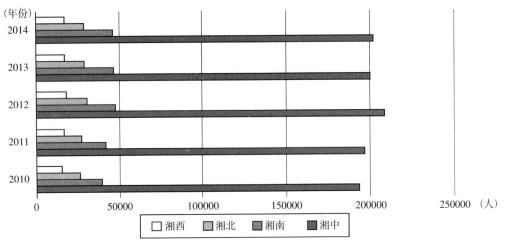

图 9-15　普通高等学校毕业生数对比情况

3. 科学研究、技术服务和地质勘探业法人单位数对比情况

从图 9-16 中可以看出，湘西、湘南、湘北地区科学研究、技术服务和地质勘探业法人单位数在 2010~2014 年差距不大，都低于湘中地区的发展。湘北、湘西地区发展缓慢，服务业总体发展水平低。

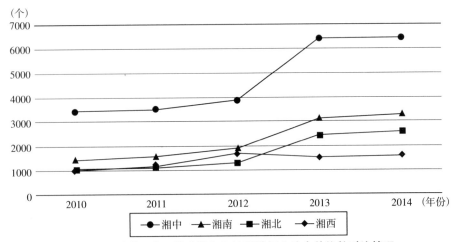

图 9-16　科学研究、技术服务和地质勘探业法人单位数对比情况

4. 小结

从服务业创新环境的角度，我们比较了各地区的互联网用户数，普通高等学校毕业生

数，科学研究、技术服务和地质勘探业法人单位数。通过比较得知，湘中地区的服务业发展比较完善，湘南、湘北地区的发展潜力巨大，湘西地区的经济实力较弱，服务业比较落后，有待提高。

（四）服务业创新投入的区域内对比

1. 科学研究、技术服务业新增固定资产对比

从图 9-17 中可以看出，湘北地区 2010~2014 年科学研究、技术服务业新增固定资产的数量为 5.75 亿元、2.35 亿元、2.82 亿元、5.83 亿元、16.2 亿元。而湘中地区 2010 年的数量就为 21.89 亿元。这充分说明湖南省区域内的地区发展极度不平衡，湘中地区发展速度快，湘南、湘北地区发展缓慢，湘西地区发展最为落后。

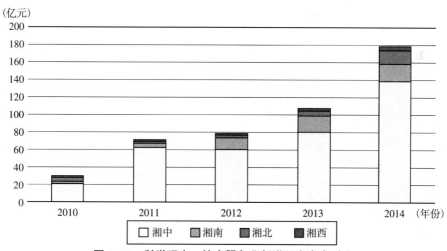

图 9-17　科学研究、技术服务业新增固定资产对比

2. 科学研究、技术服务业固定资产投资对比

从图 9-18 中可以看出，湘南地区 2010~2014 年科学研究、技术服务业固定资产投资量为 5.02 亿元、5.31 亿元、18.87 亿元、26.39 亿元、37.63 亿元。湘南地区的发展势头良好，投资量逐年增加，而湘中地区始终保持领先位置，湘北、湘西地区的投资应该扩大，促进经济发展。

3. 公共财政教育支出对比

从图 9-19 可知，湖南省区域内公共财政教育支出都在逐年增长，湘中和湘南地区的发展不相上下，湘北次之，湘西地区公共财政教育支出最少。湖南省政府应该均衡各个地区的发展情况，扩大对湘北、湘西地区的公共财政教育支出。

4. 小结

我们从创新投入的角度对比了湖南省区域内各市州服务业的发展情况，运用了科学研究、技术服务业新增固定资产，公共财政教育支出，科学研究、技术服务业固定资产投资三项二级指标，对比发现湘中地区的服务业发展情况良好，在湖南省处于领先位置，其他

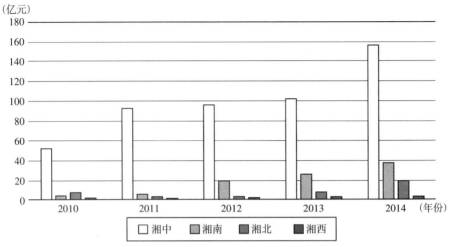

图 9-18 科学研究、技术服务业固定资产投资对比

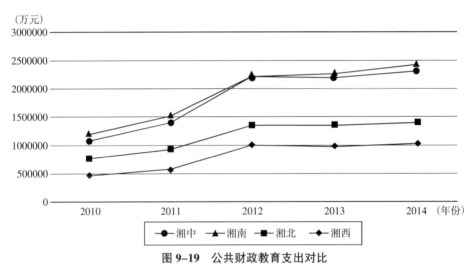

图 9-19 公共财政教育支出对比

地区服务业发展比较薄弱，尤其是湘西地区，位置偏远，服务业比较落后。湖南省政府应该要扩大其投资力度，促进服务业创新，提高经济发展水平。

（五）小结

通过对各地州市在创新产出、创新环境和创新投入方面的对比可以发现，湘中地区的服务业由于创新投入较大，创新环境较好，因此服务业发展得较好。湘北地区和湘南地区创新环境较好，进一步加大创新投入后其发展潜力巨大。湘西地区位置偏远，创新环境较差，因此服务业发展力度不够，有待进一步完善。

四、湖南服务业创新发展的制约因素及未来目标定位

(一) 湖南省服务业创新发展的制约因素分析

1. 面临国际、国内竞争的双重压力

随着国际经济增速的放缓，发达国家加速转变经济发展模式，国内经济也进入增速放缓的新常态。湖南服务业面临国际、国内竞争更加激烈的双重压力，经济发展的不确定性增强，服务业创新发展受到制约。总体上，湖南经济总量不大，服务业比重低于全国平均水平，创新能力不强，公共服务存在薄弱环节，金融服务业仍是发展短板。由于区域分工的不明确导致的区域同质化竞争在加剧，与湖南区位极其相似的湖北、江西等省，都在铆足劲往前赶，抢占中部区域竞争制高点，湖南服务业发展任重道远。

2. 缺乏龙头企业和骨干服务企业

随着湖南近几年"四化两型"建设的深入推进，服务业得到了很好的发展，企业数量也大幅度增长。但服务业创新还未充分发挥出来，大多数企业规模小，集中度不高，产业链条较短，规模效应不明显，缺乏有带动力和影响力的企业集团和品牌，核心竞争力、知名品牌、龙头企业和高端人才尚需培育，服务业突围难度加大。

3. 存在体制和机制障碍

湖南省仍然存在一些制约服务业发展的深层次矛盾尚未解除，行业和部门垄断依然存在，影响服务供给和效率。市场准入的门槛较高，客观上妨碍了市场有效竞争的原则。缺乏可真正落实和可操作性的服务业发展支持政策，导致服务业企业在融资等方面出现困难。部分领域市场投资主体多元化格局还未真正形成，社会诚信体系还不健全，服务业信息化水平和标准化建设有待提升。

4. 技术创新能力有待加强

湖南省长期以来工业是主导产业，发展时间相对较长。而服务业发展起步相对较晚，服务业基础较为薄弱，在技术研发、新产品开发等方面较为不足，有利于技术研发、转化、推广应用的政策机制尚未建立，技术创新能力不强。加上传统服务业比重过大，新兴服务业仍处在起步阶段，固定资产投资在服务行业内部分配不合理，服务业转型升级仍有较长的路要走。

5. 部分地区对服务业发展认识不足

在国家的宏观调控下，湖南省高度重视服务业的发展，服务业长期滞后的局面有了很大的改善，在各种利好因素的影响下，服务业获得了比整体国民经济更快的发展速度。不过，由于不少地方政府仍把工业尤其是制造业作为推动地方经济发展的主导力量，对发展服务业的重要性认识不足，土地、资金等资源过度向工业部门倾斜，一些推进服务业发展

的政策措施难以真正发挥作用，抑制了服务业的发展。

（二）湖南省服务业创新发展的目标定位

第一，形成完整的服务业体系。针对目前湖南省服务业的发展问题，形成完善的服务业体系迫在眉睫。完善的体系能够带动产业的集群效应，为服务业的发展带来全面的保障。第二，培育出知名品牌的服务机构以及龙头企业。对于一个新型的产业，名牌的建立无疑是带动产业不断前进的动力，湖南省需要提高自己的发展力量，来赶上其他省份的发展进程。对于龙头企业的促进不仅起到带动产业发展的模范作用，也能够增强与其他省份甚至国外企业竞争的实力。第三，优化提升生产性服务业，培育壮大生活性服务业，大力发展特色服务业。湖南省服务业的创新发展重点是分清自己的优势和劣势，应该继续保持生产性服务业的稳定发展，同时积极壮大生活性服务业，发展文化和创意产业等特色服务业。

五、湖南服务业实施创新驱动发展的对策分析

（一）发展分享经济和供给侧改革，优化和提升服务业

目前，分享经济发展最快的领域主要集中在服务业，其影响与作用已逐步被大家所认知。从供给的角度看，分享经济能够调动全社会最优质的资源参与整个生产过程，加速促进生产制造的网络化、智能化。从需求的角度看，分享经济能够让用户参与到生产过程中，更好地满足用户需求。完善市场制度，优化市场环境。加快教育、文化、金融、通信等领域的市场准入制度，提高这些领域对民营资本的开放力度，打造公平合理的市场竞争环境，为服务业发展注入新的活力和动力。加快重要服务领域的定价机制改革，赋予企业更多的定价权，通过定价机制改革激发企业发展的活力和动力。重视湖南生产性服务业，巩固传统服务业的地位。加快生产性服务业步伐。以新型工业化建设为契机，以延伸产业链为突破口，汇聚优质资源和关键要素，加快生产性服务业发展。鼓励技术创新，发展新兴服务业。随着互联网时代的到来，分享经济不断发展，新型服务业态不断涌现。同时，人民群众对精神享受的需求日益迫切，教育、文化、体育、家政服务和娱乐业市场潜力巨大，创意设计、休闲旅游、电子商务等新兴业态也备受关注。全省应根据地域特色，因地制宜地扶持重点产业。

（二）普及湖南互联网技术，拉动创新型发展

积极稳妥推进服务业"十百千"工程和"十大产业"建设。长期以来，省委、省政府相继推出发展服务业"十百千"工程和《湖南省现代服务业发展行动计划（2014~2017

年)》。各级地方政府应以此为契机,加紧制定和完善本地的服务业发展政策体系。按照服务业集聚发展、融合共生的产业特性,汇聚优质资源和关键要素,逐渐培育重点产业和行业领军企业,着力构建门类齐全、层次较高、具有较强核心竞争力的现代服务业体系。促进互联网技术升级服务业,联动打造湖南新经济带。构建"互联网+"服务业创新平台,加强网络技术成果服务业化。在家电、灯饰、服装、陶瓷等传统优势服务业集群及专业镇,升级打造"互联网+"创新型企业集群,带动中小企业创新升级。鼓励改造项目用地集聚发展电子商务、移动互联网服务等新业态,打造智能服务业创新区。重点打造公共云平台,强化示范效用。集中多方资源,设立互联网技术人才创新创业基金,构建创新创业平台。重点围绕传统服务业布局,建设一批重点行业和互联网应用服务云计算数据中心。加快建设中小企业公共云平台,为中小企业提供优质低价的公共云服务,提高中小企业互联网的应用能力,使湖南中小企业顺利地转型升级。

(三)配合商业模式创新,形成公共服务资源配置新常态

认清正外部性的提供者,提高公共服务效率。公共服务资源的正外部性并不决定它都应该由政府来提供,而是应根据实际来区分公共资源的属性,其中营利性的部分,完全可以通过市场来配置,发挥市场这只"看不见的手"的作用。但政府保持其监管的权利,既能保证公共服务资源配置的效率,又能保证公共服务资源配置的公平,还减轻了政府的财政负担,一举三得;而对于其中非营利性的部分,也不一定由政府完全提供,可以把市场机制与第三方部门创新公共服务资源配置模式,实现三方共赢。探索公共服务资源配置的新模式,努力实现政府、公众、第三方部门、营利性组织的共赢。除此之外,还应该进一步深化产权制度改革,对一些公共服务采用租赁、购买等多样化的管理方式,积极推动所有权与经营权的分离,切实地提高公共服务资源配置效率。

(四)加强科技创新与成果转化,促进湖南新兴科技服务业发展

重视信息媒介的作用,促进科技服务发展。信息交流与交换主要是依靠一些传递相关信息的媒介以及相关组织,通过一个成功的媒介不仅会对科技信息起到快速扩散的作用,而且能够起到对科技信息的整合作用。这种媒介将会对科技服务业的发展起到极大的促进作用。媒介的存在加强了高新技术发展中信息的交流与交换,能够为科技服务业的发展获取全方位的借鉴,从而推动科技服务业更加良性地发展。其中重点发展的媒介主要包括综合科技服务、科学技术普及服务以及社会组织和科技公共管理等领域。优先发展重点区域科技服务建设,打造品牌性科技园区。从现阶段看,湖南应该抓住重点对"十二五"现代科技服务业布局规划中的重点建设区域优先打造,集中现有优势提升科技服务业的竞争力,促进重点区域科技服务业发展起来,打造品牌性科技园区。

(五)生产性服务融合与价值链重构,促进湖南支撑性产业创新驱动

促进业务与管理的融合,形成范围经济效应。业务与管理的融合改变了企业通过降低

生产成本和提升服务价格来获取价值增值的方式，并推动企业内外部资源与能力的再配置，促使了企业价值创造方式的转变。重视市场融合，推动生产性服务业与制造业的价值重构。一方面，通过企业界的兼并与重组，减少了厂商数目，提升市场竞争的活力，改善了市场竞争的结构，从而促进了有效竞争的发展；另一方面，通过将融合的成果引入有效的市场价值网络，推动了新资源的再配置、能力的提升，使原有本土制造业企业和生产网络之间的同质化竞争向依靠独特的资源与核心能力的战略差异化竞争转变，从而提升了市场竞争的有效性，进而实现了湖南制造业"同行业竞争创新驱动"。

（六）鼓励企业加强自主创新，打造品牌战略

完善服务业知识产权保护体系，优化创新环境。随着创新驱动发展战略的实施，增强了企业创新发展的热情。但是，由于目前的一些保护体系不完善，企业的知识产品得不到保护。政府应该重视产权保护体系的完善，为企业的自主创新提供完善的创新环境。要严厉打击产品专利的剽窃事件，提高企业自主创新的动力。出台鼓励企业创新政策，提高企业创新热情。加大对服务业企业创新支出税费减免力度，加大服务业发展专项资金和服务业发展引导资金，倾斜于技术密集型服务业企业的关键技术研发，提高服务业自主创新能力。引导企业的转型升级，重视品牌化效应。通过兼并、联合、重组、上市等方式，促进企业规模化、品牌化经营，通过培育一批具有自主知识产权、享誉国内外的大型企业或集团，带动同行业发展。同时建立健全政府、企业和行业协会联动的品牌建设工作机制，实施一批品牌示范作用明显的产业项目，培育一批国内著名、国际知名的服务业品牌。

（七）加大创新力度，增强服务业企业创新发展后劲

提高政府投资力度，扶持重点服务行业项目。服务业企业大多为中小型企业，资金投入不足是长期制约湖南服务业发展的瓶颈，必须采取有效措施加大服务业领域资金投入力度。不断提高政府投入中服务业投资的份额，加大对服务业重点企业和重点项目的扶持；引导资金导向，为企业发展提供坚实的后盾。坚持政府投入为导向，金融信贷为支持，社会投入为主体的原则，建立多渠道、多层次的服务业投资体系。鼓励民间投资进入服务垄断行业，引导民间资本投向新兴服务业，为新兴服务业的发展提供资金保证。要科学地分配服务业行业投资，集中资金支持互联网基础设施建设，为服务业企业的发展提供一个良好的硬件配套设施。加强对资金的引导，调动和吸引银行信贷资金及民间资金投向服务行业流动。扩大政府信贷支持，优化服务业企业融资环境。政府应该积极打造金融、服务与科技三链融合的生态链，加大对互联网企业及"两化"融合企业的信贷支持。鼓励设立互联网创业投资机构和服务业投资基金，吸引国内外资金投向互联网应用领域。鼓励金融机构加大对互联网企业、"两化"融合企业自主创新。同时结合网络信贷平台创建"无担保、无抵押、批量化"的信用授信模式，解决企业遇到的融资难问题。

（八）鼓励服务业人才的培养和引进，保障服务业发展的人力支持

引导人力流入，重视应用型人才。大力引进服务业高端人才，落实安家落户、子女教育、医疗保障、创业发展等方面的优惠政策，并按规定纳入当地社会保障体系。支持公办的教育、医疗等公共服务机构，探索实行灵活的吸引人才、留住人才的收入分配机制。服务业的发展需要更多的应用型人才，而应用型人才的培养不仅是高校的责任，也是相关企业的社会责任。企业应与高校共同探索服务行业综合型应用人才的培养模式，为高校学生提供更多的实习机会。加强产学研结合，充实服务业人才大军。积极从高等院校、科研院所等引进急需的高层次人才，尤其是引进高素质、懂管理、熟悉国际通行规则和惯例的服务业高端人才，充实服务业人才队伍，提升整体服务水平。鼓励省内高等院校根据服务业发展的需要，调整、增设急需的新兴服务业专业，抓紧培养一批现代服务业急需人才。完善人才培养机制，建设服务业人才激励机制。重视服务业人才特别是创新人才的培养，完善创新人才激励机制，优化人才发展环境，通过实施人才战略为服务业创新能力提升提供更多助力。加强人才工程建设，强化服务业智力支撑。继续组织实施服务业千人培训工程，做好选派服务业企业青年管理干部赴美攻读 MBA 工作。建设人力资源服务体系，创造科研有条件、创业有保障、干事有舞台的工作环境。对服务业发展和行业推动有突出贡献的科技专业人才给予奖励。

参考文献

[1] 陈思聪. 湖南服务业发展的现状、问题和趋势分析 [J]. 现代经济信息，2016（4）：426.

[2] 高升，洪艳，詹宁. 加快发展湖南现代服务业的思路与对策 [J]. 经济地理，2011（9）：1511–1515.

[3] 江小涓. 服务业增长：真实含义、多重影响和发展趋势 [J]. 经济研究，2011（4）：4–14.

[4] 金碚. 全球竞争新格局与中国产业发展趋势 [J]. 中国工业经济，2012（5）：5–17.

[5] 李钢. 服务业能成为中国经济的动力产业吗 [J]. 产业经济，2013（4）：43–55.

[6] 李宗南，文峰. 中国大趋势 2：创新改变中国 [M]. 北京：中华工商联合出版社，2011.

[7] 王耿. 湖南省各市州服务业竞争力分析 [J]. 经营管理者，2011（5）：86–87

[8] 王光辉，王海燕，刘兵. 加快我国服务业创新的思考 [J]. 科技创新与生产力，2011（11）：31–34.

[9] 邢学杰. 基于门限回归模型的中部六省服务业发展影响因素研究 [J]. 企业经济，2015（2）：131–134.

[10] 阳小华，李莹. 中部地区现代服务业现状分析及发展重点选择 [J]. 科技创新与生产力，2011（11）：35–40.

（主要撰稿人：彭文斌　张志彬　朱晴艳　苏茵亚　李华金）

第四篇
行业篇

　　"十二五"时期，在湖南实施创新驱动发展战略的支撑下，各行各业均获得了较快发展，尤其是具备比较优势的先进装备制造业、文化创意产业、旅游业、新能源产业和新材料产业等更是取得了长足发展。主要表现为：第一，行业规模不断壮大，发展速度较快。2015年湖南省装备工业实现主营业务收入10591.6亿元，同比增长11.0%，成为湖南首个万亿产业。文化创意增加值从2011年的1013.97亿元增长到2015年的1714.13亿元，年平均增长率达到15.74%，高于GDP的增速。第二，行业整体布局持续优化，优势行业比重逐渐增加。战略性新兴产业和现代服务行业逐渐崭露头脚，并发挥了经济引领作用。第三，行业内部结构不断优化，新兴产业发展态势良好。就文化创意产业来看，以网络文化、休闲娱乐、旅游文化、广告及会展、创意和设计服务等为主的新兴产业占文化产业的比重不断上升，以文化用品、设备及相关文化产品生产等为主的文化制造业的比重有所下降，产业内部结构趋于完善。第四，创新能力不断增强，涌现了一批具备国际竞争力的大型企业。各优势行业坚持走以研发创造品牌、以优势集群带动新兴集群，以品牌带动产业升级之路，创新能力得到了较快提升。并且涌现了像中联重科、蓝思科技、电广传媒等大型企业。

　　但是，湖南省各行业的创新驱动发展也面临不少问题，这主要表现为：一是自主创新能力较弱。大部分行业生产出来的产品或提供的服务，原始创新元素较少，大部分还是通过引进、消化、吸收国外先进技术而模仿设计制造的产品，过于重视应用研究，紧盯眼前利益，忽视了原始创新对行业发展的重要性，导致原始创新动力缺乏。二是行业创新投入仍显不足。虽然近年来湖南省各行业的R&D经费投入逐年增长，但是相对于快速增长的各大优势行业来说，创新的研发经费投入明显不足。三是行业关键创新人才较为缺乏。以文化创意产业为例，一方面是为数众多的企业苦苦寻觅高端创意人才，另一方面却是大量低端人才找不到就业机会，从而导致人才结构失衡问题。四是创新成果转化率低。从湖南省各行业目前技术创新成果转化的现状，我们可以发现，湖南省的科技资源的总量已与一些沿海城市相当，但长期以来由于多种原因导致技术创新成果转化率低，科技优势无法迅速转化为经济优势，这成为制约湖南省各行业创新发展的瓶颈。

针对湖南省各行业创新驱动发展所存在的问题和面临的挑战，我们提出以下几点政策建议。

第一，加强自主创新力度。对那些处前沿的核心技术领域和对行业发展有着举足轻重作用的高新技术领域，必须坚持企业自主研发，并且掌握和保护自主知识产权，快速地完成产业化，转化为先进生产力，推动行业向前可持续发展。并且，要紧跟国内外产业发展趋势，整合省内外创新资源，集中力量突破一批支撑产业发展的关键共性技术，加强基础性、前沿性技术研究，抢占产业技术制高点。另外，必须完善收入分配激励机制，完善投资、管理、技术等要素参与分配，激发创新型人才创新的积极性，让创新型人才在创造一流业绩的同时能得到一流的回报。

第二，加大湖南省创新投入的力度。政府要加大对各行业创新的财政投入，对部分战略性新兴产业和现代服务业实施减税政策，加强金融创新，拓宽企业的融资渠道，积极探索专利权、版权、收益权、商标权、销售合同等无形资产抵（质）押及其他权利抵（质）押贷款，建立知识产权质押融资的风险补偿分担机制，解决企业创新资金不足的问题。

第三，大力培育和引进行业关键人才。加快高端化、复合型新能源人才的培养和引进。依托重点人才工程，加大各行业领域人才培养力度。支持企业与研究机构加强合作，开展有针对性的人才培训。鼓励行业组织积极搭建国际交流平台，提高人才流动的便利化水平。探索通过服务外包、项目合作等形式，提升人才的国际视野与专业能力。拓宽人才引进渠道，加大国际高端人才引进力度，不断强化对高端人才的服务能力。

第四，提高科研成果转化率。通过示范引领，构筑从专利到产品、从产品到产业的转化通道。健全以技术交易市场为核心的技术转移和产业化服务体系，建立和完善科技成果信息发布和共享平台，建立科技成果转化激励机制和体制，提高科技成果转化率。

第十章
湖南先进装备制造业创新现状与对策建议

先进装备制造业是集高知识、高技术、高附加值于一体的核心产业，由于其自身技术领先的优势，从"十二五"以来，其战略地位逐步被巩固，高技术和人才的支撑使其带动经济快速增长。作为湖南省七大战略性新兴产业之一，先进装备制造业在湖南省占有重要地位，但就相对发达地区而言差距比较明显，为了提升传统产业的综合竞争力，充分利用高端装备制造业的技术领先优势，为此，必须实施创新驱动发展战略，以创新引领湖南省先进装备制造业发展。这对落实《中国制造2025》、促进湖南产业结构升级和推进供给侧结构性改革均具有重要意义。

本书先从五个方面描述了湖南省先进装备制造业的最新情况：一是从规模来看，装备产业规模总量居湖南工业之首，居全国第15位，中部地区第3位，2014年末，达到规模以上工业装备制造业的企业共有3049家，占全省规模以上工业企业的22.6%；2015年，湖南省装备工业实现主营业务收入10591.6亿元，同比增长11.0%，成为湖南首个万亿元产业。二是从产业结构来看，中高端工程机械、新能源汽车及整车新品、高端轨道装备是该产业的主要发展领域。三是从经济效益来看，全省装备制造业在生产持续增长、规模不断壮大的同时，经济效益也较好。2014年，全省规模以上装备制造业实现利润总额453.09亿元，占全省规模以上工业的29.7%，比2008年增长了1.37倍，年均增长15.5%，同时企业亏损率从8.8%下降到7.0%；利税总额从2008年的336.87亿元增加到2014年的809.12亿元，增长了1.40倍，占全省规模以上工业的22.5%。四是从创新能力来看，湖南装备制造业坚持走以研发创造品牌、以优势集群带动新兴集群、以品牌带动产业升级之路，促进区域经济发展。五是从产业布局来看，湖南通过实施产业集群发展战略，以三一重工、中联重科、蓝思科技、中车株机等龙头企业带动产业链的发展，初步形成机械工程、电子信息、轨道交通、电工电气和汽车为主导的五大优势产业集群。同时，技术高端化发展、产品个性化发展、产业服务化发展、人才战略化发展是未来发展趋势。

湖南省先进装备制造业存在以下问题：一是湖南省先进装备领域制造出的产品中少有这种原始创新产品，大部分还是通过引进、消化、吸收国外先进技术而模仿设计制造的产品，过于重视应用研究，紧盯眼前利益，而忽视了基础研究对于先进装备制造业的重要性，导致缺乏原始创新的原材料和原动力，从而缺少自主核心技术，产业整体技术水平较差。二是虽然湖南省先进装备制造业R&D经费投入逐年增长，但相对于快速增长的先进装备制造业来说，创新的研发经费投入仍显不足。三是湖南省先进装备制造业科技资源的总量已与一些沿海城市相当，但长期以来由于多种原因导致技术创新成果转化率低，科技优势无法迅速转化为经济优势，这成为制约湖南省先进装备制造业技术创新和经济发展的瓶颈。四是企业与高校、科研机构的协同创新能力较弱，"产学研"合作模式的动力不足，活力不够。五是湖南省先进装备制造业技术创新的人才总量相对于其现有的生产规模和经济总量而言是比较低的，该行业技术创新人才总量不足。六是作为科技支撑的关键环节，与创新相关的政策环境还有待优化。针对现存的主要问题提出了相应的对策：首先，对那些处于先进装备制造业前沿的核心技术领域和对企业发展有着举足轻重作用的高新技术领域，必须坚持企业自主研发，并且掌握和保护自主知识产权，快速地完成产业化，转化为先进生产力，推动企业向前可持续发展。其次，必须完善收入分配激励机制，完善投资、管理、技术等要素参与分配，激发创新型人才创新的积极性，让创新型人才在创造一流业绩的同时能得到一流的回报，全面激活湖南对先进装备制造业的资金投入潜力，并挖掘有效的特色分配机制，保证促使湖南先进装备制造业的持续创新和有序发展的原动力。最后，应瞄准重大战略需求和未来产业发展制高点，定期研究制定和发布重点领域技术创新路线和导向目录，引导先进装备制造企业加大关键共性技术攻关力度，打通产业链。紧跟国内外产业发展趋势，整合省内外创新资源，集中力量突破一批支撑产业发展的关键共性技术，加强基础性、前沿性技术研究，抢占产业技术制高点。湖南省大学自身科研实力有限，应积极"走出去"与国际知名大学交流合作，提升自身的专业和科研实力，创造出更多、更有价值的科研成果。此外，省政府的相应部门应主导科技的对外交流和开放，积极推进湖南的相关先进装备制造业中的科技型企业以及高校、科研机构和中国港澳台、欧美日等地区同类机构的科技交流与合作，为科技企业间的兼并、重组、联合开发、专利交叉许可等活动提供良好的环境。

一、引言

装备制造业又称装备工业，主要是指资本品制造业，是为满足国民经济各部门发展和国家安全需要而制造各种技术装备的产业总称。而先进装备制造业是装备制造业的强化升级。从制造技术角度来看，先进装备制造业是指主要以先进的制造技术为生产手段的装备制造业。从制造模式角度来看，先进制造业采用了区别于传统的制造模式、制造系统或管理方式。从产品技术角度来看，先进制造业主要是指生产高新技术产品的产业。

作为湖南省七大战略性新兴产业之一，先进装备制造业在湖南占有重要地位，工程机械和先进轨道交通装备已经成为中国制造走向世界的闪亮名片。除此之外，还拥有新能源汽车及汽车新品种、高档数控装备、大型冶金和矿山设备、航空装备等优势产业。大坡度斜井全断面硬岩掘进机、永磁同步牵引系统等系列重大技术突破，成为湖南装备制造业向高端挺进的强大引擎。然而，不可否认，当前湖南的先进装备制造业还存在不少缺陷，创新能力不足的问题日益突出，尤其是重大关键核心技术相当部分还依赖进口。在当前制造业数字化、智能化的产业变革新趋势下，如果不能提升自身的创新能力，研发智能化的制造业产品，湖南的先进装备制造业将面临淘汰出局的风险。为此，必须实施创新驱动发展战略，以创新引领湖南先进装备制造业发展。这对落实《中国制造2025》、促进湖南产业结构升级和推进供给侧结构性改革均具有重要意义。这也是经济发展进入新常态背景下，进一步加快湖南先进装备制造业发展的必然选择。

本书将在对湖南先进装备制造业发展现状及趋势把握的基础上，对湖南先进装备制造业创新驱动发展存在的主要问题进行深入分析，并提出相应的对策建议。

二、湖南先进装备制造业发展现状及趋势

（一）湖南先进装备制造业发展现状

装备制造业是为国民经济和国防建设提供生产技术装备的制造业，是工业发展的基础。近年来，随着新型工业化不断推进，湖南先进装备制造业取得了长足的发展，具有一定的产业比较优势，成为全省经济发展的重要支柱。中联重科、三一重工、山河智能等多家装备制造企业跻身全国装备制造业前列，在产业规模、发展速度、产业结构、经济效益、创新能力、产业布局等方面都取得了令人瞩目的成就。

1. 规模不断壮大

目前，装备产业规模总量位居湖南工业之首，居全国第15位，中部地区第3位。从主营业务收入来看，2015年湖南省装备工业实现主营业务收入10591.6亿元，同比增长11.0%，成为湖南首个万亿元产业。从产业增加值来看，2010年湖南省装备制造业工业增加值仅为1526.06亿元，此后逐年呈阶梯式增长，到2014年全省装备制造业产业增加值已达到2912.17亿元，五年增加了将近1倍，如图10-1所示。

从企业个数来看，2014年末，全省规模以上工业装备制造业企业共有3049家，占全省规模以上工业企业的22.6%；实现出口交货值668.84亿元，占全省规模以上工业的50.8%。从图10-2可以看出，湖南省装备制造业企业总数在2010~2014年经历了"V"形反转，从2010年的2939个下降到2012年的2555个，之后才逐步增加至2014年的3049个。

2. 优势产业突出

从产业结构来看，中高端工程机械、新能源汽车和整车新品、高端电力牵引轨道交通装备是该产业的主要发展领域。2014年，中高端工程机械装备及关键零部件行业实现营业收入1739.57亿元，占先进装备制造业的54.9%；新能源汽车和整车新品及关键部件行业营业收入598.33亿元，占18.9%；高端电力牵引轨道交通装备及关键部件行业营业收入

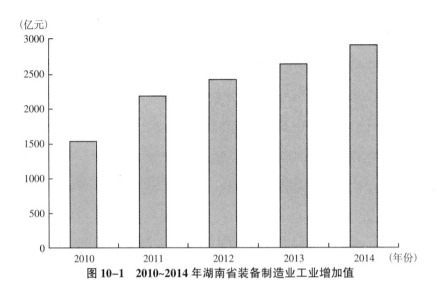

图 10-1 2010~2014 年湖南省装备制造业工业增加值

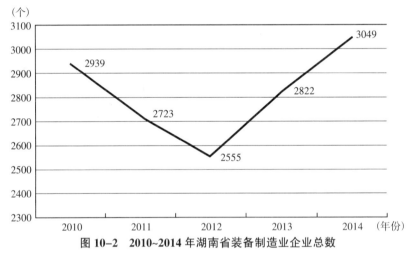

图 10-2 2010~2014 年湖南省装备制造业企业总数

487.37 亿元，占 15.4%。

从 2010~2014 年湖南省装备制造业企业总数的分布情况可以看出，无论是哪个年份，规模以上装备制造业企业主要集中在通用设备制造业、专用设备制造业、电气机械及器材制造业三个行业。以 2014 年的数据为例，这三个主要行业共拥有单位 1893 家，占全部规模以上装备制造业企业数的 62%。其中排名第一的为通用设备制造业，共 762 家企业；排名第二的为专用设备制造业，共 594 家企业；排名第三的为电气机械及器材制造业，共 537 家企业。此外，其余装备制造业企业分别分布在金属制造业（446 家），通信设备、计算机及其他电子设备制造业（407 家），仪器仪表及文化、办公用机械制造业（178 家）（见图 10-3）。

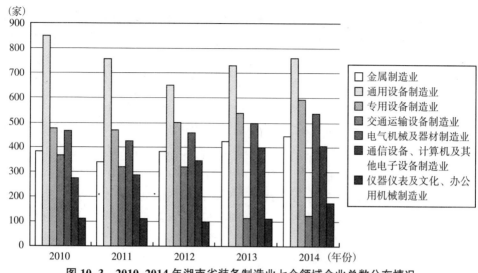

图 10-3 2010~2014 年湖南省装备制造业七个领域企业总数分布情况

3. 经济效益较好

全省装备制造业在生产持续增长、规模不断壮大的同时，经济效益也持续较好。2014年，全省规模以上装备制造业实现利润总额 464.34 亿元，占全省规模以上工业的 29.7%，比 2008 年增长 1.37 倍，年均增长 15.5%，同时企业亏损率从 8.8% 下降到 7.0%（见表 10-1）；利税总额从 2008 年的 336.87 亿元增加到 2014 年的 809.12 亿元，增长 1.40 倍，占全省规模以上工业的 22.5%。

表 10-1 2014 年湖南省规模以上工业装备制造业分行业主要经济指标

单位：亿元

指标	主营业收入	利润总额	资产总额	税收收入
全部规模工业企业	33489.44	1688.31	22025.57	3865.03
装备制造业	9045.92	464.34	7197.88	810.45
金属制造业	970.91	55.79	442.82	96.77
通用设备制造业	1424.75	79.01	843.46	137.01
专用设备制造业	2570.75	119.18	2892.50	203.45
交通运输设备制造业	812.55	68.46	902.54	105.46
电气机械及器材制造业	1427.52	56.37	1213.16	111.21
通信设备、计算机及其他电子设备制造业	1612.47	67.96	753.41	128.20
仪器仪表及文化、办公用机械制造业	226.97	17.57	149.99	28.35

4. 创新能力增强

湖南装备制造业坚持走以研发创造品牌、以优势集群带动新兴集群、以品牌带动产业升级之路，促进区域经济发展。近几年，湖南装备制造业加大创新能力建设的投入，先后建起了三一重工、中联重科、中车株机、株洲车辆、南方航动、湘电股份、江麓机械等国家级企业技术中心，先后有数家企业入选国家创新型企业试点。湖南装备制造业已经走出了一条创新求变的发展新路。装备制造业科技投入的大幅增长表明对企业科技创新活动的重视和支持。在自主创新方面涌现出一批典型大企业,如三一重工和中联重科。从"九五"到"十一五"期间,中联重科先后完成了近百项国家"865"计划、国家科技支撑计划等国家重大装备开发、科技攻关课题和专项,每年将销售收入的5%以上用于研发。近年来,年均产生300多项新技术、新产品,新产品对销售收入的贡献率超过50%。目前,现有装备制造高新技术企业346家,国家认定企业技术中心13家、国家工程研究中心1家、国家工程技术研究中心3家、省级技术中心52家。核心企业年研发投入占销售收入的比例达到5%以上,全行业新产品产值率高出全国平均水平近20个百分点。工程机械、轨道交通装备、中小型航空动力等行业技术水平跃居国内前列。一批重点产品,如六轴大功率货运机车、1000千伏特高压电抗器、220吨电动轮自卸车、电控燃油喷射系统、1000吨履带起重机及240吨超大型塔机、72米混凝土泵车、360平方米大型烧结机、直升机用涡轴发动机等达到国际先进技术水平。

从地域范围来看,工业企业创新活动活跃度与经济发展程度相关。长株潭地区有创新活动的企业个数最多,共2103家,占全省有创新活动企业数的37.3%;湘西、张家界、怀化的创新企业数量相对最少,共242家,仅占4.3%。全省14个市州中,岳阳有产品或工艺创新活动的工业企业数量仅次于长沙,共862家,占全部工业企业的63.8%,居全省第一;永州有产品或工艺创新活动的工业企业也超过全部工业企业数的一半,为53.5%。有产品或工艺创新活动的工业企业中,实现产品创新的企业占全部企业的比重高于全省平均25.3%的市有长沙、株洲、邵阳、岳阳和常德,分别是33.2%、26.4%、29.9%、39.0%和26.0%;实现工艺创新的企业占全部企业的比重高于全省平均27.0%的城市共有7个,分别是长沙、邵阳、岳阳、常德、张家界、郴州和永州,比重分别为35.9%、32.0%、28.9%、29.5%、28.7%、32.4%和29.6%(见表10-2)。

表10-2 2015年湖南省工业企业产品或工艺创新活动情况

地区	有产品或工艺创新活动的企业数(个)	有产品或工艺创新活动的企业占全部企业的比重(%)	实现产品创新的企业占全部企业的比重(%)	实现工艺创新的企业占全部企业的比重(%)
全国	128667	34.1	24.6	25.1
湖南省	5631	41.0	25.3	27.0
长沙市	1227	47.3	33.2	35.9
株洲市	572	38.2	26.4	24.4
湘潭市	304	33.2	20.2	20.5
衡阳市	280	28.1	18.2	19.9
邵阳市	422	43.5	29.9	32.0
岳阳市	862	63.8	39.0	28.9
常德市	400	42.5	26.0	29.5
张家界市	55	36.7	22.7	28.7
益阳市	248	26.6	19.2	20.1
郴州市	511	46.3	19.8	32.4

地区	有产品或工艺创新活动的企业数（个）	有产品或工艺创新活动的企业占全部企业的比重（%）	实现产品创新的企业占全部企业的比重（%）	实现工艺创新的企业占全部企业的比重（%）
永州市	378	53.5	23.1	29.6
怀化市	105	19.0	7.2	9.7
娄底市	185	25.0	15.4	18.3
湘西自治州	82	30.0	15.4	20.9

5. 产业集群效应初现端倪

从产业集群的角度来看，湖南装备制造业产业集群特色突出，优势集聚，已经演变成为经济效益突出的区域性工业产业集团或产业联盟，联盟内分工专业化和生产规模化程度越来越高。湖南通过实施产业集群发展战略，以三一重工、中联重科、蓝思科技、中车株机等龙头企业带动产业链的发展，初步形成机械工程、电子信息、轨道交通、电工电气和汽车为主导的五大优势产业集群。其中，形成了以长沙为中心的工程机械产业集群和电子信息产业集群，以株洲为中心的轨道交通产业集群，以长沙和湘潭为中心的汽车产业集群。从区域结构来看，湖南装备制造业集中在长株潭以及衡阳地区，2014 年末，长沙、株洲、湘潭、衡阳四个市装备制造业的企业数占全省规模以上工业装备制造业的 57.7%，其中，长沙 763 家，占 42.4%，株洲 348 家，占 11.4%，湘潭 370 家，占 12.1%，衡阳 277 家，占 9.1%；共实现主营业务收入 7029.30 亿元，占全省装备制造业的 72.2%，四个市分别完成 3957.05 亿元、1109.49 亿元、1205.90 亿元和 756.85 亿元，分别占 40.7%、11.4%、12.4% 和 7.8%；资产总计达 6047.16 亿元，占全省装备制造业的 81.7%，这四个市分别为 3924.58 亿元、1058.61 亿元、752.79 亿元和 311.19 亿元，分别占 53.0%、14.3%、10.2% 和 4.2%（见图 10-4）。

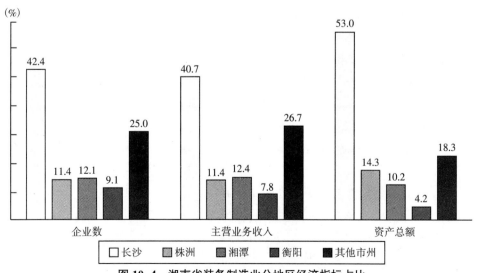

图 10-4　湖南省装备制造业分地区经济指标占比

（二）发展趋势

1. 技术高端化发展

先进装备制造技术总体发展趋势是精密化、自动化、信息化、柔性化、集成化和智能化。首先，产品技术由单一技术向系统集成技术、单一功能向多功能转化，产品规格由中小型向小型或超大型化延伸。其次，大量采用智能制造、集成制造、精密制造、虚拟制造、敏捷制造、绿色制造等先进技术，计算机辅助工艺（CAPP）、计算机辅助制造（CAM）、计算机辅助测试（CAT）、工厂自动化系统（FAS）等信息化制造体系得到普及应用。湖南省在工程机械装备领域的后发优势明显，总量规模和技术创新能力已位列国内之首，具备高速发展的基础和实力。同样湖南省的轨道交通装备制造在国内有着举足轻重的地位，在大功率交传机车、城轨车辆、高速客运机车、城际动车组、机车电传动和控制系统、大功率牵引变流系统、大功率电力电子器件等领域居国内领先水平。

2. 产品个性化发展

需求多变和个性化的市场需求正引导装备制造企业创新生产经营模式。要求制造企业提高"市场响应能力"，实现多品种小批量柔性式生产；能够根据用户需求，从提供单台套设备到提供成套设备，进而发展成为能够为用户提供设计方案、布置工艺流程、选定生产线设备配置、完成设备制造、安装调试直到生产出合格产品等"一条龙"式的用户服务供应商。

3. 产业服务化发展

在一些重大系统工程建设项目中，供求关系将逐步由简单的贸易方式向系统方案解决方式转换。实力强大的装备制造集团将根据用户最终的产品需求，转变角色，成为项目的运营服务商，将卖设备转为卖服务。如风电装备制造商将承担起从风场选址考察、风场设计、风电设备选型、设计制造、安装调试到电能输送的整个系统运营管理；美国工程机械巨头卡特比勒公司，年营业收入300亿美元中，服务性收入超过50%。同时，湖南省支持中车株机、南车时代、湘电集团等企业以国家大力发展大功率交传机车、高铁设备、城际轨道交通设备和城市地铁设备为契机，依托国家级企业技术中心、变流技术国家工程中心和国防科大磁悬浮研究中心，在引进、消化、吸收世界一流技术的基础上，加快技术创新和系统集成能力建设，实现高端轨道交通装备的自主化和本地化，实现产业的服务化发展。

4. 人才战略化发展

装备产业未来的竞争将最终落实到人才的竞争。为此，世界装备制造强国纷纷出台招揽人才的优惠政策，千方百计招募各国顶级人才，或直接收购国外研发机构，或提供高薪和优越工作条件，或鼓励技术移民，或放开留学政策，培养实用性人才队伍，为实体经济注入活力。湖南省可以构建人才有序流动的体制机制。打破高校、科研院所和企业中科技创新人才只能在各单位进行科技创新的封闭式运行机制，建立高校、科研院所和企业之间有序流动的新机制。构建尊重知识与人才的激励机制。对高新技术企业和科技型中小企业科研人员通过科技成果转化取得股权奖励收入时，实行分期缴纳个人所得税的税收优惠政策。为引进创新型人才，湖南省也在着力完善与落实促进科技创新能力培育的优惠政策。积极优化、落实现有的湖南各区域科技创新优惠政策，探索制定符合创新能力欠发达区域，特别是湘西地区特点的切实可行的技术研发投入、创新活动资助、科技成果奖励、科技研发人才引进等方面新的优惠政策。

三、湖南先进装备制造业创新驱动发展存在的问题

（一）关键技术的自主创新能力较差

缺少自主核心技术，产业整体技术水平较差。自主核心技术的产品是真正通过原始创新、集成再创新而形成产品，而湖南省先进装备领域制造出的产品中少有这种产品，大部分还是通过引进、消化、吸收国外先进技术而模仿、设计、制造的产品。过于重视应用研究，紧盯眼前利益，而忽视了基础研究对于先进装备制造业的重要性，导致缺乏原始创新的原材料和原动力。由于缺少核心技术，在进入国际市场时面临着较大的瓶颈，湖南打造的国际品牌面临着重重困难，竞争力也明显不足。从综合竞争力来看，湖南落后于江苏、山东、广东、河南、安徽和湖北，位列第七。从各项指标来看，湖南装备制造业在规模实力、经济效益、国际化程度、创新能力四项指标方面分别位于第7位、第8位、第6位和第6位，均处于中等偏下的位置，与中部省份特别是与江苏、山东和广东等装备制造业发达地区相比，仍存在着不小的差距。2013~2015年，全省有产品或工艺创新活动的先进装备制造企业中，进行内部研发活动的企业占49.1%，比全国平均水平低9.1个百分点；外部研发占7.7%，比全国平均水平低4.6个百分点；开展相关培训消化吸收创新的占28.4%，比全国平均水平低15个百分点，如表10-3所示。

表10-3　2015年湖南省与部分省市装备制造业区域竞争力对比

地区	综合竞争力	规模实力	经济效益	国际化程度	创新能力
江苏	26.90	11.56	6.84	4.26	4.24
山东	26.37	11.08	8.09	3.89	3.32
广东	24.88	11.12	5.75	4.49	3.53
河南	22.62	10.00	6.72	3.39	2.51
安徽	22.14	9.16	6.41	2.91	3.66
湖北	21.06	9.76	6.24	2.34	2.72
湖南	18.48	8.00	5.00	2.88	2.60
江西	15.75	6.00	6.15	2.36	1.25
山西	10.30	4.12	1.68	2.25	2.25

（二）创新的研发经费投入仍显不足

虽然湖南省先进装备制造业 R&D 经费投入逐年增长，但相对于快速增长的先进装备制造业来说，创新的研发经费投入仍显不足。从中部地区来看，湖南 R&D 经费投入远远落后于第一名的湖北省，绝对投入差距相差 143 亿元，相对投入差距，湖北省超出湖南近 38.87%。从全国地区来看，湖南 R&D 经费投入与发达省份的差距更大，不及临近省份——广东省的 1/4，不及上海市的 1/2（见图 10-5）。

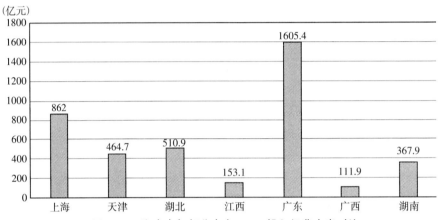

图 10-5　湖南省与部分省市 R&D 投入经费支出对比

同时，在全国的科学产出中，湖南省所占的份额还很小，高质量的 R&D 产出成果尤其少。而相对于北京、上海、天津等领先地区，湖南省 R&D 投入产出的差距巨大。行业前列的省份 R&D 投入比例都在 2% 以上，甚至超过 3%，而湖南只有 1.36%。即便在中部地区，湖北省依旧高出湖南接近 0.5 个百分点，处在中上游水平，在 R&D 的投入力度上仍显不够（见表 10-4）。

表 10-4　2015 年湖南省和部分省市 R&D 经费投入强度对比

单位：%

地区	R&D 经费投入强度
北京	5.95
天津	2.96
上海	3.66
江苏	2.54
浙江	2.26
山东	2.19
广东	2.37
湖北	1.87
湖南	1.36

从来源来看，省政府的投入仍然不足，约有 2/3 的经费来自企业，企业研发投入达到 2%以上的企业较少，大部分企业缺乏国际市场竞争力和科技创新驱动力，造成先进装备产业核心竞争力的发展受到制约。这就导致了 R&D 经费投入并不稳定。资金是实现技术创新成果从样品、试制、批量生产到市场销售的前提和保障。发达国家在技术创新成果研究、开发与推广阶段的经费投入比例一般为 1∶10∶100，湖南省目前还无法达到这一比例，而资金仍是湖南省技术创新成果转化中的重要问题，仍然不能满足科技工作开展的需要，而用于技术创新成果转化的资金更是不足。表 10-5 给出了湖南先进装备制造业各个子行业的 R&D 投入支出以及来源。

表 10-5　湖南省先进装备制造业各个子行业的 R&D 投入支出以及来源

单位：万元

项目	R&D 经费内部支出	政府资金	企业资金	境外资金	其他
金属制造业	38967	15868	22274		826
通用设备制造业	101896	10274	90879		743
专用设备制造业	562127	8632	552801		693
汽车制造业	119578	13564	105532	481	
铁路、船舶、航空航天和其他运输设备制造业	234304	52163	177574	3504	1063
电气机械和器材制造业	169177	7498	157353	4326	
计算机、通信和其他电子设备制造业	176750	8542	166735		1472
仪器仪表制造业	19999	629	19370		

（三）创新成果转化率相对较低

从湖南省先进装备制造业目前技术创新成果转化的现状，我们可以发现，湖南省先进装备制造业科技资源的总量已与一些沿海城市相当，但长期以来由于多种原因导致技术创新成果转化率低，科技优势无法迅速转化为经济优势，这成为制约湖南省先进装备制造业技术创新和经济发展的瓶颈。科技成果的有效供给不强，与企业生产实际需要衔接不够紧密，难以攻克企业生产经营过程中亟待解决的难题，而且还存在对外技术依存过高的问题。这与很多科研项目重理论轻实践的思维模式有关系。所以，要促进技术创新成果的转化效率，必须进行系统的研究和分析，找到确实存在的影响因素及其障碍，从而解决湖南科技创新成果转化率低的问题。从图 10-6 中可以看出技术信息对创新成果转化率的影响。

（四）企业与高校、科研机构的协同创新能力较弱

"产学研"合作模式的动力不足，活力不够。"产学研"合作模式中的各方来自不同领域，拥有不同的文化背景，有着不同的目标和价值观，湖南省内高校和科研院所的教师和科研人员比较重视个人荣誉、学术成就和自我价值的实现，加上职称评定中主要以学术水平衡量标准，对科技成果的开发与应用研究的动力不足。虽然从长远利益来看，企业对高

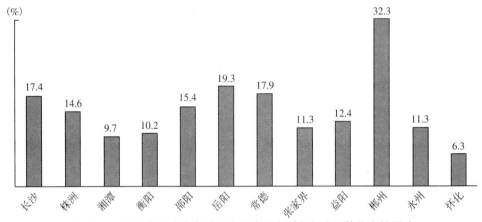

图 10-6　2015 年湖南省各地级市技术信息对创新成果转化率的影响

校和科研院所的科研成果有很大的需求，但在由计划经济管理体制向市场经济管理体制转型的过程中，承包责任制使得企业不再考虑长远发展，只要眼前的产品能维持就不再投入资金、新技术等开发新产品，缺乏科技需求的内在动力和活力。各方管理体制不完善，"产学研"合作各方在管理体制上仍然是条块分割，自成体制，各自为政，导致合作各方在"产学研"合作的交接点上缺乏有效系统的管理。利益分配机制不健全，"产学研"合作模式中，各方处于不同行业、系统和领域，对待合作利益分配的目标值有所不同，因而常常产生矛盾。其根本原因在于缺乏利益共享、风险共担的机制。产业内尚未完全搭建产学研用的联合创新体系和技术平台，大多数企业科研机构的研究水平没有达到国内一流创新能力水平。2013~2015 年全省工业企业中，与高等院校或研究机构开展了创新合作的企业占有创新合作企业的 38.6%，比全国平均水平低 3.1 个百分点。其中，制造业的合作程度最高，为 39.0%，仍比全国低 2.6 个百分点。从合作创新形式来看，主要以与高校和科研机构共同完成科研项目为主，占工业企业合作创新的 64.9%，比全国平均水平高 1.2 个百分点，说明"产学研"合作形式过于单一（见图 10-7）。

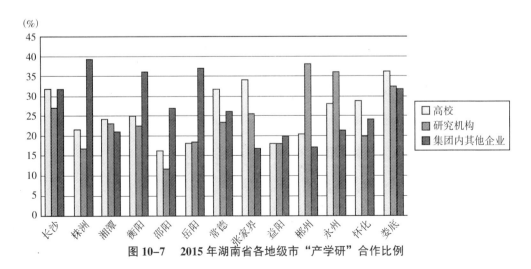

图 10-7　2015 年湖南省各地级市"产学研"合作比例

（五）人才总量不足，流失现象严重

湖南省先进装备制造业技术创新的人才总量相对于其现有的生产规模和经济总量而言是比较低的，即湖南该行业技术创新人才总量不足。这与几个先进省份的高比例形成了鲜明的反差。由于湖南省高校较多，科研机构大多集中于长株潭地区，因此该地区人才流动也较为频繁，而这种流动的不合理性也越发突出。流入的技术创新人才少于流出的技术创新人才，而且从该行业创新人才的总体素质来看，流出人才要比流入人才的素质高，这既体现在职称上，也体现在技术人员的创新成果上。湖南省连续很多年高校毕业生的净流入率为负，作为创新驱动的第一资源，人才的流失严重影响了先进装备制造业技术创新的发展。

（六）服务型制造程度不高，制约发展

湖南是先进装备制造业的大省，但在该产业的分工体系中总体处在中低端，面临着资源环境约束强化和生产要素成本上升等问题，主要依靠资源要素投入和规模扩张的粗放经济增长方式难以为继。当前，国际制造业分工格局正在发生深刻调整，湖南的先进装备制造业急需补足短板，实现转型发展。同时，我国也迎来与全球同步创新的难得机遇，"中国制造+互联网"的深入推进为服务型制造提供了广阔的发展空间和强大的技术支持，必须加快制造与服务的协同融合，才能重塑制造业价值链，培育产业发展新动能，但湖南目前服务型制造的程度明显赶不上现实的需求。经济发展进入新常态，湖南要保持经济中高速增长，先进装备制造业迈向中高端水平，必须在适度扩大总需求的同时，加强供给侧结构性改革，而服务型制造能够引导制造业企业以产需互动和价值增值为导向，由提供产品向提供全生命周期管理转变，由提供设备向提供系统解决方案转变。促进服务型制造发展，有利于改善供给体系质量和效益，破解产能低端过剩和高端不足并存的矛盾，所以湖南先进装备制造业现实"服务+制造"是当务之急。

（七）与先进装备制造业创新相关的政策环境有待优化

作为科技支撑的关键环节，与创新相关的政策环境还有待优化，具体表现为：现行的科技评价体系不重视保护知识产权，既没有制定产权保护的措施也没有考核产权保护的情况。同时缺乏有力的保障及没有必要的追责机制，知识产权本身存在可模仿、可复制特性又加大了保护的难度。风险保障制度并不完善，对于基础性研究的失败不够包容，削弱了创新能力的发展；地方性保护政策没有完全放开，使得行业内部竞争并不充分，创新的活力没有最优化。重复配置科技事业资源，仍然存在政出多门的局面，缺乏有效的管理体系加以统筹。科研项目的审批程序过于冗长，导致非生产性成本过高。相对于经济发达地区来说，因为观念相对保守，影响湖南省装备制造业产业创新能力快速发展的重要原因就是创新能力。湖南省装备制造业企业多表现为企业制度需要变革、企业重组面对的压力与动力并存，促使企业加快改革的外部环境不够完善。国有企业开放意识不强，没有建立完善

的现代企业制度。部分国有企业虽然进行了股份化等一系列的体制改革，但内部经营机制仍然存在问题。

四、对策建议

（一）提高湖南先进装备制造企业自主创新能力

首先，对那些处于先进装备制造业前沿的核心技术领域和对企业发展有着举足轻重作用的高新技术领域，必须坚持企业自主研发，并且掌握和保护自主知识产权，快速地完成产业化，转化为先进生产力，推动企业向前可持续发展。其次，鼓励企业在核心技术等领域自主开发的同时，也要加强和引导企业间的合作创新与交流，以避免湖南先进装备制造企业间的各种重复建设现象的发生，以避免资源、人力和时间浪费。最后，协调湖南装备制造业集群内的核心企业与配套企业的技术衔接和关键零部件的合作研发，以促进配套企业的创新能力，推动集群全面创新，促使核心企业和配套企业全面快速发展。故政府具体措施应从以下几方面着手：一是推动各集群的核心企业间的创新资源整合，对关键性的重大创新项目进行分工合作，利用各自优势，充分发挥整体优势，凝聚产业发展的合力。二是引导和扶持湖南的重点配套企业进行企业内的技术开发和产品升级，加强核心企业向集群内的配套企业进行技术辐射，实现协调开发，互助开发，共同发展。三是加强集群中的企业、各种科研院所以及各大高校之间的合作与交流，充分利用湖南几所重点大学——湖南大学、中南大学、国防科技大学的有利资源，引导产学研多方之间构建战略联盟。坚持以市场为导向、企业为主体，产学研用协同，不断激发企业积极性和创造性，形成政府大力推动、市场有效驱动、企业协同创新的工业设计发展体系。支持骨干企业整合资源，单独组建或与高校、科研机构、专业设计单位共建工业设计中心。紧密结合湖南省先进装备制造业的优势和特色，着力推动工业设计与先进装备制造业等优势产业融合发展。促进先进制造企业与工业设计服务相关单位对接，形成一批优秀工业设计成果转化示范项目。鼓励代工企业建立设计中心，向代设计和拥有自主设计品牌转变。

（二）加大创新投入力度，并形成有特色的分配机制

目前，拥有研发部门的企业大部分是大型企业，中小企业很少拥有研发部门。中小企业是创新的重要力量，因此，应该抓住目前的机遇加大创新投入，成立自身的研发部门，实现自身的创新发展以及发展质量的转型升级。为此，必须完善收入分配激励机制，完善投资、管理、技术等要素参与分配，激发创新型人才创新的积极性，让创新型人才在创造一流业绩的同时能得到一流的回报。建立健全财税金融政策支持体系，加大财政资金支持，形成财政投入稳步增长机制。设立省级新兴产业发展基金，突出支持制造强省重点产

业发展。设立战略性新兴产业与新型工业化专项、移动互联网产业发展专项、信息产业和信息化专项等省级财政专项资金，对制造强省建设重点项目给予倾斜支持。完善和落实促进先进装备制造业创新产品研发和规模化应用的政府采购政策。整合相关产业扶持资金，创新支持方式。发挥多层次资本市场的融资功能，积极探索产业投融资 PPP 模式，推动天使投资基金、小微企业互助担保、专利权质押贷款等工作在全省开展。落实产业发展税费优惠政策，增强企业发展活力。全面激活湖南对先进装备制造业的资金投入潜力，并挖掘有效的特色分配机制，保证促使湖南先进装备制造业的持续创新和有序发展的原动力永不枯竭。

（三）提升市场创新成果转化率

先进装备制造业要瞄准重大战略需求和未来产业发展制高点，定期研究制定和发布重点领域技术创新路线和导向目录，引导先进装备制造企业加大关键共性技术攻关力度，打通产业链。紧跟国内外产业发展趋势，整合省内外创新资源，集中力量突破一批支撑产业发展的关键共性技术，加强基础性、前沿性技术研究，抢占产业技术制高点。大力实施"315"创新计划，即每年组织开展 30 项重大关键共性技术攻关，推动 100 项重点新产品开发和 100 项专利技术转化，对 50 项首台（套）重大装备和 50 项首批新材料进行奖励补助。通过示范引领，构建从专利到产品、从产品到产业的转化通道。健全以技术交易市场为核心的技术转移和产业化服务体系，建立和完善科技成果信息发布和共享平台，建立科技成果转化激励机制和体制，提高科技成果转化率。支持省内先进制造企业建立创新孵化产业园区、专业众创空间，建设一批从事技术集成、熟化和工程化的中试基地。

（四）形成有利于创新的企业文化和协同创新意识

对于任何行业来说，企业都是创新的主体，文化是行动的指南。因此，应该在湖南先进装备制造行业的企业中营造有利于创新的文化氛围，并逐步形成与该行业创新相关的企业文化，从而调动企业中员工的创新积极性，推动该行业企业内部的创新发展。应对企业内部的在职人员强化继续教育，建立湖南先进装备制造业创新型人才的培养机制。通过在湖南各高校的机械相关专业学习深造、同制造业发达国家和地区的对外交流、培训基地的考察研修等方式，使理论和实践实现良性互动，不断提高湖南该行业创新型人才的创新能力。同时，湖南先进装备制造的相关企业要主动与大学、科研机构合作，利用自身市场的优势，结合大学和科研机构人才和研发的资源，实现"产学研"的协同创新，使企业能开发出更符合市场要求、具有更高水平和更高质量的产品和服务，从而走出简单模仿阶段，走上自主开发产品的道路。

（五）大力培育创新人才，打造创新平台

人才的培养引进来非常重要，但自力更生同样重要。湖南省大学、科研等机构相较发达省份，科研实力有一定的差距。要改变这种现状，大学、科研机构应该努力培养本土人

才，让人才资源能源源不断地为本省输入，避免过度依赖人才的引进，由此，使湖南省的创新之路变成有源之水，永远发展下去。湖南省大学自身科研实力有限，应积极"走出去"与国际知名大学交流合作，提升自身的专业和科研实力，创造出更多更有价值的科研成果。此外，大学、科研机构应该改变以往研究成果停留在实验室，没有转化为现实生产力的现状，主动"走出去"，与世界一流高校、研发机构建立稳定的合作伙伴关系，主动参与国内、国际标准制定，提升合作层次和水平。同时，要主动联系企业将科研的成果转化为现实生产力，为社会创造更多的财富。实施企业经营管理人才素质提升工程，培养造就一批优秀企业家和高水平的经营管理人才，提高现代经营管理水平和企业竞争力。注重中外合作、部省合作和校企合作，配合中央做好"千人计划"、"万人计划"等人才工程，深入实施湖南引进海外高层次人才"百人计划"，建设领军人才示范区。对于湖南先进装备制造业，大力引进高端人才、急需紧缺人才及其创新团队；大力发展职业技术教育，探索"订单式"人才联合培养机制，加快高技能技术人才培养，打造大批"工匠湘军"。建立完善人才激励、服务、流动和使用制度。

（六）发展服务型制造，进一步增强先进装备制造业的竞争力

在湖南先进装备制造业和现代服务业等重点领域，推动建设贯穿产业链的研发设计服务体系，引领服务型制造发展。不断深化设计在企业战略、产品合规、品牌策划、绿色发展等方面的作用。探索发展众包设计、用户参与设计、云设计、协同设计等新型模式，增强自主创新设计能力。推动创新设计在产品、系统、工艺流程和服务等领域的应用，强化创新设计对电子信息、装备制造、航空航天等行业的服务支撑。引导制造业企业加大对设计的投入和应用，带动产学研用协同创新。鼓励竞争性领域优势企业建立独立设计机构，加快培育第三方设计企业，面向制造业开展专业化、高端化服务。建设创新设计公共服务平台，支持设计领域共性关键技术研发，全面推广应用先进设计方法，逐步完善原位校准、动态感知、需求挖掘、人机工程、系统仿真、增材制造等技术能力。推广定制化服务，鼓励制造业企业利用信息通信技术开展定制化服务，增强定制设计和柔性制造能力，实现生产制造与市场需求高度协同，强化用户体验，提升产品价值。推广供应链管理（SCM）等先进管理理念和组织方式。强化制造业企业在供应链中的主导地位，促进信息流、资金流和物流的协同整合，提升供应链整体效率和效益。支持建设以制造业企业为中心的网络化协同制造服务体系，突破资源约束和空间约束，实现企业间协同和社会制造资源广泛共享与集成。聚焦信息技术、业务流程和知识流程外包，推动服务外包专业化、规模化、品牌化发展，深化产业分工，促进产业链持续优化。引导制造业企业实施产品全生命周期管理（PLM），系统管理从需求分析到淘汰报废或回收再处置的产品全部生命历程，着力统筹优化产品服务，综合协调产品、用户以及环境利益，实现产品经济价值和社会生态价值最大化。面向能源、通信、交通等关系国计民生的重点领域，引导制造业企业提供专业化、系统化、集成化的系统解决方案，满足客户综合需求，全面提升企业竞争实力。鼓励企业利用软件和信息通信技术，创新服务模式，提升服务效率，提高产品附加值。支

持符合条件的制造业企业发挥自身优势，在依法合规、风险可控的前提下，发起设立或参股财务公司、金融租赁公司、融资租赁公司，延伸和提升价值链，提高要素生产率。创新发展以消费者为中心，以个性化定制、柔性化生产和社会化协同为主要特征的智能服务网络。鼓励企业充分利用信息通信技术，突破研发设计、生产制造、销售服务的资源边界和运营边界，推动生产和消费、制造和服务、产业链企业之间的全面融合，促进产业、人力、技术、金融等资源高度协同。

（七）推动政府服务职能的完善

在推动科技体制改革、促进行业创新的过程中，湖南各级政府应积极推进科技体制的相关法律法规和政策的完善并组织实施，督促各级政府严格落实科技规划基本纲要中已提出的各项配套、优惠政策，鼓励多元化、多角度、多层次的科技资金投入体系的建设，不断提高湖南省的科技研发投入强度比例。在这个过程中，省政府必须要积极发挥对资金配置的主导作用，同时为金融体制的创新提供便利，推动科技产业与金融业的结合，鼓励金融机构不断创新金融工具，以信贷、租赁、信托等方式为湖南先进装备制造行业中的科技型中小企业提供金融支持，为知识产权抵押、非上市公司股份转让提供更大的自由度和发展空间，推进科技投资保险市场的不断完善。湖南各级政府相关部门应提高对知识产权的保护力度，建立健全知识产权维权援助机制，推进技术标准的不断完善，加大对侵犯知识产权等违法行为的惩罚力度；省政府的相应部门应主导科技的对外交流和开放，积极推进湖南的相关先进装备制造业中的科技型企业以及高校、科研机构和中国港澳台、欧美日等地区同类机构的科技交流与合作，为科技企业间的兼并、重组、联合开发、专利交叉许可等活动提供良好的环境。

参考文献

[1] 樊霞，赵丹萍，何悦.企业产学研合作的创新效率及其影响因素研究 [J].科研管理，2012 (2)：33-39.

[2] 郭红卫.国际化网络视角下装备制造业发展水平分析——以湖南省为例 [J].技术经济与管理研究，2011 (10)：109-112.

[3] 韩凤晶，石春生.新兴产业企业动态核心能力构成因素的实证分析——基于中国高端装备制造业上市公司的数据 [J].中国软科学，2010 (6)：24-26.

[4] 赫连志巍.高端装备制造业技术服务创新路径 [J].河北学刊，2013 (1)：145-148.

[5] 湖南省统计局.湖南统计年鉴 2015 [M].北京：中国统计出版社，2015.

[6] 李维思，刘召栋.创新驱动助推湖南先进装备从"制造"变"创造"[J].企业技术开发（学术版），2016 (5)：13-15.

[7] 廖洪元，卢文涛，成涛.论湖南先进装备制造业外向型高技能人才的培养——基于湖南工程机械海外业务不断发展的人才培养战略思考 [J].当代教育理论与实践，2011 (3)：15-17.

[8] 吴艳.湖南生产服务业与先进装备制造业产业发展关系研究 [J].经济数学，2013 (3)：91-97.

[9] 杨青青.湖南省装备制造企业自主创新能力影响探讨 [J].现代企业，2012 (11)：22-23.

[10] 张保胜. 共同创造: 一种新的创新模式 [J]. 科技进步与对策, 2010 (4): 15-18.

[11] 朱爱辉, 陈富民. 基于 DEA 模型的湖南装备制造业技术创新效率研究 [J]. 科技与管理, 2015, 17 (1): 85-90.

[12] 朱爱辉, 陈萱圯. 提升湖南装备制造业专利竞争力对策研究 [J]. 南华大学学报 (社会科学版), 2012 (3): 52-55.

(主要撰稿人: 田银华　向国成　杨之　周丰风　张松彪)

第十一章
湖南文化创意产业创新发展现状与对策建议

文化创意产业是 21 世纪的朝阳产业，具有高附加值、低污染的特征。在"十二五"期间，湖南省文化创意产业发展迅猛，对湖南经济发展的贡献非常突出，已经成为湖南省的支柱性产业之一，主要表现在：第一，文化创意产业总量规模不断扩大，文化创意产业的总产出从 2011 年的 2352.49 亿元上升到 2015 年的 4800 亿元，占 GDP 的比重一直稳中有升，从 11.96%上升到 16.52%，文化创意增加值从 2011 年的 1013.97 亿元增长到 2015 年的 1714.13 亿元，年平均增长率达到 15.74%，高于 GDP 的增速。第二，从业单位和人数大幅增加，吸纳就业能力不断增强。第三，湖南省文化创意产业的种类和体系比较齐全，覆盖了 120 个行业小类中的 91 个，占所有文化和创意产业行业的 75.8%。第四，湖南文化和创意产业中部分企业与行业在国内乃至国际具备显著的优势与较大的影响力，在 2014 年亚洲品牌 500 强排行榜，湖南广电居第 136 位，湖南卫视也居于亚洲卫视前五强，浏阳烟花爆竹在国际上占有重要的位置，占有国际 50%左右的份额。第五，产业结构内部不断完善，新兴产业发展态势良好，以网络文化、休闲娱乐、旅游文化、广告及会展、创意和设计服务等为主的新兴产业占文化产业的比重不断上升，以文化用品、设备及相关文化产品生产等为主的文化制造业比重有所下降，产业内部结构有所完善。本章对湖南省文化创意产业未来几年的发展趋势做了展望，主要包括以下三个方面：第一，高技术化发展，文化创意与技术创新相互渗透、互为表里的耦合发展成为文化创意产业发展的一个重要特征。第二，融合化发展，未来会形成以"文化+科技"、"文化+金融"、"文化+创意"等为代表的要素融合发展模式和"文化+制造业"、"文化+旅游"、"文化+农业"、"文化+互联网"等多种业态融合发展模式。第三，集聚化发展，文化创意产业的集聚能带来创新和人才集聚效应，提高产业集中度和企业规模，形成规模效应。

但是湖南省文化创意产业在创新驱动发展过程中仍然存在许多问题。首先，面临的是人才问题，具体表现为以网络媒体、数字动漫、网络游戏等为代表的新兴产业的技术创意人才供不应求；文化创意产业是一个多领域、多学科交织的产业，需要大量跨学科领域、跨传统知识边界的复合型人才，而传统的文化创意人才培养在教育理念和课程安排方面远远不能适应这一要求，因此导致复合型和国际化人才短缺；一方面是为数众多的企业苦苦寻觅高端创意人才；另一方面却是大量低端人才找不到就业机会，从而导致人才结构失衡问题。其次，湖南省在与东部沿海发达省份和中部一些省份的文化创意产业投入资金相比，其投入资金明显不足，同时在各行业 R&D 经费支出中，文化方面的 R&D 经费支出明显少于其他行业，这些都限制了文化创意产业的发展。再次，企业自身对知识产权的作用和如何起作用认识不足、运用不当，知识产权管理制度缺失或不健全；文化创意产品创造成本高、投入大，但复制容易、侵权成本低，这些都极大地限制了企业的创新动机。除长沙和张家界外，湖南其他各市州的产业集聚度不高，普遍存在企业规模偏小且分散重复等问题，尚未形成龙头企业带动、优势互补的集群发展态势，没有形成创新效应和人才聚集效应。最后，湖南省大多数文化企业停留在模仿阶段，生产文化辅助产品和文化用品的企业众多，对提高核心竞争力关注不多，紧迫意识和自主创新意识不强。

针对上述问题，提出了一些具体的政策建议。其一，积极构建开放、共赢、互补、高效的产学研相结合的模式，加强高校的艺术、设计、软件、传媒、表演等专业学科建设，着力培育创意、策划、管理等方面人才，培养既有理论知识又具实践经验的文化创意人才；积极引进文化创意高端人才来湘工作，对这些人才按有关规定享受资助及保险、医疗、配偶安置、子女入学等特定工作条件和生活待遇。其二，政府加大对文化创意产业的财政投入，对高新文化创意产业实施减税政策，加强金融创新，拓宽文化企业的融资渠道，积极探索专利权、版权、收益权、商标权、销售合同等无形资产抵（质）押及其他权利抵（质）押贷款，建立知识产权质押融资的风险补偿分担机制，解决文化企业资金不足的问题。其三，文化企业注重自身品牌建设，创造"湘"字号的文化品牌，完善知识产业保护的相关法律法规，加强知识产权监督执法，加大对侵权行为的惩处力度。其四，湖南省应根据各市州的文化资源禀赋发展文化创意产业，打造特色的地区文化产业集群。其五，加强企业创新意识，引导企业融合化发展，形成"文化+"的发展模式，鼓励企业加强商业模式、管理模式、运营模式、服务平台创新。

一、引言

文化创意产业是以传统文化产业为基础，以创新为核心，以高科技手段为支撑，以文化艺术与经济的全面结合为特征的新兴文化产业。文化创意产业的迅速成长已经成为地区经济发展的重要特征，文化创意产业的发展规模和水平，正在逐渐成为衡量一个国家或地区整体竞争力高低的重要标志之一。中共十八大以来，我国政府对文化创意产业的发展出台了一系列相关政策和报告，提出要推进文化体制机制创新，完善文化管理体制，建立健全现代文化市场体系，构建现代公共文化服务体系，提高文化开放水平，同时把"文化产业成为国民经济支柱性产业"列入2020年全面建成小康社会的指标体系。文化创意产业被称为"低能耗高产出的新兴绿色产业"，具有高增长、高利润、低污染的特征，被誉为21世纪的朝阳产业，对拉动经济增长和促进就业有很大的帮助，文化创意产业受到了全国各个省市的关注，有2/3的省、市、自治区提出建立文化大省，把文化创意产业列入自己的发展规划中。湖南省作为一个文化底蕴深厚和具有悠久历史文化的中部大省，自然不甘落后，把文化创意产业纳入战略性新兴产业，提出了加快建设文化强省的口号，出台了《湖南省战略性新兴文化创意产业发展专项规划》，重点发展广播电视、娱乐业、出版业、动漫业四大产业，同时促进出版业、演艺、报业、电视购物、文娱等新兴产业的发展，坚持社会主义先进文化前进方向，坚持以人民为中心的创作导向，坚持把社会效益放在首位、社会效益和经济效益相统一。为了落实《国务院关于推进文化创意和设计服务业与相关产业融合发展的若干意见》（国发〔2014〕10号）的精神和为湖南省在"十三五"规划开局之年奠定基调，湖南出台了《湖南省人民政府关于加快文化创意产业发展的意见》（湘政发〔2014〕23号），在文件中指出，以扩大湖南文化创意产业规模，增强产业集群化、园区化和创新能力，提高产业链层次和行业盈利能力，巩固和提升文化创意产业的支柱地位为目标，努力把湖南建设成为中部领先、辐射全国、具有一定国际影响的区域性文化创意中心。

当前，湖南的经济发展模式进入新常态，经济增长速度处于换挡期，从高速转换到中高速，在很长一段时间内，湖南将处于全面深化改革和经济转型升级的关键时期，会对产业结构调整和经济增长方式进行调整，将经济结构从商品生产经济转向服务型经济转变，经济增长方式由依靠自然资源转变为依靠知识要素、文化资源和信息投入。为了适应产业结构调整和经济增长方式改变的要求，湖南应实施文化创意产业创新驱动发展战略，整合全省文化资源，把技术、文化、创意、品牌、知识等经济增长的核心要素整合融入传统文化产业，促进文化艺术与经济的全面结合，大力发展创意设计、数字媒体、数字出版、动漫游戏等新兴文化业态，形成具有湖湘特色的文化创意产品生产、经营、服务、运作模式，推动文化创意产业成为新的经济增长点。

二、湖南文化创意产业发展现状及趋势

（一）湖南省文化创意产业发展现状

1. 总量规模不断扩大

在"十二五"期间，湖南省文化创意产业迅猛发展，并逐步向专业化、规模化和多元化发展，对湖南经济发展的贡献非常突出，已经成为湖南省的支柱性产业之一，成为湖南经济增长中新的亮点和城市形象的新符号。从图11-1可以看出，湖南省近五年的文化创意总产出规模不断增加，占全省GDP的比重也在稳步上升，已经超过15%，依据《中国文化产业发展指数报告》，湖南再次入选全国"新十强"。其中，2014年全省文化和创意产业总产出为4605.49亿元，较2013年增长16.3%，文化和创意产业增加值1513.86亿元，较2013年增长11.8%，占全省GDP比重为5.6%，同比上升0.1个百分点，继续高于全省经济增速。从规模以上单位来看，2014年规模以上文化和创意产业单位数达2370个，同比增长 6.5%；营业收入 3140.39 亿元，增长 16.2%；单位平均营业收入为 1.33 亿元，增长 9.1%；资产总计达 2213.95 亿元，增长 24.3%。2014 年规模以上文化和创意产业单位吸纳从业人员 47 万人，吸纳就业能力不断增强，同比增长 16.4%。2015 年全省文化和创意产业增加值达 1714.12 亿元，增速达 13.2%，占 GDP 比重约 5.9%，连续三年进入全国文化产业发展前 10 强，在中西部排名第一。

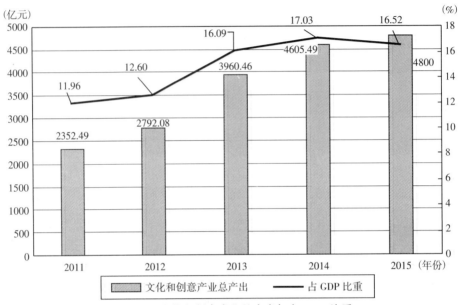

图 11-1　文化和创意产业总产出与占 GDP 比重

2. 从业单位和人数大幅增加

目前全省拥有文化产业法人单位近 4 万家，其中规模以上文化产业法人单位 2325 家，第三次经济普查表明，2013 年，全省文化产业法人单位为 35978 家，比 2012 年的 22252 家增加了 13726 家，增长 61.7%，占全省第二、第三产业法人单位（40.41 万家）的 8.9%。其中，规模以上文化产业单位 2226 家，比 2012 年底的 1628 家增加了 598 家。2013 年，全省文化产业法人单位从业人员 93.24 万人，占全省第二、第三产业全部法人单位从业人员（1354.18 万人）的 6.9%。在文化产业法人单位从业人员中，按单位性质分，从事经营性文化产业的人数为 80.19 万人，占 86.0%；从事公益性文化事业的人数为 13.04 万人，占 14.0%。按行业类别分，文化制造业吸纳的从业人员最多，达 49.69 万人，占 53.3%；文化服务业从业人员为 38.23 万人，占 41%；文化批零业从业人员为 5.32 万人，占 5.7%。年产值过 100 亿元的特大型企业 3~5 家，年产值过 10 亿元的大型企业 15~20 家，年产值过 1 亿元的民营文化创意企业 15 家。文化创意企业中的上市公司 5 家，市值过 200 亿元的达到 2~3 家。文化创意企业领域的中国驰名商标突破 20 个，湖南省著名商标 35 个以上。收入超过亿元的文化企业达 110 个，利润超过千万元的企业达 235 家，上市文化企业 5 家。

3. 种类和体系比较齐全

按照国家行业分类标准，文化和创意产业一共有 120 个行业小类，2014 年，全省规模以上文化企业分布于其中的 91 个行业，占所有文化和创意产业行业的 75.8%；另外 29 个行业虽然暂时没有规模以上文化单位，但也存在大量准规模以上单位。文化和创意产业行业按大类分，一共十大类，规模以上文化单位覆盖了所有十大类行业。这说明，湖南已经建立门类齐全的文化与创意产业体系。

4. 部分行业居全国领先地位

湖南在支持、引导文化产业发展的过程中，充分利用本地文化资源优势，大力推进精品名牌带动战略，湖南文化和创意产业中部分企业与行业在国内乃至国际具备显著的优势与较大的影响力，如湖南广电、浏阳花炮、文化旅游等都已经成为全国知名的文化品牌。湖南广电下属单位湖南卫视收视率在全国省级卫视高居榜首，在 2014 年亚洲品牌 500 强排行榜，湖南广电居 136 位，湖南卫视也居于亚洲卫视前五强。湖南广电集团下属的湖南广播电视台、湖南广播电视台卫视频道、快乐购物有限公司 2014 年营业收入分别达到 46.0 亿元、30.3 亿元和 29.7 亿元。浏阳烟花爆竹在国际上占有重要的位置，占有国际 50% 左右的份额，产品出口到美洲、欧洲、东南亚等 100 多个国家和地区，并具备全球首家烟花爆竹上市公司。

5. 文化基础设施良好

2014 年末，全省有艺术表演团体 271 个，群众艺术馆、文化馆 143 个，公共图书馆 136 个，博物馆、纪念馆 115 个，广播电台 13 座，电视台 15 座，有线电视用户 1133.6 万户。广播综合人口覆盖率 94.06%，比 2013 年提高 0.58 个百分点；电视综合人口覆盖率 97.98%，比 2013 年提高 0.47 个百分点。国家级非物质文化遗产保护目录 118 个，省级非物质文化遗产保护目录 202 个。出版图书 12254 种、期刊 248 种、报纸 48 种，图书、期刊和报纸出版总印数分别为 4.2 亿册、1.4 亿册和 13.4 亿份。

6. 产业结构不断完善

湖南省文化创意产业的内部结构不断完善，新兴产业发展态势良好。2014 年，湖南文化创意产业以新闻、广电、出版和文化艺术等产业为主的"核心层"实现增加值 172.4 亿元，占全部文化产业增加值的 11.4%；以网络文化、休闲娱乐、旅游文化、广告及会展、创意和设计服务等为主的"外围层"实现增加值 403.3 亿元，占文化产业增加值比重的 26.6%，湖南省全省创意设计行业营业收入 158.12 亿元，占文化创意产业的 50.6%；数字媒体和数字出版行业营业收入分别为 81.96 亿元和 71.00 亿元，占比分别为 26.2% 和 22.7%；动漫游戏行业营业收入 1.58 亿元，占比为 0.5%；以从事文化用品、设备及相关文化产品生产、销售为主的"相关层"所构成的完整的产业体系，实现增加值 938.1 亿元，占全部文化产业增加值的 62%。从构成文化和创意产业的十大类观察，构成第一层次的新闻出版、广播电视电影、文化艺术、文化信息传输、文化创意和设计、文化休闲娱乐服务和工艺美术品的生产等占比分别为 3.71%、4.21%、3.12%、3.41%、8.73%、8.34% 和 6.04%；构成第二层次的文化产品辅助生产、文化用品生产和文化专用设备生产等占比分别为 11.80%、49.20% 和 1.44%（见图 11-2）。

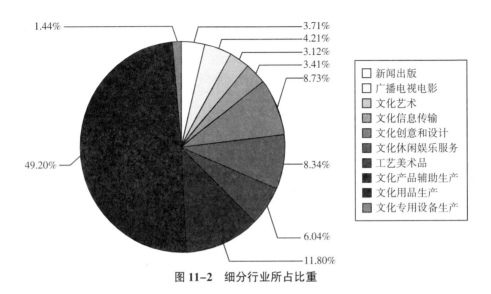

图 11-2　细分行业所占比重

图例：
- 新闻出版
- 广播电视电影
- 文化艺术
- 文化信息传输
- 文化创意和设计
- 文化休闲娱乐服务
- 工艺美术品
- 文化产品辅助生产
- 文化用品生产
- 文化专用设备生产

7. 各市州发展态势良好

2014 年，长株潭地区、洞庭湖地区、大湘西地区和大湘南地区文化和创意产业增加值占全省比重分别为 59.4%、16.5%、9.4% 和 14.7%。省会长沙市文化和创意产业增加值总量遥遥领先，达到 688.94 亿元，占全省的 45.5%，比总量位居第二的株洲多 537.02 亿元，首位度特征明显；从对国民经济的贡献看，2014 年，长株潭地区文化和创意产业增加值占本地区 GDP 的 7.78%，洞庭湖地区、大湘西地区和湘南地区分别仅占 3.87%、3.15% 和 4.01%，长株潭地区远高于其他地区。14 个市州中，文化和创意产业增加值占 GDP 比重超过 5% 的仅三个市，分别为长沙（占比为 8.8%）、株洲（占比为 7.03%）、郴州（占比为 5.43%），其中长沙、株洲占比超过全省 5.6% 的平均水平。从规模以上文化企业数量观察，分市州看，长沙、株洲、岳阳、郴州分列前四位，占全省比重为 69.7%；张家界、湘西、永州、怀化位列后四位，占比仅为 7.3%。分地区看，长株潭地区、大湘西地区和湘南地区分别为 1333 家、241 家和 352 家，占比分别为 56.2%、10.2% 和 14.9%。从规模以上文化企业规模观察，地区差距仍然较大，省会长沙优势明显。营业收入位列全省前 10 的企业，有 6 家分布在长沙，其余为衡阳两家，岳阳、常德各一家。永州仅有一家营业收入位列前 100 名的企业，排在第 81 位（见表 11-1）。

表 11-1　湖南省分市州文化和创意产业增加值和规上文化单位数

地区	文化和创意产业增加值（万元）	文化和创意产业增加值占GDP比重（%）	规模以上单位数（个）	营业收入位列全省前10名企业个数（个）	营业收入位列全省前100名企业个数（个）
全省	15138640	5.6	2370	10	100
长沙市	6889361	8.80	959	6	48
株洲市	1519189	7.03	303	0	0

地区	文化和创意产业增加值（万元）	文化和创意产业增加值占 GDP 比重（%）	规模以上单位数（个）	营业收入位列全省前 10 名企业个数（个）	营业收入位列全省前 100 名企业个数（个）
湘潭市	581101	3.70	71	0	4
衡阳市	917875	3.83	120	2	4
邵阳市	567723	4.50	108	0	5
岳阳市	1278636	4.79	209	1	16
常德市	687054	2.73	82	1	2
张家界市	109598	2.67	24	0	0
益阳市	526324	4.20	99	0	3
郴州市	1016658	5.43	180	0	15
永州市	298990	2.30	52	0	1
怀化市	283443	2.40	54	0	0
娄底市	306854	2.53	65	0	2
湘西自治州	155834	3.41	44	0	0

（二）湖南文化创意产业发展趋势

1. 高技术化发展

在文化经济与知识经济的背景下，文化创意与技术创新相互渗透、互为表里的耦合发展成为文化创意产业发展的一个重要特征。技术创新支撑文化创意，文化创意需求与引领技术创新，高新技术带来的信息化、数字化、网络化、智能化趋势不仅极大地推进了文化创意产业的发展，而且主导着未来文化创意产业的发展。英国提出的创意产业部类，不仅包括新兴的产业类别，如动漫、游戏、数字艺术等，也包括仍沿用过去分类的电影、电视、服装设计等部类，但其内涵已大大改变，变成了数字电影、数字电视、数字设计，乃至信息设计。科技改变了产品的形态和消费方式，高科技信息技术可以创造一个基于数字化、网络化和多媒体化的新型文化消费市场，使精神文化消费呈现多样化、多层次、个性化增长的特征。比如，消费者对看电影的需求，从胶片投影到镭射，到高清数字，再到3D 宽银幕；对手机的需求，从能发短信到发彩信，到视频通话，再到 3G 上网浏览；对书籍的需求，从传统纸质介质到立体弹跳纸质图书，到电子图书，再到有声读物等。"三网融合"就可以把原来需要三种渠道才能进行的消费，合并成一种渠道，极大地方便了消费者对电视、电话、网络的使用，并大大降低了消费成本。

湖南省广播电视台以"传统媒体整合做、新老媒体融合做、内容渠道捆绑做、引进伙伴双赢做"为方针，与上海盛大、深圳腾讯、淘宝网、湖南移动开展合作，不断延伸媒体产业链。湖南出版集团与拓维信息优势互补、共同投资成立了北京掌上红网文化传播股份有限公司，与日本角川集团共同组建了天闻角川动漫公司。

2. 融合化发展

2014 年，国务院发布《国务院关于推进文化创意和设计服务与相关产业融合发展的若干意见》，在该文件中指出文化创意和设计服务已贯穿经济社会各领域、各行业，呈现出多向交互融合态势。文化具有强渗透、强关联的效应，产业大融合背景下，文化产业表现活跃，铸造了"文化+"这个崭新的发展形态，意味着文化创意产业正进入"升级版"的转型与融合发展的新阶段。"文化+"的融合趋势主要有跨要素融合和跨行业融合两种，跨要素融合是以文化、科技、信息、创意、资本、市场、人才、品牌等为代表的产业要素，形成以"文化+科技"、"文化+金融"、"文化+创意"等为代表的融合发展模式，已经在产业层面得到广泛应用。跨行业融合是文化产业的"对外跨界"，通过行业间的功能互补和链条延伸，文化内容和创意设计向三次产业渗透，行业之间共生相辅，通过融合找到第二、第三产业新的增长点，第二产业要第三产业化，要创意化、高端化、增值服务化，以推动文化与经济发展。当前，"文化+制造业"、"文化+旅游"、"文化+农业"、"文化+互联网"等多种业态融合模式不断涌现。

湖南动漫在转型中开始融入其他领域，催生了新的动漫发展形态。鼎翰文化传媒有限公司原创动画片《保险西游》，是动漫与金融、保险业的结合，为公司带来上千万元的收入；金鹿梦场影视传媒文化有限公司原创电视剧《金鹿游中华》，将动漫文化与旅游深度结合；蓝猫动漫教育全网，将动漫文化渗透到幼儿教育之中。

3. 集聚化发展

文化创意产业的集聚发展能产生集聚效用，能实现文化创意产业的纵向价值链不断创新和增值，能把产业价值链上的创意人才、文化资源、资金、技术等各个环节有机融合，实现原创性的文化创意规模化、产业化。文化创意产业集群发展将带来四大效应：一是外部经济效应。知识和专业技术的交流，节省了产品的制造成本和空间交易成本，相近企业之间的竞争又可以提高生产率和整体效益。二是人才聚集效应。产业集群不仅可以吸引各类资源、要素参与，而且可以成为人才聚集的热点地区。三是知识创新效应。区域内的企业彼此竞争，带动产业不断升级，产生新的知识创新和技术创新，形成竞争优势。四是集群力量效应。产业集群相对集中，可有效阻止外来产业干扰已有的产业链，保持集群的整体性力量。

湖南省开始引导文化产业向园区集聚、资源向基地集中，引导加快建设一批文化创意产业创新、示范和孵化基地，打造一批主业突出、集聚效应明显、具有示范带动作用的省级文化创意产业园区和基地，促进文化资源和要素向优势产业和企业的适度集中，提高产业集中度和企业规模，形成规模效应，提升文化产业发展层次和提高文化发展质量，转变传统文化发展模式，同时全面发展优势产业的下游产业、周边产业、关联产业、衍生产业，推动文化和创意产业链的延伸。

三、湖南文化创意产业创新驱动发展存在的问题

近年来，我国文化创意产业发展突飞猛进，形成了"三足鼎立，群雄并起"的基本格局。"三足"是指以北京为中心的环渤海湾文化创意产业圈，以上海为中心的"长三角"文化创意产业圈，以深圳、广州为中心的"珠三角"文化创意产业圈。"群雄"主要有杭州、重庆、天津、南京、武汉、西安、成都、苏州等城市。湖南地处中部，北有北京，南有广深，东有上海，被这些文化创意产业发达的省市铁桶一样包围，从而极易造成湖南地区人才、技术和资金的流失，省委、省政府政策的有效性将面临极大挑战。

（一）人才问题

由于政策支持力度比较大，湖南省创意产业的"硬实力"在迅猛增长中，但与之不相协调的是，文化创意产业人才资源这一"软实力"增长缓慢，从图 11–3 可以看出，创意

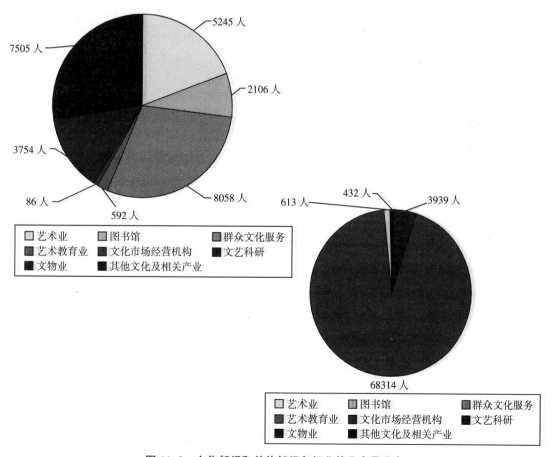

图 11–3　文化部门和其他部门各行业从业人员分布

人才队伍现状不容乐观。

1. 人才数量短缺

对于湖南省而言，虽然近年来湖南省文化创意产业中的就业人数不断增多，但人才供给与行业需求之间仍然存在着巨大的缺口。

一方面，各类文化创意技术人才不足。信息技术革命给传统文化产业注入了发展活力，创造了很多新兴的文化产业机会，带动了以网络媒体、数字动漫、网络游戏等为代表的文化创意产业的蓬勃兴起，也带来了巨大的文化创意人才需求，而人才培养的相对滞后使得文化创意产业技术人才供不应求。例如，湖南省的动漫产业在全国一直居于领先地位，其中电视动漫的产量一直居全国首位，最多时占比达到 60%。据保守估计，湖南省至少需要 3000 名动漫专业技术人员，而目前湖南省只有约 1000 名合格的专业技术人员，动漫产业的创意人才、设计人才、制作人才、渲染师、特效师和合成师等都难以寻觅。如何适时培养出产业发展急需的各类专门技术人才，是湖南省文化创意产业面临的紧迫问题。

另一方面，复合型和国际化人才短缺。文化创意产品的生产离不开与意识领域的紧密结合，由此决定了文化创意产业是一个多领域、多学科交织的产业，需要大量跨学科领域、跨传统知识边界的复合型人才，而传统的文化创意人才培养在教育理念和课程安排方面远远不能适应这一要求。例如，目前湖南省乃至全国许多动漫教育不设置人文艺术、哲学、历史等课程的教育，仅局限于动漫制作技术的训练，导致国内的许多动漫产品缺乏人文内涵和历史底蕴，从而造成外国创作的《功夫熊猫》和《花木兰》等动漫作品"返销"中国的尴尬局面。

2. 人才结构失衡

湖南省文化创意产业人才不仅在总量储备上较少，而且在结构上也不合理。创意人才必须是受过良好教育、知识结构合理、涉猎范围广泛、综合素质高的复合型人才，而目前湖南正缺乏这样的创意人才。究其原因，首先是教育体制的问题，现行教育模式的僵化特别是学校专业设置的不合理，已经越来越不能适应经济社会发展的要求，一方面是为数众多的企业苦苦寻觅高端创意人才，另一方面却是大量低端人才找不到就业机会。目前湖南省文化创意产业还没有形成独立的人才自我培养机制和开发系统，文化创意产业人才大多从传统产业转移而来，缺乏专门的创意理论和实践训练，缺乏经验，整体素质偏低。据调查，湖南省文化创意产业从业人员相对年轻，正处于积累和成长的阶段。经过短期培训、半路出家的人员较多，受过系统专业培养教育的高学历人才较少；低端运营、服务人员和纯研究人员较多，策划、设计和创作人才较少；操作型人员较多，富有创造性、想象力和原创性的人才较少。特别是文化素养较高、掌握高新技术、创新能力突出、精通经营管理的高端人才的极端匮乏已经成为产业发展的瓶颈。

（二）文化创意产业投入不足

政府资金是企业开展文化创意研究的先导，政府投入比重偏低在一定程度上影响政策对湖南省文化创意产业的引导以及文化创意产品的开发应用。从 2015 年《全国文化及相关产业统计年鉴》统计数据可知，湖南省政府投入资金明显低于东部沿海发达城市，甚至低于中部某些省份。

1. 部分省份投入对比

湖南创意产业与北京、上海相比，不仅缺乏地理优势，而且缺乏创意产业发展的文化土壤。所以文化创意产业企业也相对较少，企业偏少也直接导致了湖南文化创意产业投资的不足。因此，要发挥湖南文化创意对经济的带动作用，就要不断扩大文化创意产业的投资，促进文化创意产业的发展壮大。"十二五"期间，湖南每年安排 1.2 亿元建立文化产业引导资金，而北京市和上海市从 2006 年起分别每年安排 5 亿元和 8 亿元文化创意产业发展专项资金，用于扶持发展文化创意产业；深圳市政府决定每年安排 3 亿元专项扶持资金，对创意产业进行贷款贴息和奖励等。北京市还规定对文化创意企业的研发和产品出口，减免其所得税、营业税。相对而言，一方面，湖南政府支持力度有限；另一方面，文化企业尤其是小微文化企业融资渠道狭窄，发展资金尤为不足。

从图 11-4 对比来看，湖南省对文化创意产业的投资总量远远落后于其他省份，更不要说北京、上海、广州等发达的一线城市。从增量来看，湖南省正在对文化创意产业进行大力投资，但是前期投资较少，基础薄弱。所以，湖南省还需加大投资力度，大力响应中央关于发展新兴产业的号召，充分利用湖南省的文化底蕴，合理规划自然及人文资源，早日达到文化强省的目标。

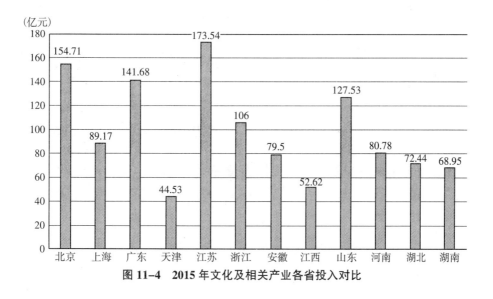

图 11-4　2015 年文化及相关产业各省投入对比

2. 各行业投入对比

根据湖南省 2015 年《湖南省统计年鉴》公布的数据，按国民经济行业统计各行业 R&D 经费支出情况，制造业经费支出最多的是首个超过百亿元的行业，R&D 经费支出有 3049504 万元。教育业和科学技术服务业 R&D 经费支出分别为 268965 万元、205134 万元，也是超过 10 亿元的行业。这三大行业 R&D 经费支出是所有行业中最大的，占全部的

95.8%。其次是建筑业 R&D 经费支出 72090 万元，电力、燃气业 R&D 经费支出 31732 万元，采矿业 R&D 经费支出 19210 万元，社会保障和福利业 R&D 经费支出 16136 万元，这四个行业的 R&D 经费支出也过亿元，占全部 R&D 经费支出的 3.8%。交通运输业 R&D 经费支出 6093 万元，计算机服务业 R&D 经费支出 4488 万元，金融业 R&D 经费支出 2506 万元，农、林、牧、渔业 R&D 经费支出 1835 万元，水利环境业 R&D 经费支出 1188 万元。最少的行业是文化、体育、娱乐业和租赁、商务服务业，R&D 经费支出分别是 284 万元和 182 万元（见图 11-5）。由此可知，湖南省政府在文化创意产业 R&D 经费支出非常少，排在其他许多行业之后。

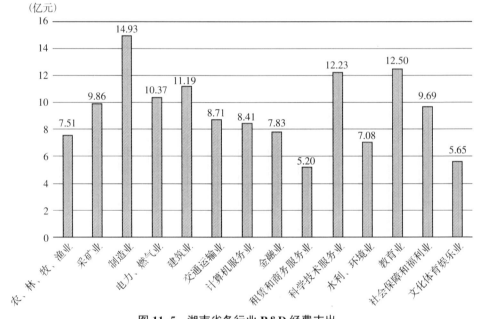

图 11-5　湖南省各行业 R&D 经费支出

（三）创意产品保护难度大、保护力度不够

文化创意产品经济价值的实现必须通过市场来完成，而将文化创意产品推向市场的过程实质上就是知识产权交易的过程，创意人或者创意企业在对其创意作品进行知识产权开发、运用的基础上进行交易，以实现知识产权的价值，为个人或企业获得利润。

1. 不注重保护，致使创意流失

目前存在于文化创意产业中的突出问题是，大多数创意企业对知识产权的作用和如何起作用认识不足、运用不当，导致很多非常好的创意和产品在诞生之初就没有得到全方位保护而流失。创意流失主要有以下几种情况：首先，对创新成果保护意识不强。在形成了有独创的技术成果后，对技术成果没有采取适当的保护措施，导致技术成果不能得到保护。其次，人员流动引起创意流失。例如，人员辞职、跳槽带走了专有技术和技术秘密，导致创意流失。最后，成果闲置造成创意流失。例如，研发出来的技术没有及时申请专利,新品牌没有及时注册商标,甚至导致别人或其他企业抢先申请或注册专利、商标。政府文化创意产业的知识产权保护意识不强,使许多企业没有寻求创新性的发展,而是一味地照搬别人的模式,进行不断的重复建设。特别是一些科技含量不高的创意产品,更是难以进行创意保护,如湖南广电每推出一个收视率较高的节目,不久就会在全国各地出现很多"换汤不换药"的山寨版本。

2. 侵权成本低廉,消磨创新热情

由于创意产业是聚集脑力劳动者智慧的创意,具体的载体通常是数字信息产品。相对于传统产品,数字信息产品有着开发难、复制容易的特点,并且复制成本极其低廉。文化创意产品的产权形式一般都是版权,目前湖南省的版权交易市场还没有建立起来,市场交易大多是场外交易,侵权和盗版问题严重。例如,盗版软件压缩一张盗版光盘的成本大致是 1 元,批发至少是 2.5 元,而最终销售价格每张盘至少是 5~6 元,毛利率超过 200%。可以说,对于文化创意产业,信息内涵的复制成本、制作成本与创意产品的开发相比接近于零。盗版猖獗,历来是我国文化产业知识产权保护打击的重点。

(四)产业集聚度不高

已有研究根据经济基础、城市化水平、科技创新、人力资本、政府对文化产业支持、对外开放这六个因素对湖南省文化产业集聚度的影响做了实证分析,最后得出全省文化产业在长沙市和张家界市的集聚度最高。虽然长沙有天心区文化产业园区、金鹰影视文化城和湖南国家动漫产业振兴基地等全国闻名的文化创意产业园区,张家界有魅力湘西旅游开发基地,是典型的"文化+旅游"的文化创意产业集聚区,但是相比之下湖南省其他各市州的集聚程度并不明显,导致湖南省文化产业聚集在整体上呈现集聚程度不高、规模经济不明显、产业布局不平衡等问题。原因在于,一是湖南省的广播电视业、出版业、报业、文化娱乐业等在全国具有较高的位次,但面对国际和国内的竞争,湖南文化产业总量和规模存在较大的差距,文化产业链不大,行业之间的联系不密切,也未形成多元化的产业发展格局;二是在"文化强省"的战略指引下,各市州加快文化产业建设,文化企业数量增加较快,但总体而言,尚未形成龙头企业带动、优势互补的集群发展态势,普遍存在企业规模偏小,且分散重复等问题,产业难以形成竞争力和规模经营。株洲虽然文化产业经营单位众多,达 1763 家,从业人员逾 15 万,但小规模企业比重偏大,规模以上、影响大的龙头企业偏少,文化上市公司空缺,没有省级以上文化产业示范园区和基地,经济效益和产业组织集约化程度不高,难以与促进大型文化企业集团"改制重组"、"做大做强"的社会主流趋势协调,资源分散,不易形成合力。

(五)企业自主创新意识不强

文化企业自主创新意识不强主要表现在文化和创意制造业比重偏高,而文化和创意服务业比重偏低,其中 2014 年湖南文化和创意产业制造业与服务业增加值分别为 68.3%、25.58%,与全国产业结构平均水平相比,文化和创意服务业占比低了 21.42 个百分点。因为湖南省大多数文化企业停留在模仿阶段，生产文化辅助产品和文化用品的企业众多，对提高核心竞争力关注不多，紧迫意识和自主意识不强。随着消费水平的提高，用普通技术制作出来的文化产品已不能满足消费者的需求，消费者对文化的消费需求会向高端化发展，高端化需要数字媒体等科技创新来保障，但湖南省只有山猫公司、金鹰卡通集团、中南出版传媒集团、拓维信息等少数的一些知名自主创新型企业，其他文化企业创新研发意识有限，普遍缺乏自我造血功能和自主研发能力，文化创意和设计服务内涵不足，这可能与科技创新需要大量的资金投入和较长的研发过程有关，使得文化企业不愿意把文化和科学技术结合起来。

四、湖南文化创意产业创新驱动发展建议

（一）加强创意人才队伍建设

人才是制约湖南省文化创意产业发展的瓶颈，湖南省要实现文化创意产业的快速、健康、可持续发展，必须采取有力措施加强文化创意产业人才队伍建设，打造一支数量合理、结构均衡、质量合格的文化创意产业人才队伍。

1. 制订湖南省文化创意人才队伍建设中长期规划

文化创意人才队伍具有专业性强、涵盖面广、门类多、分工细的特点，需要进行科学规划。湖南省要以《国家中长期人才发展规划纲要》和文化部《全国文化系统人才发展规划（2010~2020年)》为指导，以《湖南国民经济和社会发展第十二个五年规划》和《湖南省中长期人才发展规划纲要》为基础，针对目前文化创意人才队伍的实际情况，从有利于文化创意产业发展的角度出发，制订湖南省文化创意人才队伍建设中长期规划，从战略的高度为文化创意产业人才的培养工作指明方向。

2. 创新文化创意产业人才培养模式

文化创意人才是一种应用型很强的人才，这就要求人才培养必须立足于产业特点，积极构建开放、共赢、互补、高效的产学研相结合的模式，培养既有理论知识又具有实践经验的文化创意人才。湖南省应根据培养文化创意产业人才的需要，组织高等学校开展"产学研联合培养文化创意人才改革试点"，探索建立高等学校与科研院所、行业、企业联合培养文化创意产业人才的新机制，推动校企共同制定人才培养标准，共同设计培养目标，共同制订培养方案，共同开展专业课程、"双师型"教师队伍和实习实训基地建设，努力打造文化创意类省级精品课程、精品教材和教学创新团队。

3. 完善优化文化创意人才队伍建设的机制环境

创意人才队伍建设，政府是第一推动力，需要出台一些鼓励性、扶持性的政策，推进创意人才队伍建设。湖南省文化创意产业还处在起步阶段，有关部门要围绕文化创意人才

培养、吸引和使用等关键环节，不断完善相关制度法规，不断完善以能力和业绩为导向的文化创意人才培养和评价机制，以及"公开、平等、竞争、择优"的选人、用人机制，不断优化人才政策环境、法制环境、舆论环境和社会环境，逐步形成有利于文化创意人才成长和发挥作用的机制环境。

总之，创意人才是创意产业的第一核心要素，鼓励创意企业、高等院校、科研机构共建人才培养基地，支持有条件的园区和企业设立博士后工作站，加强高校的艺术、设计、软件、传媒、表演等专业学科建设，着力培育创意、策划、管理等方面的人才。将文化创意产业高层次人才引进纳入"百人计划"范畴，制定文化创意产业高层次专业人才认定标准，并按照有关规定享受相关优惠政策。鼓励企业海外引才、引智，对自带项目和团队来湘工作的创意创新领军人才、高级经营管理和研发人才，对入选"百人计划"的文化创意产业人才，按有关规定享受资助及保险、医疗、配偶安置、子女入学等特定工作条件和生活待遇。对在国际或国内文化创意知名企业有三年以上工作经历，且担任中高层职务的管理人员和核心技术人员（团队）来湘创业，由省级按照本人（团队）实际投资额（不含银行贷款）1∶1的比例给予创业资金扶持，最高不超过500万元。另外，从湖南省各地方选拔一些有潜力的创意人才赴国内外文化集团研修或大型媒体考察，培养一批文化创意经纪人才和经营专业人才。

（二）政府加大扶持力度

政府应加大财政投入，增加省文化产业发展专项资金规模，加大对文化创意产业的支持力度。各级地方政府需要出台相关政策，设立文化产业投融资基金和政府文化产业创业引导基金，积极招商引资，吸引国内外风险资本投入文化创意企业和项目，鼓励银行等信贷金融机构以奖励、贴息等方式资助支持文化创意示范园区、示范企业、示范项目和公共服务平台建设。

1. 对文化创意企业实行减税政策

对高新技术文化创意企业，按15%的税率征收企业所得税，不超过工资薪金总额8%的职工教育经费支出部分，准予在计算应纳税所得额时扣除，企业发生的符合条件的创意和设计费用，执行税前加计扣除政策。落实营业税改增值税试点有关政策，对纳入增值税征收范围的国家重点鼓励的文化创意产品出口实行增值税零税率或免税，对国家重点鼓励的创意和设计产品出口实行增值税"零税率"。

2. 加强金融创新，拓宽融资渠道

加强金融服务，对经认定的省级重点文化创意产业项目，给予信贷优先支持。积极探索专利权、版权、收益权、商标权、销售合同等无形资产抵（质）押及其他权利抵（质）押贷款，建立知识产权质押融资的风险补偿分担机制。支持符合条件的文化创意企业上市，或通过发行短期融资券、中期票据、区域集优中小企业集合票据、企业债、集合债、公司债、中小企业私募债等工具进行融资，对发债费用予以补助或贴息。完善文化创意产业投融资担保体系，引导专业担保公司为文化创意企业融资提供担保服务。发挥省文化旅游产业投资、湖南高新创投集团等基金、公司股权投融资作用，采用阶段参股、跟进投资等方式，吸引国内外风险资本投向初创型文化创意企业。发挥联合利国文化产权交易所、湖南文化艺术品产权交易所的产权投融资作用。

另外，保障产业用地，优先安排重大文化创意产业项目用地计划。新建或通过旧城改造建设文化创意产业的项目用地，享受省文化体制改革优惠政策。支持以划拨方式取得土地的单位利用存量房产、原有土地兴办文化创意产业，在符合城乡规划前提下的土地用途和使用权人可暂不变更，连续经营一年以上，符合划拨用地目录的，可按划拨土地办理用地手续；不符合划拨用地目录的，可采取协议出让方式办理用地手续。

（三）品牌创建和保护

品牌既是一个企业的灵魂，也是一个企业生存发展的根本。文化创意产业是指依靠创意人的智慧、技能，借助高科技手段对文化资源进行创造与提升并产生出高附加值产品的新兴产业。品牌是创意文化产业的"魂"，品牌就是效益，品牌就是市场，塑造国内乃至国际上享有盛誉的品牌是文化创意产业发展的根本。

1. 品牌创新

文化品牌是文化软实力的重要标志，体现了文化的核心竞争力，在文化产业领域，规模竞争不再是未来的主要方向，取而代之的是品牌竞争，搞好文化品牌建设对文化产业附加值和知名度提升有很大帮助，因此湖南省文化企业要加强湖南综合性品牌的打造研究，更加主动地创造"湘"字号的文化品牌，文化企业应坚持"引进来"，引进、消化、吸收国外先进文化成果和文化产业发展理念。湖南卫视通过引进《爸爸去哪儿》《我是歌手》等节目提升了湖南卫视的品牌知名度，不仅可以吸引更多的企业在湖南卫视上做广告，而且还可以带动相关产业的发展。现阶段湖南省文化品牌还处于引进、消化阶段，下一步的任务就是吸收并创新，融合湖湘特有的文化元素，把湖湘文化进一步推出去。

2. 完善知识产权保护机制

完善知识产权保护的相关法律法规，加强知识产权监督执法，加大对侵权行为的惩处力度，制定实施文化创意产业知识产权战略，加强知识产权运用和维护，完善网络环境下的知识产权保护等相关政策。鼓励文化创意企业在国外注册商标、申请专利并做好著作权备案（认证）工作。完善知识产权入股、分红等形式的激励机制和管理制度。活跃知识产权交易，促进知识产权的合理有效流通。鼓励企业、院校、科研机构成立战略联盟，引导创意和设计、科技创新要素向企业聚集，提升企业的知识产权综合能力，培育一批知识产权优势企业。加强知识产权舆论宣传，营造"尊重知识、崇尚创新、拒绝侵权盗版"的良好社会环境。

继续清理现有行政审批事项，进一步减少文化创意领域审批事项，确需保留的，要精简审批流程，严控审批时限，公开审批标准，提高审批效率。清理其他不合理收费，完善城乡规划、建筑设计收费制度，鼓励和推行优质优价。加强市场监管，营造文化创意产业公平竞争环境。

（四）打造具有地区特色的文化创意产业集群

湖南省在提升文化创意产业核心竞争力时应注重各地区的特色，因地制宜地发展文化创意产业，发展具有地区特色的文化和创意产业，长株潭地区应重点培育传媒出版、创意设计、动漫游戏、影视制作、音乐创作、网络文化服务等高端和新兴文化服务业。湘南地区应承接、转移、增强产业发展优势，依托湘南特色文化资源，重点发展文化旅游、演艺娱乐、影视传媒、印刷复制等文化服务业，积极开发珠三角等地旅游市场，承接文化产品和设备制造等产业转移，形成若干有竞争力的文化服务业转移集聚区。大湘西地区应重点打造文化旅游产业带，深入挖掘旅游景区潜力，推出更多优秀演出节目，打造演艺培训基地；推动具有湘西文化特色的创意设计、影视传播走向国内外，支持承办各类具有国际影响的文化会展、体育竞赛活动；鼓励社会资金投资大湘西地区文化旅游业，加强区域内资源联合开发保护，提升整体竞争力。洞庭湖地区应建设生态文化服务集聚区，加快构建环湖综合交通体系，围绕生态经济区建设，大力开发君山茶、黑茶、国际龙舟、遗迹故居等文化资源，培育文化体育、休闲养生、创意设计等新兴文化服务业，发展生态旅游、文博会展、演艺娱乐、印刷包装、广告传媒等产业，打造湘北生态文化服务集聚区。同时各市州政府应加大对产业园区的政策扶持力度，引导文化创意产业规范发展，加强公共技术、资源信息、投资融资、交易展示、人才培养、交流合作、知识产权、成果转化等服务体系建设，加大对创意园区基础设施（包括水、电、气、通信、非主干路等）、环境整治、产业服务平台和共性技术平台等公共设施的投入力度，挑选扶持一批拉带动性大、竞争力强的重点产业项目入园，进一步促进文化资源和要素向优势产业和企业适度集中，提高产业集中度和企业规模，形成规模效应，同时带动下游产业、周边产业、关联产业、衍生产业的发展，推动文化和创意产业链的延伸，带动全省文化和创意产业全面、协调发展。

（五）加强文化企业创新意识

创意就是生意，推动文化产业创新发展，必须坚持内容为王，从供给端发力，狠抓原创作品，做"金字塔尖"的内容。一是加强创新型文化企业建设。努力培养一批龙头文化企业，推进公共技术服务平台建设，依托高校和科研机构建设产学研相结合的文化服务研发中心，加强核心技术研究，重点开发数字动漫制作、网络出版、MPR多媒体复合关联编码等关键技术，加强具有自主知识产权的软件、技术标准等开发，推动文化服务研发成果产业化。二是加快企业创新步伐。推动文化服务生产、传播、消费的数字化和网络化进程，积极培育以数字电视、宽带接入、视频点播、在线游戏等为代表的新型业态，加快"文化+信息"、"文化+互联网"的融合发展，打造文化服务业新的增长点。三是强化组织创新支撑。加强商业模式、管理模式、运营模式、服务平台创新，完善产学研用创新体系，鼓励自主创新文化服务产品的创作、开发、制作与传播，可以在产品设计和营销过程中加入更多的文化创意。例如，安徽有一家企业做工艺型茶，它把茶编成各种各样的花样，泡的时候能展现出那些花样来。在茶文化节中，该企业展示的一种工艺型茶，泡了以后，当中三朵白菊花就展开了,这个茶叶取名叫"连升三级"。同样是绿茶和白菊花,这个茶的卖价就提高了好几倍,而且适合作为礼品赠送。四是鼓励"引进来",引进消化、吸收国外先进文化成果和文化产业发展理念,提升国际化水平。五是积极开展以创新精神为重要内容的思想文化建设。要把创新变成一种社会文化,鼓励文化企业形成一种崇尚科学、勇于改革创新的精神,鼓励人们把聪明才智都开发出来,转化为社会财富,最终形成"大众创业,万众创新"的文化创意产业繁荣发展的新局面。

参考文献

[1] 鲍丽雯. 湖南文化创意产业优劣势分析及发展策略 [J]. 合作经济与科技,2012 (22):24-26.

[2] 贺正楚. 文化创意产业发展模式研究:以湖南省为例 [J]. 长沙铁道学院学报(社会科学版),2013 (3):66-68.

[3] 湖南省统计信息网. 2014 年湖南战略性新兴产业发展报告 [EB/OL]. http://www.hntj.gov.cn/fxbg/2015fxbg/2015jczx/201503/t20150310_115271.htm.

[4] 湖南省统计信息网. 2014 年湖南文化和创意产业发展状况及对策建议 [EB/OL]. http://www.hntj.gov.cn/tjfx/jczx_3462/2015jczx/201511/t20151103_514770.html.

[5] 李军林. 湖南省文化创意产业发展战略研究 [J]. 现代商业化,2013 (7):72-73.

[6] 秦佳. 文化发展的特定维度:解析一种新形态 [J]. 改革,2012 (9):150-155.

[7] 尹明明. 文化创意人才队伍建设 [J]. 临沂大学学报,2014 (2):118-121.

[8] 张卫枚. 湖南省文化创意产业人才队伍建设研究 [J]. 对外经贸,2013 (3):121-123.

(主要撰稿人:彭清华 贺曲夫 李修恺 徐习景 张松彪)

第十二章
湖南旅游业创新发展现状与对策建议

从国际、国内旅游业发展环境看，全球已经进入"旅游时代"，旅游基本实现了休闲化、大众化和社会化，成为人们的一种普遍生活方式。同时，世界各地也开始注重旅游业的发展，希望通过旅游业的发展，在一定程度上促进当地经济的发展，旅游业正在成为带动全球经济复苏的重要引擎，加快发展旅游业正成为很多国家的战略决策。国内旅游消费也在日趋旺盛，促进旅游业向好的一面发展，为了迎合广大消费者的需要，各个地方都在不断改进旅游业的发展形式。湖南省是一个旅游资源丰富的大省，奇特的风光景色、深厚的文化底蕴、少数民族的多情风姿都促进了当地旅游业的发展，即使是旅游资源大省，在发展旅游业的同时仍然会存在不足。本书首先分析了湖南省的发展现状，发现近几年来湖南省的旅游业得到了快速的发展，湖南省旅游资源丰富，在建项目总投资达到 5600 亿元，其中，总投资额 100 亿元以上的旅游项目 18 个，22 个项目进入中国优选旅游项目名录，累计完成投资额突破 1000 亿元。同时湖南省有 4 个景区荣获国家生态旅游示范区，有 7 个景区被认证为"两型旅游景区"。在旅游总收入方面，也从 2010 年的 1425.8 亿元增加到 2015 年的 3712.9 亿元，增长幅度高达 160.40%，年均增长 21.06%；接待国内旅游者由 2010 年的 2.03 亿人次增长到 2015 年的 4.73 亿人次，增长 133%；旅游总收入相当于全省 GDP 的比例由 8.97% 增长到 12.78%，提高了 3.81 个百分点。A 级景区也在这五年里增加了 135 家，其中，5A 级景区由 2 个增加到 8 个。五星级饭店由 17 家增加到 21 家，四星级由 60 家增加到 72 家，华天酒店集团跻身全国酒店企业集团前 20 强，旅游饭店国际化程度明显提升。为了更好地发展旅游业，本书根据研究的现状分析，湖南省旅游业在未来几年的发展趋势主要包括以下五个方面：第一，从比较单一的观光型旅游产业转向复合型旅游产业；第二，旅游业的高科技化；第三，自由行和私人订制渐成主流；第四，线上旅游消费将继续渗透；第五，红色旅游走销。

湖南省在旅游创新发展过程中仍然存在诸多问题，从总体来看，湖南旅游产业发展面临的主要问题仍然是旅游产品尚不能满足大众化、多元化、个性化的消费需求。目前湖南旅游收入中，旅游观光收入的比例高达 65%~75%，湖南旅游主打产品仍然是观光旅游产品，其他专项旅游产品目前所占份额比例较小，并且仍然停留在低层次开发阶段，产品供求明显不足。有些地方重规模总量轻质量效益、重建设轻管理、重硬件轻软件的现象还比较突出。与旅游产业地位相匹配的政策体系不完善，与产业发展相适应的资源配套不够，中心城市与核心旅游地增长极作用发挥不充分，旅游行业管理手段不规范，某些旅游企业的经营行为还有所欠缺。景区管理和旅游信息发布，采用现代化信息服务手段欠佳，不能针对散客的出行要求，提供高质量的个性化信息服务。目前湖南省旅游发展仍然按照传统旅游的开发与管理模式，未能充分利用湖南省独有的发达旅游产业特色，没有形成媒体、公共设施、旅游景区、旅游企业全覆盖、多层次的立体宣传体系，政府公共营销的力度仍显不足，不能充分利用湖南省媒体传播业发达的优势，广泛宣传与推广湖南旅游形象，打造湖南旅游新品牌，旅游产品的市场竞争力、品牌知名度和影响力需要进一步提升。湖南省旅游业在跨界融合上还停留在初级阶段，仅仅依靠简单的产品叠加，融合方式比较单一，旅游资源整合力度不够，集约化程度不高，旅游产业建设与旅游业态创新滞后。旅游市场秩序、服务质量与人民群众的期待有较大差距。需要针对这些问题提出一些建设性意见，开发满足个性化、多样化的旅游消费需求的旅游产品。突出新兴产业、强实体，加快推动旅游转型升级，推进旅游产品由观光型向多元复合型转型，加强湖南特色商品与旅游商品的融合。要进一步规范景区秩序，净化景区环境，重塑景区形象。建立一批游客集散中心，根据游客增长的需要，不断加强和完善城市的公共服务功能，在跨界融合平台之上推动旅游管理创新、制度创新、科技创新和投融资机制创新，整合旅游资源，引导旅游产业集聚集群发展。湖南省要紧抓未来旅游发展的趋势和特点，不断进行旅游规划模式的创新，更好地完成工作，实现产品的丰富化，推进政府旅游综合协调机制改革，充分发挥各级政府在推动旅游产业发展和旅游目的地社会治理中的主体作用。

一、引言

综观世界旅游业，可以发现全球已经进入"旅游时代"，世界各地的旅游业绝大多数得到了快速发展，同时旅游业现在的发展也越来越休闲化、大众化以及社会化，越来越多的人开始利用空闲时间出去旅游，而且国际旅游业发展到可以入出境旅游并重，一方面可以促进国际间的交流；另一方面可以进一步体现旅游外交的功能。现在很多国家注重旅游业的发展，并把快速发展旅游业作为国家的决策战略，中国现在的旅游业发展速度很快，在旅游业方面的消费也日趋旺盛，旅游业的融合发展将会成为时代发展的趋势，各个地方都在利用各自特有的旅游资源发展当地的经济，预测在未来的二三十年里，我国仍将处于旅游发展的黄金时期。为了适应时代发展的潮流，同时也为了当地经济的发展，湖南省在旅游业方面做得很好。

湖南省是一个名副其实的旅游资源大省，它拥有奇特的山水风光景色，有着深厚的文化底蕴，加上少数民族的多情风姿，同时旅游资源品类齐、品位高、品牌好、数量多。2012年5月，湖南省出台了《关于建设旅游强省的决定》，这标志着湖南旅游已全面步入建设旅游强省的行列。2015年以来，湖南省大力推进"乡村旅游富民"、"红色旅游国际协作"、"智慧旅游便民"。扶持首批104个重点扶贫村发展旅游，提高当地经济发展，并力争将张家界、湘西州地区建设成国家旅游扶贫示范区，探索旅游扶贫的"湖南模式"。

当前，湖南省旅游业已经进入新的发展阶段，是机遇与挑战并存的时期。随着大众旅游时代的到来，社会各阶层对旅游消费的需求日趋强烈，如何吸引更多的消费者来湘旅游，进一步做大做强湖南省的旅游产业，争取在 2020 年前将其打造成为万亿产业，已成为摆在湖南省面前的重要课题。而要实现这一目标，湖南省旅游产业必须实施创新驱动发展，这对进一步推进湖南省旅游产业转型升级、加快建成旅游强省具有重要的意义。

基于此，本书将首先对湖南省旅游产业的现状和未来发展趋势进行详细描述，其次再对湖南省旅游产业创新驱动发展存在的问题进行深入分析，并在此基础上提出相应的政策建议。

二、湖南旅游产业发展现状及趋势

（一）湖南省旅游产业发展现状

作为一种产业，旅游可以有效地促进地区经济的发展；作为一种爱好，旅游可以增长见识、陶冶情操；作为一种休闲文化活动，旅游可以满足人的精神需求，欣赏自然景观，浏览古迹，走进历史，产生思想共鸣。在物资生活富裕的同时，精神文明也得到较快的发展，人们已经有更多的时间和条件去追求精神生活的富裕。现在选择旅游的人越来越多，湖南省的旅游业也得到了快速的发展。湖南省旅游资源丰富，在建项目总投资达到 5600 亿元，其中，总投资额 100 亿元以上的旅游项目 18 个，22 个项目进入中国优选旅游项目名录，累计完成投资额突破 1000 亿元。长沙市、张家界市等国际旅游目的地城市和韶山、武陵源—天门山、南岳、岳麓山·橘子洲、岳阳楼—君山岛、花明楼、东江湖、凤凰等国际旅游精品景区提质升级步伐加快，崀山、老司城成功列入世界遗产名录，城步南山被纳入首批国家公园体制试点区，长沙灰汤国际温泉度假区成为首批国家级旅游度假区，株洲神农谷等四家景区荣获国家生态旅游示范区，新化、麻阳荣获全国休闲农业和乡村旅游示范县，长沙洋湖湿地等七家景区被认证为"两型旅游景区"。旅游业融合发展加快，培育了一批生态旅游、乡村旅游、文化旅游、康体旅游、温泉旅游、研学旅游、邮轮旅游和旅游装备制造旅游新业态，建设完善了一批自驾车（房车）营地，《中国出了个毛泽东》、《天门狐仙·新刘海砍樵》、《魅力湘西》、《边城》等大型演艺活动深受广大游客喜爱。

1. 旅游总量和产业实力迈上新台阶

2010 年，接待游客总计 2.03 亿人次，其中国内游客 2.02 亿人次，国外游客 189.87 万人次；2011 年，湖南省接待游客总数上升到 2.53 亿人次，同比增长 24%，几乎是 2005 年接待游客总人数的 4 倍，其中国内游客 2.51 亿人次，同比增长 24%，境外游客 228.63 万人次，同比增长 20%。2010 年，旅游中国内旅游收入 1365.54 亿元，旅游外汇收入 8.87

亿美元；2011 年，旅游中国内旅游收入 1718 亿元，同比增长 26%，旅游外汇收入 10.4 亿美元，同比增长 17%。到 2015 年，湖南全省接待国内外旅游者 4.72 亿人次，比 2014 年同比增长 13%，与 2010 年的 2.03 亿人次相比增长 132%；国内旅游收入 3660 亿元，比 2014 年同比增长 21.91%，与 2010 年的 1365.54 亿元相比增长 168.01%，年均增长 21.01%，旅游总收入相当于全省 GDP 的比例由 8.97%增长到 11%，提高 2 个百分点。旅游对经济发展的拉动和支撑作用明显增强（见表 12-1）。2015 年，中国接待国内外旅游人数超过 41 亿人次，旅游总收入突破 4 万亿元，比 2014 年分别增长 10%和 12%。根据比照，湖南省在接待总人次及旅游总收入增长上高于全国平均水平。不过，在总体上升的情况下，湖南省旅游创汇增长情况有所下滑：2015 年，湖南旅游创汇 8.6 亿美元，同比增长 7%，与 2010 年的 8.8 亿美元相比下降 3%。从以上数据可以看出，近几年湖南省旅游业发展态势良好，接待游客人次呈逐年上升的趋势，增速较快，都在 20%以上，其中国内旅游市场一直处于平稳增长的态势，增长趋势较好，而相对国内旅游人数，入境旅游人数则增长缓慢，但仍高于全国平均水平。湖南省旅游收入逐年增加，为湖南财政收入的增长做出积极贡献，其中国内旅游收入占旅游总收入的比重逐年上升，可知湖南省的旅游发展主要还是依靠国内旅游市场，而入境旅游的发展速度相对国内旅游发展速度来说较慢。从省内旅游业发展环境看，湖南具有"一带一路"的区位优势，国家"一带一路"战略、长江经济带战略的实施，为湖南提供了难得的历史机遇，为湖南旅游业发展创造了良好的条件，才使得湖南省旅游业得以很好的发展。

表 12-1　2010~2015 年湖南省旅游情况

年份	2010	2011	2012	2013	2014	2015
接待旅游总人数（万人）	20398	25328	30506	36058	41203	47226
接待国内游客（万人）	20208	25100	30282	35827	40983	47000
国内旅游收入（亿元）	1365.54	1718	2175	2631	3002	3660
接待境外游客（万人次）	189.87	228.63	224.55	230.66	219.55	226.1
旅游创汇收入（万美元）	88676.03	104011.24	92836.43	82269.24	79999.24	86000

在 2010~2015 年，湖南旅游行业还在以下方面发生了变化：①5A 级景区由 2 家增加到 8 家；崀山、老司城先后跻身世界遗产。②工农业旅游示范点从 110 家增至 162 家；旅行社从 701 家增至 848 家。表 12-2、表 12-3 详细地描述了各个地州市关于旅游景区、工农业旅游示范点、星级饭店、旅行社的情况。

表 12-2　2015 年湖南省国家等级旅游景区数量

	5A	4A	3A	2A	A	合计
全省	8	92	156	34	2	291
长沙市	2	18	17	2		39
衡阳市	1	3	9	5		18
株洲市		6	11	1		18
湘潭市	1	6	6	1		14

	5A	4A	3A	2A	A	合计
邵阳市		1	9	8		18
岳阳市	1	6	14			21
常德市		7	11	2		20
张家界市	2	9	7			17
益阳市		3	8	7	1	19
郴州市	1	12	11	3	1	28
永州市		4	16			20
怀化市		5	24	4		33
娄底市		4	6	1		11
湘西自治州		8	7			15

表 12-3　2015 年工农业旅游示范点

	国家级工业	国家级农业	省级工业	省级农业	合计
全省	5	10	52	95	162
长沙市		5	16	17	38
衡阳市				11	11
株洲市	1		2	5	8
湘潭市		1	6	5	12
邵阳市			4	3	7
岳阳市			2	5	7
常德市			6	8	14
张家界市		1			1
益阳市		1	7	11	19
郴州市	1		5	5	11
永州市		1		5	6
怀化市	1	1	1	4	7
娄底市				8	8
湘西自治州	2		3	8	13

　　2015 年，湖南在建旅游项目总投资达 5600 亿元，其中总投资额 100 亿元以上旅游项目 18 个，4 个项目进入中国优选旅游项目名录，旅游业成为投资热点领域。同时，行业洗牌也在进行：与过去五年相比，湖南星级饭店总数减少了 51 家，但五星级、四星级、三星级饭店数量均有不同幅度增加，但是与 2014 年相比，总数减少了 57 个，其中五星级饭店没有减少，四星级饭店减少了 3 个，三星级饭店减少了 20 个，二星级饭店减少了 32 个，却增加了一星级饭店 4 个，说明饭店的质量在进一步提高，不合格的饭店越来越少，饭店的质量在一定程度上也会影响当地旅游业的发展。2015 年旅游星级饭店数量情况如表 12-4 所示。

表 12-4 2015 年湖南省旅游星级饭店数量

	五星	四星	三星	二星	一星	合计
全省	21	69	259	145	4	498
长沙市	12	23	32	7		74
衡阳市		8	11	11		30
株洲市	1	4	18	16		39
湘潭市	2	4	7	2		15
邵阳市		4	12	25	3	44
岳阳市		5	32	5		42
常德市	2	3	21	13		39
张家界市	3	6	28			37
益阳市		3	8	10		21
郴州市	1	3	19	2		25
永州市		4	8	8		20
怀化市			33	12		45
娄底市			21	9		30
湘西自治州		2	9	25	1	37

2015 年，湖南省也注重旅行社的发展状况，和过去几年相比各个地州市的旅行社数量发生了很大的变化，其中长沙增加的最多，增加了 175 家，其余地州市分别增加了 14 家、12 家、20 家、6 家、8 家、10 家、29 家、5 家、6 家、0 家、8 家、5 家、6 家旅行社，有力地推动了湖南省旅游业的发展。2015 年旅行社数量情况如表 12-5 所示。

表 12-5 2015 年湖南省旅行社数量

地区 \ 项目	旅行社数量	其中			
		出境游组团社	五星级旅行社	四星级旅行社	三星级旅行社
全省	848	51	11	59	69
长沙市	278	35	9	26	13
衡阳市	56	1	0	2	2
株洲市	53	5	1	4	8
湘潭市	51	3	0	6	9
邵阳市	37	0	0	4	4
岳阳市	46	1	0	2	3
常德市	49	1	0	5	5
张家界	71	1	1	3	6
益阳市	33	1	0	2	5
郴州市	39	1	0	1	4
永州市	19	0	0	0	1
怀化市	47	1	0	4	1
娄底市	34	1	0	0	6
湘西自治州	35	0	0	0	2

资料来源：以上表格的数据是根据 2010~2015 年的《湖南省统计年鉴》以及湖南省 2015 年国民经济和社会发展统计公报整理所得。

2. 旅游项目建设和产品开发实现新突破

由《湖南省旅游业"十三五"发展规划纲要》可知，在建项目总投资高达 5600 亿元，其中，总投资额 100 亿元以上旅游项目 18 个，22 个项目进入中国优选旅游项目名录，累计完成投资额突破 1000 亿元。长沙市、张家界市等国际旅游目的地城市和韶山、武陵源—天门山、南岳、岳麓山·橘子洲、岳阳楼—君山岛、花明楼、东江湖、凤凰等国际旅游精品景区提质升级步伐加快，崀山、老司城成功列入世界遗产名录，城步南山被纳入首批国家公园体制试点区，长沙灰汤国际温泉度假区成为首批国家级旅游度假区，株洲神农谷等四家景区荣获国家生态旅游示范区，新化、麻阳荣获全国休闲农业和乡村旅游示范县，长沙洋湖湿地等七家景区被认证为"两型旅游景区"。旅游业融合发展加快，培育了一批生态旅游、乡村旅游、文化旅游、康体旅游、温泉旅游、研学旅游、邮轮旅游和旅游装备制造旅游新业态，建设完善了一批自驾车（房车）营地,《中国出了个毛泽东》、《天门狐仙·新刘海砍樵》、《魅力湘西》、《边城》等大型演艺活动深受广大游客喜爱。

3. 旅游基础设施和配套服务设施建设呈现新面貌

全省形成了"五纵六横"的高速公路主骨架，高速公路通车里程居全国第 5 位。高铁通车里程居全国第 1 位。长沙黄花机场、张家界荷花机场新航站楼改扩建完成，南岳机场正式通航，国际直飞航线航班不断增加。基本形成了以洞庭湖为中心，长沙、岳阳为主枢纽的内河水运体系。大力推进"旅游厕所革命"，加快旅游停车场建设，支持建设了一批游客中心，形成了省、市、县、景区四级游客集散服务体系，实现了 4A 级及以上旅游景区高速公路指示牌全覆盖，全面设置了大湘西地区 3A 级及以上景区通景公路指引标志，加快旅游信息公共平台建设，11 个市、县市区先后纳入国家智慧旅游城市试点。

4. 旅游市场营销取得新成效

"锦绣潇湘、快乐湖南"的旅游形象进一步提升。在办好"二节一会"的基础上，成功举办了首届旅游歌曲大赛和首届旅游摄影大赛。在湖南卫视国际频道开设《湖南好好玩》旅游专栏，在《湖南新闻联播》后免费播放湖南旅游宣传片，在《湖南日报》开设"湖南印象"专版，在湖南卫视、京广高铁、首都机场、长沙黄花机场、香港地铁、高速公路省际入口投放湖南旅游广告，与奥凯航空合作开展"快乐湖南之旅"系列机上宣传推广活动。积极开拓珠三角、长三角和京津冀地区等主要国内客源市场；巩固韩国市场，稳定东南亚市场，主攻港、澳、台市场，积极开拓欧洲市场和俄罗斯市场，取得明显成效。

5. 旅游促进扶贫取得新进展

将乡村的旅游资源优势与城市的经济优势结合起来，大力推进旅游扶贫事业。编制《武陵山片区旅游扶贫攻坚规划》，开展旅游规划公益扶贫，促成 20 家旅游规划设计单位与贫困村结成帮扶对子。全省 302 个村进入全国"美丽乡村旅游扶贫重点村"范围，其中，104 个村被确定为旅游重点扶贫对象，发布了《湖南省美丽乡村旅游扶贫工作方案》，带动了贫困地区老百姓脱贫致富。

6. 旅游管理和服务水平得到新提高

着力推进依法治旅、依法兴旅和依法护旅。创新旅游市场监管方式，集中开展"两打击一整治"专项行动，规范旅游市场秩序。提升旅游监管水平，在湖南旅游监管平台上实施动态监管。出台《湖南省旅游突发公共事件应急预案》，组织开展全省旅游市场安全大检查和"安全生产月活动"。培养和践行旅游行业核心价值观，开展旅游行业质量提升和"文明与旅游同行"、"做文明游客"等系列主题活动，文明旅游宣传引导工作走在全国前列。积极推动标准化试点和旅游标准化建设。开展旅游服务质量游客满意度调查，不断提升旅游管理服务水平。加强旅游人才队伍建设，组织从业人员专业培训，举办全省导游大赛、饭店服务技能大赛等活动，全省旅游从业人员职业技能和业务素质不断提升。

（二）湖南省旅游业发展趋势

展望 2016 年湖南旅游经济形势，在新的经济发展常态下，受政策利好、产品市场、资源环境等因素影响，不同业态发展仍将呈分化走势。一是传统观，旅游产品仍将面临产业结构调整带来的阵痛，与之关联的团队旅游、门票经济型景区、数量型旅游饭店、团队餐饮、大型主题文艺商演、旅游汽车公司等面临转型升级的磨合。二是自驾游、休闲游（包括乡村休闲一日游）及网络自助旅游等业态具有后发优势，在旅游消费需求平稳增长拉动下，有望继续保持较快增长。三是全省各大旅游景区在继续加大交通设施和公共服务设施建设投入，以及大力拓展海外市场等因素支撑下，接待旅游者人数将继续保持快速增长；入境旅游市场在政策支持和结构调整影响下，也将保持一定的增长水平。四是旅行社、星级旅游饭店等传统行业在全国年度人均出游次数不断加大的刺激下，将实现平稳增长。

1. 从比较单一的观光型旅游产业转向复合型旅游产业

一说旅游，习惯性的思维还是观光，到现在为止多数地区仍有这样一个惯性的思维。说到发展旅游就得研究开发几个新景区，这是一种本能的思路，现在看起来仅这么做已经不能应对市场的实际需求。

旅游是包含四类产品内容的复合型产业，第一类是观光，第二类是商务旅游，第三类是度假旅游，第四类是特种旅游。这四类产品聚在一起构成了一个完整的旅游产业体系，一个重要的发展战略转向，即如何从单一转向复合，尤其是在一些观光旅游资源并不具有非常强的竞争力的地区。如果不能完成这个转型，实际上就意味着竞争力在下降，即使是观光资源非常强的地区也涉及转型问题。

2. 旅游业的高科技化

旅游资源开发的高科技化，特别是近年来各种高科技主题公园建设过程中对各种旅游环境的模拟已成为现实，同时，科学技术的发展使得海底游、南北极游等大众旅游方式已成为可能，已有人预测太空旅游都将付诸实践。旅游服务的高科技化，TIRMS 可以使旅游者利用互联网络进行旅游地的游览、旅游饭店的入住、旅行社旅游线路的网上浏览，同时实现网上预订，最后实现旅游业全方位的网络化服务。另外，旅游消费的电子化趋向十分明显，主要是信用卡消费形式的普及化，这在国外已经比较成熟，在中国也已有尝试，将很快推开，需要注意的是其会给旅游业发展带来机遇，也会提出挑战。

3. 自由行和私人订制渐成主流

芒果网副总裁邱佳表示随着"80 后"、"90 后"消费能力的逐渐提高，他们日益成长为旅游大军的中间力量。这使得游客群体呈现出年轻化的特点，旅游市场散客化，自由行趋势更加明显。同时，自由行产品对年轻人有着天然的吸引力，更容易满足年轻人对旅游多样化的需求。

此外，自由行的发展将有可能带来私人订制模式的火爆。私人订制具有"自由、深度、私人化"的特点，能够充分考虑到旅游消费者的需求，是对自由行的进一步升级。私人订制模式不仅能让游客感受到旅行当中更多的乐趣，同时也能对旅游行业本身起到推动和促进的作用。2016 年，自由行将成为年轻人出游的潮流，私人订制模式将引爆市场。同时，自驾游、亲子游、邮轮游也都是较受欢迎的自由行类别。随着中国"二胎"政策的开放和落实，与之相关的亲子游也将成为旅游行业新的关注热点。同时，随着中国旅游市场的日渐成熟，亲子游细分市场的边界也将日益明晰，亲子游产品也将逐渐精致化，亲子游也必然再次受到大众和旅游业界的关注。

4. 线上旅游消费将继续渗透

在"互联网+"的影响下，传统产业互联网化的趋势日益明显。曾艳菊（2012）认为，在线旅游作为旅游行业互联网化的先锋队，近年来保持着强势的发展势头。前瞻产业研究院《2016~2021 年中国在线旅游行业发展前景预测与投资战略规划分析报告》数据显示，2015 年上半年，我国在线旅游总交易规模为 1654.8 亿元，同比增长 35.6%。2015 年上半年在线旅游渗透率为 8.9%，互联网旅游产业仍有较大的发展空间。

在线旅游行业将保持高速增长。同时，旅游行业线上、线下融合的趋势将继续加强。伴随着互联网的发展，旅游消费者对线上购买、线下体验模式的认同也将越来越高。旅游产业加速线上、线下融合的趋势，将对提升旅游产业的服务品质有促进作用。互联网对旅游的渗透已经成为旅游业的"新常态"，互联网与旅游的结合无疑将更加紧密。

5. 红色旅游走俏

随着全国红色旅游"三期规划"的启动，"重品质"将成为红色旅游的发展方向。2016 年是长征胜利 80 周年，一系列以红色旅游产品为主题的纪念活动将在全国各地陆续展开。而湖南是毛主席的故居，也将受到游客的青睐。在湖南成功举办 2015 年中俄红色旅游合作交流系列活动中，湘潭（韶山）获批第一个全国红色旅游融合发展示范区和第一个全国红色旅游国际合作创建区，受到全国红色旅游工作协调小组办公室的充分肯定和表扬，湖南省在全国学习贯彻习近平总书记系列重要讲话精神，推动红色旅游创新发展座谈会上作典型发言，荣获"铭记历史·圆梦中华"全国红色旅游万里行主题活动"优秀组织奖"，炎陵县、通道县分别荣获红色旅游火炬传递"最佳组织奖"。所以说红色旅游是湖南对外交往的亮丽名片，这一名片也将推动湖南旅游业的发展。

2015 年 8~11 月开展的长征精神红色旅游火炬传递系列活动，途经全国 15 个省、25 个市（县），行程 1 万多公里，吸引沿线上千万群众积极参与，再现了当年红军长征的伟大历程，彰显了红色旅游的独特魅力和号召力、感染力。发展红色旅游也是旅游扶贫的重要途径，可以带动当地的基础设施建设和经济发展，有效地提升了当地百姓的生活水平。2016 年，以长征为主题的红色旅游线路的升温，将带动更多老区开发红色旅游资源，帮助更多老区人民脱贫致富。

三、湖南旅游产业创新驱动发展存在的问题

（一）产品供给明显不足

从总体来看，湖南旅游产业发展面临的主要问题仍然是旅游产品尚不能满足大众化、多元化、个性化的消费需求。湖南省旅游业发展历史悠久，拥有丰厚的旅游开发资源，目前开发了多种类型的旅游产品，如自然风光观光、历史文化观光、城市旅游观光等。随着旅游业的新兴崛起，自驾旅游、乡村旅游、文化旅游等逐渐也受到重视。但是从目前旅游市场的发展来看，观光旅游还是占据主导地位（见表 12-6）。

表 12-6 湖南省旅游产品类型

产品地位	产品大类	类型细分	项目内容	评论
经典产品	观光旅游产品	自然生态观光	张家界世界自然遗产观光旅游、南山地貌景观游	基本上都属于观光产品，大规模，以团队游客居多，消费水平较低
		历史文化观光	南岳宗教文化、凤凰民俗文化、岳阳楼等	
		民族风情观光	怀化侗寨民俗风情游等	
辅助产品	商务旅游产品	寻根祭祖旅游	衡山、炎帝陵等	公务或商务客居多，小规模，消费水平较高
		红色旅游	韶山、宁乡名人故里	
		节事旅游	湖南旅游节等	
		会议旅游	—	
	休闲度假产品	Golf 旅游	梓山湖 Golf 俱乐部等	散客、小规模，消费水平较高
		城市休闲	长沙娱乐文化、动漫文化等	
		乡村度假	益阳桃江等	散客、小规模，朋友或家庭组织出游为主
		温泉度假	龙女温泉等	
	体验旅游产品	漂流旅游	东江生态漂流等	
		自驾车旅游	洪江古商城等	
		古村古镇游		
		背包探险游	桃花源等	
		生态旅游		

目前，湖南旅游收入中，旅游观光收入的比例高达 65%~75%，湖南旅游的主打产品仍然是观光旅游产品，其他专项旅游产品目前所占份额比例较小，并且仍然停留在低层次开发阶段，产品供求明显不足。此外，湖南省旅游产业大部分还是旅游商品加工等传统产业，旅游产品品牌效应影响力不够，目前旅游产品还只是观光型，旅游产业转型困难重

重。长期以来，一直是产品主体的理念在主导旅游产品的开发，以"我所有、你消费"构建供需关系，导致传统供给供大于求，新型产品供不应求；观光产品供应过剩，休闲度假产品供应不足；共性化的产品简单沿袭，个性化的产品严重缺乏。

（二）发展方式比较粗放

有些地方重规模总量轻质量效益、重建设轻管理、重硬件轻软件的现象还比较突出。旅游市场主体实力不强，酒店、旅行社、旅游交通等旅游要素产品供应商缺乏市场竞争力，专业化管理和对外开放水平不高，旅游综合效益不佳。旅游业要素投入高，较粗放的发展方式导致生产效率与要素投入不匹配，产业组织化程度低，旅游企业数量多、规模小，几乎所有的核心领域都存在"多、散、小、差"等问题，重复建设、粗放经营突出，未能达到规模化、集团化、专业化经营的水平，许多旅行社靠找关系拉客源，靠恶性削价吸引客源，导游、司机同货物供应商串通一气拿回扣，"一锤子买卖"意识过于浓厚，旅游汽车公司甚至划分势力范围，依靠垄断维持经营。有些旅行社随意减少景点或旅游时间，降低接待标准，擅自转团、拼团，接待单位甚至强制收费、变相收费，在服务方面大打折扣。一些热点旅游区超规模接待游客，旅游区人满为患，拥挤不堪，旅游气氛丧失。吴荣华等（2011）认为，这与旅游产业地位相匹配的政策体系不完善，与产业发展相适应的资源配套不够，中心城市与核心旅游地增长极作用发挥不充分。有利于旅游企业发展的有效政策还未落实，不能为湖南省核心旅游企业发展创造良好的外部环境，旅行社、饭店、旅游交通运输、旅游餐饮等传统旅游企业及旅游休闲娱乐与旅游商品制造等新型旅游企业的横向扩张与纵向联合做得不是很到位，不能有效利用兼并重组、合资合作、连锁加盟等方式做大、做强一批品牌旅行社，旅游行业管理手段不是很规范，某些旅游企业的经营行为还有所欠缺，还要加大积极引进国际知名品牌、国际水平人才进入湖南核心旅游产业的力度，推动湖南旅游良性发展。

（三）旅游基础设施和公共服务体系不完善

《湖南省旅游业"十三五"发展规划纲要》中指出湖南省直达欧美主要境外客源市场的航线航班较少，省内支线机场和航线建设有待加快。省内其他中心城市及重点旅游景区均无适宜的民用机场，没有打开湖南与世界、国内重点省市以及省内重点城市区域间应有的空中通道，与现代旅游通达、便捷的市场需求形成较大的反差。机场、高铁、高速公路与主要景区交通对接不够，有重点景区可进入性很差，不能满足游客的需求。景区停车场、厕所、标识标牌、游客中心等配套设施有待完善，旅游信息化程度亟待提高，公共服务空间发展不均衡，旅游者与当地居民尚不能共享公共服务。旅游信息宣传服务落后，当今世界已进入信息时代，及时捕捉市场信息，了解市场动向日益重要，而湖南省的旅游企业研究方式多以定性描述分析法为主，缺乏深入细致的定量研究和动态研究，发布的信息可操作性不强。景区管理和旅游信息发布，采用现代化信息服务手段欠佳，不能针对散客的出行要求，提供高质量的个性化信息服务。而外部旅游市场已经出现了直接面向游客的旅游信息系统，越来越多的游客向自主型发展，旅游目的地的确定、旅游服务的咨询、旅游线路的选择等方面都需要详尽的信息服务，由于游客的爱好千差万别，活动范围非常广泛，对供给市场的信息服务要求自然也就更高，所以，运用互联网等高科技手段，为游客建立及时周到的信息服务，已成为当务之急。

（四）旅游整体品牌形象尚不鲜明

目前，湖南省旅游发展仍然按照传统旅游的开发与管理模式，未能充分利用湖南省独有的发达旅游产业特色，没有形成媒体、公共设施、旅游景区、旅游企业全覆盖、多层次的立体宣传体系，政府公共营销的力度仍显不足，不能充分利用湖南省媒体传播业发达的优势，广泛宣传与推广湖南旅游形象，打造湖南旅游新品牌，旅游产品的市场竞争力、品牌的知名度和影响力需要进一步提升。另外，湖南旅游品牌在竞争意识方面普遍不强，竞争力较弱，一些旅游企业因为品牌力度不够被挤出了市场，在品牌竞争中处于被动地位。在旅游品牌建设方面还处于起步阶段，缺乏整体规划，尚没有将品牌打造的理念融入旅游业的整体规划当中，也不重视旅游品牌的研究开发，只是单纯地依赖旅游资源的先天禀赋，对旅游品牌缺乏应有的了解和本质认识，在缺乏旅游规划的情况下，将逐渐丧失旅游企业的旅游品牌竞争力。

（五）跨界融合方式单一

湖南省旅游业在跨界融合上还停留在初级阶段，仅仅依靠简单的产品叠加，融合方式比较单一，旅游资源整合力度不够，集约化程度不高，旅游产业建设与业态引进滞后，同时要素配置不完善、不理想。占耀宗（2011）认为，旅游新业态、新产品不足，旅游与新型城镇化建设、生态文明建设和对外开放等协同推进力度有待加强，与交通、文化、体育、健康、养老、农业、工业、科技、教育等相关产业的融合有待加快。张栋（2013）指出，当下旅游需求旺盛与旅游产业主体创新能力不强的矛盾十分突出，许多旅游经营单位对于日益变化的市场需求和市场竞争缺乏适应性和灵活性，转型升级步伐缓慢，而且经营艰难，效益低下，更缺乏创新发展的动力，促进旅游业与其他产业链的跨界融合迫在眉睫。以旅游购物消费为例，我们曾为中国游客去海外狂购商品而感慨不已，而国内旅游、入境旅游的旅游购物拉动消费就显得乏力，问题在于我们的旅游商品不仅单调、粗放、质量低劣，还缺乏创意，也没有与制造业、商业、文化创意产业很好地融合。

（六）旅游市场秩序不规范

《湖南省旅游业"十三五"发展规划纲要》中指出湖南旅游面临旅游市场秩序、服务质量与人民群众的期待有较大差距的挑战。个别地方旅游市场秩序混乱，零负团费、欺客宰客、强迫消费等问题和违法行为时有发生，游客意见较大。多头管理、行政执法手段分割的旅游管理体制不适应旅游产业发展的需要。目前，湖南省旅游业由政府和企业及旅游部门共同经营管理，旅游业经营管理关系不顺畅。在经营过程中存在政企不分的现象，政府和企业管理思路不统一，存在分歧，各自为政。政府注重自身的行政效力，企业注重自身的经营和发展，没有更好地相互协调，共同致力于旅游资源的合理开发。一些负责旅游开发的企业，不注重旅游资源开发的质量，开发不合理。缺乏专业经营管理能力，部分经营人员经营业务不精，不能对资源进行有效的经营和管理，造成了资金和旅游资源的浪费。

四、对策建议

（一）创新旅游产品设计

借鉴太原市旅游业发展建议，郭永春（2011）认为，产品是旅游产业发展的核心，要结合当前民众对带薪休假的热切要求，研判新常态下国民旅游需求，创新旅游产品。开发满足个性化、多样化的旅游消费需求的旅游产品。要注重结合国民旅游、度假旅游、自驾游等旅游内容和形式新需求，开发以自然风光、都市休闲、历史人文、美丽乡村等特色产品汇集的"一日游"、"二日游"线路，打造一系列精品线路。建设一批自驾车基地、房车营地，开发相应的服务体系，打造湖南成为自驾车、房车旅游中转基地。此外，各类旅行社要结合出境自由行的需求，开发多选择产品。大力发展文化创意产业，针对湖南省旅游市场定位和品牌形象，策划打造一系列具有特色和形象创新的旅游产品。利用乡村游、红色游等旅游新业态，推动景区区域化整合，变景区以往单一的观光功能为观光、休闲、度假复合功能，整合周边景区和农家乐，融入乡土元素、休闲元素和度假元素等，提升观光旅游品质，让国内外游客流连忘返。

（二）推动旅游业转型升级

为加快推动湖南省旅游业转型升级，就要兴产业、强实体，推进旅游产品由观光型向多元复合型转型，特色商品与旅游商品融合，扶持培育湘绣、湘烟、湘酒、湘茶、湘瓷等大型旅游商品生产销售企业，规划建设以旅游工艺品、旅游食品、旅游文化用品等为重点的旅游商品交易中心。黄波平（2011）认为，要大力加快发展智慧旅游城市建设，适应旅游市场发展新趋势，按照智慧城市建设规划，进行智慧旅游的顶层设计，构建以旅游数据中心为基础，整合集电子商务、公共服务和旅游管理"三位一体"的智慧旅游服务管理平台，全力打造"智慧旅游云"湖南大数据基地。鼓励网络旅游企业与传统旅游企业融合发展。同时支持旅行社、旅游饭店、A级景区信息化建设，发挥市场在信息化建设上的主体作用。城市在发展旅游的过程中应将整个城市作为一个旅游产品，努力让每个人成为优化旅游环境的一分子，加强针对游客的文化生活营造，使游客在整个旅行过程中始终都有良好的旅行体验，吃、住、行、游、购、娱等都应具有优秀、优质的产品和服务，从而增加游客逗留时间（过夜天数），甚至还可以平衡旅游市场的淡旺季客源。

（三）完善旅游基础设施和公共服务体系

要进一步规范景区秩序，净化景区环境，重塑景区形象。罗萍（2014）指出，要建立一批游客集散中心，根据游客增长的需要，不断加强和完善城市的公共服务功能，开通旅游巴士专线，完善自驾游服务体系。以"厕所革命"带动景区服务提档升级，从另外一个视角反映出景区公共服务对于旅游业发展的重要性。湖南省各景区应在此基础上，坚持以人为本、游客至上，突出问题导向，从细节入手，从群众不满意、不方便、不合理的地方改起，把景区的知名度、游客的满意度和游客的投诉率高度重视起来，关注一些事关群众的细微问题，如多语种导游图、手机加油站、婴儿车、纯净水等，进一步提升软硬件服务水平，实现公共服务体系与旅游业的发展格局相匹配。《湖南省旅游业"十三五"发展规划纲要》指出要以旅游功能区为载体，突出旅游景区—旅游城镇—旅游通道三大环节，建立"多规合一"的规划工作机制，将旅游功能区建设与城乡建设、土地利用、环境保护同步规划，实行"统规分建"，加快旅游交通网络建设，完善自助游、自驾游、特种旅游项目的配套服务设施。中心城区建设和改造要在城市规划建设中注入旅游元素，按照城市常住人口及常态旅游人数相结合的基础指标研究制订城市公共服务设施规划，新建的公共建筑要增加旅游服务设施和观光通道，完善旅游公共服务配套设施。

（四）强化旅游品牌定位与塑造

《湖南省旅游业"十三五"发展规划纲要》指出，在跨界融合平台之上推动旅游管理创新、制度创新、科技创新和投融资机制创新，整合旅游资源，引导旅游产业集聚集群发展，促进旅游产业要素向旅游功能区、产业园区和旅游综合体集聚，按旅游产业链配套，积极培育旅游新业态、新产品，打造一批资源品位高、品牌形象优、核心吸引力强的旅游精品，以重点突破带动旅游产业全面发展。支持各地培育特色旅游商品企业，打造旅游商品品牌，提升旅游商品企业的竞争力，努力提高旅游购物在旅游消费中的比重。深挖文化历史内涵，将文化创意元素融入旅游开发。深入挖掘湖南省少数民族文化、欧陆文化、红色文化和传统节日、传统技艺以及非物质文化遗产的深厚底蕴，将多元的历史文化融入旅游项目的设计开发中，提高旅游的文化品位，为旅游产品注入文化灵魂。围绕城市品牌形象，推出一系列立意深刻、样式新颖、便于携带的旅游纪念品，特别是A级景区及工农业旅游点，要设计自己的标志性纪念品，并在游客集中区域开展宣传，加深国内外游客对湖南的印象。要把旅游宣传统一纳入湖南旅游品牌形象对外宣传的总体战略，以"锦绣潇湘，快乐湖南"总体形象为核心，全面开展整合营销。坚持政府宣传旅游形象与企业推介产品线路相结合，坚持面向旅游业界推广与面向公众促销相结合，坚持"走出去"与"请进来"相结合，实现市场细分化、产品特色化、营销专业化和服务规范化。

（五）创新跨界融合方式

在大众旅游时代，在"互联网+战略"、"旅游+战略"、"大众创业，万众创新"等国家战略背景下，产业链被重新定义、发展模式被颠覆、创新产品及业态层出不穷、旅游方式发生变革。湖南省要紧抓未来旅游发展的趋势和特点，不断地进行旅游规划模式的创新，更好地完成工作，实现产品的丰富化，从而满足多样化的旅游产品需求和落地。在经济新常态下湖南省应该把旅游引擎化，要使大众度假旅游、移动生活、旅游城镇化、休闲农业与乡村度假成为经济新常态下旅游引擎作用的推动力。湖南省要大力发展"旅游+"模式，即旅游整合与跨界化。旅游已经突破传统产业的限制，与地产、金融、养老、文化、农业、乡村、工业、高科技、教育、体育、创客等多种业态融合在一起，并形成一个庞大的泛旅游产业体系。整合旅游投资资源，导入平台联盟+品牌运营商的旅游分享经济模式，大力发展个性化和智慧化旅游，互联网实现了大众时代的小众化对接，私人订制、细分市场将有很大的发展空间；传统旅游通过"互联网+"，其创新能力和创新优势将进一步增强，依托互联网技术形成的旅游数据库及大数据平台，不仅为旅游的运营管理和消费提供了更多便利，还将实现旅游的智慧化发展，推进文旅产业加速升级。

（六）规范旅游市场秩序

在规范旅游市场秩序方面，《湖南省旅游业"十三五"发展规划纲要》强调要加快旅游管理体制创新，就要推动制定《湖南省贯彻实施〈旅游法〉办法》，着力构建旅游综合性产业综合抓的体制机制。推进政府旅游综合协调机制改革，充分发挥各级政府在推动旅游产业发展和旅游目的地社会治理中的主体作用。推进旅游主管部门改革，强化旅游主管部门对旅游产业的统筹协调、公共服务和市场监管职能。推进旅游景区管理体制改革，理顺完善旅游资源统一管理体制，积极探索实行管理权与经营权相对分离的景区运行机制。推进旅游行业协会监管体制改革，按照市场化、社会化的改革方向，加快旅游主管部门与旅游行业协会脱钩，推动旅游行业协会成为自主运营的市场主体。深入开展《旅游法》实施办法的宣传贯彻，大力推进依法治旅，强化综合执法队伍建设，规范旅游市场秩序。积极探索开展旅游市场秩序综合评价、旅游目的地警示管理、旅游综合执法和旅游联合执法、旅游经营者失信行为记录、公示和惩治以及游客不文明记录管理等一系列旅游市场监管制度创新和工作机制创新，确保无重大旅游安全事故和重大旅游投诉，全面提升旅游管理服务水平。

参考文献

［1］郭永春. 关于太原旅游业发展的思考与建议［J］. 内江师范学院学报，2011（9）：32–35.

［2］黄波平. 湖南省旅游产业可持续发展研究［D］. 长沙：湖南大学，2011：53–55.

［3］罗萍. 湖南省旅游产业集群的识别与培育分析［D］. 长春：东北师范大学，2014：31–33.

［4］罗少平. 新趋势、新事物引领旅游业未来发展之路［J］. 新财富，2011（10）：34–38.

［5］吴荣华，卿雄志，贺清云. 湖南省旅游业发展的计量分析［J］. 中国人口·资源与环境，2011（3）：209–212.

［6］伍海琳. 空间行为视角下的湖南散客旅游市场研究［J］. 湖南社会科学，2013（2）：156–159.

［7］曾艳菊. 2016年新兴软包装市场发展趋势预测［J］. 塑料包装，2012（5）：63–64.

[8] 占耀宗. 旅游与文化产业融合发展的几点思考 [J]. 乐山师范学院学报，2011（9）：96-99.

[9] 张栋. 创新驱动中国旅游业转型升级 [J]. 发展研究，2013（9）：60-64.

（主要撰稿人：彭文斌　唐志军　程芳芳　庞景景）

第十三章
湖南新能源产业创新发展现状与政策建议

    21 世纪以来，以清洁低碳为特征的新一轮能源变革正在蓬勃兴起。据统计，2000~2014 年，全球风电、太阳能发电年均分别增长 26%、45%，远远超过煤炭 3.6%、石油 1.2%、天然气 2.5%的增速。由于传统能源的不可再生性以及经济的迅速发展对能源需求的日益增长，全球范围掀起了一场以推进清洁、低碳、高效为特征的能源革命，建设全球能源互联网，在全球范围内开发、配置、利用清洁能源，开辟安全、清洁、高效的能源可持续发展之路，推动能源生产清洁化、消费电气化、配置全球化。"十二五"期间我国新能源发展也取得了较好成绩，我国"十三五"规划纲要中更是提出了发展低碳经济的要求，全国各地区积极响应，湖南省也明确提出了推进能源革命，加快能源技术创新，加快核电项目的申报和建设，加快发展风能、太阳能、生物质能、水能、地热能和页岩气开发，加强储能和智能电网建设，发展分布式能源，建设清洁低碳、安全高效的现代能源体系。

    本书结合湖南省的特点，对湖南省新能源发展的现状及趋势进行了分析，湖南省地处内陆，省内资源相对贫乏，积极利用和发展新能源将是解决湖南省能源供应的一个重要途径，其新能源产业发展现状表现在如下几个方面：

    从总体上看，湖南省新能源产业总产值呈现不断上升趋势，到 2015 年湖南省新能源产业实现总产值达到 8773681 万元，在资源、装备制造、科研开发等方面具备了一定的基础和优势：一是新能源资源丰富，太阳能、风能利用情况较好；二是产业基础较好，新能源相关企业达 100 多家，2014 年营业收入同比增长 6.2%，培育形成了中电科技 48 所、湘电集团、南车时代、南车电机、衡阳特变、长高集团等一批核心骨干企业；三是创新能力较强，拥有国家级工程技术研究中心、重点工程实验室、企业技术研发中心 11 个，部省级重点实验室和工程研究中心 10 多个；四是市场前景广阔，预计到 2020 年新能源产业实现增加值 600 亿元，其中太阳能产业 240 亿元，风能产业 200 亿元，智能电网产业 60 亿元，核能产业 40 亿元，生物质能产业 40 亿元，地热能及其他新能源产业 20 亿元，培育销售收入超过千亿元企业 12 个、超过 500 亿元企业 23 个，新能源装机容量占总装机容量的 35%左右。

    从结构上看，太阳能、风能、智能电网、生物质能等新能源产业并向发展，首先是智能电网占新能源比例在 30%以上，其次是风能和太阳能，根据湖南省产业基础和市场前景，重点发展风电装备制造及应用、太阳能光伏及光热发电、智能电网等产业，积极发展核能、生物质能、地热能等产业，鼓励农村节能减排与生物质能利用转化，突破关键环节，发展高端产品，做强优势产品，打造新能源产业，完整产业链。为了更好地发展利用好湖南省新能源，加快绿色低碳发展进程，必须把握好湖南省新能源的发展及大趋势：第一，政府政策大力支持发展新能源，推动循环发展；第二，新能源将进入规模快速化发展阶段；第三，光伏产业将继续领跑新能源工业；第四，全球能源互联网带来机遇，新能源进入黄金时代；第五，快速发展的同时也面临挑战。

尽管湖南新能源产业发展迅速，但新能源创新发展也面临许多的问题。总体来看，湖南新能源产业创新驱动面临人才的"瓶颈"，湖南省高校开设了新能源相关专业的高校只有 4 所，仅占湖南全部高校的 0.32%，而 2014 年湖南中等职业教育能源与新能源类毕业生只有 49 人，仅占全国的 0.2%，高级科技人才和职业从业人员可谓相当匮乏。同时，现有科技人员主要集中在较为发达的长株潭地区，个别地级市科技人才稀缺，严重影响了湖南新能源产业的均衡发展。新能源产业还面临着创新技术能力不足，缺乏核心技术的困境。大多数新能源企业从事的是生产，技术创新能力薄弱，缺乏严格的知识产权保护，也进一步打击了新能源技术创新的动力。新能源产业的商业模式比较单一，缺乏灵活性，产业的发展主要依靠国外订单来拉动，通过廉价的地价和劳动力等来获得竞争优势，一旦需求和成本出现较大的波动，这类企业往往会陷入经营困境。政府对新能源产业的政策体系还不够完善，基本上是以补贴为主，税收政策缺乏弹性，鼓励新能源技术创新的政策比较缺乏，无法有效地推动新能源行业的创新发展。对这些问题采取针对性的建议，应该加大新能源人才的培育与引进力度，加大人才的培养投入。提升新能源企业的技术创新能力，通过实施创新的双轮驱动，即科技创新与体制创新同步发展，提升企业的技术创新能力，同时加快完善政产学研金协同合作体系，创新金融体系，加大新能源技术创新的资金投入。推进新能源商业模式信息化，建立"互联网+新能源"的商业模式，推动新能源产业快速发展。加强新能源行业的政策创新，完善政策体系。通过改变制定政策的思维方式，制定更加灵活的新能源创新激励政策和税收政策，用更加长远的眼光制定新能源行业的战略规划，更加有效地支撑新能源的创新驱动发展。

一、引言

能源是人类社会赖以生存与发展的基础，它是现代经济发展的重要支柱，同时是国民经济发展的重要战略物资。目前我国已经处在以现代工业为主导的、以城市化快速发展为特征的中期工业化阶段，对能源的需求呈现日益增长的趋势，从图 13-1 中可以看出，2005~2015 年我国能源消费总量和一次能源生产总量整体上都呈现上升趋势，充分展示了能源行业在经济发展中的重要地位。能源的开发与利用极大地促进了人类社会与世界经济的进步与发展，但是在世界化石能源日益短缺的情况下，不断增长的能源需求及消费致使能源供求矛盾突出，环境破坏及污染情况也越来越严重，在我们享受能源所带来的各种利益的同时，随之出现的一系列能源问题严重威胁着人类的生存与发展。因此，积极开发新能源，寻求可持续发展之路成为各国的首要战略任务。

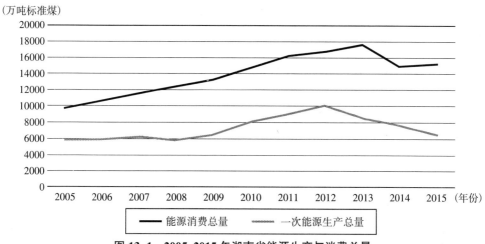

图 13-1　2005~2015 年湖南省能源生产与消费总量

资料来源：《湖南省统计年鉴》。

　　积极寻求新能源开始于 20 世纪 70 年代，在此期间由于受两次石油危机的影响，西方发达国家加快了新能源的开发与利用步伐。2008 年爆发的国际金融危机对全球经济的影响并未完全消退；美国、欧盟等不断爆发债务危机。在此背景下，新能源产业的发展势必会成为经济增长的新突破口、带动全球经济发展的新一轮复苏。作为能源消耗大国的中国，要做到缓解经济发展、环境保护、能源消费之间的矛盾，就要转变经济发展方式，坚持走新型工业化道路，大力发展新能源产业，实现经济与社会的可持续发展。步入 21 世纪以来，面对能源短缺、能源价格大幅攀升、全球气候变暖等日益严峻的形势，世界各国再一次掀起发展新能源的高潮。"十三五"时期是我国新能源规模化发展的重要时期，国家推动能源生产和消费革命，加强生态文明建设的总体战略部署，大力发展低碳经济，以及 2020 年非化石能源占一次能源消费比重达到 15% 的目标，已明确新能源在我国能源结构中的战略地位。同时，风电、太阳能产业作为国家战略性新兴产业，对于推动我国经济转型、产业升级具有重要意义。尽管上网电价将逐年递减，但国家对新能源发电的补贴政策、新能源优先消纳的激励政策不会改变。"十三五"时期仍将是我国新能源产业发展的重要机遇期，新能源快速发展的趋势不会改变。

　　根据世界新能源网的解释，新能源是指相对于传统能源来说各种形式的能源。直接或间接地从由地球内部产生的能源，包括太阳能、风能、生物质能、地热能、水能和海洋能以及由能源生产的可再生的生物燃料和氢能等。一般情况下，常规能源是指技术上比较成熟，并已大规模使用的能源，而新能源通常是指未被大量使用，正在积极研究和发展的能源。因此，煤、石油、天然气和水电被认为是中等大小的常规能源，而太阳能、风能、现代生物质能、地热能、海洋能、核能、氢能源是新的能源。随着技术的发展，在过去一直被视为废弃物的工业和生活有机垃圾被重新认识，这促进了能源资源的物质使用和深入的研究和开发。因此，提高对废弃资源的利用，也可以看作是新能源技术的一种形式。在不同的历史时期和科技水平下，新能源有不同的内容，如今，新能源通常是指核能、太阳能、风能、地热能、氢能等。总体来看，常规能源是指那些在技术方面比较成熟且已被大规模开采利用的资源，而新能源是指在新的技术基础上，系统地开发与利用可再生能源。与常规能源相比，新能源更加看重的是未来世界能源系统的持久性。新能源的能量密度小，或有间歇性。按照现有的技术条件对新能源进行转换利用，其经济价值尚未突出。因此，目前对于新能源的探索还处于研究、发展阶段，我们必须按照新能源的自身特性因地制宜地进行开发与利用。但是又因为新能源中大多数是再生能源，它们分布范围广、资源储藏丰富。随着日益严重的环境问题与化石能源的枯竭，以环保与可再生为特性的新能源越来越受到各国的重视。鉴于新能源的自身特性，新能源产业发展的技术性，新能源的挖掘以及新能源的发展是离不开创新驱动的。中共十八大提出创新驱动发展战略，这是我国经济发展进入新阶段后的重大发展战略，同时也是我国经济发展转向新的发展方式的重要标志。

首先，由于传统能源的稀缺性以及不可再生性特点，单一及有限的能源无法满足经济的快速发展，只有依靠创新发展才能解决这个问题。目前，中国可持续发展面临环境、资源等重重压力，能源转型迫在眉睫。"十三五"规划明确指出发展新能源和循环经济，为新能源行业的发展注入一剂"强心针"。创新驱动发展战略为我国新能源的发展提供了好的科技环境和政策，有利于中国绿色新能源创新可持续发展，有利于中国科技体制改革、世界能源结构创新和人类环保可持续发展事业的发展。

其次，能源问题关系国家安全，是国家发展战略的核心问题。在未来新能源的发展与竞争中，实施创新驱动发展战略将有助于提高国家竞争力和社会生产力。新能源产业发展需要以创新驱动为引领，以科技进步为支撑，加强产业新布局。

二、湖南新能源产业发展现状及趋势

（一）湖南能源业发展现状

湖南省地处中国腹地，省内地貌以山地、丘陵为主，全省三面环山，山地面积占全省总面积的 51.2%，丘陵为 29.3%，平原为 13.1%，水面为 6.4%。由于地理位置等因素，湖南省客观上无油无气，缺电少煤，而湖南省正处在工业化、城市化的重要阶段，是中部地区的能耗大省，随着经济的飞速发展，也带动了能源消费的快速增长，近几年的数据表明，湖南的能源消耗量远远高于能源的生产量。湖南煤炭保有储量为全国的 0.3% 左右，人均可采储量为全国平均水平的 28.8%。同时，据湖南省统计局信息可知，湖南是一个人口大省，年末全省总人口 7202.29 万人，常住人口 6783.0 万人，全省总面积 21.18 万平方千米，资源相对紧缺，在一次能源生产量构成中，一次能源生产总量为6348.84万吨，其中原煤生产量为4613.70万吨，比上年下降了23%。而在能源消费量结构中，能源消费总量为15316.58万吨，比上年增长了2.37%，其中煤品消费量为8896.02万吨，油品燃料和天然气消费量分别为2230.13万吨、324.71万吨。而且可以看出，湖南的能源消耗量远远高于能源的生产量，想要保持湖南的经济持续发展，必须正确认识到一次能源的消费现状，在能源产量不足以满足消费时，加快以太阳能、风能、生物质能、地热能、核能等新能源的发展，同时优化产业结构，降低高耗能企业对一次性能源的需求比重。

　　湖南省能源的生产依然以一次性能源为主，表13-1显示了湖南省2010~2015年能源生产构成情况，而在一次性能源中原煤为主要生产能源，原煤占能源总量的比重从2010年开始都占到了70%以上，特别是在2011年突破了80%，这段时间国家能源生产和消费在快速增长的同时，也促进了湖南省能源的消费增长。从表13-1中也可以看到，从2011年以来以水电、核电、风电为代表的新能源生产比重在逐步的提高，到2015年已经快接近30%，原煤的生产比例也有所下降，到2015年又重新降为72%左右。虽然，新能源生产比重在增加，一次性能源的生产比例在减少，但是，一次性能源依然稳稳地占据了湖南能源生产的主位，新能源发展潜力还有待挖掘。

表 13-1　2010~2015 年湖南省能源生产构成

指标 ＼ 年份	2010	2011	2012	2013	2014	2015
一次能源生产总量（万吨标准煤）	8005.86	8973.85	10017.64	8461.37	7587.52	6348.84
各种能源所占比重（%），其中：原煤	72.92	80.84	79.67	78.24	79.06	72.67
水电、核电、风电等	22.22	19.16	20.33	21.76	20.94	27.33

资料来源：2015 年《湖南省统计年鉴》。

　　表13-2显示了湖南省能源的年消费总量，2010~2013年的能源消费总量在逐步增加，2014年有所下降，2015年又开始增加，而且通过与表13-1中能源生产构成的对比发现，每年的能源生产总量是远远大于能源消费总量的，说明湖南省能源发展供需矛盾日益严峻；煤品燃料能源消耗比例高居60%以上，新能源的消费比例依然低迷，说明新能源的发展潜力巨大，需要政府的政策扶持，加大对新能源建设的投资力度。

表 13-2　2010~2015 年湖南省能源消费构成

指标 ＼ 年份		2010	2011	2012	2013	2014	2015
能源消费总量（万吨标准煤）		14852.24	16160.86	16744.08	17561.46	14918.51	15316.84
各种能源所占比重（%）	煤品燃料	62.88	65.19	60.81	62.23	60.71	58.08
	油品燃料	11.11	11.01	11.22	11.66	14.44	14.56
	天然气	1.06	1.26	1.49	1.55	1.77	2.12

续表

指标 \ 年份		2010	2011	2012	2013	2014	2015
各种能源所占比重（%）	水电、核电、风电等	15.18	14.47	17.88	14.04	13.66	15.44
	其他能源	9.77	8.07	8.60	10.52	9.42	9.80

资料来源：2015 年《湖南省统计年鉴》。

（二）湖南新能源产业发展现状

湖南省产业现状自"十二五"规划以来，湖南省新能源产业得到长足发展。图 13-2 中显示了湖南省 2011~2015 年以来新能源总产值情况，可以看出 2011 年以来湖南省新能源产业总值一直在不断增加，产量规模从 2011 年的 3493079 万元逐年增长，到 2015 年湖南省新能源产业实现总产值达到 8773681 万元。总体来说，湖南新能源总体发展势头较好的原因离不开在资源、装备制造、科研开发等方面具备的一定基础和优势。

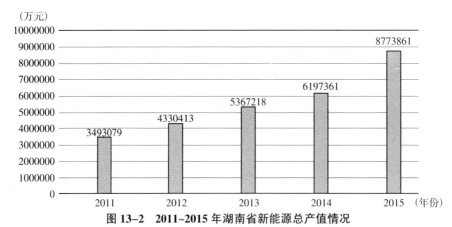

图 13-2　2011~2015 年湖南省新能源总产值情况

资料来源：《湖南省统计年鉴》。

一是新能源资源丰富。风能经济可开发量约 100 万千瓦。太阳能资源属于资源中等区，太阳能利用主要原料硅蕴藏量达 2 亿吨以上且品位较高。生物质能可开发利用总量约 3150 万吨标准煤/年，纤维生物质资源年产 5000 万吨。已探明铀矿储量 26 万吨居全国前 3 位。铀矿石占全国总量的 1/3 以上，是国内重要的核燃料基地。

二是产业基础较好。全省新能源相关企业 100 多家，2014 年实现营业收入 580.37 亿元，同比增长 6.2%。培育形成了中电科技 48 所、湘电集团、南车时代、南车电机、衡阳特变、长高集团等一批核心骨干企业。太阳能电池形成 500 兆瓦产能太阳能电池制造装备，居全国第一产业链全线拉通。2 兆瓦以上风机产能及配套能力全国第一。株洲时代是国内唯一掌握整机控制系统的厂商，时代新材是我国南部最大的叶片产业化基地。特高压输变电、智能配电和用电优势明显特高压电抗器、变压器、开关设备、智能电表终端等产品居国内领先水平。

三是创新能力较强。拥有国防科技大学、中南大学、湖南大学、南华大学、湖南农业大学等一批在新能源领域具有较强创新能力的高等院校，拥有国家级工程技术研究中心、重点工程实验室、企业技术研发中心 11 个，部省级重点实验室和工程研究中心 10 多个。风电叶片制造技术、燃料乙醇制备技术等处于国际先进水平。光伏装备制造技术、彩色太阳能电池组件制造技术、兆瓦级直驱永磁发电装备制造技术、核工程及铀矿开采技术、特种变压器制造技术、能源计量及智能电网设备制造技术等居国内领先。智能电网及其关键装备、风电装备制造及应用和太阳能综合利用为主要发展领域，分别实现营业收入 215.78 亿元、144.05 亿元和 108.75 亿元，合计占新能源产业的 80.7%。图 13-3 显示了湖南省自 2011 年以来新能源产值增长呈现上升趋势，2014 年趋势稍有下降，到 2015 年增长速度更是跨到了 33.8%。

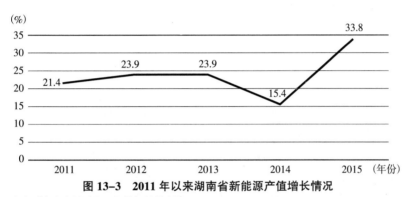

图 13-3　2011 年以来湖南省新能源产值增长情况

资料来源：根据《湖南省统计年鉴》数据计算所得。

四是市场前景广阔。湖南省是化石能源资源匮乏省份，人均装机和用电水平为全国平均水平的一半。据预测到 2020 年湖南省一次能源缺口 12 亿吨标准煤，能源对外依存度达 60% 左右，农村新能源需求潜力巨大，发展新能源产业具有巨大的市场需求，市场前景广阔。预计到 2020 年，新能源产业实现增加值 600 亿元，其中太阳能产业 240 亿元，风能产业 200 亿元，智能电网产业 60 亿元，核能产业 40 亿元，生物质能产业 40 亿元，地热能及其他新能源产业 20 亿元。培育销售收入过千亿元企业 12 个、过 500 亿元企业 23 个，新能源装机容量占总装机容量的 35% 左右。

在发展领域，图 13-4 显示了湖南省 2014 年新能源结构比例图，智能电网占新能源比例最大在 30% 以上，其次是风能和太阳能，比例分别达到 24.8% 和 18.7%。核能、地热能及其他新能源占比相对较小。根据湖南省产业基础和市场前景，重点发展风电装备制造及应用、太阳能光伏光热发电、智能电网等产业；积极发展核能、生物质能、地热能等产业，鼓励农村节能减排与生物质能利用转化，突破关键环节，发展高端产品，做强优势产品，打造新能源产业完整产业链。表 13-3 显示了 2014 年湖南省新能源产业经济规模，在整个新能源产业收入规模中，智能电网、风电装备和太阳能的营业收入分别为 215.78 亿元、144.05 亿元和 108.75 亿元，占新能源的比重分别为 37.2%、24.8% 和 18.7%。

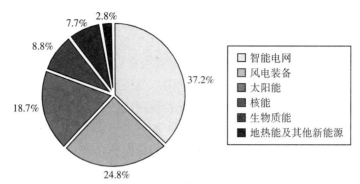

图 13-4   2014 年湖南省新能源结构比例

资料来源：湖南省统计局。

表 13-3   2014 年湖南省新能源产业经济规模

	营业收入（亿元）	占比（%）	增加值（亿元）
新能源	580.37	100	190.8
智能电网	215.78	37:2	67.84
风电装备	144.05	24.8	38.65
太阳能	108.75	18.7	38.94
核能	51.24	8.8	28.27
生物质能	44.57	7.7	12.34
地热能及其他新能源	15.99	2.8	4.85

资料来源：湖南省统计信息网。

1. 太阳能

根据《中国新能源与可再生能源白皮书》统计资料显示，全国各地的年太阳辐射总量为 988~2333kWh/m²，中值为 1262kWh/m²。全国总面积 2/3 以上地区年日照时数大于 2000h。绝大多数地区年平均日辐射量在 4kWh/m²/d 以上，表 13-4 显示了我国太阳能资源根据日照时数、年辐射总量、等量热量所需标准煤划分的五类地区，根据数据显示湖南省属于四类地区，年日照时数 1400~2000h/a，年辐射总量 4180~5016MJ/m²，属于太阳能资源较差的区域。但总体来看，日照资源东部较西部丰富，夏季较冬季丰富，太阳能除了发电外，在热水器、温室大棚等领域可开发利用面较为广阔。一是光伏产业发展迅猛。在国家金太阳、光伏建筑一体化等示范工程建设的推动下，全省分布式光伏发电发展取得了一定成果。到 2015 年 11 月底，22 个光伏发电项目已投产，规模为 14.5 万千瓦；13 个项目正在建，规模近 14.6 万千瓦，5 个少量地面光伏电站项目开展前期工作，同时近 3 年内还有 10 个拟建项目，发电规模将达到 15.5 万千瓦。此外，湖南太阳能电池组件、多晶硅加工、系统集成、设计咨询等光伏产业链已全面拉通，红太阳光电、兴业太阳能、益阳晶鑫、天利恩泽、华威太阳能、科力远等代表性企业的带动作用增强。太阳能热水器和温室大棚是除发电外太阳能利用的又一重要领域。2013 年以来，全省太阳能热水器达到 183 万平方米，同比增长 11.6%；太阳能温室大棚 251.73 万平方米，增长 4.0%。

表 13-4　我国太阳能资源分布的五类地区

地区类型	年日照时数（时）	年辐射总量/MJ	等量热量所需标准煤（千克）	包括的主要地区	备注
一类	3200~3300	6680~8400	225~285	宁夏北部、甘肃北部新疆南部、青海西部西藏西部	太阳能资源最丰富地区
二类	3000~3200	5852~6680	200~225	河北西北部、山西北部内蒙古南部、宁夏南部、甘肃中部、青海东部、西藏东南部、新疆南部	较丰富地区
三类	2200~3000	5016~5852	170~200	山东、河南、河北东南部、陕西南部、新疆北部、吉林、辽宁云南中等地区、陕西北部、甘肃东南部、广东南部	中等地区
四类	1400~2000	4180~5016	140~170	湖南、广西、江西、浙江、湖北、福建北部、广东北部、陕西南部、安徽南部	较差地区
五类	1000~1400	3344~4180	115~140	四川大部分地区、贵州	最差地区

近年来，湖南省政府把生产半导体照明和太阳能电池为代表的光伏产业，放在支持重点行业发展的"十三五"规划中。目前，湖南省已构建了实力雄厚的光伏产业群体，有力地推动了全省光伏产业发展，并已在全国谋得一席之地。省光伏业的产业链全线拉通，其发展布局取得重大进展。到 2015 年底，全省太阳能光伏及相关产业的年产值突破亿元，企业达多家，长沙光伏产业园太阳能电池片生产线的建成为湖南省打造光伏产业集群奠定了坚实的基础。湖南红太阳光电科技、新能源科技有限公司都是中电所的子公司，拥有完整的晶体硅太阳能光伏产业链，在许多领域都形成了拥有自主知识产权的核心工艺技术，产品在国内外都有很高的声誉和销量。太阳能光伏产业是湖南省新能源产业中发展最快的产业，生产量提高的同时，对外出口量也日益增加。因此，相对于消费、投资和出口这三个项目来判定湖南省新能源产业倾向于出口依赖型产业。

2. 风能

湖南地理位置优越，风带较多，风能资源较丰富，分布在洞庭湖地区和雪峰山，以湘南、湘西、湘中地区为主。可开发风电资源量约 1600 万千瓦。其中，风速 6 米/秒以上、风功能密度 180 瓦/平方米以上的可开发量约 800 万千瓦。风力发电稳步推进，设备制造来势喜人。湖南省境内风能资源总储量较丰富，发展节省自然资源、无环境污染的风电项目是湖南省培养新能源产业的一项重大战略。随着风电开发技术的进步和成本的下降，全省风力发电发展较快，已并网风电场达到 20 个，共 70 万千瓦。2013 年，省内规模工业风力发电量为 6.44 亿千瓦时。截至 2015 年 11 月，进入规模工业的风力发电企业达到 8 家，累计发电量 9.21 亿千瓦时，同比增加 4.1 亿千瓦时，增长 81.8%。占规模工业发电总量的 0.8%，较 2014 年同期提高 0.4 个百分点。规模风力发电企业主要集中在郴州、永州和邵阳等地区。2015 年，郴州市桂阳县与中国三峡新能源公司、中国水电顾问集团投资有限公司、湖北龙源新能源有限公司签订了总装机规模约 25 万千瓦、投资规模约 25 亿元的风电项目开发协议。截至目前，该县已签约风电项目开发规模达到 65 万千瓦时，总投资约 65 亿元。全县已建成并投产的 3 个风电项目,累计风能发电达 5.1 亿千瓦时,相当于节省了 15.9 万吨标准煤。预计到 2020 年,新能源产业总装机规模达到 80 万千瓦时,一年可提供清洁电能约 16 亿千瓦时,减少标准煤消耗约 50 万吨。2015 年 12 月,湘西首个风电场项目羊峰山—大青山风电场正式开工建设。该项目总投资 5 亿元,总装机容量 5 万千瓦,年上网发电量达 1 亿千瓦时。项目建设包括 25 台风力发电机组及相应箱式变电站、110 千伏升压变电站、48 千米场内道路、23.33 千米进场道路及 38 千米输出管网。永顺县羊峰山—大青山风电场址内海拔在 1000~1450 米,风能密度大,是湘西境内最为理想的风能发电厂址。项目建成后,每年可实现上网发电 1 亿度,产生经济价值 6100 多万元。风电场的建设,是湘西新能源建设史上的一件大事,这标志着湘西清洁能源开发利用迈出了实质性的步伐。产业链上,湘电、南车、三一等都是国家先进的制造企业,还有上百家制造塔筒、控制系统等方面的配套企业,全省已经形成较为完善的风机产业链。

3. 生物质能

湖南省属于大陆性亚热带季风湿润气候,春季湿润,夏秋季光热较为充足,适合生物生长。同时,湖南是农业大省,生物质资源丰富,资源储量 6000 万~7000 万吨,年可利用量达到 2000 万吨左右,在农户自用、饲料化肥、生物质发电等方面用途广泛。一是竹木生物质能发电快速发展。目前,全省已形成凯迪绿色能源和理昂再生能源等为主的竹木生物质发电企业。2013 年,规模工业竹木生物质发电 5.8 亿千瓦时。到 2015 年 11 月为止,规模以上竹木生物质发电企业有 10 家,累计发电量 8.48 亿千瓦时,在新能源发电上仅次于风力发电量,同比增长 34.9%。规模竹木生物质能发电企业主要分布在衡阳、益阳、郴州、常德、岳阳和邵阳等地区。二是沼气、垃圾发电利用日益成熟。2013 年末,全省沼气池达 238.95 万个,沼气产量 9.90 亿立方米,按热值计算折合 70.68 万吨标准煤。2013 年,规模工业沼气发电量 4.0 亿千瓦时,2014 年 1~11 月规模工业沼气累计发电量 2.8 亿千瓦时。此外,全省垃圾发电已经启动,规模以上垃圾发电年处理垃圾量 21.9 万吨,年对外供电量约 8183.6 万千瓦时,2013 年规模工业垃圾发电量 0.9 亿千瓦时,2014 年 1~11 月累计发电量 0.96 亿千瓦时。

4. 核能

根据湖南省能源资源状况、环境承载能力和能源运输通道建设等条件分析,到 2030 年,全省煤炭年生产能力稳定在 4800 万 ITV 左右,火电建设最大允许新增容量 2600 万 ITV 左右,新增核电装机规模 2000 万 ITV 左右。由于水资源开发已趋饱和,太阳能、风能、生物质能以及石油、天然气资源暂难形成规模,今后湖南省新的能源支柱将主要依靠核电。湖南省核能矿产资源相对丰富,储量在全国名列前茅,品位较高,并具有一定的开采、冶炼能力,目前有 711、712、715、716 四大矿,272 厂是我国核工业五大加工厂之一,为湖南核电发展提供了有利的条件。湖南适合核电选址的位置就有 9 个,在内陆省份中属于适宜发展内陆核电的地区,其中岳阳小磨山被认为是内陆最适宜建造核电机组的选址,况且受 2008 年初冰冻灾害的影响,核电的开发已成为湖南能源发展的必然选择。

5. 智能电网

智能电网带动的是一条产业链，从发电、输电、变电到配电调度、用电，每个环节中都充满无限商机。湖南省拥有众多电力企业，如特变电工、威胜等龙头企业，在智能电网产业链中已占据领先地位。随着湖南株洲 220 千伏桂花变电站最后两台少油断路器更换完成并验收合格，湖南电力检修公司完成了 110 千伏及以上无油化断路器改造工程。至此，湖南主电网进入开关无油化时代，电网供电可靠性得到显著提升。目前，湖南主电网 110千伏及以上设备共有 1200 余台断路器，已全部变更为先进的六氟化硫断路器，使电网更加趋于坚强智能。2015 年 5 月 18 日凌晨，随着 220 千伏鼎丛 I 线送电成功，湖南首座500 千伏智能变电站——长沙 500 千伏鼎功变电站实现全面供电，长沙超高压电网负荷得到有效均衡，湘东受端网架显著增强。功变电站实现全面供电，长沙超高压电网负荷得到有效均衡，湘东受端网架显著增强。重点企业有衡阳特变特高压变压器、时代电气控制器和逆变器、长高集团高压和超高压开关、威胜集团智能电表及智能用电终端、衡阳南方互感器、比亚迪储能电站、金杯电工高性能电力电缆、省电力公司新能源并网发电系统、331 厂分布式燃气发电机等。

6. 地热能

地热不仅是一种洁净的能源资源，可供发电、采暖等利用，而且还是一种可供提取溴、碘、硼砂、钾盐、铵盐等工业原料的热卤水资源和天然肥水资源，同时还是宝贵的医疗热矿水和饮用矿泉水资源以及生活供水水源。研究表明，地热能的蕴藏量相当于地球煤炭储量热能的亿倍，可供人类消耗几百亿年，真可谓取之不尽、用之不竭，是优质的新能源和可再生能源。地热能起源于地球的熔融岩浆和放射性物质的衰变，如果热量提取的速度不超过补充的速度，那么地热能便是来自地球深处的可再生热能。通过钻井，这些热能可以从地下的储层引入水池、房间、温室和发电站。地热能的利用可分为地热发电和直接利用两大类。由于地热能可以直接用于采暖、供热和供热水，利用方式简单，经济性好，因此，备受各国特别是高寒地区的西方国家重视。许多国家利用地热给工厂供热，干燥谷物和食品，为木材、造纸、制革、酿酒、纺织和制糖等生产过程服务。湖南省地热资源丰富，经调查核实，全省发现水温超过 25℃的地热水点 218 处，其中 39 处进行了较高程度的地下热水开发利用。目前，全省已建成 198 个浅层地温能项目，应用建筑面积达 295 万平方米。宁乡灰汤、汝城热水等地成为远近闻名的温泉盛地，汝城县、慈利县被称为"温泉之乡"，郴州市被冠以"温泉之城"之誉。目前湖南已完成长沙市及全省主要城市的浅层地温能调查工作，并先后进行了五次区域性地热地质工作，完成了"湖南省地下热水资源调查评价"等项目。地热能已成功应用于各党政机关大楼、部分小区、大型商场、宾馆、学校等，实现应用建筑面积 33.42 万平方米。

（三）湖南省新能源发展的趋势

1. 政府政策大力支持发展新能源，推动循环发展

随着经济和社会发展的进步，整个国家甚至整个世界都将更加重视环境保护和全球气

候变化问题，新能源和可再生能源因其可持续性、清洁、环保，是未来能源的发展方向。我国制定了新能源和可再生能源发展规划、战略目标、法规和政策，进一步加快新能源和可再生能源的发展，湖南省也紧跟国家的步伐，在湖南"十三五"规划中明确提出推动循环发展策略，实施循环发展引领计划，按照减量化、再利用、资源化的原则，转变资源利用方式，加快建立循环型工业、农业、服务业体系，深入推进全社会节能减排，大力推广循环经济典型模式，全面促进资源节约、循环、高效利用，推动循环发展。推进能源革命，加快能源技术创新，加快核电项目的申报和建设，加快发展风能、太阳能、生物质能、水能、地热能和页岩气开发，加强储能和智能电网建设，发展分布式能源，建设清洁低碳、安全高效的现代能源体系。

2. 新能源将进入规模快速化发展阶段

新能源技术创新加快，能源转换效率将不断提高，发电成本也将逐渐下降，湖南省"十三五"规划中也明确提出要实施创新驱动发展，加快能源技术创新，在未来的新能源发展路程中，创新发展必将成为新的趋势。装机容量增加速度不断加快，所占市场份额也将朝着不断扩大的趋势发展，逐步由补充能源提升为主要替代能源。

新能源也将朝着成为湖南省实施可持续发展的战略性支点发展，由于新能源无污染、可再生、低排放的特点，符合可持续发展战略的要求，深受湖南省乃至全国全世界国家的青睐，湖南省"十三五"规划中也强调发展循环低碳经济，加大对相关领域的投资。

3. 光伏产业将继续领跑新能源工业

湖南省光伏产业新增装机保持在30%以上的增速。风电行业未来新增装机量将稳定增长，增速保持在10%以上，未来湖南省风电年新增装机规模将保持稳定增长，盈利能力大大提升，风电产业有望健康发展。

4. 全球能源互联网带来机遇，新能源进入黄金时代

建设全球能源互联网为我国新能源企业带来了更广阔的市场，我国新能源企业在"十三五"期间面临着前所未有的机遇。2015年，中国发布《推动共建丝绸之路经济带和21世纪海上丝绸之路的愿景与行动》，明确提出要"共建绿色丝绸之路"的理念和要求，提出要在投资贸易中突出生态文明理念，加强生态环境、生物多样性和应对气候变化合作。建设全球能源互联网，大力开发清洁能源，正是"共建绿色丝绸之路"的重要手段之一。全球能源互联网可以克服清洁能源自身存在的缺陷，使大规模应用成为现实。由于跨洲跨国电网互联具有显著的时区差、季节差、电价差效益，将大幅提升清洁能源的安全性、经济性和稳定性。到那时，弃风、弃光现象有望成为历史。同时，终端用户面对来自全球供给的能源，将会有更多样化的选择和更优惠的价格。由于全球能源互联网解决了消纳问题，风电、光伏发电、水电等清洁能源的开发规模就可以得到大幅度提高。

5. 快速发展的同时也面临挑战

虽然国家在积极抢占新一轮科技革命和产业革命的制高点，将新能源产业作为七大战略性新兴产业之一重点培育，但目前仍存在一些问题，如新能源产业发展成本过高、市场竞争力弱、创新投入不足、自主创新能力弱、产业体系不完善、配套能力不强、政策体系

不健全等问题，要解决上述问题，必须进行创新，依靠创新驱动发展为新能源的发展创造条件，加快推进以清洁、低碳、高效为特征的能源革命，建设全球能源互联网，在全球范围开发、配置和利用清洁能源，开辟安全、清洁、高效的能源可持续发展之路，推动能源生产清洁化、消费电气化、配置全球化。

三、湖南新能源创新驱动发展存在的问题

（一）新能源的创新发展面临人才"瓶颈"

湖南省新能源发展面临人才不足的发展障碍。据湖南统计局统计，到 2014 年底湖南省新能源与节能技术的企业达到 137 家，总产值达到 619.7 亿元，分别较上年增长 30.4% 和 15.4%，发展非常迅速。在全国有 74 所高校开设了新能源科学与工程专业，而湖南只占其中的 4 所，分别是中南大学、长沙理工大学、中南林业科技大学和湖南工程学院。开设该专业的高校仅占湖南全部高校的 0.32%。而 2014 年湖南中等职业教育能源与新能源类毕业生只有 49 人，仅占全国的 0.2%，高级科技人才和职业从业人员可谓相当匮乏，相关的科研机构更是少之又少。新能源企业的快速发展使得部分新能源专业的人才供不应求。高素质的专业人才的短缺使得湖南新能源创新发展面临新的瓶颈，而新能源专业高素质的专业人员主要集中在高校、科研、卫生等事业单位，流向企业的高端人才较少，新能源企业的高层次人才比重偏低，特别是新能源企业的科技创新领军人物、科技创新型企业家、新能源行业职业经理人的严重短缺，制约着湖南新能源行业的发展。

湖南省现有的科技人才还面临着分配不均衡的问题，从图 13-5 中可以看出，从科技人员比重来看，基本分成三个不同的等级，其中长株潭相对来说最高，而衡阳、岳阳、常德、益阳、郴州、娄底相对次之。邵阳、张家界、永州、怀化、湘西比重最低。这也可以明显地比较出来，科技人才分布不均衡。其他地区和长株潭相比有很大的差距，可以看出科技人员大部分集中在长株潭等发达地区，而新能源产业的发展离不开科技人才，新能源资源丰富的地区，实现新能源创新发展对科技人才需求会很大，其他各地级市如何吸引科技人才安家落户，也是其实现创新发展的关键之一。

（二）新能源技术创新不足，缺乏核心的技术

不断的技术创新是新能源企业不断发展壮大的关键所在，然而现阶段湖南省新能源产业的核心技术依然掌握在少数发达国家手中，各行业过度依赖低成本优势，大多数企业以加工制造为主，新能源企业技术引进吸收较多，但自主的原始创新很少。光伏行业的高端设备和部分原材料依然依赖进口，关键技术被欧美等发达国家所掌握。在核心技术缺乏的前提下，盲目进行大规模新能源项目建设，不仅会导致低水平的重复建设，还会使得新能

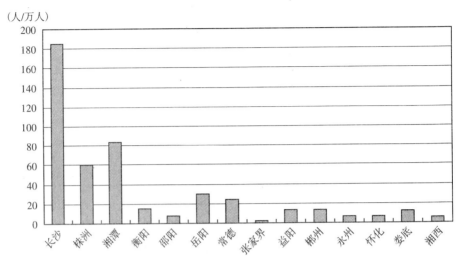

图 13-5　2015 年湖南省 14 个地级市科技活动人员数占年末就业人员数的比重对比

资料来源：《湖南省统计年鉴》。

源这个朝阳行业过早地陷入恶性竞争，影响整个行业的正常发展。核心技术的缺失导致新能源企业利润被进一步压缩，湖南大部分的新能源产品生产企业规模较小，又过于分散，集约化程度低，技术设备不够完善，技术创新面临先天不足的窘境。由于没有严格的政策保护创新技术，新能源技术创新成本过高，一些新能源企业没有创新的动力，技术基本依靠"搭便车"，使得积极进行技术创新的新能源企业无法获得技术创新的优势，严重打击了技术创新的积极性，使得技术创新发展缓慢。创新能力不足的原因主要有：一是自主创新能力不够。现阶段模仿学习是新能源创新发展的基础，但如果新能源发展只停留在学习吸收阶段，由于技术更新换代速度极快，新能源行业很容易陷入低技术的恶性竞争。二是有效激励的创新产学研机制没有建立起来。三是自主创新的同时面临资金的瓶颈，创新投入不足，资金获取渠道狭窄。

（三）新能源的商业模式单一

商业模式单一是新能源创新发展的阻碍之一，湖南省新能源行业商业模式多为单一的价值链体系，是一种从上游企业到下游企业的价值单向传导。以湖南红太阳新能源科技有限公司（主要生产电池片、组件及应用产品）、湖南潇湘神光新能源科技有限公司等为代表的光伏产业，商业模式几乎都是依靠国外的需求来拉动，企业通过向银行贷款，大量地购买和安装国外的生产设备，利用自身的土地劳动力廉价的优势，生产大量的低成本产品出口国外，通过低价来获取竞争优势。这些新能源企业自身处于比较被动的位置，自身的发展受到严重的外部约束，一般都忙于生产，轻视技术创新，一旦需求和成本出现较大波动，很容易陷入经营困境。同样地，以湘电集团风能有限公司（主要生产兆瓦级风力发电机组整机和部件）、铁姆肯湘电（湖南）轴承有限公司（主要生产超大内孔双列滚子轴承）为代表的风能企业，风能设备大，价格高昂，产品销售困难，这类新能源商业模式几乎都以融资租赁模式为主，虽然这种模式给企业带来了很大的发展，但这种单一的模式对自身的资本要求高，而且需要较强的抗风险能力，因此在一定程度上也影响了这类新能源企业的发展。上述分析表明，湖南省新能源产业的商业模式还不是很成功，推广价值还不大。健康的新能源商业模式应当整合各种新能源产品与技术，而不是局限于单一新能源（太阳能、生物质、风能等）产品经营模式。

（四）新能源政策体系不够完善

国家对新能源行业出台了一些类别政策法规，但总体来说都是宏观层面，微观层面需要地方政府制定大量的配套政策来配合，新能源产业近年来才升级成为湖南省战略性新兴产业，其发展历程相对较短，受到专项政策扶持时间不长，现阶段出台的相关文件主要有《湖南省新能源产业振兴实施规划（2010~2020 年)》、《关于支持新能源产业发展的若干意见》、《湖南省战略性新兴产业新能源产业发展专项规划》等（见表 13-5）。现有的政策比较零散，缺乏针对性、系统性和协调性，难以实现预期的政策效果，尤其在促进新能源创新方面的政策更是比较缺乏，创新的激励机制也不完善，极大地影响了新能源的创新发展。现阶段，湖南对新能源支持主要采取的是较为传统的支持手段，如补贴、投资、税收减免等。手段比较单一，对于多样化蓬勃发展的湖南新能源产业的需求来说，存在一定的差距。同时，政府还缺乏针对性措施解决新能源企业产品市场化的问题，由于新能源产品在生命初期技术还不够成熟，若不出台相应的扶持政策，新能源产品在市场上难以生存，也会直接影响新能源行业的正常发展。

表 13-5　近年来我国促进新能源产业发展的重要政策法规和战略规划

时间	名称	主要内容
1995 年 9 月 25 日	《中共中央关于制订国民经济和社会发展"九五"计划和 2010 年远景目标的建议》	积极发展新能源，改善能源结构
1995 年 1 月	《1996~2010 年新能源和可再生能源发展纲要》	按照社会主义市场经济的要求，加快新能源和可再生能源的发展和产业建设步伐
2000 年 8 月	《2000~2015 年新能源和可再生能源产业发展规划要点》	明确了新能源和可再生能源产业发展目标、产业化体系建设、预期效益分析、制约因素与存在的问题
2007 年 6 月 11 日	《可再生能源中长期发展规划》	为我国可再生能源发展创造了良好的法律和规划框架
2008 年 3 月 18 日	《可再生能源发展"十一五"规划》	规划要求，到"十一五"期末可再生能源在能源消费中的比重占到 10%
2010 年 7 月 20 日	《2011~2020 年新兴能源产业发展规划》	建起了今后 10 年我国的能源发展框架
2012 年	《"十二五"国家战略性新兴产业发展规划》	明确利用新能源的种类
2013 年 11 月	《中共中央关于全面深化改革若干重大问题的决定》	新能源让市场起决定性作用

四、对策建议

（一）引进和培育新能源产业人才

加快、加强新能源行业高端、复合人才的培养和引进，以湖南各高校为培育基地，加开新能源相关专业，通过企业人才高校进修的方式培养理论与实际相结合的复合人才，建设"新能源经营管理人才＋新能源专业技术人才＋新能源技能人才"的服务型制造人才发展体系。依托重点人才工程，加大新能源领域人才培养力度。支持制造业企业与研究机构加强合作，开展有针对性的人才培训。鼓励行业组织积极搭建国际交流平台，提高人才流动的便利化水平。探索通过服务外包、项目合作等形式，提升人才的国际视野与专业能力。拓宽人才引进渠道，加大国际高端人才引进力度，不断强化对高端人才的服务能力。一方面，采取提供创业资金、鼓励技术要素入股、发放政府津贴、购房补贴、安置引进人才家属和子女就学等优惠政策来吸引国内外新能源科技人才集聚；另一方面，鼓励有条件的高校开设新能源专业，创建博士后创新实践基地，利用重大科技攻关项目培养高端人才，以逐步改善湖南省新能源相关专业人才供给捉襟见肘、重基础理论轻市场应用的状态。同时，各地级市也要充分发挥自身的优势，加大新能源人才引进的力度，争取高端人才"引得进，留得住"，充分发挥各地级市的资源优势，争取全省新能源产业创新发展齐头并进。

（二）提升新能源企业技术创新能力

新能源技术创新实施双轮驱动，就是科技创新和体制机制创新两个轮子相互协调、持续发力。抓创新首先要抓科技创新，补短板首先要补科技创新的短板。科学发现对技术进步有决定性的引领作用，技术进步有力地推动了发现科学规律。要明确支撑发展的方向和重点，加强科学探索和技术攻关，形成持续创新的系统能力。体制机制创新要调整一切不适应创新驱动发展的生产关系，统筹推进科技、经济和政府治理三方面体制机制改革，最大限度地释放创新活力。

加强自主创新，深化合作，跟踪国内外技术发展趋势，巩固风电设备、新能源汽车、太阳能电池、核能开发等优势产业和技术，确保核心竞争力。建设新能源国家工程实验室、国家工程研究中心、企业技术中心等各类研发机构，开展共性、关键、核心技术攻关，取得一批技术专利。加大知识产权保护力度，提高企业自主创新积极性。实施产学研结合，鼓励高校开展新能源领域学科建设。支持企业（行业协会）参与制定一批具有影响力的行业标准和技术规范，加快构建新能源产业标准体系，引领产业发展，增强产业核心竞争力。另外，新能源产业面临的一个重要问题就是科研成果向生产力的转化，我国众多企业依赖于从国外引进先进技术，缺乏自主创新能力，而这种持续的自主创新能力只有真正地实现产学研结合才能有效实现，营造政、产、学、研、金协同合作的产业环境就显得非常重要。为此，可构建如下合作方式：政府出资搭建技术平台，相关科研单位和大专院校组织研发队伍，也可为企业提供员工培训和技术咨询等服务，为企业提供研究成果的实验基地。一方面，发挥政府科技主管部门及相关部门的组织协调作用，推动新能源企业与大专院校、科研院所围绕具体的重大应用性课题开展研发合作，注重在科研方向的选择、成果的中试和实际应用方面提高产学研合作的针对性；另一方面，政府通过经费扶持、政策引导等方式为科技成果转化提供有效的组织保障，共同参与并指导产学研合作过程，并对研发绩效进行评估。同时，政府可整合社会资源，发挥科技中介组织的衔接作用，搭建科技信息服务平台，定期组织技术交易对接、科技成果发布、科技技能培训、科技信息交流等活动，建立产学研三方合作关系。创新融资渠道，建立风险投资体系，对新能源创新发展至关重要。具体来说，一是吸引风险投资进入新能源产业领域，建立科学的风险投资运行机制，不断拓展资金融通来源和渠道。二是建立多元化、多渠道的风险投资融资体系，积极探索和尝试联合投资、组合投资策略，形成支持新能源创新发展的大规模的资本支持。三是建立科学完善的新能源风险投资的进入、退出机制，如以项目孵化为目的的投资可以在项目孵化后顺利退出，进入新的孵化项目，实现新能源风险投资的可持续性。

（三）创新新能源商业模式

在当今社会成功的商业模式都是以消费者为中心，新能源企业的商业模式也应该以消费者为中心，建立以个性化定制、柔性化生产和社会化协同为主要特征的智能服务网络。充分利用信息通信技术，突破研发设计、生产制造、销售服务的资源边界和运营边界，推动生产和消费、制造和服务、产业链企业之间的全面融合，促进产业、人力、技术、金融等资源高度协同。通过科技、制度等创新，激发企业发展服务型制造的活力和潜力。拓展新一代信息通信技术在商业模式方面的应用，深化产业与"互联网+新能源"融合发展，新能源产业在营销上可以采用"互联网+销售"的方式，建设行业的电子商务平台，开发新能源企业的 APP，有效降低交易成本，同时企业的资金来源也可以从以往的银行贷款，转变为"互联网+金融"促进新能源行业与金融业资源整合、运营协同，以服务提升带动新能源产业制造能力和制造水平提升。引导生产特定产品的企业通过设立金融租赁公司、融资租赁公司、租赁产业基金等方式，逐步发展大型设备、公用设施、生产线等领域的设备租赁和融资租赁服务。加强新能源企业与金融租赁公司、融资租赁公司加强合作，实现资源共享和优势互补。实现从以往的单方面主要靠订单拉动的新能源行业商业模式，转变为更为主动的"互联网+新能源"的商业模式，实现新能源产业的创新发展。

新能源企业也可以引入分享经济的模式，充分利用社会与自身的优势条件，打造一个新能源产业的互联网平台，使得新能源行业间资源充分共享，很大程度上利用一些闲置资源，打造价格更加合理的新能源产品，新能源行业引入分享经济，加强社会需求与企业的联系程度，能及时了解社会需求变化，还能长期留住消费客户，为新能源行业发展提供广阔的前景，利用分享经济的理念改善知识服务的效率，打造一个社会化的新能源技术智库，充分利用社会整体的智慧，推动新能源产业技术的不断创新。

（四）加强新能源政策创新，完善政策体系

政府应该加强新能源产业政策的创新，第一，政府在制定支持创新的政策上，特别是在具体的方式和程度上，应该进行区分，实现差异化激励。首先，从新能源产业链来看，可以对产业链上游的技术创新予以重点支持；其次，根据技术创新的领先性和难易程度及技术成果类型，对具有国际领先水平的技术突破、引领产业趋势的创新，可以予以重点激励。对于突破性较低、创新性不足、容易模仿超越的技术创新，可从政策角度适当降低支持标准。对于基础研究、基础技术创新的相关突破，以及不易通过专利申请来获取收益的，可以考虑予以特别资助，而对那些相对容易通过专利申请、知识产权补偿等方式收益的技术创新，尽可能通过市场化方式运作。第二，完善财税政策和投融资机制。建议将财政补贴、政府采购、财政担保、政府贴息、研发资助等财政政策相结合运用，将税收优惠和税收惩罚相结合，在给予税收优惠时可将企业所得税、个人所得税、流转税等多税种优惠相结合。通过采取加速折旧、增加研发费用扣除、税收抵免、提取研发保证金等措施鼓励和支持新能源企业开展技术创新活动。在投融资方面，通过设立新能源技术创新投资基金，建立区域内新型金融机构，实施新能源资产证券化等方法，鼓励商业银行增加针对新能源企业技术创新活动的信贷支持。第三，加快制定和实施详细合理的新能源产业发展规划。国家已将新能源产业列为七大战略性新兴产业之一，目前需要尽快对我国新能源产业的发展制定更详细、合理的规划并尽快实施。第四，建立以企业为主体的新能源技术创新联盟。国家应采取有效的激励措施，引导新能源企业增加技术创新研发投入，从而保证企业在新能源技术创新活动中的主体地位。我国还应鼓励新能源企业联盟更多地承担国家和省市关于新能源技术创新的重大科技攻关任务。第五，积极开展新能源技术对外交流与合作，加大与国外新能源研发机构和企业的技术交流与合作。

参考文献

［1］2014年湖南战略性新兴产业发展报告［EB/OL］. http：//www.hntj.gov.cn/fxbg/2015fxbg/2015jczx/201503/t20150310_115271.html.

［2］2016年湖南省"十三五"规划基本思路及"十三五"规划内容全文解读［EB/OL］. http：//www.depeat.com/lianghui/113267.html.

［3］查亚兵，张涛，黄卓，张彦，刘宝龙，黄生俊. 能源互联网关键技术分析［J］. 中国科学：信息科学，2014（6）：702-713.

［4］陈军华，李心，温馨. 我国地方新能源产业发展的现状及支撑机制创新研究［J］. 探索，2013（4）：98-102.

［5］陈文俊，贺正楚，寻舸，周震虹. 湖南省新能源产业商业模式创新研究［J］. 经济地理，2013（1）：126-130.

［6］湖南省战略性新兴产业新能源产业发展专项规划［EB/OL］. http：//www.hnfgw.gov.cn/xxgk_70899/

ghjh/201512/t20151219_2025936.html.

［7］黄蓓蕾. 安凯的新能源前瞻［J］. 汽车观察，2013（2）：106–107.

［8］李柄汝，王志刚，王胜利. 智能电网产业的发展现状和趋势［J］. 科技资讯，2012（17）：31.

［9］杨静钊. 湖南能源产业发展研究［J］. 经济论坛，2014（1）：155–156.

［10］杨如辉，邹声华，刘彩霞. 浅层地热能的开发利用［J］. 徐州工程学院学报（自然科学版），2011（2）：69–72.

［11］尹硕，张耀辉，潘捷，燕景. 我国新能源产业发展趋同问题研究 ［J］. 经济纵横，2013（12）：63–66.

［12］于沛勇. 促进新能源产业发展之财税政策［J］. 河北企业，2011（1）：44–45.

［13］张毅. 加快培育和发展我省战略性新兴产业［J］. 新长征，2011（6）：26–27.

（主要撰稿人：潘爱民　刘小灿　滕思　张松彪）

第十四章

湖南新材料产业创新发展现状与对策建议

　　新材料产业是 21 世纪三大最具发展潜力的高新技术产业之一，结合国际前沿技术的发展趋势和湖南省的实际情况，突出湖南省先进储能材料、先进复合材料、先进硬质材料、高性能金属结构材料等产业技术优势，围绕全省重点发展的新能源汽车、交通装备、先进装备制造、航空航天、节能环保等产业对关键材料的需求，着力扶持重点企业和重大项目，形成既有规模效益又有较强竞争力的龙头骨干企业集群。重点支持实施电动汽车、工程机械、交通装备、新能源装备、节能环保产品、关键基础材料六大关键材料工程，有效支撑装备制造业等战略性新兴产业和优势规模材料产业的持续发展。其中，先进电池材料、新型复合材料、新型化工材料和硬质合金材料是湖南省的四大优势产业集群，必须加快发展，着力推进（谈玉坤，2013）。突出先行先试，创新新材料产业发展机制，长株潭城市群两型社会综合配套改革是湖南的一张名片。长株潭也聚集了全省绝大多数新材料企业，要抓住长株潭实施两型社会综合配套改革的机遇，用好先试先行权，争取国家将长株潭地区作为全国新材料产业发展基地，并纳入国家新材料产业发展规划，列入有关试点范围，进一步助推湖南新材料产业的发展。

　　根据省政府下发的《关于加快新材料产业发展的意见》文件中，湖南省计划到 2020 年，全省新材料产业产值年均增长 15% 以上，年销售收入过 100 亿元的企业达到 5 家以上，过 10 亿元的企业达到 50 家以上，新增国家级创新平台 10 家以上，形成由大到强、由低端到高端、由分散到集聚、具有较强竞争优势的新材料产业发展格局（潘春芳，2012）。湖南新材料产业创新，要站在战略创新的高度，对现有的大量新材料科研成果进行整合，强化政府规划导向，加强对新材料产业发展趋势的分析研究。

　　依据湖南省新材料创新发展状况，现湖南省创新驱动新材料产业存在的问题是：创新驱动发展主体功能缺位，自主创新能力不够；创新驱动发展资金投入较低且不平衡；创新驱动发展新材料的成果转化率低；创新驱动新材料研发人才总量不足，流失严重；新材料创新发展支持政策环境不完善。根据国家高新技术产业化重点领域指南，立足湖南新材料产业的技术、人才和市场拓展及产业配套能力，制定并公布湖南新材料技术创新发展的导向目录，明确扶持、鼓励重点发展的领域和产品，引导企业发展方向。以市场为导向，并通过政策的建立和引导，营造新材料创新发展的良好环境，促进新材料科技创新的发展。同时，要积极推进湖南新材料企业规模结构优化，促进大企业和中小企业融合发展。按照专业化分工协作和规模经济要求，通过市场推动和政策引导，采取上市、兼并、联合、重组等资本运营的市场方式，在湖南培育一批规模大、发展目标明确、发展基础好的重点骨干企业，依靠重点企业带动中小企业。落实技术改造贴息、技术进步资金补助扶持政策，使其凭借自身的资本、技术、人才和品牌优势，加速发展成为国内、国际具有核心竞争力的大企业或企业集团，形成以大企业为主导，产业集中度合理、大中小企业协调发展的产业组织结构。

全面建设湖南新材料法律法规体系，尤其要加快完善知识产权法律法规体系，加强对知识产权的保护，提高知识产权管理部门的管理和服务水平，促进科技成果顺利流通，推动新材料技术创新。实施专利战略，对湖南省新材料的新成果进行专利保护，力争形成一批拥有自主知识产权、知名品牌和较强国际竞争力的优势新材料企业。科技部门与知识产权管理部门应建立知识产权信息服务平台，支持开展知识产权信息加工和战略分析，为知识产权的创造和市场开拓提供信息服务。建立健全知识产权保护体系，加大保护知识产权的执法力度，营造尊重和保护知识产权的法制环境。企业要建立和完善知识产权制度，切实把知识产权工作融入企业创新、生产、经营的各个环节，形成知识产权创造、实施、管理和保护的良性机制。积极引导、支持和鼓励企业对有自主知识产权的高新技术实施转化和产业化，保障科技人员的知识产权权益，加强计划管理体制的革新。在新材料研究基地布局、人才队伍建设、政府科技计划设立、研究条件建设等方面，建立协调高效的创新管理平台。新材料的重点项目全部采用课题制、合同制，重大项目采用招投标制，充分体现公开、公平和依法行政原则。由于项目评审的专业性和受理事务的复杂性，还应充分利用中介机构和专家来具体操作，建立规范公开公正的监管制度，加强科技执行主体的责任追究力度和行为监控强度，财政科技经费的支出绩效评价体系（邹俊，2012）。在湖南新材料企业创新中，政府虽然作为一种非市场的力量，但是却起着举足轻重的作用。为了使新材料企业保持创新热情，必须完善政府激励机制。政府建立发展风险投资基金，使企业有足够的创新基金或通过成功则偿、不成功则不偿的贷款政策，鼓励进行创新；或采取风险共享、利益共享的投资方式，与企业共同对新材料技术创新项目进行投资并建立合理的利益分配机制。此外，还可以通过集中资金，联合大学、企业，辅之以产业政策，鼓励科研团体和机构与企业密切结合，促使创新活跃，提高科研成果转化率（邹俊，2012）。通过政府采购政策，为新材料领域的新产品提供市场。高科技时代背景下，市场竞争越来越激烈。资源和技术的相对有限性日益成为制约创新成功的瓶颈。

本章首先对当前湖南省新材料发展现状及趋势进行分析，较为系统地论述了湖南省新材料产业的发展规模、结构、特色、趋势。在对湖南省材料产业的基本情况分析的基础之上，剖析新材料产业实施创新驱动发展战略存在的问题。并根据其存在问题提出合理化、针对性的对策建议：第一，优化创新驱动发展主体；第二，加大研发投入，增强创新能力；第三，加快成果转化，激发创造活力；第四，完善新材料技术创新政策的环境，从而为进一步促进新材料产业的发展做出贡献。

一、引言

当今世界，大数据背景下科技发展日新月异，以信息技术、电子网络技术、新材料技术为代表的高新技术及其产业迅猛发展，已成为决定各个国家国际竞争力的关键因素和各国经济的竞争焦点。新材料作为人类赖以生存和发展的基础、人类社会进步的标志、高新技术及产业发展的先导，在国民经济、社会发展、保障国家安全部分起到重要的支撑作用。作为当今世界发展最快、最具发展潜力的高新技术产业之一，我国七大战略新兴产业和《中国制造2025》重点发展的十大领域之一，新材料产业充分反映出一个国家的科技水平、经济发展水平及国际竞争力水平，我国把新材料产业化作为战略高新技术产业发展的重要内容，以"发展高科技、实现产业化"作为指导思想，高度重视其在国民经济中的贡献价值。与此同时，出台众多推动新材料产业发展的措施，加大对新材料特别是高性能、多用途的先进材料的研究开发、科研应用。新材料产业得到前所未有的发展，为我国国防建设和国民经济持续、快速、稳定发展做出重要贡献。

面对全球新一轮科技革命与产业变革、经济发展新常态下的趋势变化和产业特点，必须深化体制机制改革，加快实施创新驱动发展战略。湖南省主动适应新常态，抢抓发展新机遇，以长株潭国家自主创新示范区为样板，打造新常态下创新驱动的新引擎，为实现跨越发展打下了坚实的基础。2014年底，国务院批复同意建设长株潭国家自主创新示范区，为湖南增添了引领新常态的重要平台和载体。同时，基于以下客观要求，湖南省实施创新驱动发展战略迫在眉睫。

第一，基于"十三五"发展规划前瞻性、导向性、系统性目标。"十三五"发展规划的提出顺应时代要求，符合发展规律。"十三五"规划结合国家材料产业的发展目标和湖南省材料发展实际，确保2020年打造万亿元产业战略目标，保持中高速增长，鉴于湖南的优势特色，适当高于全国5.8%的增长速度。客观要求提升企业创新能力，加速产业迈向中高端，促进创新创业驱动力基本形成。

第二，新材料产业在满足人类社会、国民经济发展需要的同时，也带来了生态环境等一系列社会问题。随着"两型社会"建设的纵深推进，新材料产业的绿色发展必将秉承"绿色发展、循环再生利用、节能环保"理念，秉承"科技引领、产业升级、绿色生态"理念，推动新材料产业向精深加工、循环利用转型发展。转变为战略性新材料产业，保障国民经济发展对新材料的需求，为这一理念、目标的顺利实现，必须进行创新驱动发展战略的实施。

第三，基于湖南省新材料产业发展的态势，实施创新驱动发展战略迫在眉睫。湖南省除了在已有存量上保持高速增长之外，新材料产业在"十三五"期间还将有许多新的增长点，呈现增长较快、产业加速聚集、发展后劲不断增强的良好态势，其实施势在必行。以装备制造、交通运输、新能源、节能环保等高新技术领域对有色金属新材料的需求，将促进先进储能材料、高性能结构材料、先进硬质材料、稀土材料等新材料产业跨越式发展。要促进万亿元产业目标的达成，要充分发挥湖南省资源、人才、科技等优势；要瞄准世界一流企业和技术，进一步整合资源、资金，推进产学研结合，着力破解关键技术瓶颈，加快产业化、规模化，并向高端化、精细化、绿色化发展；要坚持知识创新、协同创新、技术创新、组织模式等创新方式的结合，将创新渗透到企业的各个层面，加快转型升级，把新材料产业加快培育形成新的经济增长点，扩大新材料产业规模。

二、湖南新材料产业发展现状及趋势

（一）新材料产业发展规模

新材料是指新近发展或正在研发的、比传统材料性能更加优异的一类材料，是高新技术产业发展的基础和先导，其为各国竞争的焦点。我国一直将新材料产业列为重点支持领域，新材料产业增长态势良好，虽然距材料强国还有一定差距，但已成为材料大国。湖南省新材料产业在湖南经济乃至全国材料行业都具有举足轻重的位置。湖南省新材料产业具有产业基础良好、创新能力强、市场空间广阔等特点。湖南省新材料产业已有规模以上企业 700 多家，年产值有望突破 4000 亿元，总量规模位居全国第一方阵。2012 年，全省规模以上新材料产业企业增加值 610 亿元，占全省战略性新兴产业增加值的比重达 26.7%。2014 年，湖南 GDP 增速达到 9.5%，居全国第 10 位，超过全国平均水平。新材料产业产值由 2015 年的 2908 亿元增加到 2016 年的 3000 亿元，有色金属产量达到 106 万吨，产业发展呈上升态势。

就发展规模而言，湖南省已形成很多具有区域特色的新材料产业集群。湖南"3+5"城市群建设，即以长株潭 3 个城市为中心，形成包括岳阳、常德、益阳、娄底、衡阳 5 个城市在内的"3+5"城市群建设，带动湖南省区域经济协调发展，加快形成以特大城市为依托、大中小城市和小城镇协调发展的新型城市体系；国家级产业园区集聚，依托省级产业园区，结合创新创业园区"135"工程，由长株潭、岳阳、郴州、娄底、湘西湖南国家新材料产业基地。"6343"工程着力发展新材料产业，形成 6 大产业链、4 大公共平台、3 大集聚区。将长沙打造成我国新型材料产业化、成果化的重要产业基地。分布合理、分工合作、协同合作优势明显，从而共享发展成果。结合湖南各地新材料领域独具特色的经济优势，培育一批创新能力强、创业环境好的新材料产业基地。

表 14-1　湖南省新材料产业五大特色产业集聚群

产业密集区	产值（亿元）	所占比重（%）
长株潭产业密集区	550	40
岳阳精细化工材料产业密集区	253	20.24
郴州衡阳有色金属材料产业密集区	219	17.52
娄底薄板新材料产业密集区	203	14.20
湘西锰锌铝新材料产业密集区	100.5	8.04

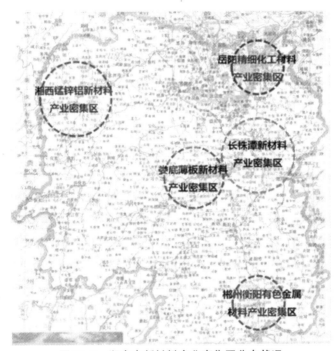

图 14-1　湖南省新材料产业密集区分布状况

资料来源：湖南省统计局工业统计处。

由表 14-1 和图 14-1 可以清晰直观地看出湖南省新材料产业密集分布现状，其中长株潭产业密集区产业集聚程度最高，所占比重较大。其次是岳阳精细化工材料产业密集区、郴州衡阳有色金属材料产业密集区、娄底薄板新材料产业密集区、湘西锰锌铝新材料产业密集区依次居于其后。

（二）新材料产业发展结构

就发展结构来说，全省形成了先进储能材料、先进硬质材料、先进复合材料、金属新材料、化工新材料五大优势新材料领域。金属新材料和化工新材料是该产业的主要发展领域。金属新材料产业营业收入 1493.95 亿元，占新材料产业的 52%；化工新材料产业营业收入 786.65 亿元，占 28%（见表 14-2）。先进储能材料品种最齐全、产业规模和市场占有率全国第一，硬质合金产量全国第一、世界第二，炭/炭复合材料、高分子复合材料异军突起，名列全国前茅，以钢铁、有色、石油化工等为基础的新材料开发取得长足发展。在具有比较优势的各个领域中，均已形成一批具有一定规模、技术水平和较强市场竞争力的骨干企业。其中 2012 年年产值过亿元的企业 249 户，过 10 亿元的企业 31 户，过 50 亿元的企业 10 户，过百亿元的企业 6 户。

表 14-2　湖南省新材料产业五大关键材料

新材料	代表企业	产值（亿元）
先进储能材料	科力远、瑞翔	160
先进硬质材料	株硬集团、金瑞科技	90
先进复合材料	博云新材、时代新材	90
金属新材料	有色控股、华菱集团	700
化工新材料	巴陵石化、湖南海利	500

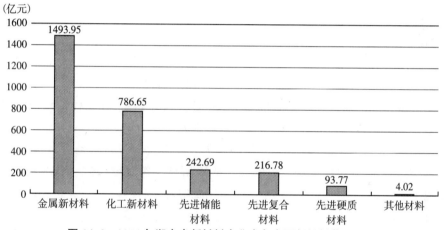

图 14-2　2014 年湖南省新材料产业中各主要新材料营业收入

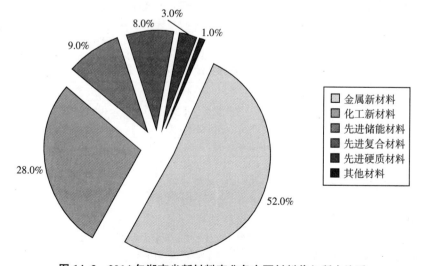

图 14-3　2014 年湖南省新材料产业各主要材料收入所占比重

从图 14-2、图 14-3 可以看出，金属新材料和化工新材料是该产业的主要发展领域。金属新材料产业营业收入 1493.95 亿元，占新材料产业的 52.0%；化工新材料产业营业收入 789.65 亿元，占 28.0%。另外，先进储能材料和先进复合材料营业收入规模也都在 200亿元以上。从盈利能力来看，新材料产业五个重点发展领域的盈利能力差距不大，除金属新材料产业营业收入利润率为 2.61% 外，其他四个领域的利润率处在 3.0%~4.5%。长沙重点发展精细化工和新型能源材料、精化化工和高分子材料；株洲先进硬质材料、高分子复合材料、先进陶瓷材料等新型建筑材料；郴州贵金属材料、衡阳有色金属材料、岳阳绿色化工新材料等关键材料都在全面发展。

湖南省重点发展这五大新材料产业，依托各地区重要资源优势，发展具备一定专业化水平的新材料科技，力图打造这 15 条产业链和 25 大类重点产品，搭建两大支撑平台，规划建设九大产业化基地。"工业园区化"和"产业集群化"是新材料产业发展的重要方式之一。长株潭产业密集区的发展是湖南省新材料产业的重中之重，要大力支持和发展这一优势，加速各产业集聚区协同发展、共享经济，带动整个湖南省新材料经济水平的提高。

（三）新材料产业的发展特色

1. 创新能力较强

新材料产业属于战略性新兴产业之一，此产业是科技创新、产业创新、平台创新的深度融合，既代表着科技创新的方向，也代表着产业发展的方向。

湖南省新材料领域拥有中南大学、国防科大、湖南大学、湘潭大学等 6 所国家级和 4所省属高等院校，拥有省稀土研究院和长沙矿冶研究院等 3 家国家级和 8 家省级科研机构、3 家国家级和 8 家省级重点实验室、6 家国家级和 12 家省级工程（技术）研究中心、4 家国家级和 35 家省级企业技术中心，拥有新材料科技人员 2 万余人，形成了一支结构合理、研究开发能力强的人才队伍。为体现湖南省新材料产业强大的创新能力以及政府相关部门对此做出的科研投入，我们调查了 2014 年湖南 8 个地级市相关数据来说明其科研创新实力。

表 14-3　2014 年湖南省相关地市新材料产业科研投入

地级市	科研投入
郴州市	国家级、省级重点科技项目 15 个，2~3 个产学研技术创新联盟
岳阳市	国家级、省级重点科技项目 54 个，12 家产学研创新企业
娄底市	新增产学研合作基地 8 个，产学研创新项目 75 项
长沙市	国家级企业技术中心 16 家、国家工程研究中心 17 家、国家重点实验室 18 家
常德市	国家中小企业创新基金项目 11 项、科技项目 86 项
岳阳市	国家级、省级重点科技项目 33 个，10 个产学研技术创新联盟
邵阳市	高新技术企业 18 家、工业科技项目 15 个
株洲市	省级以上科技计划 301 项，国家级、省级企业技术中心 6 家，企业技术中心 7 家，高新技术企业 129 家
益阳市	国家级技术中心、实验室 4~5 个，省级技术中心实验室 9~10 个

资料来源：湖南省科技厅官网、益阳国家高新技术产业开发区、各地市政府官方网站。

2. 市场发展空间广阔

国家经济的快速发展、科学技术的革新换代、市场巨大的消费需求等客观要求新材料产业的发展。作为七大战略性新兴产业之一，受国家政策扶持、产业化提速等经济环境的驱动，新材料产业正处于发展的黄金时期，具有诱人的发展前景，小到 LED 灯、液晶屏幕、轮胎、汽车，大到飞机、高速公路、工程机械、风电装备市场消费量巨大。各大战略性新兴产业中对新材料都存在巨大的产量需求，比如，新型风电对高性能玻璃纤维需求超过 50 万吨/年，风电、太阳能对高性能树脂超过 90 万吨，新能源汽车对电池隔膜超过 1 亿平方米/年，新型墙体保温材料对保温材料需求超过 230 亿平方米/年，可降解塑料需要聚乳酸等 5 万吨/年，淀粉塑料 10 万吨/年等，新材料日益增加的需求将极大地促进新材料产业的发展。湖南省新材料产值将近 3000 亿元，年均增长 20%以上，其广阔的应用前景为新材料产业的发展提供了巨大的市场空间。

（四）新材料产业发展趋势

1. 传统产业进一步转型升级

我国钢铁、有色、石化、轻工、建材、纺织等基础材料产业领域面临产能全面过剩、产品结构不合理、高端领域无法实现自给三大突出问题，要解决产业面临问题，即重点发展先进钢铁、先进有色金属、先进石化、先进轻工、先进建材、先进纺织六大类 25 个分类材料，使基础材料产业总体规模得到有效控制，形成高性能、差别化、功能化的先进基础材料制造能力，促使钢铁、有色、石化、轻工、建材、纺织等基础材料制造产业实现产业升级转型，先进基础材料总体实现自给，并形成一定的出口能力。

2. 多学科交叉发展，促进产业进一步融合

随着新材料在信息工程、能源产业、医疗卫生行业、交通运输业、建筑产业中的应用越来越广泛，材料科学工程与生物学、医学、电子学、光学等领域交叉合作研发日益扩大，世界各国都致力于跨越多个部门，把新材料的开发纳入产、学、研、官一体化的研发平台，以满足各个部门对新材料的种种需求，进而助推新材料产业的超前发展。

3. 高性能、低成本及绿色化发展趋势明显

21 世纪新材料技术的突破使新材料产品实现高性能化、多功能化、智能化发展，从而降低生产成本、延长使用寿命、提高新材料产品的附加值和市场竞争力，如新型结构材料主要通过提高强韧性、提高温度适应性、延长寿命以及材料的复合化设计等来降低成本功能材料以向微型化、多功能化、模块创新化、智能化等方向发展来提升材料的性能。

面对资源、环境和人口的巨大压力，生态环境材料及其相关产业的发展日益受到关注。短流程、低污染、低能耗、绿色化生产制造，节约资源以及材料回收循环再利用，是新材料产业满足经济社会可持续发展的必然选择。LED（发光二极管）照明、二氧化碳合成全降解塑料、节能型高保温建筑用高分子墙体材料和内墙高分子涂料技术、低能耗低成本纤维加工新技术等一批高效节能减排技术项目取得了较快的发展。新材料的发展在满足工业需求的同时，也在很大程度上围绕如何提高人类的生活质量展开。

三、湖南新材料产业创新驱动发展存在的问题分析

湖南省新材料产业在全国处于领先地位，在全省经济发展中的支柱作用日益显现，碳材料、储能材料产业进入国际先进行列，有色金属深加工材料、精细化工材料产业发展水平进入全国先进城市行列，主要产品有先进电池、硬质合金、高性能稀有金属及合金、电子信息材料、绝缘材料、高端碳纤维、无机非金属、电线电缆、有机化合物、碳材料等。产品涵盖特种金属功能材料、先进复合材料、储能材料、硬质材料、化工新材料、特种无机非金属材料六大领域。代表企业及产品有蓝思科技股份有限公司的高端视窗触控防护玻璃面板、触控模组及视窗触控防护新材料，金化科技的水基石墨乳化剂和抗硼砂氧化剂，湖南仁发科技的高纯度锡，湖南创大钒钨的五氧化二钒，湖南世纪合金的硬质合金球齿及棒材，株洲明日硬质合金有限公司的合金新材料等，湖南新材料产业在全国虽占据重要地位，但依然存在以下问题：

（一）创新驱动发展主体功能缺位，自主创新能力不够

在市场经济条件下创新的主体主要是企业（企业家），还包括政府。考察企业是不是发挥了主体作用，就要看企业是不是成为研发投入的主体，是不是成为创新活动的主体，是不是成为创新成果应用的主体。创新驱动就是让企业家在市场中探索、试验。政府退出市场，回归到能够发挥自己比较优势的领域，创造良好的竞争环境。就湖南的实际情况来看，政府在推进科技创新过程中依然发挥着主导作用，创新驱动依然主要依靠国家政府推动。

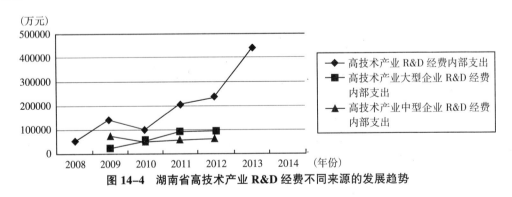

图14-4　湖南省高技术产业R&D经费不同来源的发展趋势

自主创新活力不足。从图14-4中可以看出，新材料企业自主创新活力不足主要表现在三个方面：一是自主创新目标模糊。创新本是技术、管理、组织、市场几类要素的有机结合，但至今仍有不少人将技术创新与企业组织和管理体系的变革割裂开来，人为地给创新工程蒙上了一层"纯技术化"色彩。二是创新行为严重失范。为数不少的企业，尤其是

那些中小型企业缺乏完整的技术创新链，在机构建设、经费投入、人才培养和使用等方面存在严重缺陷，无专门管理组织、无严格管理制度、无激励机制和保障体系的情况随处可见。三是战略管理意识淡薄。许多企业的管理工作围绕工作流程展开，企业管理层往往忽略战略管理体系的作用。特别是一些刚创业的中小企业，既未对自己在行业中的竞争地位及优势做出准确估计，也未形成技术创新与市场开拓的系统思路，企业发展往往是"跟着感觉走"。此外，技术创新人才供给不足、分布不均，作为创新主要推动者的企业家缺乏，也成为湖南省新材料产业自主创新活力不足的重要制约因素。

从图 14-5 可以看出，高技术产业的 R&D 支出中，很大一部分比重用于支付大中型企业购买过国内技术经费支出和大中型企业的技术改造和引进等方面，而真正用来技术研发的相对投入相对薄弱，造成关键性新材料自主研发不够。

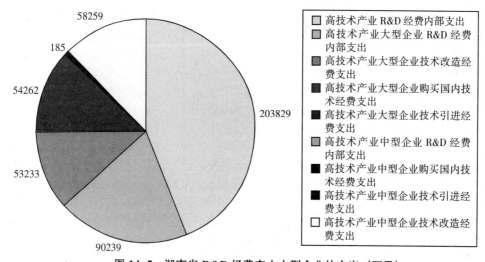

图 14-5　湖南省 R&D 经费在大中型企业的支出（万元）

从图 14-6 中可以看出，近几年高新技术的研发投入比重变化，越来越低，研究机构进行研发资金的吸收消费支出不稳定，最近几年呈下降趋势。

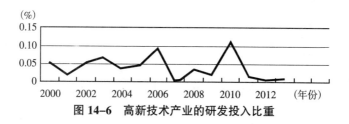

图 14-6　高新技术产业的研发投入比重

（二）创新驱动发展资金投入较低且不平衡

科技创新投入不足是制约湖南省新材料产业创新驱动发展的重要原因之一。发达国家企业 R&D 投入占销售收入的 4% 左右，2013 年，湖南省省级以上技术中心企业研发经费投入比重为 3.18%，与发达国家相比还有很大差距，投入不足必然影响技术创新成果产出。以科技创新资源雄厚的长沙市为例，2013 年，全市 76.9% 的企业科研强度低于全市规模以上工业企业平均水平，其中 68.4% 的企业科研强度为零，即无 R&D 经费投入。

在这里我们对湖南省所处的中部区域和东部地区进行区域的对比分析，通过横向和纵向的比较分析湖南省新材料创新驱动发展 R&D 投入不足的状况。

表 14-4　中部地区 2000~2013 年高新技术产业 R&D 投入情况

(单位：万元)

年份	山西	内蒙古	吉林	黑龙江	安徽	江西	河南	湖北	湖南
2000	1577	73	7870	18342	8765	17724	11431	40537	6749
2001	1516	42	6907	27808	8572	19992	13156	40725	17622
2002	21566	811	67627	7840	46802	41977	122772	13536	32127
2003	2135	259	11426	62156	29622	16194	21591	31835	19926
2004	1316	430	14958	20761	7011	36004	41268	50686	29199
2005	2949	1174	13897	55664	18711	43024	29571	63366	20253
2006	3580	1334	17839	41942	18781	51003	34930	86372	9413
2007	1843	2280	11421	56480	28636	51392	57534	94160	23487
2008	4837	4107	15378	70422	49142	54285	67109	109777	50723
2009	18882	4685	35677	137497	65741	111392	121773	229747	137948
2010	13882	3672	19327	158880	122141	104371	98992	198633	95857.4
2011	27341	7415	63664	172954	208645	164477	136405	475139	203829
2012	52044	10760	72789	180450	223916	165122	160620	618955	231106
2013	58480	15532	72387	210882	301380	214956	249531	732174	433737

我们以表 14-4 的数据为例进行分析，可以看到湖南省的高技术产业 R&D 经费投入总体成增长趋势，但是增长率在 2010 年开始呈递减趋势。

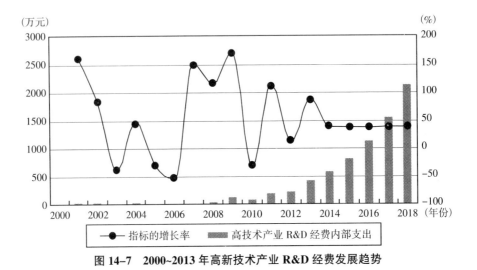

图 14-7　2000~2013 年高新技术产业 R&D 经费发展趋势

如图 14-7 所示，在 2010 年之后指标增长率在 0~1 不断震荡，相对前期的大幅度增长现在趋于稳定状态，我们可以预测湖南省高新技术产业 R&D 经费内部支出将持续不断上升，按照现在的增长趋势，在 2017 年湖南省高新技术产业 R&D 经费内部支出将会持续增长，依据以往的指标增长率，我们可以推算出湖南省 2018 年高新技术产业 R&D 经费内部支出为 2000 万元左右，图 14-7 中 2014~2018 年的数据为趋势预测数据。

从图 14-8、图 14-9 可以看出，通过和中部地区各个省份的对比，湖南省 R&D 投入在中部地区处于第 2 位，占湖北省 R&D 经费投入的 59.24%。与东部地区相比湖南省的 R&D 经费投入处在第 10 位，仅占广东省的 6.56%。这些 R&D 经费投入到新材料研发创新中的比重相对不足。

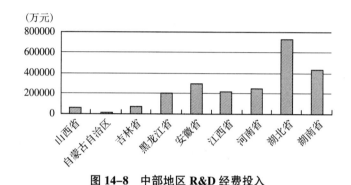

图 14-8　中部地区 **R&D** 经费投入

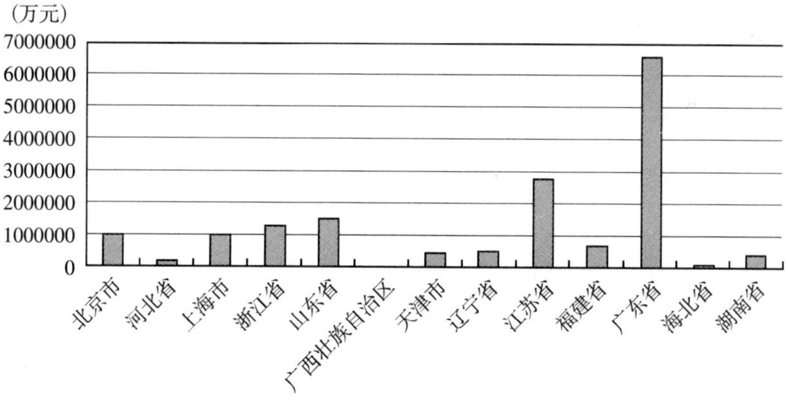

图 14-9　湖南省与东部地区各省市 **R&D** 经费投入

（三）创新驱动发展新材料的成果转化率低

创新驱动新材料科技成果转化，是为提高生产力水平而对科学研究与技术开发所产生的具有实用价值的科技成果所进行的后续试验、开发、应用、推广直至形成新产品、新工艺、新材料，发展新产业等活动，是促进"科技"与"经济"结合的关键环节。2014 年，湖南省共受理科技成果登记 1352 项，入库 1030 项，其中甄选上报科技部 947 项。上报入库的 1030 项科技成果中，省直单位 462 项，占总数的 44.85%，各市州科技成果 568 项，占总数的 55.15%。其中长株潭三市分别为 182 项、51 项和 103 项，居市州科技成果登记的前三位；常德与永州分别以 48 项和 33 项紧追其后。通过对科技成果登记区域分布的分析，可以看出，科技研发力量主要集中在省直单位、高校、科研单位、国家级高新区，部分大企业和长株潭等发达地区。其中新材料的科技成果转化从湖南省科技成果转化网上可以看到，2014 年只有两种：一种是单元式玻璃幕墙的安装方法；另一种是高层建筑梁式转换层钢管支撑叠合浇筑一次成型施工方法。相对来说，新材料的科技成果转化更难。由于现在科技成果转化率算法没有统一的指标，我们选择技术市场成交额与财政支出的比例作为新材料产品的科技成果转化率。

从图 14-10 中可以看出，湖南省科技成果转化率 2000~2014 年总体呈下滑趋势，大量的教育投资与新材料技术额的研发不成正比，造成科技成果转化率下降，2012 年以来，新材料科技成果转化率有小幅上涨，但是新材料科技成果转化率的过低是一个相当严峻的问题。

图 14-10　新材料科技成果转化率

（四）创新驱动新材料研发人才总量不足，流失严重

我国新材料产业发展迅速，产业规模不断壮大，产业技术水平不断提升，但与发达国家相比，依然存在差距，产业发展还存在关键材料保障不足、自主创新能力不强、行业研发投入不足等问题。新材料企业想要进一步发展壮大需要一定的专业人才支撑，人才成为制约行业与企业发展的重要因素。

湖南省人才发展虽然取得了成绩，人才工作不断加强，人才队伍不断壮大，人力资源总量不断提升，为各项事业提供了有力的智力支撑和人才保证，但与经济社会发展的形势需求相比，与富民强省的战略目标要求相比，与发达地方相比，差距还比较大。人才总量还远远不足，高层次、创新型人才还是太少，尤其是高技术领军型的人才、从事创新研发的人才、懂管理懂技术的高层次、复合型人才比较紧缺。湖南省工业化的最大问题也是缺人才，全省企业科技人才只占各类人才总量的 16.87%，分布也不合理。

假想当年的大型企业和大中型工业企业的科技活动人员都来自高效毕业生，我们可以看到虽然每年从事科技研发的人员在递增，但是还有相当一部分的高校毕业生流失，这时我们的假设是最理想的状态。但是我们都知道，从事科研的人员要远远小于这个比重，从事湖南省新材料六大产业的科研人员比重更是堪忧。由于湖南省的新材料研发形成了先进储能材料、先进硬质材料、先进复合材料、金属新材料、化工新材料五大优势新材料领域，这些方面和工业科技的活动息息相关，所以我们以从事工业的科技活动人员的人数模拟湖南省新材料研发人员与高校毕业生的比重，来刻画创新驱动人才总量的状况和存在的问题。

从图14-11、图14-12中可以看出，从事新材料研发的人员在高校毕业生中所占的比重在2000年以来总体呈下降趋势，特别是2008~2009年从事新材料研发的人员不足高校毕业生总数的1/3，2010年以来有上升趋势，但是上升幅度缓慢；湖南省作为教育大省，特别是以长株潭为中心的高校达到140余所，没有充分发挥教育的优势，致使人才流失严重，创新驱动新材料研发人才储备不足。

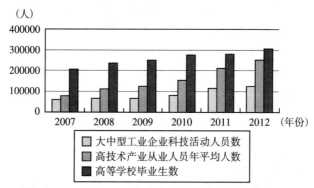

图14-11 2007~2012年湖南省科技人才与高等毕业生

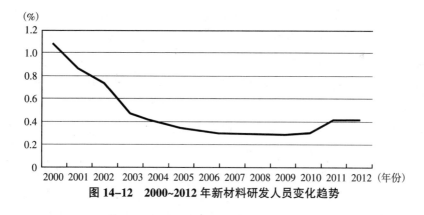

图14-12 2000~2012年新材料研发人员变化趋势

（五）新材料创新发展支持政策环境不完善

湖南省新材料创新驱动发展环境存在以下问题：一是投融资政策不完善。新材料产业是技术和资金密集型产业，具有高投入、高风险、高产出的特征，由于多元化的投融资体系和风险投资机制尚未成熟，面向产业化服务的中介服务体系尚不完善，新材料科技成果转化及产业化滞后。据调查，有72%以上的新材料企业反映资金问题是企业快速发展的最大瓶颈。二是财政支持政策不完善。尽管已逐步出台一些政策支持新材料产业的发展，相关企业却普遍反映政出多门，且政策衔接不紧密，难以形成合力，发挥有效的推动作用。以新能源汽车的推广为例，本可以带动先进储能材料和高性能轻金属材料的大幅增长，但由于政策偏差未能发挥作用。国家的财政补助资金主要用于整车研究方面，且在购车补贴、运营补贴、基地建设和产业研发四方面，各部门也缺乏有效的沟通协调，未能形成政策合力，大大影响了推广效果。而美国则相反，美国对新能源汽车的推广拨付了 24 亿美元基金，其中的 18 亿美元都是用来解决"汽车动力电池"这一技术瓶颈的，效果就较好。此外，在投资、税收、价格、财政等方面也亟待出台针对性强的激励扶持政策，对新材料产业进行有效引导和扶持（蒋玉洁，2013）。

四、湖南新材料产业创新驱动发展的对策建议

（一）优化创新驱动发展主体

在技术优势建立方面，要做大做强新材料产业，必须充分发挥湖南省在技术、人才等方面的独特优势，增强企业自主创新能力和产品市场竞争实力。一要推进企业技术创新。按照企业出课题、院所搞攻关的思路，依托在湖南的大学和科研机构，加强新材料领域的自主创新，组织开展新材料领域关键技术的攻关。在新材料领域规划和建设好一批国家级、省级重点实验室和工程（技术）研究中心，国家认定企业技术和省级企业技术中心。支持企业和科研机构联合申请承担国家 863、973、高新技术产业化示范工程等重大项目，提升技术创新档次，对获得国家项目的新材料企业，省政府要给予 1∶1 的资金配套。二要推进企业产品创新。要围绕市场需求大、发展前景好的产品，组织实施一批省重大科技专项，突破一批制约新材料产业发展的瓶颈技术。支持新材料领域的企事业单位和个人及时将科研成果、核心技术和名优产品形成自主知识产权，鼓励具有国际市场潜力的先进技术向国外申请知识产权保护。实施知识产权优势企业培育工程，鼓励创建新材料产品国际品牌，增强湖南新材料产业的核心竞争力（谈玉坤，2013）。三要推进体制机制创新。按照现代企业制度的要求，促进产权多元化、企业集团化。加快建立权责明确、运转协调、制衡有效的公司治理结构，引入共同治理机制和多层治理机制，实现出资人职责到位、企业经营自主权到位和企业的监督到位。此外还要建立和完善产业政策机制，加大对新材料领域企业自主创新投入的所得税前抵扣力度。建立和完善技术奖励机制，对在新材料领域创新创造取得重大突破的科技工作者实行重点奖励。建立完善科技成果转化机制，支持以企业为主体、高校和科研院所共同参与的技术联盟，加快促进产学研结合（谈玉坤，2013）。

同时，利用湖南省新材料产业规模化的要求，要做大做强新材料产业，必须集中培育和扶持龙头企业，使之迅速上规模、上品牌，从而增强湖南省新材料产业的整体竞争力。一是扶优促大。重点扶持 10 家以上像杉杉、金瑞、科力等具有竞争实力和发展前景的优势企业，在技改投入、用地安排、信用融资、人才引进等方面给予全方位的支持和优惠，

促使企业在短期内迅速做大做强，形成规模，铸就品牌。二是整合做大。有效整合现有新材料企业资源，不断提高生产的集聚度。引导新材料产业建立战略联盟，在主导产品的选择上做到各有侧重，各有特色，避免重复；在普通产品的竞争上要明确游戏规则，避免恶性竞争。加快组织结构的优化，实行强强联合的"大公司、大集团"战略，有重点地推动新材料产业发展壮大。三是园区聚大。要充分发挥湖南省已有新材料产业基地、开发园区的平台作用，在高开区等有条件的园区辟设新材料产业园，园区内实行集中供热、供电、供气、供油，并建立统一的仓储物流中心、统一的研发中心和统一的基础件中心，促进企业分工协作，降低企业投入成本，提高规模经济效益（谈玉坤，2013）。

（二）加大研发投入，增强创新能力

支持新材料企业加强技术创新能力建设。对新认定国家企业技术中心、国家工程研究中心、国家工程实验室、国家工程技术研究中心、国家重点实验室、国家企业博士后科研工作站、国家质检中心等国家级技术研发平台，以及相应的省级技术研发平台，按照相关规定优先给予一次性项目补助支持。

加强公共技术服务平台建设。支持各类产业园区加强公共技术服务平台建设，鼓励高校、科研院所和大型企业的技术研发平台面向社会开放，服务新材料企业创新发展，对以上公共技术服务平台建设优先给予一定的资金支持。

支持开展新材料产业关键技术的产学研用联合攻关，鼓励以企业为主体建立产业技术创新战略联盟。采取政府与社会合作、政产学研用产业创新战略联盟等新机制新模式，形成一批省级新材料创新中心（工业技术研究基地），开展关键共性重大技术研究和产业化应用示范。对科研成果达到国内同类产品领先水平，并在湖南省成功实现产业化的企业协同创新项目，优先给予一次性补助。

（三）加快成果转化，激发创造活力

湖南省作为中部地区重要的科技成果产出大省，历来高度重视科技成果转化工作，有关政策创新一直走在全国前列。根据湖南省当前新材料发展的阶段性工作经验，就进一步促进科技成果转化提出以下建议：

第一，激励科技成果的转化和应用。提高科研人员成果转化收益比例，省内高校、科研机构转化职务科技成果的净收入，成果持有单位可按不低于70%的比例用于奖励有关科技人员。支持以高新技术成果和知识产权作为无形资产投资入股创办新材料企业，无形资产可作为注册资本出资入股，不再限制占注册资本比例，具体比例由双方协商确定。鼓励科技成果转化和产业化，对取得发明专利的研发成果，在3年内以技术入股、技术转让、授权使用等形式在省内实际应用的，按技术合同成交额对专利发明者给予适当奖励，最高不超过50万元。对发明专利新获得国家专利金奖并在省内转化的企业安排100万元项目补助资金，对发明专利新获得国家专利优秀奖并在省内转化的企业安排50万元项目补助资金。加大财政对新材料军转民的支持力度，促进军用材料技术在民用领域的推广应用，推动军民共用材料技术双向转移。

第二，加大知识产权保护运用力度。实施严格的知识产权保护制度，严惩材料产业领域侵犯知识产权和制售假冒伪劣商品行为，为企业提供知识产权维权援助服务。提升企业专利信息利用水平，建设材料产业专利数据公共服务平台，支持企业开展专利分析预警。组建材料产业知识产权联盟，加强产业核心技术专利布局，对专利授权和重点发明专利维持给予资助。发挥标准的引导和规范作用，对新承担新材料产业领域国际和国家标准制订主要参与单位，按规定给予补助。

第三，支持省内高校科研成果产业化。加大校企合作的支持力度，积极促进省内高校和省内企业自主选择，自愿合作，实现科研成果转化。对重大的高校成果转化项目，重点协调，优先扶持。

（四）完善新材料技术创新政策的环境

在湖南新材料企业创新中，完善政府激励机制，政府虽然作为一种非市场的力量，但是却起着举足轻重的作用。在湖南为了使新材料企业保持创新热情，必须完善政府激励机制。①专利激励机制。专利的确立是最经济直接、有效、持久的创新激励手段，在法律上确定人们对新技术的拥有权，能保证创新者对此种技术产权的持续收益率。②给予创新津贴，包括税收优惠、关税优惠、优惠利率等。由于新材料开发具有长期性的特点，所以还可以制定较低的长期投资利率以鼓励企业创新。③创新基础设施建设。不论是企业的技术创新还是新材料创新都需要一定的基础设施（包括基础研究、教育、信息网络等），与其他科研团队和市场主体构成相应的创新网络，降低企业技术创新的壁垒。湖南在新材料领域可以进一步发挥网上技术市场和中介组织的作用，使各地的科技人员和科研条件能破除地域限制，自由交流、自由合作、自由利用，形成创新的重要支撑平台。④新材料创新的风险资金机制。政府建立发展风险投资基金，使企业有足够的创新基金或通过成功则偿、不成功则不偿的贷款政策，鼓励进行新材料技术创新。或者采取风险共享、利益共享的投资方式，与企业共同对创新项目进行投资并建立合理的利益分配机制。湖南新材料产业创新，要站在战略创新的高度，对现有的大量新材料科研成果进行整合，强化政府规划导向，加强对新材料产业发展趋势的分析研究，根据国家高新技术产业化重点领域指南，立足湖南新材料产业的技术、人才和市场拓展及产业配套能力，制订并公布湖南新材料技术创新发展的导向目录，明确扶持、鼓励重点发展的领域和产品，引导企业发展方向。湖南新材料技术企业只有通过将要素和资源进行集成，实现优势互补。众多业务相关联的企业聚集在一起，其实质是生产经营过程中价值链的一体化，即价值链各阶段内化在同一个空间区域内，从而使它们之间的联系更加紧密，联结方式更加灵活多样，由此使得各项生产要素能够达到最佳配置状态，相互之间形成支持协调的关系，各自的优势也能够充分发挥，并协同作用，从而取得更好的经济效果，获得规模效应，来降低风险和交易成本，才能使自身在激烈的市场竞争中处于不败之地。

参考文献

[1] 陈文龙. 我国新材料产业化发展现状浅析 [J]. 高科技与产业化，2005（12）：6-8.

[2] 湖南省技术产权交易所. 湖南省 2014 年度科技成果登记统计表 [EB/OL]. http：//www.hntpe.com/infocont.aspx？id=569&type=1901.

[3] 湖南省人民政府. 关于《湖南省有色金属产业"十三五"发展规划》编制情况的解读 [EB/OL]. http：//www.hunan.gov.cn/2015xxgk/szfzcbm_11036/tjbm_7249/gfxwj/zcjd/201604/t20160405_3008816.html.

[4] 湖南省人民政府. 关于实施《国家长期科学技术发展规划纲要》的通知 [EB/OL]. http：//www.hhin-fo.ac.cn/zcfg/gfxwj/311869.html.

[5] 湖南省人民政府. 湖南省人民政府关于加快新材料产业发展的意见 [EB/OL]. http：//www.hunan.gov.cn/2015xxgk/fz/zfwj/szfwj/201512/t20151214_1967089.html.

[6] 湖南省新材料产业规模居全国第一方阵 [J]. 功能材料信息，2013（1）：59.

[7] 蒋玉洁. 中国银行助力湖南省文化产业发展调研 [J]. 金融经济，2013（7）：23-25.

[8] 罗文慧. 长沙市新材料产业集群发展研究 [J]. 城市，2010（9）：41-45.

[9] 潘剑波. 湖南有色金属新材料产业发展研究 [J]. 湖南有色金属，2004（3）：25-27.

[10] 谈玉坤. 抢抓新机遇培育大产业对湖南新材料产业发展问题的调查与思考 [J]. 企业家天地，2013（6）：25-28.

[11] 王克修. 论加快湖南新材料产业发展 [J]. 湖南行政学院学报，2010（4）：44-48.

[12] 谢静波. 湖南省新材料技术产业发展战略研究 [J]. 中南林业科技大学学报（社会科学版），2009（5）：107-110.

[13] 中华文本库. 准确研判湖南人才现状更好实施人才强省战略 [EB/OL]. http：//www.chinadmd.com/file/xcx3vorzazcx3ss633wweu66_3.html.

[14] 邹俊. 企业集成创新研究综述 [J]. 中国科技资源导刊，2012（3）：15-17.

（主要撰稿人：周光明　李汉通　王帅龙　魏蒙蒙　张松彪）

后 记

秋天是收获的季节。湖南创新发展研究院在春天播下的这颗种子经过不断的精心培育终于有了收获的果实。从成立本研究报告的编写组到最终定稿花了将近 10 个月时间。在报告的写作过程中，编写组成员集中讨论了好几次写作提纲和写作内容，几易其稿，才有了现在的最终稿件。首先衷心感谢编写组人员的任劳任怨，你们辛苦了！

"丑媳妇终要见公婆"。作为湖南创新发展研究院的第一本研究报告，由于缺乏研究报告的写作经验，可能会存在各种缺点，甚至错误，但我们会以诚恳的态度欢迎各位批评指正。你们的期望，正是我们前进的动力！

虽然可能存在各种不完美，但这本湖南创新发展研究院的"处女作"能够顺利出版，离不开众多关心湖南创新发展研究院的领导和同仁的支持和帮助。湖南省科技厅的授牌使湖南创新发展研究院得以诞生，湖南科技大学领导们的大力扶持使湖南创新发展研究院不断成长壮大，湖南科技大学商学院领导和老师们的大力参与，更是湖南创新发展研究院成长的"血液"和直接的动力来源！

在该研究报告即将付梓之际，应该感谢的单位和个人还有许多。由于篇幅所限，请原谅我们不能一一例出。特别提出以下四位：作为国家级高端智库之一的中国社会科学院财经战略研究院副院长夏杰长，是湖南省政府政策咨询顾问，他一直关心和支持湖南创新发展研究院的发展；南京大学经济学院副院长郑江淮教授、湘潭大学副校长刘长庚教授、湖南科技大学副校长刘友金教授，他们也特别关注和支持湖南创新发展研究院的成长。在此，湖南创新发展研究院表示深深的谢意！

湖南创新发展研究院今后将以开放与合作的方式开展创新发展研究，《湖南创新发展系列研究报告》也将接受热心于湖南创新发展研究人士的自由来稿，稿件一经采用，我们将给予相应稿酬，期待并感谢您的参与！我们的投稿邮箱是：hncxfzyjy@hnust.edu.cn，hncxfzyjy@163.com；咨询电话是：0731-58290068；湖南创新发展研究院的官网是：www.ihid.hnust.edu.cn。同时，也衷心欢迎有志于创新发展研究的优秀人才加盟湖南创新发展研究院！